"十三五"国家重点图书出版规划

— 大学之道 —

Orators & Philosophers
A History of the Idea of Liberal Education

# 什么是博雅教育

［美］布鲁斯·A. 金博尔（Bruce A. Kimball） 著
沈文钦 朱知翔 李春萍 译

北京大学出版社
PEKING UNIVERSITY PRESS

著作权合同登记号　图字:01-2008-3347
图书在版编目(CIP)数据

什么是博雅教育/(美)布鲁斯·A.金博尔(Bruce A. Kimball)著;沈文钦,朱知翔,李春萍译.—北京:北京大学出版社,2020.11
（大学之道）
ISBN 978-7-301-31627-6

Ⅰ.①什… Ⅱ.①布… ②沈… ③朱… ④李… Ⅲ.①高等教育—研究 Ⅳ.①G640

中国版本图书馆 CIP 数据核字(2020)第 183484 号

*Orators & Philosophers: A History of the Idea of Liberal Education* by Bruce A. Kimball
Copyright © 1995 by College Entrance Examination Board.
First published by Teachers College Press, Teachers College, Columbia University, New York, New York USA.
Simplified Chinese edition © 2020 Peking University Press.
All Rights Reserved.

| | |
|---|---|
| 书　　　名 | 什么是博雅教育<br>SHENME SHI BOYA JIAOYU |
| 著作责任者 | ［美］布鲁斯·A.金博尔（Bruce A. Kimball）　著　沈文钦,<br>朱知翔　李春萍　译 |
| 丛 书 策 划 | 周雁翎 |
| 丛 书 主 持 | 周志刚　张亚如 |
| 责 任 编 辑 | 周志刚 |
| 标 准 书 号 | ISBN 978-7-301-31627-6 |
| 出 版 发 行 | 北京大学出版社 |
| 地　　　址 | 北京市海淀区成府路 205 号　100871 |
| 网　　　址 | http://www.pup.cn　新浪微博:@北京大学出版社 |
| 电 子 信 箱 | zyl@pup.pku.edu.cn |
| 电　　　话 | 邮购部 010-62752015　发行部 010-62750672<br>编辑部 010-62767346 |
| 印 刷 者 | 北京中科印刷有限公司 |
| 经 销 者 | 新华书店<br>965 毫米×1300 毫米　16 开本　21.25 印张　306 千字<br>2020 年 11 月第 1 版　2022 年 6 月第 2 次印刷 |
| 定　　　价 | 78.00 元(精装版) |

未经许可,不得以任何方式复制或抄袭本书之部分或全部内容。
版权所有,侵权必究
举报电话:010-62752024　电子信箱:fd@pup.pku.edu.cn
图书如有印装质量问题,请与出版部联系,电话:010-62756370

# 目 录

在哲学家的时代重申雄辩家的教育传统 …………………… 1

前言 ………………………………………………………… 27

增订版序言 ………………………………………………… 37

第一版序言 ………………………………………………… 39

致谢 ………………………………………………………… 47

第一章　导论 ……………………………………………… 1

第二章　博雅学艺的建立 ………………………………… 12

第三章　中世纪盛期哲学家传统的兴起 ………………… 43

第四章　文艺复兴时期的人文主义者和改革派
　　　　牧师 ……………………………………………… 75

第五章　博雅—自由理念的兴起 ………………………… 113

第六章　雄辩家传统与哲学家传统在美国
　　　　的冲突 …………………………………………… 156

· 1 ·

第七章　当下讨论的类型学 ················· 204

附录1 ································· 238

附录2 ································· 250

后记：关于本科教育的若干报告的历史和文化
　　　维度 ····························· 255

翻译分工 ······························ 282

# 在哲学家的时代重申雄辩家的教育传统

## 沈文钦

1981年,美国学者布鲁斯·A.金博尔(Bruce A. Kimball)以博士论文《美国博雅教育概念的历史与类型学分析》(*A Historical and Typological Analysis of Ideas of Liberal Education in America*)获得哈佛大学教育学院的博士学位。1986年,这篇博士论文修改后以"雄辩家与哲学家:博雅教育观念史"(*Orators & Philosophers: A History of the Idea of Liberal Education*)*为名,由哥伦比亚大学出版社出版。出版后反响不俗,国际学界有多篇书评。① 罗伯特·奥利尔(Robert Orrill)赞扬该书是"关于博雅教育理念最具综合性和连贯性的历史研究"②。该书同时获得由美国学院和大学协会(Association of American Colleges and Universities)所颁发的Frederic W. Ness奖,并于1995年再版。在完成

---

\* 该书原名为"雄辩家与哲学家:博雅教育观念史"(*Orators & Philosophers: A History of the Idea of Liberal Education*),中译本更名为"什么是博雅教育"。本文以下提及该书处,均称"什么是博雅教育"。特此说明。——编者注

① Schilling, M. (1987). Review of Orators & Philosophers: A History of The Idea of Liberal Education. *The Teachers College Record*, 88(4), 610–612. Pederson, T. (1989). Liberal education: A literary Black Hole? *The Review of Higher Education*, 12(4), 411.

② Kimball, B. A. & Orrill, R. (1995). *The Condition of American Liberal Education: Pragmatism and a Changing Tradition. An Essay with Commentaries and Responses*. New York: College Board Publications, vii, 173.

博士论文的研究后,金博尔一直持续关注博雅教育的思想史研究,1995年出版《美国博雅教育的状况》一书,讨论实用主义对博雅教育的影响。① 2010年,他汇编了历史上有关博雅教育思想的经典文献,出版《博雅教育的传统:文献史》一书。② 可以说,金博尔是当今学界研究博雅教育思想史屈指可数的权威学者之一。

当前,我国正在进行一场前所未有的通识教育改革。这场改革既面临理论的问题,也面临实际的问题。其中让人困惑的理论问题是:什么是博雅教育?博雅教育和通识教育的区别是什么?在实际操作过程中,如何设计课程则成为最棘手的问题。在这两个方面,《什么是博雅教育》一书都从历史的角度给予我们很多启发。

## 一、博雅教育:一个让人捉摸不定的概念

在西方教育思想史上,恐怕没有哪一个概念的重要性可以和博雅教育相提并论。但关于这个概念本身的历史演变,长期以来缺乏深入的研究。在金博尔教授进行该项研究之前,学术界对 liberal education 一词的理解非常混乱,分歧甚多。这表现在很多方面:1. liberal education 是西方独有的教育理念,还是也存在于非西方文化之中?2. 作为一种课程模式,liberal education 是否等同于通识教育(general education)?3. liberal education 是否与西方的自由主义政治哲学及其价值观(如自由民主制)存在必然联系?4. 在这个概念中,liberal 的语义是"自由"(liberating, freedom),还是宽博、文雅(broad, genteel, general)?

历史地看,西方学者其实很早就认识到 liberal education 是一个有些模糊甚至让人难以捉摸的概念。也正因为如此,纽曼在1860年的

---

① Kimball, B. A. & Orrill, R. (1995). *The Condition of American Liberal Education: Pragmatism and a Changing Tradition. An Essay with Commentaries and Responses.* New York: College Board Publications, vii, 173.

② Kimball, B. A. (2010). *The Liberal Arts Tradition: A Documentary History.* New York: University Press of America.

《大学的理念》一书中才用大量的篇幅来讨论到底什么是 liberal education。到 19 世纪末,随着研究型大学在美国的发展,本科教育的自我定位越来越不清晰,人们对博雅教育的理解也变得更加不确定。1889 年,美国罗彻斯特大学校长戴维·杰恩·希尔(David Jayne Hill)在演讲中指出:

> 人们常常借口说,我们教育体系的历史之所以充满了困惑和冲突,原因是 liberal education 的观念在本质上是一个模糊、不确定且难以定义的概念。我想指出的是,尽管这个观念是一个不断发展的观念,因此在时间的流逝中不断被丰富,但另一方面,这是一个非常确定、清晰并且可以定义的观念。①

从这段文字可以看出,尽管戴维·杰恩·希尔主张可以清晰地定义什么是 liberal education,但时人对这个概念的理解已经出现了混乱和困惑。

1945 年,哈佛大学报告《自由社会中的通识教育:哈佛委员会的报告》(*General Education in A Free Society*:*Report of the Harvard Committee*,通称《哈佛通识教育红皮书》)在标题中采用了当时较新的通识教育概念,而不是传统的自由教育概念。哈佛校长詹姆斯·科南特(James Conant)在序言中指出,哈佛委员会的这一做法是有意为之,他认为通识教育概念相对于传统的博雅教育概念有一些优势。一些学者会提出,如果教授方法得当,他们所在学科的教育本身就是一种博雅教育,但这一说法显然不适用于通识教育一词。②

1951 年,教育史研究者托马斯·伍迪(Thomas Woody)认为,liberal education 就是任何特定时间、特定文化中的最高教育理想,因此有中国的博雅教育,也有美国的博雅教育。③ 1960 年,由于意识到博雅教育概念理解的多元性和差异性,学者们开始寻找一种操作性的定

---

① Hill, D. J. (1889). *The American College in Relation to Liberal Education*. University of Rochester, 12.
② Baker, J. K. (1947). *The Evolution of the Concept of General Education*. Yale University, 311.
③ Kimball, B. A. (1995). *Orators & Philosophers*:*A History of the Idea of Liberal Education*. New York:College Entrance Examination Board:College Board Publications, 7.

义,如历史学者威利斯·鲁迪(Willis Rudy)将 liberal arts 定义为"在传统的四年制文理学院中,历史地形成并被学习的课程"①。但是,对于这一概念的理解并未因此达成共识,到20世纪70年代,曾长期参与主持芝加哥大学通识教育项目的美国学者查尔斯·韦格纳(Charles Wegener)无奈地指出:"liberal education 一词被赋予了如此之多的含义,因此这个词是否应当继续保留就是一个好问题。"②1979年,教育思想史研究者加福斯(W. F. Garforth)指出,由于 liberal 一词的模糊性和矛盾性,"教育家们最好暂时将 liberal education 一词从他们的词典中抹去"③。

三十多年后,曾经担任拜洛伊特学院(Beloit College)校长的美国教育家维克托·E. 费拉尔(Victor E. Ferrall)旧话重提,主张不再使用"博雅教育"这个概念:

> 如果学术界希望在谈及 liberal education 时被外界人士理解,他们最好选择一个不同的形容词。几乎除此以外的任何词——如 broad、open、inclusive、general——都更具有描述价值。④

尽管维克托·费拉尔等学者建议不再采纳 liberal education 这个术语,尽管博雅教育的语义容易引起困惑,但在历史上,博雅教育一直有一个不变的内涵,即它是一种与专门职业教育(professional education)相对的教育形式,与通识教育一词相比,博雅教育不仅涵盖了"非职业性的通识性教育"这一语义,而且历史更为悠久,并传递了更多的价值内涵,如文化、闲暇、自由,等等。也正因为如此,哈佛大学、耶鲁大学、普林斯顿大学等顶尖研究型大学以及数以百计的小型文理学院(liberal arts college)仍然以这一概念作为其本科教育的哲学基础。在美国本土,很多学者仍然偏爱博雅教育(liberal education)而

---

① Kimball, B. A. (1995). *Orators & Philosophers: A History of the Idea of Liberal Education.* New York: College Entrance Examination Board: College Board Publications, 7.
② Carnochan, W. B. (1993). *The Battleground of the Curriculum: Liberal Education and American Experience.* Stanford, Calif.: Stanford University Press, 115.
③ Ahlgren, A., & Boyer, C. M. (1981). Visceral Priorities: Roots of Confusion in Liberal Education. *The Journal of Higher Education*, 52 (2): 173—181.
④ Ferrall, V. E. (2011). *Liberal Arts at the Brink.* Boston, MA: Harvard University Press, 8.

非通识教育(general education)的概念。而且,随着哈佛大学2007年启动新一轮本科课程改革,香港大学2012年起将本科教育从三年改制为四年并在本科生中实施通识教育,耶鲁大学2013年与新加坡国立大学联合成立本科文理学院等一系列事件的发生,以及博雅教育模式与人文学科在美国本土遭遇困境,国际学术界对博雅教育的讨论进入了一个新的热潮,美国一些文理学院院长如拜洛伊特学院院长维克托·E. 费拉尔①、卫斯理学院的院长米歇尔·S. 罗斯(Michael S. Roth)②都在最近几年出版了讨论博雅教育的著作,包括中国在内的东亚地区的通识教育改革也越来越受到西方的关注。③ 博雅教育已经成为一个全球性的议题。

## 二、在混乱中寻找清晰:金博尔的类型学贡献

20世纪70年代末,金博尔在哈佛教育学院攻读博士学位,当时正值美国通识教育的低潮期,也是学界对博雅教育概念的理解比较混乱的时期。在金博尔看来,之所以导致这种混乱的局面,主要是因为20世纪有关liberal education的绝大多数研究都是自相矛盾的、反历史的、相对主义的,甚至雅克·马里坦、约翰·兰德尔(John Randall)、保罗·赫斯特(Paul Hirst)和理查德·彼得斯(Richard Peters)等著名学者的研究也不能幸免。④

金博尔决定在混乱中发现秩序,他历时八年(1973—1981),完成《什么是博雅教育》一书的研究。该书充分利用了拉丁文、法文、德文和英文文献,其征引文献之广,涉及语种与作者之多,在教育史著作中是罕有其匹的。该书一个很大的优点是具有浓厚的"学术论辩"色彩。

---

① Ferrall, V. E. (2011). *Liberal Arts at the Brink*. Boston, MA: Harvard University Press, 8.
② Roth, M. S. (2014). *Beyond the University: Why Liberal Education Matters*. Yale University Press.
③ Peterson, P. McGill. (2012). *Confronting Challenges to the Liberal Arts Curriculum: Perspectives of Developing and Transitional Countries*. Routledge.
④ Kimball, B. A. (1995). *Orators & Philosophers: A History of the Idea of Liberal Education*. New York: College Entrance Examination Board: College Board Publications, 8.

和一般的教育史论著不同,这是一本观点非常鲜明的著作。金博尔非常注意学术史的梳理,对于相关著作,尽可能做到网罗无遗。而且,金博尔往往在前人研究的基础之上,批判性地提出自己的观点。其中最主要的一个贡献是,他对博雅教育思想史进行了类型学的研究,试图结束上面所提到的混乱局面,描绘一个相对清晰的概念史图谱。

金博尔指出,西方历史上存在两种类型的博雅教育理论,一为雄辩家的博雅教育观念,一为哲学家的博雅教育观念。前者注重培养人的演讲才能,培养领导型精英人才;后者培养人的反思能力,注重知识的增长。"博雅教育的历史就是雄辩家与哲学家相互争论的历史"。①

雄辩家的观念又被称为"博雅学艺理念"(artes liberales ideal)传统。金博尔总结了这一传统的几个核心特征,即:1.培养引领社会的公民演说家;2.认同真正的德性;3.致力于提升学生的德性;4.认为德性的来源是伟大的文本;5.文本的权威源自教条主义的前提,即这些伟大本文展示了真正的德性;6.博雅教育是自为目的的。②

金博尔认为,在非常长的历史时期内,哲学家的传统在博雅教育思想中影响甚微。人们在讨论这一观念时,往往将其追溯至西塞罗、昆体良等雄辩家,而不是苏格拉底、柏拉图、亚里士多德等哲学家。经过17世纪的科学革命和18世纪的启蒙运动,哲学传统重新复兴,这一复兴又孵化了一个新的传统,金博尔称之为"博雅自由理念"(liberal free ideal)。这一传统同样具有几个特征:1.对自由——尤其是从既有的约束和标准中获得的自由——的强调;2.对理智(intellect)和理性的强调;3.认识论的怀疑主义;4."确定性是不宽容之母",所以强调宽容;5.平等主义;6.对个体意志而不是 artes liberals 理念中所见的公民义务的强调;7.作为一种理念而存在,并且自为目的。在知识追求中实现的智力的自由成为一个自为目的的目标。由于结论总是面临批判,人们最终渴求的实际上并不是真理,而是探寻的过程。③

---

① Kimball, B. A. (1995). *Orators & Philosophers: A History of the Idea of Liberal Education*. New York: College Entrance Examination Board: College Board Publications, 2.
② Ibid., 228.
③ Ibid., 119–122.

哲学家传统与雄辩家传统的不同在于：雄辩家传统强调的是 logos 中的"语言"，将文法和修辞置于首位；而哲学家传统则强调 logos 中的"理性"，因而将逻辑学和数学置于首位。修辞学家传统注重智慧（wisdom）与雄辩（eloquence）的结合，哲学家传统注重自由探究。哲学家的传统重视逻辑学和数学，修辞学家的传统注重文法和修辞。整个西方高等教育史就是两者此消彼长的历史。在中世纪晚期、19世纪的德国大学以及20世纪的研究型大学中，是哲学家的传统取胜；而在古罗马时期、加洛林王朝时期、意大利文艺复兴时期以及18世纪的美国和英国，则是雄辩家的传统取胜。

金博尔指出，博雅学艺理念和博雅自由理念（liberal free ideal）都是"人为构建的产物"。也正因为是人为构建的，所以这两种理念和代表社会运动和政治运动的一些"主义"（例如自由主义）不同。受社会环境的影响，自由主义在不同时代有不同的内涵，但博雅学艺理念和博雅自由理念却始终保持其系统的连贯性和一致性。①

除了博雅学艺理念和博雅自由理念之外，金博尔又指出还存在两种类型，分别是博雅学艺理念吸收部分博雅自由理念的观念产生了所谓的"博雅学艺理念调适"（artes liberales ideal accommodation），或者反之产生所谓的"博雅自由理念调适"（liberal free ideal accommodation）。这样，西方整个历史上的博雅教育观念其实一共有四种类型。

在金博尔看来，几乎所有论述博雅教育的作者都可以被纳入这四大阵营。哲学家查尔斯·弗兰克尔（Charles Frankel）、社会学家丹尼尔·贝尔（Daniel Bell）被归入纯正的"博雅—自由理念派"，伊索克拉底、西塞罗、昆体良、奥古斯丁、伊拉斯谟、白壁德、马修·阿诺德属于纯正的"博雅学艺理念派"。丹尼尔·贝尔被金博尔归为纯正的博雅自由理念派的原因在于其主张"任何知识，当它被用于进行持续的探究时，就是自由的（即扩展心灵并使心灵自由的）"②。

金博尔认为，在20世纪，坚持纯正的 artes liberales ideal 或 liberal

---

① Kimball, B. A. (1995). *Orators & Philosophers: A History of the Idea of Liberal Education*. New York: College Entrance Examination Board: College Board Publications, 257.

② Kimball, B. A. (1981). *A Historical and Typological Analysis of Ideas of Liberal Education in America*. E. DD Dissertation. Harvard University, 246.

free ideal者均为少数,大多数为调适派或改良派,其中最常见的是"博雅学艺理念调适派"(artes liberales ideal accommodation),博雅学艺理念调适派萌芽于11到13世纪博雅学艺理念遭遇经院哲学的挑战之时,但其正式的诞生则是19世纪,因为当时坚持传统博雅学艺理念的教育家遭遇到了现代哲学传统的挑战,不得不作出调整。19世纪博雅学艺理念最大的代表人物是亨利·纽曼,20世纪的代表人物则有罗伯特·哈钦斯(Robert Hetchins)、莫蒂默·阿德勒(Mortimer Adler)、亚历山大·米克尔约翰(Alexander Meiklejohn)等人,他们一方面采用了博雅学艺理念所主张的教育手段(即经典阅读),但同时倡导博雅自由理念的追求真理观念,即试图通过文本阅读来培养批判性的哲学思维。根据这一标准,影响甚广的《哈佛通识教育红皮书》也被金博尔归入博雅学艺理念调适派的阵营。

"博雅自由理念调适派"(liberal free ideal accommodation)的人数似乎要少一些,而且很多并不是著名人物,被金博尔点名归入这一阵营的学者有富兰克林—马歇尔学院(Franklin and Marshall College)的前校长弗雷德里克·鲍曼(Frederick Bolman),因为他主张文理学院的首要任务是训练理智,但同时要培养有素质、拥有"受过教育的自由心灵"的人才来领导社会。[①] 追求真理是哲学家的主张,领导社会则是雄辩家的主张。根据这一标准,被纳入博雅自由理念调适派阵营的还有1946—1969年间担任加州理工学院(California Institute of Technology)校长的物理学家李·杜布里奇(Lee DuBridge)、伍斯特理工学院(Worcester Polytechnic Institute)的前校长乔治·哈泽德(George Hazzard),等等。

对于博雅学艺理念调适派和博雅自由理念调适派,金博尔的态度多少是有些批判性的。因为他认为调适派的理论试图融合尽可能多的观点,但在系统性、一致性方面有所欠缺,不可避免会导致一些内在的矛盾和冲突。例如博雅学艺理念调适派主张通过对古典文本的阅读来发展批判理智,但因为批判理智不承认绝对先天的标准,它无法回答为何要

---

① Kimball, B. A. (1981). *A Historical and Typological Analysis of Ideas of Liberal Education in America*. E. DD Dissertation. Harvard University, 235-236.

选择柏拉图的作品而不是某一本现代的著作来培养批判理智。①

金博尔认为,美国学界在讨论这一概念时,之所以存在种种困惑和矛盾,大多源自这四种不同类型观念之间的冲突。这一分类方法尽管有简单化的嫌疑,但线条清晰,具有学理上的启发意义,因而被学界广为接受。尤其是,如果考虑到西方学界对博雅教育概念在理解上的混乱,金博尔这一异常清晰的观念分类无疑具有令人豁然开朗的效果。历史类型学的功能是多方面的,第一,它对不同类型观念的特征做了描述,这一描述可以"在一些折中的陈述中发现其所存在的张力,从而有助于观念的澄清"②;第二,它指出了四种不同类型的博雅教育观念的历史渊源。

### 三、写作意图:在哲学家的时代重申雄辩家传统

金博尔建议现代大学要留意雄辩家 liberal arts 传统的价值,因为现代大学过于向研究倾斜,过于注重自由探究,从而使大学的教师和学生都缺乏节制。而雄辩家传统对经典文本的重视与对模仿的重视,可以成为现代大学的解毒剂。在 1988 年的一篇文章《当下本科教育报告的历史与文化维度》中,金博尔指出,20 世纪 80 年代早期和中期有关本科教育的讨论比较强调语言的学习和文化的传统、公民和共同体的价值以及教学,他认为这表明在哲学家传统占领统治地位达一个世纪之久后,雄辩家的传统正在逐渐复兴。③ 很多学者尤其是人文学者赞同金博尔对雄辩家传统的推崇。美国的核心文本与课程协会(The association for Core Texts and Courses)即主张通过核心文本来进行大学的通识教育。根据这一传统,人文学科的意义更多在于培养负责任的、有人文素养的公民,而不是培养研究者。在现代大学,未来从

---

① Kimball, B. A. (1981). *A Historical and Typological Analysis of Ideas of Liberal Education in America*. E. DD Dissertation. Harvard University, 234.

② Ibid., 245.

③ Kimball, B. A. (1988). The Historical and Cultural Dimensions of the Recent Reports on Undergraduate Education. *American Journal of Education*, 96 (3), 293–322.

事人文研究的毕竟是少数,大部分学生在本科阶段人文通识课程的教育,并不是为了成为人文学科的研究者。

不过,也有学者对重申雄辩家的传统表示怀疑。大学史研究者亚瑟·恩格尔(Arthur Engel)指出,建议重视雄辩家传统是无力的,因为历史往往表明,"博雅教育"的制度化往往带来高等教育的停滞。亚瑟·恩格尔这一批评并非毫无道理。在18世纪的英国大学,雄辩家的传统占据上风,而大学奄奄一息,几乎难以为继;在哲学家传统占支配地位的时期,大学则繁荣兴旺,比如19世纪的德国大学和20世纪的美国大学。

在传统社会,数学、自然科学在政治、经济生活中的作用并不显著,因此教育的重心自然落在文法、修辞和辩证法之上。但即便如此,也应该看到,数学一直是传统博雅教育的一部分。随着社会理性化、科学化进程的加剧,官僚化、技术化以及数学知识变得越来越重要。基于这一考虑,美国大学的通识教育课程中一般都包含数学、科学方面的内容。1981年,在达特茅斯学院的本科生中,85%~90%至少选修一门数学课程。[①] 2001年,耶鲁大学三百年校庆,耶鲁大学校长决定对本科教育进行审视与改革。校方成立了一个专门的委员会,最终于2003年发布的报告重申古典博雅教育的精义,认为学会学习(learning how to learn)依然是通识教育的核心和关键。基于这一理解,他们认为,写作技巧、科学与定量推理能力、语言能力这三样能力是最重要的。[②] 哥伦比亚大学的历史学家、博雅教育的倡导者雅克·巴尔赞(Jacques Barzun)也认为,数学学科和自然科学所体现的几何学精神和人文学科所体现的敏感性精神在博雅教育中缺一不可。[③] 哥伦比亚大学的核心课程一直局限于当代文明课程和人文学课程,但在2012年增加了一门"科学前沿"课程,以使学生对当代科学的进展有

---

[①] White, S., et al. (1981). *The New Liberal Arts: An Exchange of Views*. New York, NY: The Alfred P. Sloan Foundation, 58.

[②] Laurans, P. (2004). Now More Than Ever Liberal Education and Curricular Reform at Yale. *Peer Review*, 6 (2), 25-27. White, S., et al. (1981). *The New Liberal Arts: An Exchange of Views*. New York, NY: The Alfred P. Sloan Foundation, 40.

[③] White, S., et al. (1981). *The New Liberal Arts: An Exchange of Views*. New York, NY: The Alfred P. Sloan Foundation, 40.

基本的了解。① 除了科学前沿课程，哥伦比亚大学的本科生还需要另外选修两门自然科学类的课程才能满足通识教育的要求。根据美国高教研究专家史蒂夫·布林特（Steve Print）对272所高校的历史调查，1975—2000年，将数学作为通识课程要求的高校从18.8%增加到47.6%。② 因此，可以认为，从当代美国大学的通识课程设置来看，一个突出特点是将雄辩家的传统与哲学家的传统结合起来。

科学史家威廉·斯塔尔（William Harris Stahl）曾这样表达对雄辩家传统的批评：

> 一个社会，如果它的知识精英的水平停留在杜兰特《哲学的故事》（*The Story of Philosophy*）以及朗赛罗·霍格本（Lancelot Hogben）的《公民科学读本》（*Science for Citizen*）这类书之上，如果它失去了与原创精神的联系——如同罗马一样，那它注定会在精神上走向衰落。③

有些吊诡的是，尽管金博尔对雄辩家的传统表示同情，但无论就其写作风格而言，还是就其批判性而言，《什么是博雅教育》一书似乎更接近哲学家传统，而非雄辩家传统。金博尔试图推翻雅克·马里坦（Jacques Maritain）等思想大家关于博雅教育的论断，勇气可嘉。这种怀疑精神本身继承的恰恰是哲学家的思想遗产。可以说，这是一本基于哲学家精神而写的为雄辩家辩护的书。

## 四、对该书的若干批评性意见

（一）雄辩家与哲学家的两分法

毫无疑问，《什么是博雅教育》一书是迄今为止对西方博雅教育思

---

① Delbanco, A. (2012). *College: What It Was, Is, and Should Be* (1st ed.). Princeton: Princeton University Press, 32.
② Brint, S., Proctor, K., Murphy, S. P., et al. (2009) General Education Models: Continuity and Change in the US Undergraduate Curriculum, 1975-2000. *The Journal of Higher Education*, 80(6), 605-642.
③ Stahl, W. H. (1971). *Martianus Capella and the Seven Liberal Arts*. New York: Columbia University Press, 234.

想进行研究的最为全面系统的著作,但这并不意味着读者需要全盘接受该书的观点。尽管作者将数千年的博雅教育教育观念划分为"哲学家"和"雄辩家"两种类型,具有一定的启发性,但这一划分本身也存在可以商榷之处。

首先,雄辩家与哲学家的二分法是对一些思想家的简化,事实上,很多人并不能用"雄辩家"与"哲学家"的二分法来做简单的划分。哲学家与雄辩家之间的对立并不是绝对的,历史上很多杰出的人物往往既是雄辩家又是哲学家。比如金博尔将柏拉图和亚里士多德视为哲学家传统的代表而与雄辩家传统对立起来。但正如维纳·耶格尔(Werner Jaeger)所指出的,亚里士多德认为城邦生活是人类的幸福所寄,人本质上是一个政治动物;而柏拉图也同样认为真正的文化与荣誉、公民社会相一致。柏拉图和亚里士多德并不简单地反对雄辩家的传统。亚里士多德尽管流传下来的都是哲学作品,但据传他写过很多文辞优美的对话。伊西多尔在《词源学》中也将他和高尔吉亚等人并列,视之为雄辩术的创始人之一。① 卡尼斯·洛德(Carnes Lord)即指出,金博尔在批评哲学家的博雅教育传统时,没有看到亚里士多德的"实践哲学"和伊索克拉底的修辞学教育之间的亲缘关系,受伊索克拉底的影响,亚里士多德的修辞学教育也走向了实践的维度。② 又比如公元9世纪的爱留根纳(John Scottus Eriugena)被认为是中世纪最伟大的哲学家之一,金博尔也将其视为哲学家传统的典型代表,而爱留根纳本人又是一位奥古斯丁和伊西多尔著作的专家。③

历史上的很多教育思想家都可以视为"折中主义者"。比如中世纪时索尔兹伯里的约翰(John of Salisbury)就是一个典型。只要是他认为正确的东西,他都加以吸收。按照金博尔的划分,索尔兹伯里的约翰属于"雄辩家传统"。然而事实上,其教育学著作《元逻辑》

---

① Isidore of Seville. (2006). *The Etymologies of Isidore of Seville*. Cambridge, New York: Cambridge University Press, 69.
② Carnes Lord. (1996). Aristotle and the Idea of Liberal Education. *In Ober, J., Demokratia: A Conversation on Democracies, Ancient and Modern*. Princeton, N.J.: Princeton University Press, 271-288.
③ Moran, D. (2004). *The Philosophy of John Scottus Eriugena: A Study of Idealism in the Middle Ages*. Cambridge: Cambridge University Press, xii.

(*Metalogicon*)一书的思想来源非常驳杂,《圣经》、基督教父(奥古斯丁、伊西多尔等)、哲学家(亚里士多德、柏拉图)、雄辩家(西塞罗、昆体良)、诗人(贺拉斯)等都在书中留下了鲜明的印记。而且,在书中他倚重于哲学家的程度甚至超过了雄辩家。该书提到柏拉图的次数为33次;有超过一半的篇幅讨论的是亚里士多德的《工具论》,亚里士多德出现超过120次,并被誉为"最卓越的哲学家"和"逻辑学最伟大的大师";相比之下,提及西塞罗的次数仅为24次。①

其次,即便可以将历史上论述博雅教育思想的作家归为哲学家和雄辩家两个阵营,这两大阵营内部也是分歧丛生的。金博尔认为,雄辩家传统尊崇的是言辞(oratio),而哲学家传统尊崇的是理性(ratio)②。言下之意,隶属于他所谓的雄辩家传统的作家认为言辞比理性更为重要。确实,在雄辩家传统中,昆体良认为言辞胜于理性。③但隶属于他所谓雄辩家传统的伪普鲁塔克、维夫斯、奥古斯丁等人都认为理性比言辞更重要。伪普鲁塔克在《论儿童教育》中认为,理性比语言更重要:"有两样东西是人性所特有的,即理性和语言;在两者之中,理性是语言的主人,语言是理性的仆人。"④又比如,根据金博尔的说法,雄辩家理念的一个特征是认识论的教条主义,然而,这很难说是所有雄辩家的共同特征,比如西塞罗的认识论更倾向于怀疑主义。这种简单的归类对古代哲学家的形象也有所误解。并非所有的古代哲学家都强调逻辑和数学,这两门学科不能反映哲学家的教育传统。

这种线索清晰但不免简单化的划分不可避免地会导致一些问题。例如,对于那些难以清晰地归为雄辩家或哲学家的思想家,金博尔或者视而不见,或者关注不够。如《什么是博雅教育》一书完全没有对纽曼的理论进行阐述,在他看来,纽曼的《大学的理念》一书是"折中主

---

① McGarry, D. D. (1948). Educational Theory in the Metalogicon of John of Salisbury. *Speculum*, 23 (4), 659–675.
② Kimball, B. A. (1995). *Orators & Philosophers: A History of the Idea of Liberal Education*. New York: College Entrance Examination Board: College Board Publications, xi.
③ Crane, R. S. (1987). *The Idea of the Humanities*. Chicago: The University of Chicago Press, 40, 52.
④ 普鲁塔克.论儿童教育[A].任钟印选译.昆体良教育论著选[M].北京:人民教育出版社,2001:243–261.

义的"和"不成系统的"。① 笔者认为,金博尔对纽曼的忽略使他的思想史研究缺少了重要的一环,而他对纽曼的评价也有失公允。

此外,在教育实践中,雄辩家的理念与哲学家的理念通常是结合在一起的,而不是相互冲突的。圣约翰学院(St John College,因其名著教育模式而闻名)的前教务长伊娃·布莱恩(Eva Brann)在批评金博尔时就指出,在圣约翰学院,博雅教育的模式是将两者结合起来:"我所在的圣约翰学院当然属于哲学家的模式,因为它制度性地、热情洋溢地鼓励对真理的追求。同时,它又持续不断地关注言说(speech),不仅将其作为讲述真理的工具,也将其视为触动人心、说服别人的工具。就此而言,它显然与雄辩家模式密切相关。"②历史地看,在18、19世纪,剑桥大学本科教育中数学与古典学并重,牛津大学则兼顾逻辑学与古典学,大多是反映理性与言辞的融合而非冲突。金博尔关于雄辩家与哲学家之间的划分,尤其是前者注重语言、后者注重数学和逻辑学的论题很容易让人想起斯诺关于两种文化的著名论述。但正如雅克·巴尔赞所指出的,斯诺关于两种文化的划分"是一个错觉",斯诺在讨论两种文化时并没有着眼于世界的现状而是针对英国本土的情况。事实上,在提出两种文化的命题之前,斯诺考察了美国的高校,他发现美国很多大学要求所有一年级新生修习数学和科学课程;和美国不同,英国的大学生一入学便进行文理分科。斯诺很钦慕美国的这种制度,于是回到英国便极力宣扬美国制度的优点。③ 换言之,斯诺从美国制度中两种文化的融合发现了英国教育中两种文化的分裂,并试图改变这一局面。总而言之,尽管雄辩家与哲学家的类型划分富有启发性,但在其历史叙述中,金博尔过于强调了两者之间的紧张关系。

(二) 博雅教育思想的溯源之争

尽管金博尔在著作中严格遵循文本证据,他有时似乎对某些证据

---

① Kimball, B. A. (1995). *Orators & Philosophers: A History of the Idea of Liberal Education.* New York: College Entrance Examination Board: College Board Publications, 195.
② Kimball, B. A. & Orrill, R. (1995). *The Condition of American Liberal Education: Pragmatism and a Changing Tradition. An Essay with Commentaries and Responses.* New York: College Board Publications, vii, 173.
③ White, S., et al. (1981). *The New Liberal Arts: An Exchange of Views.* New York, NY: The Alfred P. Sloan Foundation, 44-45.

视而不见。金博尔指出,不管伊索克拉底是否是打败柏拉图的"胜利者",只要哲学家或智者被证明发明了有关博雅教育的相应词汇,胜利的棕榈叶依然有充分的理由归于其中一方。[1] 金博尔承认亚里士多德已经将"适合于自由人的"(eleutherios)和"教育"(Paideia)一词联系起来,他引用的是亚里士多德《政治学》一书的段落,该段落对应的文字如下:

> 显然,存在一种教育,儿童们接受这种教育不是因为其有用(useful)或必需(necessary),而是因为其适合于自由人并且高贵。[2]

在这里,亚里士多德确实没有直接使用与 liberal artes 直接对应的希腊文,但金博尔没有注意到,亚里士多德在《政治学》一书中已经正式提出了与后世的 liberal arts 直接对应的概念"适合自由人的科学"(eleutherion epistemon):

> 儿童应该学习种种必需的实用技艺……它们明确分为自由人的(eleutheron)和非自由人的(aneleutheron)两类,儿童们只能学习那些不使其陷于鄙俗的技艺。任何工作、技艺、科学倘若使得自由人的身体和思想不适合德性的运用和实行,都应认为是鄙俗的。……还有一些自由人科学(eleutherion epistemon),某些人大致可以不失身份地参与其中。[3]

据此可以宣称,哲学家,尤其是亚里士多德,发明了有关 liberal education 的"相应词汇"。也正是在这个意义上,哈佛大学的古希腊文学教授、古希腊语专家威廉·戈德温(William Godwin)在 1891 年的一次演讲中指出:"在亚里士多德那里,我们找到了对自由学问与自由知识的第一次明确的陈述。他指出,自由学问和自由知识是'适合于自

---

[1] Kimball, B. A. (1995). *Orators & Philosophers: A History of the Idea of Liberal Education*. New York: College Entrance Examination Board: College Board Publications, 20.
[2] Aristotle. (1944). *Politics,with an English Translation by H. Rackham*. Cambridge, Mass: Harvard University Press, 643.
[3] Aristotle. (1998). *Politics*. Cambridge, Mass.: Harvard University Press, 637-639.

由人'(fit for freeman)的学问和知识。"①

金博尔认为,将博雅教育的发明权归功于古希腊,尤其是亚里士多德、柏拉图等哲学家,这是19世纪之后才出现的现象,"我们只有跳过21个世纪的时间,将博雅教育的历史根源追溯至雅典哲学家,才是有说服力的"②。但至少有一个文本可以证明,在19世纪之前的几百年,就有学者将博雅教育的概念直接追溯至亚里士多德。文艺复兴时期的教育家皮尔·保罗·弗杰里奥(Pier Paolo Vergerio)指出:"亚里士多德在关注积极的公民生活时指出,一个人不能过分沉迷于自由的科学,也不能过于追求熟练。"③这显然指的是亚里士多德在《政治学》中的论述,liberalibus scientiis 对应的是该段落中所提到的"适合自由人的科学"(eleutherion epistemon)。

(三) 类型学或观念变迁

由于将研究重点放在类型学部分,金博尔对概念的变迁关注得不够。全书对概念的语义分析较少,也未能利用各个时期的辞典对这个概念的语义变化展开分析。

事实上,博雅教育思想的历史演进并不仅仅是雄辩家理念与哲学家理念此起彼伏、交相更替、循环往复的过程,而往往是新理念取代旧理念的过程。例如,18世纪的英美博雅教育理念与19世纪末之后英美的博雅教育理念,两者之间最大的区别不在于前者是雄辩家传统,后者是哲学家传统,而在于前者培养的目标是文雅绅士,后者培养的目标是自由公民;后者对于 liberal 一词的语义的理解也根本上不同于前者,在前者那里,liberal 的语义是"符合绅士身份的并且通识性的",在后者那里,liberal 的语义是"自由的"。

从19世纪末开始,尤其是在美国,liberal 的语义发生了根本性的变化,它主要被理解为"自由的"(free)、"解放的"(liberating)、"通识

---

① Goodwin, W. W. (1891). *The Present and Future of Harvard College. An Address Delivered before the Phi Beta Kappa Society at Cambridge, Mass., June 25, 1891.* Boston, Ginn & Co., 25.

② Kimball, B. A. (1995). *Orators & Philosophers: A History of the Idea of Liberal Education.* New York: College Entrance Examination Board: College Board Publications, 223.

③ Kallendorf, C. (2002). *Humanist Educational Treatises.* Cambridge, Mass.: Harvard University Press, 59. 原文为:*Verum Aristoteles quidem voluit liberalibus scientiis non nimis indulgendum nec immorandum esse ad perfectionem, civilem hominum vitam negotiosamque respectans*。

性的",原有的"文雅""宽宏""绅士般"等语义消失于无形。金博尔认为语义转型发生在 1909—1920 年,他认为这一时期人们对 liberal education 的理解显然不同于 1842—1876 年,此时 liberal 的语义越来越强调 liberalized。① 但在笔者看来,这一转型发生得更早。威廉·阿特金森(William Atkinson)在 1873 年的一次演讲中已经认为,博雅教育的概念"发生了革命性的变化",其背后的主因是共和制使之前仅限于绅士阶层的博雅教育变成对所有人(即人民)的教育。②

**五、从观念类型到概念变迁:博雅教育概念的演进**

如上所述,金博尔将历史上的博雅教育思想分为雄辩家与哲学家两大阵营,并认为这两大阵营之间的斗争一直持续至今。这一分类无疑具有启发意义,但不足之处在于将博雅教育这个概念处理成了一个相对静止的概念。但这个概念在历史上经历了几次大的转型,而且其转型有时甚至是革命性和颠覆性的,这其实也是人们对这个概念众说纷纭的一个根源。因此,要全面地理解博雅教育思想,除了金博尔所提供的观念类型学之外,还应该引入概念史的视角,关注这一概念的历史演变,包括其在语义方面的演变。

现代的博雅教育概念可追溯至古希腊的术语 *eleutherion epistemon* 以及古罗马术语 *artes liberales* 和 *liberaliter educatione*。亚里士多德在《政治学》一书中使用了 *eleutherion epistemon* 这个概念,拉丁术语 *artes liberales* 则较多地出现在西塞罗的著作中。在古希腊罗马时代,这些概念指的是面向拥有闲暇和财富的自由人阶层(亦即后来所理解的绅士)的全面的教育。它不是面向所有自由民的教育,而是面向"真正的自由人"的教育。在中世纪,博雅教育的观念典律化为"七艺"。

公元 16 世纪,秉承古典文明的精神,英文形式的 liberal education

---

① Kimball, B. A. (1981). *A Historical and Typological Analysis of Ideas of Liberal Education in America*. E. DD Dissertation. Harvard University, 167.

② Atkinson, W. P. (1873). The Liberal Education of the Nineteenth Century. *The Popular Science Monthly*, IV, 1–26.

概念开始出现,并在18、19世纪演变为英国最有影响的一种教育学说。根据《牛津英语词典》(*OED*),1580年在剑桥大学获学士学位的英国剧作家罗伯特·格林(Robert Greene)在1589年出版的小说《梅纳风》(*Menaphon：Camillas Alarum to Slumbering Euphues*)中使用了liberal education这个概念。① 一般认为,这是英文著作中最早使用博雅教育一词。同时,根据《牛津英语词典》的解释,在早期,博雅教育中liberal一词的含义是"符合高贵出身或上等阶层身份的"(worthy of or suitable for a person of noble birth or superior social status, characteristic of such a person)。但在16世纪末、17世纪初,博雅教育这个概念并不是很流行。以词汇量广而著称的剧作家莎士比亚(1564—1616)没有使用这个概念。②

到18世纪,liberal education这个概念开始流行,它指的是面向绅士阶层的、非专业性的、文雅的教育,一方面强调"博"(非专业性,通识性),另一方面强调"雅"(上流社会),因此翻译为博雅教育最为贴切。在18世纪的英国,尽管liberal education是一个常用的概念,但专门讨论这个概念的著作并不多见。到19世纪,讨论博雅教育的著作日益增多,博雅教育也由此成为一种体系化的学说,其中最著名的当属1828年的耶鲁报告以及纽曼的《大学的理念》一书。

不同的高等教育系统具有不同的学术信念或大学理念,博雅教育就是独具英国特色的一种高等教育观念,而这种观念之所以在19世纪的英国受到高度推崇,与英国大学的社会结构和社会背景密不可分。牛津、剑桥学生的社会出身解释了为何他们倾向于反专业主义的博雅教育。据统计,在1800—1849年间注册的剑桥学生中,31%出身于地主阶层,32%出身于牧师阶层,19%出身于专业阶层(律师、医生和教师),8%出身于中间阶层(经商、银行家、公共行政及其他营利职

---

① Simpson, J. A. (1989). *The Oxford English Dictionary*. Oxford：Clarendon Press. 原文为：It behooued her to further his Destinies with some good and liberall education. behooued 今写为 behooved, liberall 今写为 liberal.

② Cowley, W. H. (1995). The Heritage and Purpose of Higher Education. *Improving College and University Teaching*, 3 (2), 27–31.

业),另有10%出身于其他阶层。① 一直到20世纪40年代,牛、桥的学生还是以上层阶级的子弟居多。② 20世纪70年代末,撒切尔夫人当政后,牛津和剑桥的教育被认为是反工业主义的而受到政府的广泛批评。批评者认为,牛、桥两校教育所培养的贵族气质要对英国经济的衰落负责。其中最有名的一本批评著作是马丁·韦纳(Martin Wiener)1981年出版的《英国文化与工业精神的衰微:1850—1980》(*English Culture and the Decline of the Industrial Spirit, 1850-1980*)③。目前,已经很少有英国高校在全校层面开设通识教育课程。学生进入大学之后,直接进入某一个学科和专业学习。英国高等教育研究者彼得·司各特(Peter Scott)甚至不无偏激地指出:"从很多方面看,不列颠或者英国是最没有资格谈论通识教育的——因为它们没有任何通识教育。"④ 同样,在学术界,博雅教育已不再像19世纪那样是一个引起广泛关注和热烈讨论的话题,在英国的教育研究类杂志中,有关博雅教育或通识教育的讨论非常之少。

德国大学更加不注重结构化的通识课程。柏林大学的创办者威廉·冯·洪堡(Wilhelm von Humboldt)非常强调通识教育的重要性,他认为,学生应该在接受一定程度的通识教育之后,再接受专业教育。通识课程主要包括数学、古典语言学与历史学。⑤ 洪堡所倡导的"修养"(*Bildung*)观念也可视为英国博雅教育观念在德国的对应概念。⑥ 但与洪堡最初的设想不同,此后柏林大学乃至德国大学的高等教育是高度专业化的,通识教育一般被认为是中学的任务。按欧洲大陆高等教育传统,假定学生在中学阶段已经完成了通识教育,因此学生进入

---

① Jenkins, H., & Jones, D. C. (1960). Social Class of Cambridge University Alumni of the 18th and 19th Centuries. *British Journal of Sociology*, 1, 93-116.
② Soares, J. A. (1999). *The Decline of Privilege: the Modernization of Oxford University*. Stanford, Calif.: Stanford University Press, 212.
③ Ibid., 226.
④ Scott, P. (2002). The Future of General Education in Mass Higher Education Systems. *Higher Education Policy*, 15, 61-75.
⑤ Sorkin, D. (1983). Wilhelm Von Humboldt: The Theory and Practice of Self-formation (Bildung), 1791-1810. *Journal of the History of Ideas*, 44 (1), 55-73.
⑥ Bruford, W. (1975). *The German Tradition of Self-cultivation: Bildung from Humboldt to Thomas Mann*. Cambridge: Cambridge University Press.

大学之后立即进入某一个专业,而且学生进入专业系科,并不涉猎许多学科,因此,欧洲大陆的高等教育系统在思想上或结构上都不致力于通识教育。①

与博雅教育思想在英国、德国、法国的衰落相反,博雅教育及其当代变种——通识教育、自由教育一直在美国受到推崇,主要表现在以下两个方面。第一,从概念、话语的流行程度来看,20 世纪初至今的很多美国高等教育界领袖,不管是研究型大学的校长(如哈钦斯、德里克·博克),还是文理学院的校长,都热衷于谈论博雅教育问题。一些人文社科类的知识分子,如列奥·施特劳斯(Leo Strauss)、艾兰·布鲁姆(Allan Bloom)等,也都以倡导博雅教育为己任。从教育研究界来看,1946 年创刊的《通识教育研究》(*The Journal of General Education*)、1915 年创刊的《美国学院协会公报》(*Association of American Colleges Bulletin*,1959 年更名为 *Liberal Education*)为关注通识教育的学者提供了持续的发表渠道。第二,从实践来看,美国各个类型的高校,上至最顶尖的研究型大学和文理学院,中至一般的综合类高校,下至最底层的社区学院,都要求学生选修一定比例的通识课程,方可获得学位。尤其是在私立文理学院,博雅教育的概念和实践受到高度推崇。

可以说,从全世界的范围来看,美国人对博雅教育这个概念讨论的最多,在教育实践中对这一理念也最为重视。美国学界今天津津乐道的 liberal education 观念和 19 世纪纽曼、休厄尔(Whewell)等人的论述是否完全相同?笔者认为,尽管美国的通识教育或博雅教育传统继承自英国,但它同时在几个方面改写了这个概念。

首先,在 17—19 世纪的英国,liberal 具有两层最为基本的语义维度:1. 符合绅士身份的、绅士般的、高贵的、高雅的;2. 博学的、丰富的、广博的、通识性的。liberal education 的概念一方面反映了古典教育的"雅俗"分野,另一方面反映了古典教育"尚博""尚通"的基本精神。在 20 世纪的美国,liberal 的基本语义是"自由的""解放的"。从 19 世纪末到 20 世纪 40 年代,大量的美国学者将 liberal education 一词

---

① 〔美〕伯顿·R. 克拉克. 高等教育系统 [M]. 王承绪等译. 杭州:杭州大学出版社,1994:106.

等同于 liberating education,通过将两者等同,这些学者试图将 liberal education 和贵族制度之间的联系剥离开来,从而在大众民主社会中挽救这个概念的生命。① 其次,这种教育形式脱离了与绅士阶层之间的历史联系,从对绅士阶层的教育变成了对所有自由公民即所有人的通识性教育。最后,在美国,liberal education 越来越与自由主义的政治哲学和意识形态联系在一起,1940 年,耶鲁大学教育学系的唐纳德·雷斯(Donald Merriam Leith)完成了题为"自由主义与自由教育"(Liberalism and Liberal Education)的博士论文。雷斯宣称,美国已经诞生了新的自由教育理论,这个理论的来源不是之前旧的自由教育传统,而是 19 世纪的自由主义政治哲学,"它是 19 世纪政治、伦理与科学的自由主义在教育领域的对应物"。② 基于上述考虑,在 17—19 世纪的英国,liberal education 主要为培养绅士的、推崇文雅理念的博雅教育;在 20 世纪的美国,这种教育主要为培养自由公民、体现自由精神的一种教育,翻译为自由教育更加贴切。不过,为保持前后的一致性,在大多数情况下,本书将这个概念翻译为博雅教育。

### 六、中文学界对 liberal education 概念的翻译、理解与接受

早在 20 世纪初期,我国学者就已经引介了 liberal education 这个来自西方的概念。但是,迄今为止,中国学界对这个概念的认识似乎还不够深入,译法也是五花八门。

1916 年,中国第一位留美教育学博士郭秉文的博士论文 The Chinese System of Public Education 被翻译成中文出版,书名与英文名略有差异,为"中国教育制度沿革史"。在中译本中,liberal education 这个概念被翻译为"普通教育"。20 世纪 20 年代,一位中国学者在翻译格莱夫斯的《中世教育史》时,将 liberal education 一词翻译为"完全教育"。③

---

① Cowley, W. H. (1995). The Heritage and Purpose of Higher Education. *Improving College and University Teaching*, 3 (2),27-31.
② Leith, D. M. (1940). *Liberalism and Liberal Education*. Yale University, 19.
③ 〔美〕格莱夫斯.中世教育史[M].吴康译.上海:华东师范大学出版社,2005:161.

20世纪30年代,我国教育史研究者雷通群将这个概念翻译为"自由教育"①,这一译法一直流行至今。② 同一时期,也有译者将其翻译为"自由的教育",如1935年《大公报》的一篇文章《大学教育政策之转变》指出:

> 在目前中国处处有待建设的时候,专门技术人才固所急需,然而富有适应环境能力的领袖人物,恐尤有需要。而此种人物唯有藉较自由的教育(Liberal Education),如文法等科,方能造就得出。③

朱光潜在新中国成立前写作的《文学院》一文中,则将 liberal education 翻译为"宽大自由教育"。④

1941年国民政府教育部公布的《教育学名词》正式将 liberal education 翻译为"博雅教育"。⑤ 据笔者所见,这是中文学界最早将 liberal education 翻译为博雅教育者。此次《教育学名词》经过吴俊升、汪少伦、艾伟、刘季洪、许恪士、程其保、余家菊等39位教育学专家的多次审订,并以教育部名义发行,具有很高的权威性。自此,博雅教育的译法流传至今,并被广为采纳。

在20世纪80年代之前,将 liberal education 翻译为"通才教育"是比较普遍的,梁实秋主编的《远东英汉大辞典》就将这个概念翻译为"通才教育"。⑥

20世纪90年代的人文精神大讨论引发了学界对人文教育的广泛思考。从那至今,人文教育成为一个很流行的概念。在这个思潮的影响下,一些学者将西方的 liberal education 翻译为"文科教育"⑦、"文

---

① 雷通群.西洋教育通史[M].上海:上海书店,1990(影印本,1934年初版):17-18.
② 〔美〕杜威.民主主义与教育[M].王承绪译.北京:人民教育出版社,2001:268.
刘小枫.刺猬的温顺[M].上海:上海文艺出版社,2002:210.
③ 张太原.20世纪30年代的文实之争[J].近代史研究,2005(6):163-196.
④ 朱光潜.文学院[A].杨东平.大学精神[C].上海:文汇出版社,2003:158.
⑤ 国立编译馆.教育学名词[M].上海:正中书局,1941:19.
⑥ 梁实秋.远东英汉大辞典[M].台北:远东图书公司,1977:189.
⑦ 〔美〕丹尼尔·科顿姆.教育为何是无用的[M].仇蓓玲,卫鑫译.南京:江苏人民出版社,2005:212.

育"①、"文科博雅教育"②或"人文教育"。③ 人文教育、文科教育的译法存在一个缺陷,即读者容易误以为 liberal education 在西方完全是以人文学科为学习内容的教学形式,但事实并非如此;在美国高校,所谓 liberal education 包括人文学科、社会科学和自然科学的教育,基于这一认识,也有学者将 liberal education 翻译为"文理综合教育"。④

### 七、对中国高等教育改革的启示

自洪堡 1810 年创办柏林大学以来,大学最重要的职能就是从事研究和专业教育。客观来说,从经费投入、师资投入等指标来看,除了美国之外,博雅教育在整个现代高等教育系统中受重视的程度并不高。专业主义及其所支撑的专业教育模式似乎一路高歌猛进。然而,"二战"的爆发以及大批接受高等教育者在"二战"中的"不文明"行为,让人们开始反思极端专业化的弊端。有学者甚至指出,德国之所以走上纳粹的道路,与其极端专业化的教育不无关联。正是基于这一认识,学界在"二战"后开始重新定位通识教育的角色,赋予其更加重要的地位。美国高等教育研究者考利(W. H. Cowley)甚至认为通识教育是美国大学最重要的一项功能:"美国高等教育履行三项重要的社会功能:研究、专业教育和通识教育。其中最重大的一项功能是通识教育。"⑤

在此思想背景下,"二战"之后,作为一种教育理念和模式,美国的

---

① [意]维柯.论人文教育[M].王楠译.上海:上海三联出版社,2007:17.
② 张源.白璧德"人文主义"思想译介研究——以《学衡》译文为中心[D].北京大学,2006:76.
③ [英]特雷·伊格尔顿.二十世纪西方文学理论[M].伍晓明译.北京:北京大学出版社,2006:26.黄万盛.大学理念和人文学[J].开放时代,2007(1):50-67.
④ 中国驻芝加哥总领事馆教育组.析美国文理综合本科学院的教育本质及办学模式[J].世界教育信息,2006(6):25-2.
⑤ Cowley, W. H. (1950). Professional Growth and Academic Freedom. *Journal of Higher Education*, 21(5), 225-236.

自由教育或通识教育逐渐扩散至日本①、德国②、荷兰③、中国大陆、中国台湾、中国香港、瑞典等国家和地区。"二战"后,在英美两国的推动下,德国大学引入了通识教育课程,这一课程的主要目的是弱化德国大学教育过于专业化的倾向,并增加政治教育和社会责任感教育的分量。不过,由于在选择通识教育课程时缺乏统一标准,导致课程的选择过于随意化。在20世纪七八十年代,通识教育在德国走向衰落。博洛尼亚进程后,通识教育又开始重新得到重视。④ 2013年,耶鲁新加坡国立大学学院(Yale-NUS college)建立,该学院旨在学习美国小型文理学院的办学模式,注重小型研讨班教学和通识教育。

中国自古即有重视培养通才的传统。长期研究中国古代教育史的李弘祺指出,中国传统教育本质上是通识的。⑤ 这一看法也为西方学者所认同。美国学者狄百瑞指出,中国传统的经典教育与美国当下以核心课程为主的通识教育模式有类似之处。⑥ 正如曾任芝加哥大学本科学院院长的美国社会学家唐纳德·莱文(Donald Levine)所指出的,在历史上只有两种特殊的文明重视博雅教育,即古代希腊和古代中国。⑦

由于这种契合性,深受儒家人文传统影响的东亚国家和地区(包括中国大陆、中国香港、中国台湾,以及日本、新加坡)事实上也是当今除美国之外,最为重视博雅教育的高等教育体系。中国大陆自20世纪90年代以来陆续推行通识教育的模式,实行更为宽基础和灵活的本科教育,在本科教育中融入通识教育的因素、克服过早专业化和过

---

① 〔日〕大塚丰.全球化时代对日本大学博雅教育的若干思考[J].比较教育研究,2009(1):1-6.
② Huber, L. (1992). Towards a New Studium Generale: Some Conclusions. *European Journal of Education*, 27, 285–301.
③ Wende, M. V. D. (2011). The Emergence of Liberal Arts and Sciences Education in Europe: A Comparative Perspective. *Higher Education Policy*, 24, 233–253.
④ 〔德〕路德维希·胡贝尔.通识教育与跨专业学习[J].北京大学教育评论,2007(4):92-100.
⑤ 李弘祺.传统中国的书院教育:有自由教育效果的前自由教育[J].通识教育季刊,1995(1),19-41.
⑥ De Bary, W. T. (2007). *Confucian Tradition and Global Education*. New York & Hong Kong: Columbia University Press and Chinese University Press, 18.
⑦ Levine, D. (1984). The Liberal Arts and the Martial Arts. *Liberal Education*, 70 (3), 235–251. V.

分专业化的弊端已经在教育界获得比较广泛的共识,2016年,"通识教育和专业教育相结合的培养制度"被写进了国家的"十三五"规划纲要,成为政府的教育政策。

我国大学的通识教育改革植根于本土的文化传统和教育制度,同时在改革的过程中也始终密切关注西方的相关理念和发展动向,伴随着对西方通识教育模式的考察和研究。但是,对西方的关注一直存在两点不足。第一,国内学界更多关注的是西方的通识教育(general education)概念,对本书集中讨论的博雅教育(liberal education)概念关注不够;第二,更多关注的是技术层面的问题尤其是课程设置的问题,历史和理论层面的讨论相当不足。《什么博雅教育》一书正好可以在这两个方面给中国读者提供见识和启发。

随着中国教育界越来越多地接触美国的小型文理学院(liberal arts college),随着越来越多的中国家长选择将子女送到文理学院求学,文理学院背后的教育哲学——博雅教育也更多地为人们所了解。人们开始认识到,小型文理学院博雅教育模式的特点如对批判性思维的强调、住宿制学院、小型研讨班教学方法、密切的师生互动是高质量本科生教育的内核。在此背景下,一些高等教育机构的本科办学理念逐渐从通识教育深入到博雅教育,并将这一教育哲学蕴含的制度安排如住宿制学院、小班教学引入进来。

回到本书的英文标题"雄辩家与哲学家",最理想的博雅教育模式不应该非此即彼,而是将两种模式的优点结合起来。或者正如金博尔所认识到的,当今高等教育体系中不可能实行纯粹的雄辩家模式或哲学家模式,最流行的往往是博雅自由理念调适派或博雅学艺理念调适派。当今的时代无疑是一个重视探究的"哲学时代",最顶尖的大学即研究型大学是以研究为使命的,往往更加接近于哲学家的博雅教育模式。因此,纯粹的雄辩家模式注定是行不通的。事实上,哲学家模式对数学的重视被大多数当代美国研究型大学继承了。根据调查,在美国排名最靠前的26所研究型大学中,有五分之三的大学明确规定通识教育课程必须包含定量推理(Quantitative Reasoning)的内容。①

  雄辩家模式与哲学家模式的分类仍然在很多方面可以给读者提供启示。博雅教育一方面是一种学术性教育,另一方面是一种公民教育,两者之间的关系并非完全和谐一致。一方面,如果博雅教育过于强调公民价值观的传递,则可能沦为灌输;另一方面,如果过于强调哲学家的面向、强调哲学的怀疑精神,则可能使学生走向虚无主义。《什么是博雅教育》一书的意义在于提醒我们重视博雅教育的公民教育维度,而不仅仅是它的哲学—学术教育维度。

---

① Bourke, B. , Bray, N. J. , & Horton, C. C. (2009). Approaches to the Core Curriculum: An Exploratory Analysis of Top Liberal Arts and Doctoral-granting Institutions. *The Journal of General Education*, 58 (4), 219-240.

# 前　言

　　1973 年我从达特茅斯学院毕业时,既明白自己已经历了所谓的"博雅教育"(liberal education),又困惑于其定义的多样和混乱状况。第二年,当我以洛克菲勒研究员(Rockefeller Fellow)身份来到哈佛大学神学院时,"自由新教教义"(liberal Protestantism)、"自由宗教"(liberal religion)这些难以琢磨的定义更是加深了我的困惑。因此,我于 1975 年开始在哈佛大学神学院和哈佛大学教育学院攻读联合学位课程,这一课程的目的正是研究博雅教育在历史上的含义。想要以"博雅教育观念史"这样一个分支众多的话题作为博士论文选题,这在其他任何一个时代或者另外一所大学的研究生院都是不可能的,并且我们所从事的工作无论有着什么样的优点和局限性,这些终会部分地源自它暂时性或制度性的根源所带来的机遇和视界。这篇博士论文于 1981 年通过答辩,在接下来的五年中几经修改,成为 1986 年出版的《雄辩家与哲学家》*一书。

　　为这篇修改过的博士论文寻找出版商并非易事,因为审稿人似乎对于讨论"博雅教育"应该意味着什么早有了约定俗成的看法。确实,这一点对本书而言是至关重要的。就我目前的情况而言,对博雅教育的历史进行描述性和分析性的叙述是必要的。然而,教授们叙述博雅教育之历史的方式则反映了各自在学术和专业方面的兴趣。作为回应,本书试图提供的是对博雅教育历史的公正的叙述,并说明关于博

---

\* 本书原名为"雄辩家与哲学家:博雅教育观念史"(*Orators & Philosophers: A History of the Idea of Liberal Education*),中译本更名为"什么是博雅教育"。以下提及本书处,均称"什么是博雅教育"。特此说明。——编者注

雅教育的大量历史编纂与评述或多或少地带有先入为主的兴趣,即使这种先入为主的兴趣在被发现和考虑时是作为描述性和分析性叙述的一部分。

因此,写作这本书的挑战对我来说似乎充满了矛盾。我们需要置身于某一语境当中,例如置身于一所教育学院之中,由此以某种超然的态度考虑"博雅教育"这一话题,但是这一语境的本质又决定了这一话题不可能得到恰当的讨论。而且,这本书最初的发行者师范学院出版社又使它很难得到那些思考和"从事"博雅教育的读者的关注。正如该书出版三年之后一位书评人所言:"金博尔的著作理应得到认可,他的思想理应被教育界加以运用,可惜事与愿违……我们只能推测其原因。"① 同样,出版六年后,另一位观察家称其为"一本非常重要的著作,应当得到更多的关注"②。尽管获得了这样的好评,加之1988年获得美国大学联盟颁发的奈斯奖(Ness Prize),许多向我询问的读者实际上是想寻找另一本书《获得终身教职的激进派》(*Tenured Radicals*)的作者罗杰·金博尔(Roger Kimball)。

我能否迎接这一充满矛盾的挑战,取决于能否找到一种对博雅教育形成描述性而非规范性叙述的途径(或方法)。回想起来,我认为,并在其他场合也曾提及,我现在采用的是以实用的方法来评价博雅教育在历史上的含义。熟知实用主义的读者将很快发现,在评价那种与描述性和规范性相关的学术问题时,这种方式是非常有意义的。实用主义方法认为,"博雅教育"或"博雅学科"(liberal arts),并不存在必然的、普遍的和根本的含义,"不是建于学校之上的黑格尔派理论" (not a sort of Hegelian cloud, building over the *scholae*)。③ 第二,这一方法认为,由于缺少实质性和普遍性,"博雅教育"或"博雅学科"在历史上的含义取决于这些术语的使用方法,因此,"最基本的方法就是顺着历史追溯'博雅教育'或'博雅学科'这两个词"。第三,这一方法推断

---

① Tom Pederson, "Review Essay: Liberal Education—A Literacy Black Hole?" *Review of Higher Education* 12 (1989): 411-421.

② Francis Oakley, *Community of Learning*: *The American College and the Liberal Arts Tradition* (New York: Oxford University Press, 1992), p.48.

③ 此处及之后的引语指的是作者在本书之后对实用主义的讨论。参见 Bruce Kimball, *The "True Professional Ideal" in America*: *A History* (Oxford: Basil Blackwell, 1992), ch. 1.

出一些与这一术语的使用相伴而来的逻辑结论。博雅教育的含义因而成为一些抽象的命题,这些命题与这一术语的使用方法有关,由这些命题推论出来,其结果是"一个一般性的参考框架……构成了逻辑连贯的整体……使那些与'博雅教育'和'博雅学科'两词普遍相关的思想系统化了"。总之,关于"博雅学科"和"博雅教育"这些术语如何被阐释者们使用,以及这些用法如何随着时间而发生变迁,此种实用主义的方法倾向于达致一种唯名论的然而又是经验主义的并且理性的系统评价。

对这一方法的回应大相径庭。特里·葛维希(Terry Gourvish)将其贬称为"一次强调语义学的思想史演练"①,而克里斯托弗·拉什(Christopher Lasch)则认为,这一方法"带来了如此丰富的洞见以及从现在看来是如此显著的一种策略,以至于我们很难理解为什么这种类型的分析一直被忽视"②。无论评价如何,我们需要承认,与历史上曾经被称为"博雅教育"和"博雅学科"的传统有关的证据和推论还存在大量的不确定性,因而颇费思索。要看到这一点,我们只需要从词源学的角度检视兰伯特·德·里克(Lambert de Rijk)关于普通教育(*enkuklios paideia*)或皮奥·拉吉那(Pio Rajna)关于四艺(*quadrivium*)的经典著作,或是从教学实践的角度考察最近出版的由安东尼·格拉夫顿(Anthony Grafton)与丽莎·贾丁(Lisa Jardine)合著或保罗·吉尔(Paul Gehl)所著关于文艺复兴时期人文主义者、导师和语法教师的著作。③ 不过,那些明确论述"博雅教育"和"博雅学科"之历史性话语的研究确实显示出某些模式,我们可以认为,这些模式在很大程度上造成了20世纪的历史性讨论中的混乱不清的状况。

然而,一旦进一步地从方法论的角度来考察,那么,在历史归纳法

---

① Terry Gourvish, "The Professionals," *History Today* (May 1994): 58.
② Christopher Lasch, 私人信件,1990年7月20日。
③ Lambert de Rijk, "Enkuklios Paideia: A Study of Its Original Meaning," *Vivarium* 3 (1965): 24-93; Pio Rajna, "Le Ddenominazioni Trivium e Quadrivium," *Studi Medievali* 1 (1928): 4-36; Anthony Grafton and Lisa Jardine, *From Humanism to the Humanities: Education and the Liberal Arts in Fifteenth-and Sixteenth-Century Europe* (Cambridge: Harvard University Press, 1986); Paul F. Gehl, *A Moral Art: Grammar, Society, and Culture in Trecento Florence* (Ithaca, N.Y.: Cornell University Press, 1993).

的有效性方面,这些模式是会受到质疑的。人们会提出,从较长的一段时间内抽象出的一般情况是否真的能够说明特定的历史经验。例如,在20世纪六七十年代,一些美国历史学家就提倡"地方史"和"对特定历史情境的近距离分析"。① 尽管有的学者对过多的地方研究导致了"相当模糊、不连续而且经常是令人迷惑的图景"②表示担忧,历史学家仍然需要在以下两者之间作出选择:是对一个小话题发表适度而准确的言论,还是进行不准确且妄自尊大的归纳。③ 这一观点挑战了本书所提出的博雅教育历史叙述中任何一种普遍模式的有效性。

如今,如果说这样的一种选择是对这一问题的恰当阐述,那么我们就会面临令人失望的境况,那就是,所有的历史归纳都不再可靠。然而,我们需要考虑的一点就是,比起对更大的情境或更长历史时期进行论述,对一个看似有限的历史情境的论述是否会因为降低了普遍性而更为准确或有效。例如,在20世纪60年代受到欢迎的诸如对"新英格兰城镇"的近距离分析很快导致对康涅狄格城镇和马萨诸塞城镇进行区分,进而是对大型商贸城镇和小型农业城镇、波士顿附近的城镇和内陆城镇、17世纪城镇和18世纪城镇进行区分。同时有人提出,历史学家甚至不能对某一城镇进行归纳,而是必须将其分解为村庄和住宅区,更不必说家庭单位了。④ 这样一来,与更大情境和更长时期一样,地方史的地方情境都是需要不断分解的。

此外,我们需要考虑,一个综合性评价不完全符合一个特定的情

---

① 引语出自 T. H. Breen, "Creative Adaptations: Peoples and Cultures," in *Colonial British America: Essays on the New History of the Early Modern Era*, ed. Jack P. Greene and J. R. Pole (Baltimore: Johns Hopkins University Press, 1984), p. 197。参见 Kenneth Lockridge, *A New England Town: The First Hundred Years* (New York: W. W. Norton, 1970), pp. ix-xv; John M. Murrin, "Review Essay," *History and Theory* 2 (1972): 226–275。

② Richard B. Sheridan, "The Domestic Economy," in *Colonial British America*, ed. Jack P. Greene and J. R. Pole, p. 61. 参见 Lawrence Stone, *The Past and the Present* (Boston, 1981), pp. 81-96; Bernard Bailyn, "The Challenge of Modern Historiography," *American Historical Review* 87 (1982): 1-24; Thomas Bender, "Wholes and Parts: The Need for Synthesis in American History," *Journal of American History* 73 (1986): 120-136。

③ T. H. Breen, "Creative Adaptations: Peoples and Cultures," p. 197; Kenneth Lockridge, *A New England Town*, enlarged ed. (New York: W. W. Norton, 1985), pp. 181-182, 190.

④ James T. Lemon, "Spatial Order: Households in Local Communities and Regions," *Colonial British America: Essays on the New History of the Early Modern Era*, ed. Jack P. Greene and J. R. Pole, pp. 86-122.

境是否导致了这一评价的无效。概括性叙述不适宜所有的情境或者大多数情境甚至任意特定的个案,但是作为探索性的引导,它仍然是有益而准确的。绝对光滑的平面是不存在的,抛射体也绝不会沿着直线运动,但是这样的概括能帮助我们解释和理解现象——至少在更为恰当的概括取代它们之前是如此。适用于较长历史时段的模式并不会因为它们不适于所有的或者任何特定的场合而变得没有必要,这是因为从定义上来说,概括与具体事例有着不同的概念次序,同时这也是因为当更为具体的历史情境被分析时,原本对某一历史情境的近距离分析就成了概括。

抱着这样的想法,我继续支持以实用主义的方式抽象出博雅教育历史中的基本模式。在本书第一版出版之后,我又在博雅教育史领域进行了十年的教学与写作,我依然坚信本书的阐释大体上是完善的。当然,我现在将以不同的方式写作其中的一部分。例如,现在看来更为确切的说法应该是,怀疑主义以及对某些真理的确信可能分别与哲学家和雄辩家的传统相关——尽管是在不同的维度上相关。同样的,我在《美国博雅教育的状况》(*The Condition of American Liberal Education*)一书中也提出,在20世纪,美国的实用主义渗透到了博雅教育之中,以至于在本书提及的两大长期存在的传统之外,美国可能正在出现"实用主义博雅教育"的传统。

尽管如此,我仍然认为,若要从关于"博雅教育"的长期而纷繁的讨论中理出一些头绪,就应该从重视"理性"(*ratio*)的传统——包括理论原则、思考的功能和思考的行为之多种含义——和重视"言辞"(*oratio*)的传统——说出词句、说话的功能和正式的交流行为——两方面来思考。这是希腊语中"逻各斯"(*logos*)一词的两大语义学分支,被认为定义了文明和文明人的本质。在以下两页的时间表中,左边一栏中所列出的人们对博雅教育的观点大致可与雄辩家传统相联系,他们强调语言和修辞等博雅学科,以及写作、组织与分析讲稿和文本的能力。这些能力在民主城邦和共和国中是至关重要的,因为说服力决定了出现在政治大会和司法大会中任何问题的结果。右边一栏中所列举的人们则将修辞视为不精确的、仅仅构成逻各斯真正本质之一小部分的实用工具,这些"哲学家"致力于追求知识的准确而理性的

# 博雅教育的两大传统

**雄辩家传统**

伊索克拉底(436—338 B.C.)

西塞罗(106—43 B.C.)
昆体良(35—97 A.D.)
奥古斯丁(354—430)
乌尔提亚努斯·卡佩拉(c.425)
卡西奥多罗斯(484—584)
伊西多尔(570—636)
阿尔昆(c.735—804)
雷米吉乌斯(c.841—908)

——圣维克多的休(1096—1141)
索尔兹伯里的约翰(1105—1180)

彼特拉克(1034—1374)
弗吉里奥(1370—1445)
克里斯蒂娜·德·皮桑(1365—1420)

**哲学家传统**

柏拉图(c.427—346 B.C.)
亚里士多德(384—322 B.C.)

波爱修斯(c.475—525 A.D.)

约翰·司各特·爱留根纳(c.810—c.877)
安瑟伦(c.1033—c.1104)
彼特·阿贝拉尔(1079—c.1142)

亚里士多德著作被重新发现以及大学的创建(c.1160—c.1260)
托马斯·阿奎那(1225—1274)
七艺与三哲学学科

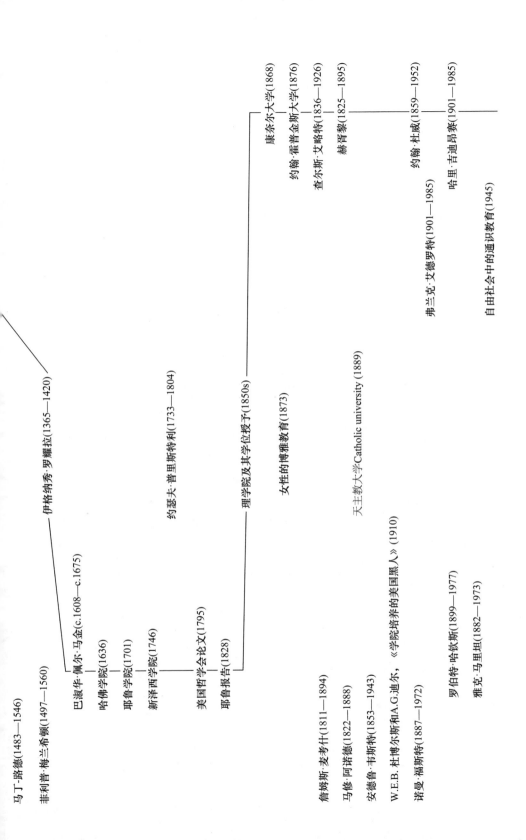

方法，认为数学、逻辑和自然科学传达了逻各斯和博雅学科的精髓。过渡和混杂的情况则被列在中间。线条表示在某一历史时期被认为占据主导的观点。

进一步的研究和讨论使我关注一直以来对博雅教育中这两大根本传统存在的见证。如果今天我需要重写这本书，我会加上这样一些论据：西塞罗（Cicero）[①]和圣保罗（St. Paul）[②]认为博雅教育同时反映出"雄辩和哲学"，索尔兹伯里的约翰（John of Salisbury，1110—1180）提出"逻各斯意为'词语'和'理性'"[③]，德西德里乌斯·伊拉斯谟（Desiderius Erasmus，1466—1536）认为"所有的只是都属于以下两种分类之一：关于'真理'的知识和关于'词语'的知识"[④]，巴苏雅·佩尔·梅金（Bethsua Pell Makin，1608—1675）在第一篇用英文写作的论文中讨论了女性的高等教育，指出"学习最为出色的 20 名希腊妇女和 20 名罗马妇女展开了竞争，罗马妇女是最出色的雄辩家，而希腊妇女则是最出色的哲学家"[⑤]。正是这些一直存在的证据引导我在中学后教育促进基金（Fund for the Improvement of Postsecondary Education）的演说中提出，对 20 世纪 80 年代关于本科生教育的若干报告之最佳解读是，自 19 世纪晚期哲学家传统主导美国博雅教育以来，雄辩家传统又再度兴起。这一演说是本书的自然延伸，并以后记的形式收录在本书里。

在这篇前言的最后，我想表达对美国学院理事会的罗伯特·欧里尔（Robert Orrill）的谢意，他一直大力支持本书这一版本以及另一部关于实用主义与博雅教育的著作的出版，两者均由美国学院理事会出

---

[①] Cicero, *de Oratore* 3:69.
[②] Paul, I *Corinthians* 2:1-4.
[③] John of Salisbury, *The Metalogicon of John of Salisbury, A Twelfth-Century Defense of the Verbal and Logical Arts of the Trivium*, trans. Daniel D. McGarry (Berkeley: University of California Press, 1955), bk. 1, ch. 10.
[④] Desiderius Erasmus, *De Ratione Studii* (ca. 1511), trans. William H. Woodward in *Desiderius Erasmus Concerning the Aim and Method of Education* (Cambridge: Cambridge University Press, 1904), p.162.
[⑤] Bathsua Pell Makin, "An Essay to Revive the Ancient Education of Gentlewomen," in F*irst Feminists, British Women Writers, 1578-1799*, ed. Moira Ferguson (Bloomington: Indiana University Press, 1985), p.132.

版。此外，我要对谢尔顿·罗斯布拉特（Sheldon Rothblatt）、伊娃·布莱恩（Eva Brann）、斯坦利·卡茨（Stanley Katz）以及弗朗西斯·奥克利（Francis Oakley）表示诚挚的感谢，他们的支持在这些年中给了我莫大的帮助和鼓励。本书将献给每年夏天参加由莉莉基金会赞助、在科罗拉多斯普林斯举办的文理学科研讨会的各位同事，特别是拉尔夫·伦德格林（Ralph Lundgren），他们对此次增订版的付出更多，为时也更久。

布鲁斯·金博尔

# 增订版序言

美国学院理事会能够发行布鲁斯·金博尔的获奖著作《什么是博雅教育》的增订版,实为莫大的荣幸。该书对于古代至20世纪晚期博雅教育历史进行了全面的研究,它的再版可谓十分及时,因为很显然,我们国家已经进入了一个对本科教育的基本目标不断质疑甚至担忧的时期。确实,在展望21世纪时,我们无法忽视的一个事实是,对教育的未来的讨论是以复杂的情感和变幻的情绪为特点的。一方面,我们理所当然地为教育事业的能量和扩展力而骄傲,其中不同种类的院校支撑起了庞大的、多元化的与不断增长的学生群体。威廉姆斯学院名誉校长弗朗西斯·奥克利(Francis Oakley)曾指出,在面对从未预见到的数量众多的学生时,"美国高等教育系统因为其分权模式、连接公共和私人领域的卓越能力、院校形式的多样性、标准和教育期望的多元性及其对社会需求的变化作出反应的传统,被证明是非常有效的"。他无疑是正确的。然而另一方面,教育的支持者和批评家也对组织原则或合法化哲学的欠缺深感忧虑,这些原则或哲学有助于解释这一庞大的事业在教与学方面的目标。对很多人而言,分歧实在是过多,以致没有任何一种指导性的理念或传统能够使得所有部分可以作为一个整体而得到理解。

在许多基本方面,这一组织原则在相当长的历史时期都是由博雅教育的理念来提供的——如布鲁斯·金博尔本人所言,博雅教育本身的意义都经常遭遇论辩和分歧。例如,当查尔斯·艾略特(Charles Eliot)校长在美国内战后将"选课制"引入哈佛时,在原本以希腊语和拉丁语为古典核心的课程计划中加入了大量诸如英语、历史、生物等

"现代科目",当时的人们理所当然地认为新课程必须符合"博雅学科"(liberal studies)的要求。也就是说,课程计划可以有根本的变动,但是并不能以牺牲当时人们所提出和理解的博雅教育目的这一大方向为代价。布鲁斯·金博尔的《什么是博雅教育》一书无疑是我们最好的向导,能够带领我们走入这段长期的论争,了解在博雅教育的长期的、有时充满矛盾的进化过程之中教育家们对其理念的理解。因此,这不仅是一部优秀的历史学术著作,同时也能帮助我们厘清博雅教育理念在"教育的失范状态"——这是美国学术团体协会(American Council of Learned Societies)主席斯坦利·卡茨(Stanley Katz)对当今高等教育的描述——下的含义所在。确实,这本书的所有读者都将为博雅教育传统的持久性和适应性所震撼,从而能更深刻地认识到,博雅教育能使我们多样化的教育事业宗旨明确,特点鲜明。

  这次出版的《什么是博雅教育》的增订版包括新的导论和后记《关于本科教育的若干报告的历史和文化维度》。这些新增的内容进一步拓展了始于第一版的历史叙述,而美国学院理事会即将出版的《美国博雅教育的状况:实用主义与变化的传统》一书也有同样的作用,在该书中,布鲁斯·金博尔和他来自全国各地的同事们就美国的实用主义传统与现今的博雅教育实践之间可能出现的交集展开了对话。对于所有关注美国教育之未来的读者而言,这些当代著作将是非常有趣的。能够将它们付梓,美国学院理事会感到由衷的高兴。

罗伯特·欧里尔<br>美国学院理事会学术事务办公室

# 第一版序言

布鲁斯·金博尔的著作《什么是博雅教育》可谓适逢其时。现在，一场以追求"卓越"为名的教育改革正在席卷全国。人们严格地审查我们的学校，发现它们弊病丛生，尤其是缺乏一致的标准。改革不可避免地从中小学向学院、大学上移，而且在学院和大学层面，情况更为严峻。我们没有互相关联的教育系统来阻止这种混乱。此外，当今学校的失序状态部分地源于我们对于各级教育目标的紊乱理解。

正是在这个时候，布鲁斯·金博尔来了，带来了健忘的美利坚民族最为稀罕之物——历史性的观点。这个观点很简单：当我们使用"liberal education"这个短语时，我们并不能真正理解其所表达的意思（其实我们也常常如此）。成千上万的演讲者在开学典礼上使用这个词，但我们对它的意思懵懂无知，这一方面是因为我们的头脑不够清晰，另一方面，这种困惑是有其历史根源的。任何真正的改革，首要之务就是要看得清楚、想得明白。如果我们和布鲁斯·金博尔一样严肃地对待观念的历史，他可以做我们的向导。

金博尔先生的基本论点是，在历史上，博雅教育（liberal education\*）有着两种截然有别的传统和理论观点，这就是哲学家的传统和雄辩家

---

\* Liberal education 的通常译法有"自由教育""自由民教育""通才教育""通识教育""教养教育""博放教育""博雅教育""文雅教育"等。在古希腊罗马时期，与现代 liberal education 相对应的术语可译为"自由民教育""博雅教育"。在 17—19 世纪，liberal education 主要指适于绅士阶层的非专业性教育，可译为"博雅教育"。从 19 世纪末开始，liberal 一词的语义从之前的 gentle-manly、extensive 转向 free、liberating，因此其字面意义为"自由教育"，但这种教育仍与之前的"博雅教育"概念一样指一种非专业的教育。本书根据不同语境采取不同译法，但一般情况下仍将其译为"博雅教育"。——译者注

的传统。哲学家的传统认为,追求知识是最高的善。属于这一世系者包括从苏格拉底、柏拉图、亚里士多德到波爱修斯(Boethius)、中世纪巴黎大学的杰出教授、启蒙时代的哲学家、托马斯·H.赫胥黎(Thomas H. Huxley)、现代科学以及当今伟大的研究型大学。它的荣光是思想自由(freedom of the intellect);而作为一种教育哲学,它的困惑是,除了这种自由,我们还能教点什么。

另一方面,雄辩家的传统则强调公开阐述我们所知道的东西,认为语言、文本、传统至关重要,可以凭借它们建立一个学习和知识的共同体。属于这一世系者包括伊索克拉底、西塞罗、伊西多尔(Isidore)、中世纪和文艺复兴时期的博雅学艺(*artes liberales*)、马修·阿诺德(Matthew Arnold)的洞察以及今天教授文理学科(liberal arts)的一些教师,尤其是教授人文学科(humanities)的教师,当然,还包括为数众多的宗教性学院。雄辩家传统的荣光在于,它接绪古典文本,并以再创学问共同体为教育之中心事务。作为一种教育哲学,其弊端在于,对于古代持有教条式的、反智性的盲目崇拜之心,并常常假设德性(virtue)不是我们这些生活者的创造,而是存在于文本之中。

尽管西塞罗和苏格拉底的教育理念非常不同,甚至截然相反,但他们都是我们的奠基人。如果我们希望恢复博雅教育的观念,那么就必须揭示他们之间隐匿已久的分歧。首先,就像我们所有的雄辩家都会坚持的那样,我们必须了解历史。

众所周知,伊索克拉底、西塞罗、昆体良(Quintilian)等雄辩家对苏格拉底、柏拉图等哲学家所倡导的对真理的永不停息的沉思默想颇有微词。苏格拉底和柏拉图则攻击雄辩家对真理的辩证法漠不关心及其所秉持的实用主义。今天的学术界,尤其是在那些为美国教育确立基调的研究型大学中,苏格拉底以及金博尔先生所说的哲学家的博雅—自由(liberal-free)理念已经占尽上风。

不过,金博尔先生提醒我们,在非常长的历史时期内,有识之士都知道,雄辩家提出了一个重要的观点:交流知识对于学问是至关重要的。例如,我们如何知道柏拉图和苏格拉底不是智者派的诡计多端的同伙、知识的骗子?除非我们按照伊索克拉底在古代所建议的那样,认识到"对语言的恰当使用是正确理解的最可靠指标",并采取行动,否则我们便无法作出判断。我们必须阅读他们所写的,评析他们所说的。我们必须使之具有某种公共的意义。公开表达的东西,是让所有人去倾听、去评判的。雄辩家们坚持认为,学习共同体必须作出这种判断。毫无疑问,这依然是绝大多数知识的试金石。叶芝说:"语言自身即为某种善物。"对于我们这些身处教育领域的人来说,这依然是很重要的半个真理(half-truth)。

无法形容的是,雄辩家还要求哲学在尘世创造辉煌,通过说服别人来增强德性。他们正确地看到,所有的教学在某种程度上都是一项道德事业。哲学家们对此则犹豫不决,他们像高飞觅食的苍鹰,他们会问:"何谓德性?"雄辩家倾向于盲目地诉诸传统。他们的软肋在于,他们将文本中的德性建立在信仰而非理性的基础之上。霍尔姆斯法官曾经说过,一个绅士永远不可能是一个哲学家,因为哲学家必须对那些隐含的基本前提提出激烈的质疑。在这个意义上,一个受过良好教育的现代人在心智上永远不可能是一个绅士。然而,雄辩家对于哲学家的古老抱怨听起来合情合理,并世代流传下来:哲学唯有表达出来或产生效果时才能被确认为真。受过教育的人必须了解哲学,并且将它有效地传达给听众。受过教育者必须知道如何创造出一群听众。知识必须产生道德效果,道德的言辞必须得到传播,这正是哲学家所忽略的。

正如金博尔先生所说的那样,古代的雄辩家是教条式的:他们相信,教育的任务是传授真理,而不是帮助学生去寻求真理。他们相信道德品格和行为举止的绝对价值——事实上,只有好人(good man)才能成为好的雄辩家。他们依赖古典作品并以之为课本。教育的宗旨之一是培养出引领社会的良好公民,培养出能够就任何问题发表演讲、担当任何领导岗位的雄辩家。雄辩家的教育是要从拥有闲暇的绅士阶层中寻找精英。不过,教育的任务仍然是沿着卓越所指明的目标,去不断完善自身。

这就是雄辩家在其早期形式中所采取的立场。这一立场值得我们详细阐述,当然这也是因为这一立场并非我们时代博雅教育的主导性原则依据。在我们的时代,主导性的论证或者是哲学家式的——以对科学、研究与自由探究进行辩护的形式表达出来——或者是被金博尔先生称为"调适"(accommodated)版本的雄辩家式的——为古典学辩护,并将古典学首先视为一种发展理智(intellect)的手段。

从这本博雅教育观念的手册中,我们可以发现一个奇怪的事实:今天绝大多数为名著和传统——雄辩家的课程内容——做辩护的新保守主义者事实上都是纸上谈兵的哲学家。他们不是在雄辩家传统的古老的复杂立场上为文本辩护,相反,在很大程度上,他们是在以苏格拉底的名义,或以自由研究的科学理想来鼓吹古典。至于我们的新保守主义者如何对自身的传统一无所知,如何忽略雄辩家在发展批判性理智能力(critical intelligence)之外赋予文本和传统的其他价值,金博尔提出了令人耳目一新的见解。因此,当新传统主义的著名人物如亚历山大·米克尔约翰和罗伯特·哈钦斯将古典学课程和发展批判性理智(critical intellect)嫁接起来时,他们事实上已经背离了雄辩家的传统。他们是在用雄辩家的课程来促进哲学家目标的实现。

不过,在这样做的时候,哈钦斯等人通过强调智力而不是盲目的虔敬,不是增强了已经虚弱的雄辩家传统吗?但正如金博尔所指出的那样,在某种程度上,这种做法将雄辩家的传统狭隘化为批判性理智,从而丧失了一些重要的价值,其中包括伟大文本的一些理论原则。我们到底为什么要阅读柏拉图?通过哈钦斯的话,我们很难找到答案。我们被要求无条件地相信经典的价值,但这并不是现代人的做法。

金博尔指出,由于新古典主义的辩护者忽略或者漠视雄辩家传统的核心价值——创造诸多"学习共同体"\*,他们丧失了自己的传统。金博尔所钦佩的不是雄辩家传统中的教条主义或绝对主义——哈钦斯的例子鲜明地说明了假定的绝对真理从来没有成为现实——而是雄辩家传统对价值的开放,这些价值包括传统、文本、语言,以及最重要的,对学习共同体的持续再造。在我们的巨型研究型大学以及很多学院的自由知识(liberal learning)理念中,这些价值已经消失得无影无踪了。如果要在当今的时代以一种可行的方式重申这两种传统,我们需要特别关注雄辩家传统的可能前景。

---

\*  这里及下文中的"学习共同体"(learning communities, communities of learning)应该是指通过真理将演说者和听众联为一体,在社会中实现真理的价值。——译者注

·第一版序言·

在当今保守与怀旧的政治气候中,雄辩家传统的主要吸引力在于它的教条主义和确定性。毫无疑问,本书会受到那些希望在教育领域重建确定性的新保守主义者的欢迎。这太糟糕了。因为我们既不需要义愤填膺,也不需要再来一轮臭不可闻的正统教义,我们需要的是对创造"学习的共同体和教育学"(ther creation of communities and pedagogies of learning)的审慎思考。我们需要对传统的坚守。除了解放的心灵(liberated mind)这一苍鹰德性(hawk-virtue)外,我们的学生还需要建立当下的学习共同体,以与过去的共同体重新建立联系。正如阿诺德(Arnold)所说的那样,我们的学院需要重新思考"这个世界曾经思考和说出的最好的事物"。但我们不会通过义愤填膺、谕旨或委员会报告来复兴古典,因为我们的学者和学生需要更多的灵感和想象力——不是追求更多的课程和学分,而是追随济慈(Keats)和曼德尔斯塔姆(Mandelstam)的路线——以便将过去的文本作为活遗产继承下来。

无论如何,在20世纪晚期,假使想复兴绝对真理,那么我们需要比罗伯特·哈钦斯更坚定的"敲桌子的人"\*。追逐虚构的确定性不会帮助我们振兴学院和大学,不过,重新审视这两种对立的传统也许可以使我们意识到博雅教育传统背后的复杂性。

总而言之,金博尔帮助我们认识到,一种适当的博雅教育现在包括——也应该包括——同时来自哲学家和雄辩家的互相冲突的因素。我们不应该像今天大多数学院所做的那样,将这两种传统弄成一个大杂烩,而是要将它们置于一种公开的张力之中:苏格拉底与他在现代科学中的同盟,以及雄辩家和他所熟悉的现代同盟,还有公众,全都联合起来,不断地再造学习共同体的空间。关于真理,苏格拉底是正确的;关于共同体,雄辩家是正确的。如果我们的学生要接受教育,这种斗争就必须持续下去。他们必须在某种真实的张力中,而非软弱的妥协中,学着融合这两种理念的元素。

哲学家的传统——金博尔称之为"博雅自由理想"(liberal-free ideal)——已经被现代大学接纳,它认定,任何一个专修某一学科

---

\* table-pounder,指在开会讨论时提高音量并敲桌子,以表示强调的人。——译者注

(通常是由某些专家所支持的小型博士点)的学生都获得了"自由"。当然,这并不是伽利略所承受的痛苦,也不是苏格拉底死亡的原因。琐屑的专业兴盛繁荣。哲学家的当代继承人捍卫批判理性(critical rationality)的绝对性,但同时又假定没有任何东西是绝对的,在这里,存在着和雄辩家传统的"敲桌子的人"相类似的缺陷。科学的理想已经脱离了对人类共同体所负的任何义务,在太空船地球(space earth)与核冬天的时代,科学已经不再是彻底的光荣之声。

在一个充满敌意的社会,当哲学家和他们的朋友作为社会的局外人对其做观察时,博雅—自由的信念认为,知识分子的破旧立新是最高的善。这种信念当然是极有见识的。然而现在,既然他们成了社会的内部人士,他们就必须询问他们的最高理想是否构成了完整的教育愿景。答案是,尽管这种最高理想拥有显而易见的、英雄般的荣耀,但它并非就是一种完整的教育愿景。博雅—自由理念的为学问而学问的愿景——这种愿景在一个不自由的世界里太罕见了——最终会导致无政府主义和虚无主义。追求真理是必要的教育理想,但还不够。

这就是为什么我们今天迫切需要重申雄辩家立场,并为我们时代的文本阅读和学习共同体的形成建立基础的原因:不是为了取代哲学家的自由视野(free vision),而是为了投入一场对于我们的学生的教育至关重要的辩论。不管是在知识上,还是在精神上,晚近狭隘的新保守主义都不能为这种辩论提供充分的基础。罗伯特·哈钦斯或圣约翰学院的言论让人觉得,答案似乎就存在于文本之中。这种观念简直就是一种盲目崇拜。正如金博尔所指出的那样,雄辩家的当代继承人真正胜过哲学家的当代继承人之处,并不在于拥有文本本身——任何人都可以购买企鹅版的柏拉图著作——而是在于这样一种洞见:教育的灵魂在于,从文本中抽取意义,并在这种学术训练中结成共同体。在改革的浪潮席卷高中、学院乃至大学的时代,这是雄辩家所能给予我们的教诲。

金博尔给我们提供的是一幅西方教育历史进程的精致路线图。他低飞前进,侦察了所有的地面,但并非在每一个地方都流连忘返。他引导我们快速地从古典世界走向中世纪,走向启蒙时代,走向19世纪的大论辩,在诸如19世纪美国学院这样的穷乡僻壤之所,他也做了中途停留。

  这是一项提供了一个坚实的历史语境的研究，我们可以将自己的那些关于博雅教育的荒谬言论——我们不妨承认这一点——放到这个语境当中。这是一把钥匙，通过它，我们可以看到，T. H. 赫胥黎和马修·阿诺德之间关于教育的著名争论只不过是重演了哲学家和雄辩家之间的争论。这是一本旁征博引的书，它轻松从容地展露学识，即便在讨论当下时，也带有讽刺文学或喜剧小说的魅力。这是一部观念的历史，但它没有将各种观念具体化，也没有假称这些观念有其自己的生命，而是将它们视为浩瀚、混沌的历史当中井井有条的智性表达。各位知识界的女士和绅士，这是一本改变我们思考方式的书。

  本书最显而易见的读者是那些关注大学和学院改革的人士。遗憾的是，那些在中小学里工作的人们不太可能关注这类东西。有时候，我们要做的最实际的事情就是理论和历史。理论和历史可以帮助那些在中小学校为澄清学校宗旨而不懈努力的人们认识到，他们也生活在久远的哲学家与雄辩家的张力当中。当前的中小学改革运动无疑站在哲学家一边，努力使孩子们学会思考，学会使用"高端技能"（higher order skill），以及诸如此类的东西。这些都是非常好的目标，但仅有它们就足够了吗？那些在中小学校的人们也同样需要用雄辩家的智慧告诉他们，学校必须是学生和教师学会如何再创学习共同体的场所，在这个共同体当中，人类的语言是知识与德性的试金石。

约瑟夫·费瑟斯通[*]

---

[*] 约瑟夫·费瑟斯通（Joseph Featherstone，1940— ），哈佛大学教育学院教授，主要著作有 *Schools Where Children Learn*（1971）和 *What Schools Can Do*（1976）。——译者注

# 致　　谢

　　本书的研究始于我在哈佛大学神学院与教育研究生院就读的那段时间，也就是 1973—1981 年间。在那几年以及随后的研究与写作的生涯中，我从无数学者的著作中获取教益，书中征引了大量的文献，这既是为了表达我无限的谢意，也是为了给以后研究同一问题的学者提供治学的门径。另外要感谢的是过去十年间在不同场合阅读过本书部分章节或草稿的诸位学者。他们的指点与批评使我免于事实、阐释与表达方面的诸多错误。他们为改进书稿的质量付出了令人赞赏的辛劳。不过，限于学识与悟性，书中难免存在错舛之处，这一概由我负责。

　　我要感谢阅读并评论本书的一些学者，他们是安纳波利斯的圣约翰学院的伊娃·布莱恩(Eva Brann)、哈佛教育研究生院的内森·格拉泽(Nathan Glazer)、哥伦比亚大学的保罗·O. 克里斯特勒(Paul O. Kristeller)、希腊雅典学院的沃尔特·麦凯恩(Walter McCann)、哈佛神学院的乔治·W. 麦克雷(George W. MacRae)、达特茅斯学院的斯蒂芬·G. 尼科尔斯(Stephen G. Nichols)、伯克利加州大学的谢尔顿·罗斯布拉特(Sheldon Rothblatt)、威廉斯学院的弗里德里希·鲁道夫(Frederick Rudolph)，以及来自芝加哥大学的一位匿名评阅人。我还要感谢休斯敦大学荣誉课程项目的特德·艾斯德斯(Ted Estess)、约翰·伯纳德(John Bernard)和约翰·麦克尼思(John McNees)，他们阅读了倒数第二遍的书稿。

　　此外，我要感谢哈佛大学的荣休教授詹姆斯·卢瑟·亚当斯(James Luther Adams)和戴维·里斯曼(David Riesman)，他们在美国和其他国家发表了大量的著述、谈话,以及与无数学人的浩瀚书信,这些给我提供了大量的参考文献、学术指引、相关信息以及智慧。最后,我要特别感激过去数年中约瑟夫·费瑟斯通对我的指导和帮助,他是我所知的最好的老师之一。

还有一些感谢是涉及资金资助方面的。我要感谢出版委员会的主席乔治·W. 玛格纳(George W. Magner)、休斯敦大学高等教育法律与治理中心及其主任迈克尔·A. 奥里瓦斯(Michael A. Olivas),没有他们的慷慨资助,本书不可能出版。我还要感谢普林斯顿神学教育基金所提供的奖学金,这笔奖学金使我来到哈佛神学院,而这是此项研究开始的地方。同时要感谢亨利·鲁斯基金会的资助,它使我能够在日本有一年的时间,以有益的视角来观察1945年美国的自由教育观念,这是本项研究的结束之处。还要感谢哈佛大学教育研究生院已故的斯蒂芬·K. 贝里(Stephen K. Bailey)教授,他给我提供了1981—1982年度的博士后资助,使我得以在博士毕业后捉襟见肘时继续这项研究。我还要感谢马里兰州立大学与学院董事会提供的机会和赞助,它使我得以思考功用与自由学科之间的关系。

有两份学术刊物允许我使用先前发表过的材料,同样使我铭感于心。本书的第一章改写自我发表在《自由教育》(*Liberal Education*)上的论文"The 'Liberal Education' Debate and Its Historical Appeals: Toward a Sorting Out and Appraisal",见该刊69(1983):321-333。第二章缩写自本人发表在《教师学院记录》(*Teachers College Record*)1983年冬季刊上的论文"Founders of Liberal Education: The Case for Roman Orators Against Socratic Philosophers"。第五章和第七章的部分内容曾以不同形式出现在"Liberal Vs. Useful Education: Revaluating the Historical Appeals to Benjamin Franklin and Aristotle"一文中,见*Liberal Education* 67(1981):286-292。第三章引用了路易斯·J. 佩托(Louis J. Paetow)对亨利·安德利(Henri d'Andeli)《七艺之争》(*La bataille des VII ars*)的译文,得到了加利福尼亚出版社的许可。

感谢劳尔·嘎尔扎(Raul Garza),他详尽无遗地校对、整理了参考文献,并将这些文献组织进脚注中去。我要感谢帕梅拉·钱斯(Pamela Chance)和伊夫林·罗森塔尔(Evelyn Rosenthal),她们多次熟练地录入了本书的草稿。

最后,我不能不感谢我最亲爱的朋友、妻子琳妮·K.卡尔森(Lynne K. Karlson),在完成此书的漫长朝圣之旅中,她自始至终给予我支持和关爱。

# 第一章　导　　论

  我之所以与博雅教育鼓吹者争论，是因为他们曲解或误解了高等教育的历史，歪曲或误解了博雅教育的真正本质，不但如此，他们还无依无据地以博雅教育的名义宣扬一些东西。
        ——弗兰西斯·H. 霍恩（Francis H. Horn）*

  博雅教育的历史就是雄辩家与哲学家之间争论的历史。起码，如果一个人希望把握博雅教育历史的要旨，或者，最为重要的，如果他循着"博雅学科"或"博雅教育"这两个词去考察，这将是他所能发现的东西。20世纪美国有关博雅教育争论中的诸多矛盾恰好印证了这一论断的真理性。

  首先，无论从历史的角度，还是从历史编纂学的角度，这段叙事都非常古老。历史地看，博雅教育的故事始于柏拉图与伊索克拉底；而从历史编纂学的角度来看，这一论题在汉斯·冯·阿宁（Hans von Arnim）、韦纳·耶格尔（Werner Jaeger）、亨利·马鲁（Henri Marrou）等现代学者的著述中早已昭然若揭。然而，在美国，还没有任何一本著作对它的历史根源进行深入翔实的研究。从这个意义上讲，它又非常新颖。自相矛盾的事情还不止于此。一方面，早在20世纪初，学者们就开始批评有关这一论题的争论，指出它们是一片无法穿越的沼泽地。亚伯拉罕·弗兰克斯纳（Abraham Flexner）早在1908年就指出：

---

\* "The Folklore of Liberal Education"（1955）。

"关于什么是博雅教育,以及如何落实博雅教育,学院根本就没有清楚明确的概念……让人遗憾的是,这种无能并非地方性或个别的现象,而是一种影响全美每一所文理学院的瘫痪症。"① 另一方面,如果我们以那两座遥远的著名山峰(一座是西塞罗,一座是苏格拉底)为参照的话,我们就可以走过这片沼泽地,甚至标出它的地图。最后,同样荒谬的是,有关博雅教育这个论题,学者们总是热切地诉诸历史,但还是有很多学者提出了一些反历史的、相对主义的"博雅教育"概念。

考虑到已有的和正在书写的关于"博雅教育"的文献,我的这一观点也许显得有些自以为是、傲慢无礼。1921年,美国教育理事会(American Council on Education)的主席报告说,"数以千计的论文以及为数不少的著作都对博雅文理学院(the college of liberal arts)进行了自己的阐释",然而,"这些作者之间的共识还比不上这些机构在入学标准上的共识。此外,更重要的事实是,当人们去定义博雅文理学院时,没有人会注意这些文献"。② 从那以来,这种混乱有增无减。这本指南的意图在于解释并且证明,如果我们正确地理解了博雅教育的谱系,就可以在这片现代学术争论的泥泽中明确方向,并且绘制出一个路线图。我所采用的基本方法是追溯"博雅教育"或"博雅学科"这两个词语在不同历史阶段的用法,并对与这两个词语相联系的理论依据进行评价,以便凭借一幅路线图———一种有助于我们理解当下话语中的冲突和混乱的简单的类型学(typology)———走出这片沼泽地。

这种方法是归纳性、描述性的,而不是推测性、规定性的,它更多地遵循观念史的方法而不是社会史的方法,后一种方法在最近几十年的教育史研究中处于主导地位。因此,我所使用的方法并非亦步亦趋时代的步伐。让人惊讶的事实是,尽管美国过去的四五十年里出版了有关"博雅教育"的大量文献,但却很少有研究试图理解这个术语的历史意义,以将这种历史遗产和美国当下的争论联系起来。当然,将目光投向过去,从评论者的陈述、课程计划、学校和学院教师的著作中抽

---

① Flexner 在这里引用的是康奈尔大学校长的话。参见 Abraham Flexner, *The American College: A criticism* (New York: Century, 1908), p.7。

② Samuel P. Capen, "The Dilemma of the College of Arts and Sciences," *Educational Review* 61 (1921): 277–278.

象出普遍的"类型",这种做法无疑是存在风险的。我们的思想并不必然是我们先辈的思想,在解读前人的思想时,我们必须考虑当时的社会语境。不过,这种人为的建构仍然是有帮助的,因为如果我们审慎地使用这种建构出来的类型,并且考虑到例外的情况以及模棱两可的情形,那么它可以提供一个比较好的解释框架。

同样令人惊讶的事实是,在讨论这一话题时,我们有大量的历史研究可资利用,但却鲜有人问津。当然,一个人不可能阅读所有的东西,不过,美国有关博雅教育的历史研究通常忽略了科隆会议所编撰的《从古代教育到中世纪科学中的博雅学艺》(Artes liberales von der antiken Bildung zur Wissenschaft des Mittelalters,1959)、第四届中世纪哲学国际研讨会(Quatrième Congrès international de philosophie médiévale)所出版的《中世纪的博雅学艺与哲学》(Arts Libéraux et philosophie au Moyen age,1969)以及诸如欧金尼奥·加林(Eugenio Garin)的《欧洲的教育1400—1600年:语法的问题》(L'educazione in Europa,1400-1600:Problemi e programmi,1976),这也是毋庸讳言的事实。① 与此类似,在有关20世纪美国博雅教育的研究中,人们总会提到艾德罗特(Aydelotte)、米克尔约翰、哈钦斯以及芝加哥大学、哥伦比亚大学、哈佛大学等如雷贯耳的名字,但诸如美国学院协会(Association of American Colleges)——自1914年成立起,该机构就致力于讨论和捍卫"博雅教育"——等机构的出版物却很少被利用。

考虑到这些忽略,人们首先会询问最近关于博雅教育的讨论的本质。仔细阅读本世纪初以来美国有关博雅教育的文献,可以发现他们的确在努力用一些范畴来定义这个术语。例如,在一些大型调查中,他们通常会使用一种操作性的定义,正如刘易斯·巴内泽(Louis Bénézet)在1943年所说的那样,"用最简洁的操作性定义来界定'博雅教育'这个词,将它视为'博雅文理学院(liberal arts college)所提供的那种教育',这似乎是最好的办法"。② 这一操作性定义在美国教育研

---

① 在这方面,David L. Wagner 主编的 *The Seven Liberal Arts in the Middle Ages*(Bloomington:Indiana University Press,1983)贡献良多。

② Louis Bénézet, *General Education in the Progressive College*(New York:Bureau of Publications, Teachers College, Columbia University, 1943), p.28.

究协会(National Society for the Study of Education)1932年的年鉴中被采用,如今在诸如促进中学后教育联邦基金所赞助的题为"博雅教育的类型及其评估"(Liberal education Varieties and Their Assessment)的研究中,这种操作性定义依然很常见。在这种方法中,研究者寻找一些宣称提供了或被认为提供了"博雅教育"的教育机构,然后研究它们。

此外,还有人将他们认为重要的、不成系统的一些教育产品放到一个"篮子"(basket)中去,并规定这就是博雅教育的定义。一些委员会通常倾向于采用这种"一篮子"的策略,比如1947年的高等教育校长委员会、1952年的布莱克莫委员会(Blackmer Committee)、1970年的四校研究委员会就是如此。还有一些人将对liberal education的一种特定理解绝对化,并且"演绎性地"(a priori)将之视为博雅教育的规范性定义。一些引用20世纪六七十年代的学潮来阐释博雅教育的评论者采取的就是这种方法,他们将博雅教育和"解放的技艺"(the liberation arts)、"自由主义教育"(libertarian education)、"解放教育"(liberating education)联系起来。如果我们注意到早在20世纪二三十年代,"数以千计的开学典礼发言人年复一年地解释说,liberal arts是liberating arts"[①],那么这种定义的短视性就显而易见了。雅克·马里坦在1943年、威廉·昆明翰(Willam Cunningham)在1953年、西奥多·狄百瑞(Theodore deBary)在1973年都这样宣称,"大多数人都会同意,自由教育旨在通过学术训练解放人的力量"[②],他们将"自由教育"和"使自由"(freeing)或"解放"(liberating)联系起来,这些评论揭示了更深层次的问题。与此同时,另外一些人则希望"在原初的、古典的意义上"讨论博雅教育,认为博雅教育是依据品格与德性的"最高理

---

① Jacques Barzun, "Humaniteis, Pieties, Practicalities, Universities," *SR* I (November 14, 1973):1.

② W. Theodore deBary, "General Education and the Humanities," *SR* I (October 22, 1973):1. 类似的语言参见 Jacques Maritain, *Education at the Crossroads* (New Haven, Conn.: Yale University Press, 1943), pp.10, 11,14;William F. Cunningham, *General Education and the Liberal College* (St. Louis: B. Herder, 1953). pp. 17–18,77,153。

想"来"培养公民的一种教育"①。

博雅教育的"原初、古典意义"这样一种说法非常典型地说明了这个术语的定义常常诉诸历史。也许我们最常听到的是类似于伯纳德学院新任院长的观点,他理所当然地认为,博雅教育"最早的描述"出现在"柏拉图和亚里士多德著作中归于苏格拉底名下的那些话"②。有时候,人们又将博雅教育的起源从苏格拉底三人同盟扩展到整个古希腊,比如,"博雅教育的概念是由古希腊人所引入的",然后将博雅教育定义为"为知识而追求知识的理念"③。和这种观点相反,另外一些学者认为,博雅教育的起源不应归功于哲学家,而应归功于伊索克拉底、西塞罗和昆体良等古希腊、古罗马的雄辩家。还有一些人与上述两种观点都分歧极大,他们认为自由教育\*的观念"是一个相当晚近的、地方性的观念",正如萨哈·劳伦斯学院(Sarah Lawrence College)的院长哈罗德·泰勒(Harold Taylor)所说的那样:

> 自由教育是知识和文化的工具,通过它,自由主义的基本理念得以传播、发展……因此,自由教育的核心观念是个人主义和个体自由……它起源于西方世界,起源于从17世纪开始的、由于新宇宙和新世界的发现而导致的政治和社会变革。④

这种观点通常伴随着本杰明·富兰克林(Benjamin Franklin)和约翰·杜威(John Dewey)的教育理论,这一点在稍后的论述中会更清楚。

---

① Waldemar Zagars, *The Liberal Arts Education: A Popular Myth* (Gettysburg, Pa.: Baltic, 1977), pp. 21, 221.

② Jacquelyn A. Mattfeld, "The Predicament of Liberal Education," *SR* 5 (1977): 136. 同时参见 Alvin Johnson, *Liberal Education Fact and Fiction* (New York: New School For Social Research, 1945), pp. 1-7; Paul Hirst, "Liberal Education," in *The Encyclopedia of Education*, ed. Lee C. Deighton (New York: Macmillan, 1971), vol. 5, p. 505。

③ Richard S. Peters, "Ambiguities in Liberal Education and the Problem of Its content," in *Ethics and Education Policy*, Ed. Kenneth A. Strike and Kieran Egan (London: Routledge and kegan paul, 1978), pp. 4, 6. 参见 J. Winfree Smith, *A Search for Liberal College: The Beginning of the St. John's Program* (Annapolis, Md.: St. John's College Press, 1983), p. 18。

\* 有些学者,如哈罗德·泰勒,显然将 liberal education 中的 liberal 理解为"自由"的,故此处 liberal education 宜译为"自由教育"。——译者注

④ Harold Taylor, "Individualism and the Liberal Tradition," in *The Goals of Higher Education*, ed. Willis D. Weatherford, Jr. (Cambridge: Harvard University Press, 1960), pp. 9-10.

当我们将目光转向 20 世纪的美国教育史研究时①,同样会发现类似的分析范畴。例如,有一些历史著作就使用了上述的操作性定义。1957 年,施密特(G. P. Schmidt)在《博雅文理学院:美国文化史中的一章》(The Liberal Arts College: A Chapter in American Cultural History)一书中并没有解释他是如何定义博雅文理学院的。很显然,他只是简单地遵循那些宣称它们自己是博雅文理学院并颁发所谓博雅文理学位的说法。到了书的结尾,施密特才声称"自由学艺(liberal arts)的概念不承认任何定义",他只承认,"自由学艺"是与"自由价值"和"自由哲学"相联系的,而后两个概念永远也无法解释清楚。② 类似地,在威里斯·鲁迪(Willis Rudy)的《博雅文理课程:基本主题的历史回顾》(The

---

① 在美国,有很多关于"liberal education"或"liberal arts"的冗长的历史论文,其弱点和矛盾可从以下例子中略见一斑。在 The Seven Liberal Arts (New York: Bureau of Publications, Teachers College, Columbia University, 1906, p. 1)中,Paul Abelson 意识到了问题所在,并试图解决这一难题。但在整整 40 年之后,John Wise 在 The Nature of the Liberal Arts(Milwaukee: Bruce, 1947, p. 13)中发现问题几乎毫无进展。此后,Wise 的历史性"学术论文"(scholarly treatise)在 Francis H. Horn 论述 liberal education 的论文中受到极力推许,见"The Folklore of Liberal Education," AACB 41 (1955):114。不过,这一评价与古典学者 Lambert de Rijk 的评价极为不同,见 Enkuklios Paideia: A study of Its Original Meaning, Vivarium 3 (1965): 24-25;在修改自己的论文交付发表时,Horn 在对 John Wise 的评价中去掉了"scholarly"这个字眼,见 Challenge and Perspective in Higher Education (Carbondale: Southern Illinois University Press, 1971), p. 24。与此同时,R. F. Butts 完成了他冗长而又容易引起争端的著作 The College Chart Its Course (New York: MaGraw-Hill, 1939),这本著作被 E. J. McGrath(他没有注意到 John Wise 的著作,而 John Wise 又没有注意到 R. F. Butts 的著作)誉为"关于西方文化中 liberal education 之早期起源的无价的参考著作",见 Liberal Education in the Professions (New York: Bureau of Publications, Teachers College, Columbia University, 1959, p. 9)。在此后十年由哥伦比亚大学师范学院高等教育研究中心所出版的铺天盖地的比较研究中,McGrath 的著作反过来又成为研究 liberal education 的标准著作。例如,Charles H. Russell, Liberal Education and Nursing (New York: Bureau of Publications, Teachers College, Columbia University, 1959); Paul L. Dressel, Liberal Education and Journalism (New York: Bureau of Publications, Teachers College, Columbia University, 1960); Willis J. Wager and Earl J. McGrath, Liberal Education and Music (New York: Bureau of Publications, Teachers College, Columbia University, 1962); Jeanette A. Lee and Paul L. Dressel, Liberal Education and Home Economics (New York: Bureau of Publications, Teachers College, Columbia University, 1963); William E. Simons, Liberal Education in the Service Academies (New York: Bureau of Publications, Teachers College, Columbia University, 1965)。Butts 在 400 页的著作中,只有 60 页用于研究 1758 年之前的历史,和 Wise 一样,他几乎很少关注 Samuel E. Morrison 的 The Founding of Harvard College (Cambridge: Harvard University Press, 1935),而 Bernard Bailyn 却认为 Samuel E. Morrison 的这本书仍然"是关于十六七世纪 liberal arts education 观念、尤其是关于这一观念在美国殖民地传播最重要的研究"(个人通信,1980 年 2 月)。

② George P. Schmidt, The Liberal Arts College: A Chapter in American Cultural History (New Brunswick, N. J.: Rutgers University Press, 1957), p. 238, chap. 12.

*Evolving Liberal Arts Curriculum*: *A Historical Review of Basic Themes*，1960)中，博雅学艺仅仅被定义为"在传统的四年制美国博雅文理学院中历史性地发展形成的学习课程"。慢慢地，读者开始理解，博雅教育是一个人获得博雅文理学位的原因。博雅教育是非职业性的、非技术性的，但对博雅教育的阐释既可以是"实用主义—进步主义的"，也可以是"人文主义—传统主义的"。从威里斯·鲁迪的标题中显然可以看出他的一个前设，即博雅学艺或博雅教育可以而且的确在演化、改变。这是博雅教育的操作性定义①的一个组成部分，根据这种定义，博雅教育是相对的，而且显然受到任何宣称可以提供博雅教育的人的制约。

在更宽泛的意义上，我们还可以在托马斯·伍迪(Thomas Woody)的《为自由人的博雅教育》(*Liberal Education for Free Men*，1951)中发现这种操作性定义。该书刚刚再版，在流行的百科全书中，它仍然是有关博雅教育之进阶阅读的推荐书目。伍迪认为，所谓博雅教育就是在任何特定时间内、特定文化中最高的教育理想。因此，一个人可以谈论"博雅教育的中国模式"，也可以谈论博雅教育的雅典模式或美国模式，因为博雅教育的理念依据时代和文化的不同而变化。十年之后，麦格拉斯(E. J. McGrath)的历史论文重复了这一论调。②

也有一些历史论文反对这种相对主义，并且预先假定，在那些博学的历史人物阐释博雅教育的言辞背后，"肯定存在一些根本性的、持续性的东西"，存在着永恒的、绝对的东西。埃弗雷特·马丁(Everett Martin)在1926年、诺曼·弗尔斯特(Norman Foerster)在1939年表达了这种观点；不过上引的那句话是纳翰·怀斯(John Wise)说的，而且他在《博雅学艺的性质》(*The Nature of the Liberal Arts*，1947)一书中对博雅学艺的定义使用了近似于"一篮子"的方法。怀斯建构了一个简

---

① Earl J. McGrath, "Preface," in *The Evolving Liberal Arts Curriculum*: *A Historical Review of Basic Themes*, Willis Rudy (New York: Bureau of Publications, Teachers College, Columbia University, 1960), and pp. 36-37, Chap. 10. 也可参看 Saul Sack, "Liberal Education: What Was It? What Is It?" *HEQ* 2 (1962): 210。

② Thomas Woody, *Liberal Education for Free Men* (Philadelphia: University of Pennsylvania Press,1951), pp. 1-3, chap. 1; Richard R. Renner, "Liberal Education," in *Encyclopedia Americana* (Danbury, Conn.: Americana, 1978), vol. 17, p. 292; MaGrath (1959), p. 18, chap. 2.

短的定义,这个定义宽泛到足以囊括历史上每一位杰出教育思想家的观点,并且可在柏拉图、亚里士多德、西塞罗、昆体良、奥古斯丁、阿奎那(Aquinas)、学业规章(*ratio studiorum*)、约翰·亨利·纽曼(John Henry Newman)那里寻找到连续性。而在此之前,埃弗雷特·马丁在他的著作中提到了苏格拉底、柏拉图、西塞罗、伊拉斯谟、伏尔泰、歌德和托马斯·赫胥黎,从而将一长串的物品放到他的一篮子定义中去。①

另外一种假定博雅教育之历史连续性的方法也许可以被称为演绎的(*a priori*)定义方法。在这种情况下,一个人很大程度上忽略谁、在什么时候以及如何使用博雅教育或博雅学艺这两个词,从博雅教育应当意味着什么这样一个"先入为主"的观念开始讨论问题。然后,他开始追踪这个"先入为主"的观念的历史,并称之为博雅教育的历史。进步主义者和实用主义者尤其倾向于用这种方式来讲述博雅教育的历史。例如,1935 年,一位巴克内尔大学的教授指出,所有形式的 liberalizing education 都"赞同灵活的成绩标准(dynamic achievement),反对权威主义",并且反对"干瘪的形式主义"。L. F. 斯诺(L. F. Snow)(1907)、A. O. 汉森(A. O. Hansen)(1926)和 R. F. 巴茨(R. F. Butts)(1939)等人追溯了个人主义、平等主义、自由等不同观念的发展史,并且促进了哈罗德·泰勒(Harold Taylor)归之于 17 世纪、鲁迪称之为"实用主义—进步主义"版本的博雅教育定义。②

另外一种在更狭窄的意义上关注自由(freedom)的"先入为主"的定义认为,自由教育(liberal education)意味着心灵的自由(freeing)或解放(liberating)以追求真理。J. H. 兰戴尔(J. H. Randall)在 1946 年的一篇短文中从古希腊的教养(*paideia*)转到古罗马的人文(*humanitas*),再到博雅学艺(*artes liberales*),然后断言说:"不管它可

---

① Everett D. Martin, *The Meaning of a Liberal Education* (New York: W. W. Norton, 1926), p.22; Wise (1947), pp. 7-16; Norman Foerster, "United States," in *The Meaning of Liberal Education in the Twentieth Century*, ed. Isaac L. Kandel (New York: Bureau of Publications, Teachers College, Columbia University, 1939), p.337.

② Philip L. Harriman, "Antecedents of the Liberal-Arts College: To Conserve the Best Values of the Past and to Create the Most Worthy Needs of the Present," *JHE* 6 (1935): 63; Louis F. Snow, *The College Curriculum in the United States* (New York: Bureau of Publications, Teachers College, Columbia University, 1907); Allen O. Hansen, *Liberalism and American Education in the Eighteenth Century* (New York: Macmillan, 1926).

能是什么,如果一门技艺能解放(liberates)人,或者使人心灵的自由得以释放,或者有效地促进了传统的'自由学艺'所履行的功能,它就是'liberal'的。"由 J. H. 兰戴尔的阐释可知,这种定义比"实用主义—进步主义"的观念更多地诉诸古代源头,而且这种观点常常被一些杰出的教育哲学家——如保罗·赫斯特(P. H. Hirst)和理查·彼得斯(R. S. Peters)——重申。① 更晚近的时候,查尔斯·韦格纳从美国研究型大学的历史语境出发,在他的定义中同时融合了心智解放(freeing-the-intellect)和进步主义这两种解释框架。②

总而言之,对博雅教育的相关研究以及博雅教育之历史的简单回顾揭示了很多矛盾和困惑。写得越多,困惑也越多。我们的回顾没有揭示任何新的东西。让人惊讶的倒是,我们几乎没有作出任何努力,去归纳性地追踪博雅教育或博雅学艺这两个词的历史,以理解当前困惑的根源。谢尔顿·罗斯布拉特确实使用了归纳性的方法,他关于英国博雅教育的历史研究比其他任何操作性的、一篮子的或先入为主的策略更能让人增长见识。③ 我认为,其他这些方法事实上对于博雅教育的定义几乎毫无帮助,因为它们实际上都忽略了一个基本的问题,即考察这个术语在历史上的解释。

对于那些诉诸历史的定义,这种联系是显而易见的。如果一个人指出,博雅教育最早出现在"柏拉图和亚里士多德著作中归于苏格拉底名下的那些话"中,定义的问题就很清楚了。他可以翻检这些哲学家的著作,看一下苏格拉底是否使用了博雅教育这个短语,然后再研究其确切含义。即便他们没有诉诸历史,或多或少地,博雅教育的当代定义仍然从根本上取决于这个术语的历史。

乍看起来,这似乎不是那么回事。我们怎么可以说,一个教授或

---

① John H. Randall, Jr., "Which are the Liberating Arts?" *The American Scholar* 13 (1944): 142-143;Hirst (1971); Peters (1978).

② Charles Wegener, *Liberal Education and the Modern University* (Chicago: University of Chicago Press, 1978), p. 95, chaps. 1-2.

③ Sheldon Rothblatt, *Tradition and Change in English Liberal Education: An Essay in History and Culture* (London: Faber and Faber, 1976). 相反的例子可参见 Frederick Rudolph 的 *Curriculum: A History of the American Undergraduate Course of Study since 1636* (San Francisco: Jossey-Bass, 1977),该书有时被人当做博雅教育史来引用,但事实上它很少使用博雅教育这个术语。

一个学院发明了自己对博雅教育的定义,这个定义还取决于博雅教育这个词的历史谱系呢?其中一个原因在于,博雅教育事实上不是一个和阿尔法教育(alpha education)一样随意的术语。不管我们的学校和学者如何定义博雅教育,他们都是有目的地使用这个术语的,他们之所以选用这个术语,是因为它具有一定的地位,值得我们认真对待。如果1981年由史隆基金会出版的《新的博雅学艺》(*The New Liberal Arts*)采用的是阿尔法艺术(The Alpha Arts)这样一个标题,读者一定会觉得它荒诞不经。① 即便人们比较随意地使用博雅学艺或博雅教育这两个词,它们还是有分量的,这种声望只能来自它在历史上的用法。正如全国青年行政人才教育项目的负责人在1940年所抱怨的那样:

> 难道不是每个人都希望获得博雅教育吗?有谁胆敢对任何称为博雅的东西发表不利言论?在历史上,传统的课程构成了博雅学科(liberal subjects),利用这种文字上的优势,传统主义者宣称他们垄断了所有的博雅学科。②

不管人们宣称老子、苏格拉底、伊索克拉底、启蒙哲学家或约翰·杜威发明了博雅教育,人们总会试图垄断这个术语的声望。

现在,即便那些重视历史问题之基本意义的学者也会拒绝将博雅教育的思想归功于老子、苏格拉底或伊索克拉底,因为,正如一处为人熟知的文献告诉我们的那样:"博雅教育的提倡者一般都会同意那些由亚里士多德第一次清晰阐述的原则。"③然而这个论点回避了问题。如果一个人预先假定而不是论证希腊哲学家们发明了博雅教育这个观念,那么,"博雅教育的概念是由希腊哲学家引入的"就是一种循环论证。它等于说,一种希腊人引入的教育是由希腊人引入的。正确的起点应该是,追问博雅教育或博雅学艺这个术语是什么时候、在哪里以及如何开始被使用的。

当然,如果真的存在这样一个答案的话,这个答案也不能决定今

---

① James D. Koerner, ed., *The New Liberal Arts: An Exchange of Views* (New York: Alfred P. Sloan Foundation, 1981).

② Charles H. Judd, "The Organization of a Program of General Education in Secondary Schools and Colleges," *AACB* 26 (1940): 303.

③ Hirst (1971), p.505.

天博雅教育的"正确"定义。词语的意义在历史中是不断变化的;即便它们没有变化,也没有法律禁止人们非历史地运用词语。然而,既然我们基于博雅教育一词的固有声望而更偏爱它而不是阿尔法教育,那么,试图武断地定义这个术语就是自相矛盾的,因为这个术语的声望来自它过去的用法。一方面,博雅教育的声望来自博雅教育的历史和当代关于博雅教育的讨论;另一方面,不管这些当下的陈述是否具有历史意识,如果我们理解与这个术语相关的观念史,尤其是理解哲学家与雄辩家之间的争论,我们就能合理地解释当下讨论中那些看似相对、武断、矛盾、困惑的地方。对于这一术语的历史解释最终将形塑当下美国争论的轮廓,即便那些讨论者没有认识或理解这一点。

在接下来的各章中,笔者将对人们称为"liberal"的那种教育的观念史进行阐释。考虑到这段历史在时间上跨越多个世纪,相关材料又汗牛充栋,我们所提供的解释必然是概括性的。一个人可以穷尽一生的时间来阅读和写作关于博雅教育历史的更多的著作。我所能做的事情是,尽我所能地收集关于博雅教育的有影响的文献,并仔细衡量它在思想史上的分量,最终呈现一个有意义的解释。不过,读者应该意识到,一些结论影响了我所呈现的东西。我认为,大体上,20世纪下半叶美国高等教育所效仿的是苏格拉底而不是西塞罗;从根本上说,博雅教育的宗旨、理论依据、结构和内容是苏格拉底式和柏拉图式的;它所倾向于讲述的博雅教育的历史几乎毫无例外地是哲学家版本的博雅教育观念——对于真理的永不停息、永远批判性的追求。在接下来的各章中,笔者将对那种歪曲博雅教育历史的理解加以纠偏,这种歪曲性的理解无疑是受当下美国高等教育特殊环境的影响。笔者希望,通过这种努力,美国自20世纪初以来有关博雅教育的争论中那些让人困扰不已的混乱将得到减轻,博雅教育的困境可以在更为坚实的历史基础上得到展示,我们因此可以比前些时候更加清晰地理解这种困境。

# 第二章 博雅学艺的建立

我认为,如果一个人不娴熟于所有适合于自由公民的技艺,他就不配称为雄辩家。

——西塞罗\*

我们要培养的是完美的雄辩家,他必须是一个好人。因此,我们不仅要求他秉有出类拔萃的演说天赋,而且要求他具备灵魂的所有德性。

——昆体良\*\*

考虑到现在关于"博雅教育""博雅学艺""博雅学科"的起源的讨论分歧很大,最好的办法似乎是从那些得到广泛认同的基本事实出发,来讲述博雅教育的故事。与教育有关的"liberal"一词从词源上可追溯至拉丁语 *liberalis*。① *Liberalis* 是一个形容词,在数百年的时间里,它和众多与教育有关的词联系在一起,如:与 *disciplinae liberales*,*studia liberalia*,*doctrinae liberales*,*litterae liberales*,尤其是与 *artes liber-*

---

\* *De oratore*.

\*\* *Institutio oratoria*.

① 有时候,一些现代著作,比如卡西奥多鲁斯(Cassiodorus)和伊西多尔的著作,将 *liberalis* 和罗马神利伯尔(Lĭber)或书(lĭber)联系起来,而不是将它和"自由人"(līber)联系在一起。Kühnert, Friedmar. *Allgemeinbildung und Fachbildung in der Antike* (Berlin: Akademie-Verlag, 1961), pp.4-5; Paul L. Dressel, "Liberal Education: Developing the Characteristics of a Liberally Education Person," *Liberal Education* 65 (1979): 314.

ales 这个词联系在一起。这些词汇大量见诸文艺复兴和晚期中世纪的文献,而且可以追溯至公元 7 世纪的伊西多尔、公元 6 世纪的卡西奥多鲁斯、公元 4 世纪的奥古斯丁(Augustine)、公元 1 世纪的昆体良以及公元前 1 世纪的西塞罗。事实上,依据现存资料,西塞罗是最早使用这个词的人①,但即便如此,我们也不能说西塞罗发明了这个词。首先,西塞罗在使用"博雅学艺"这个词时的态度表明这个词在当时很常用;其次,liberalis 显然与古希腊有直接的渊源。

在博雅教育这个术语的历史中,另外一个基本的事实是,liberalis 在古罗马的含义是"属于自由人的或与自由人有关的"。需要特别指出的是,这个含义既表示与奴隶身份相对的社会自由与政治自由,还表示某人拥有财富,享有可自由支配的闲暇时间。因此,liberalis 描述了自由公民(liber)的一系列特征,即自由公民是"绅士的、淑女的……宽宏大量的,高贵的……大方的,慷慨的",同时还描述了自由公民所参与的"学问、教育、技艺、职业"的特征。在 14、15 世纪的英语中,liberalis 以"libral,liberal,lyberal,liberall"等形式出现,这时它仍然与闲暇有紧密的联系,意为"适合或与上流社会成员有关的、'适合于绅士的'"。②

除了这一谱系,无可争议的事实是,"博雅七艺"(seven liberal arts)在中世纪(或许更早)被理想化为常规性课程。"博雅七艺"(septem artes liberales)在数不清的中世纪手稿中都有记录,它由三门与语言有关的学科(文法、修辞、逻辑[或辩证法])以及四门数学或"科学"学科(算术、几何、声学、天文学)共同组成。不过,这并不表明从古罗马到文艺复兴的教育家都同意博雅七艺的理论基础甚至每一门技艺的内容。公元 7 世纪伊西多尔所谓的"文法"与 13 世纪巴黎大学的"文法"不可同日而语。考虑到这种不连续性,我们必须追问原初的博雅学艺的特点,这要求我们对很多现代学者的观点进行重新评价,

---

① Cicero, *De inventione* 1.35; Kühnert (1961), p.4; John F. Dobson, *Ancient Education and Its Meaning to Us* (New York: Longmans, Green, 1932), p.127.
② *The Oxford Latin Dictionary*, s.v. "liberalis"; Chaim Wirszubski, *Libertas as a Political Ideal at Rome during the Late Republic and Early principate* (Cambridge University Press, 1950), pp. 1-15; *The Oxford English Dictionary*, s.v. "liberal."

因为这些学者越过古罗马共和国,将博雅教育的建立追溯至柏拉图的雅典。

另外一个基本的事实是,古希腊人或雅典人在公元前 5 世纪至前 4 世纪发展形成了通过文化来教育有闲暇的自由公民的理念。这一观念是从公元前 450 年至前 350 年的"教育世纪"的一个收获①,而在很宽泛的意义上,我们有理由将博雅教育或博雅学艺的起源等同于这个时期雅典自由人的教育。不过,这样一种宽泛的定义是相当不如人意的。当代的教育家通常希望更为明确地,并且试图将某一个特定的或某一组有关博雅教育的观念归功于这些雅典人。这时,问题就产生了。尽管受到忠告,但仍然有很多学者试图这样做。② 我想通过以下三种方法有效地评判这些观点。

第一种方法是,假定在有闲的自由公民教育背后存在一个主导性的、特定的理论依据。这种主导性的理论依据几乎总是被描述为"为知识而追求知识的理想"(this ideal of pursuing knowledge for its own sake),然后将它和苏格拉底、柏拉图、亚里士多德联系起来。第二种方法是,努力在 liberalis 和古希腊之间寻找词源学的桥梁。通常他们会提出三种可能的词源学桥梁。首先是 skholē 这个词。在希腊语中,它的含义是"闲暇、休息、悠闲",后来又表示"使用闲暇……尤其是在学术讨论、辩论、演讲中使用闲暇"。最后,skholē 还可以表示"聆听授课的一群人,[一所]学校",即表示从事闲暇活动的一群人或一个机构。skholē 后来演变为拉丁文 schola,最后又演变成英语 school。有学者认为这个词和古希腊的闲暇教育或 liberal education 有重要的

---

① Richard Meister, "Die Entstehung der höheren Allgemeinbildung in der Antike," in *Erziehung und Bildung in der heidnischen und christlichen Antike*, ed. Horst-Theodor Johann (Darmstadt, W. Ger.: Wissenschaftliche Buchgesellschaft, 1976), p.26; Frederic A. Beck, *Greek Education, 450-350 B. C.* (London: Methuen, 1964).

② 例如,"即便在早期的时候[即公元前 4 世纪],对全部这些学科最感兴趣的是哲学家;自由七艺在本质上是,而且也将永远是一个哲学家的课程。" William H. Stahl and Richard Johnson, with E. L. Burge, *Martianus Capella and the Seven Liberal Arts* (New York: Columbia University Press, 1971), vol.1, p.91. Sack 提出忠告说,我们不能将 liberal education 的原初观念归功于希腊人。Saul Sack, "Liberal Education: What Was It? What Is It?" *HEQ* 2 (1962): 210-224.

联系。① 另外一个被经常提到的词源学桥梁是 *eleutherios*。这个词可以从字面上翻译成"适合于自由人的、自由的(liberal)";在标准的译文中,亚里士多德论教育的篇章中涉及 *eleutherios* 一词时也通常这样翻译,很多评论"博雅教育"的现代学者都仰仗这一翻译。*Eleutherios*,尤其是当它和 *teknai*(古希腊语中表示 *artes* 的词)放到一起时,被认为与雅典"博雅教育"有着最直接的联系。② 最后,人们有时候认为 *artes liberales* 是对希腊词 *enkuklios paideia* 的翻译,其意为"在专业学习之前的普通教育"。英语中的词汇如"百科全书式的"(encyclopedic)源自 *enkuklios paideia*,因此将它翻译成"通识教育"(general education)是有充分的理由的;《牛津古典词典》并没有区分 *enkuklios paideia* 和 *eleutherios* 的上述组合形式。③

不过,让人惊讶的是,*enkuklios paideia* 无论如何也不能从字面上翻译成 *artes liberales*,而且并非没有人注意到这一事实。④ 结果是,被频繁征引的 *enkuklios paideia* 一词成为将博雅教育追溯至古希腊的第三种方法。这种方法背后的假设是,博雅七艺的课程可以从中世纪一直回溯到古罗马,再到柏拉图的学园。它假设存在一个由古希腊人建立并由古罗马人重新命名为"博雅七艺"(*septem artes liberales*)的连续性的常规性课程。

不用说,这三种诉诸古希腊的方法——理论上的、词源学的和课程的——并不是截然分开的。不管是在流行的百科全书中,还是在学术讨论中,后两种方法常常是捆绑在一起的。尤其是关于 *enkuklios*

---

① Henry G. Lindell and Robert Scott, *A Greek-English Lexicon*, rev. ed, 2vols. (Oxford: Clarendon, 1940), s.v. "σχολη"; Jocob Klein, "The Idea of Liberal Education," in *The Goals of Higher Education*, ed. Willis D. Weatherford, Jr. (Cambridge: Harvard University Press, 1960), pp. 26–41; William K. Frankena, *Three Historical Philosophies of Education: Aristotle, Kant, Dewey* (Glenview, Iii.: Scott, Foresman, 1965), pp. 63–65.

② 引自 Liddell 和 Scott (1940), s.v. "ελενθερωζ". 参见 Andrew F. West, *Alcuin and the Rise of the Christian Schools* (New York: Charles Scribner's Sons, 1901), pp. 4–5. Herri Marrou, "Les arts libéraux dans l'antiquité classique," in *Actes* (1969), pp. 11, 31; Hans J. Mette, "ΕΓΚΥΚΛΙΟΣ ΠΑΙΔΕΙΑ", in *Erziehun und Bildung in der heidnischen und christlichen Antike*, ed. Horst-Theodor Johann (Darmstadt: Buchgesellschaft, 1976), pp. 32–33.

③ Liddell and Scott (1940), s.v. "ελενθερωζ παιδεια". 参见 *The Oxford Classical Dictionary*, 2d ed., s.v. "encyclopaedic learning".

④ Raymond Klibansky, "Questions et discussions," in *Actes* (1969), p. 30.

paideia 一词,那些诉诸一种主导性教育理论的学者经常通过他们选择性的翻译来进行词源学的论证。然而,不管是哪一种捆绑方法,如果以古代教育史的标准轮廓来加以考量的话,所有这三种方法都经不起严格的审查。首先,假定存在一种针对闲暇的雅典自由公民的主导性教育理论这一点就值得推敲。

在"教育世纪"(pedagogical century)的许多世代之前,希腊的教育概念是建立在追求德性(aretē)的基础上的,而德性又是通过雅典—爱奥尼亚贵族的勇敢风范来定义的。① 这种教育的核心内容是背诵荷马史诗——以此提供技术性的语言教育——以及更重要的,反复地灌输希腊文化的尚武精神(knightly mores)和高贵伦理。这一传统随着公元前5世纪民主制的兴起而逐渐瓦解。为回应民主制的需求,有三个主要的群体形成了自己的教育方案,以培养自由公民履行治理社会的新职责。

在民主的城邦中,写作、发表和分析演讲词的技巧极为重要,因为在那里,审议机构(deliberative bodies,主要与立法有关)和法庭(judicial assembly,城邦中需要法庭陈述)的每一个决议都取决于选票之胜负。高尔吉亚、普罗泰戈拉、普罗狄克斯(Prodicus)以及希庇亚斯等人教授写作、发表和分析演讲词的技巧。这些人获得了"智者"或"教师"(sophistēs)的头衔,因为他们宣称要教授一种有关政治的智慧(Sophia)或德性(aretē):提出观点并赢得辩论的诀窍,也即参与民主的国家—城邦之治理的诀窍。因此,智者派更热衷于设计说服别人的技巧,而不是寻找真实的论据。这种非道德主义加剧了传统伦理观念

---

① Willem J. Verdenius, *Homer, The Educator of the Greeks* (Amsterdam: North Holland, 1970), pp. 1-7, 15ff. 在以下有关 aretē 的相互冲突的定义中,我参考了 Hans von Arnim, *Leben und Werke des Dio von Prusa mit einer Einleitung: Sophistik, Rhetorik, Philosophie in ihrem Kampf um die Jugendildung* (Berlin: Weidmannsche Buchhandlung, 1898), pp. 5-114; Werner Jaeger, *Paideia: The Ideals of Greek Culture*, trans. Gilbert Highet, 2d ed. (Oxford: Basil Blackkwell, 1939), vol. 1; Henri I. Marrou, *A History of Education in Antiquity*, trans. George Lamb (New York: Sheed and Ward, 1956), pt. 1, chaps. 5-8; Everett L. Hunt, "Plato and Aristotle on Rhetoric and Rhetoricians," in *Historical Studies of Rhetoric and Rhetoricians*, ed. Raymond F. Howes (Ithaca, N. Y.: Cornell University Press, 1961), pp. 19-26; Norman Roseman, "Protagoras and the Foundations of His Educational Thought," *PH* 15 (1975): 128-141; Beck (1964), pp. 151-183; Lambert de Rijk, "*Enkuklios Paideia*: A Study of Its Original Meaning," *Vivarium* 3 (1965): 45-57; George Kennedy, *The Art of Persuasion in Greece* (Princeton, N. J.: Princeton University Press, 1963).

的瓦解,因此柏拉图(Plato,公元前427—前346)在《高尔吉亚》以及伊索克拉底(Isocrates,公元前436—前338)在《反智者派》中都对此进行了谴责。① 不过,当智者派在云游四方、传授说服技巧时,学生们蜂拥而来,投至门下。

另外一种对文化瓦解的不同回应来自以柏拉图为首的群体。柏拉图秉承苏格拉底(Socrates)永无止境地追求真理的精神,并视智性文化和哲学为公民教育之理想。念及于此,柏拉图区分了智慧(sophia)和哲学(philosophia),并因此断言最高真理是永远无法获得的——对真理的探索永无止境。② 柏拉图谨遵苏格拉底的教导,认为知识可以直接导致德性,因此他将荷马的德性(aretē)转化为通过辩证法来追求最高的知识,认为辩证法可以将人的心灵从无知的幽暗洞穴中解放(liberate)出来。这种对哲学的献身态度又几乎原封不动地传递给了柏拉图的学生们,其中最著名的是亚里士多德(Aristotle,公元前384—前322),他在《尼各马可伦理学》中论证说,最高的幸福存在于追求"理论知识或沉思……因为努斯(intelligence)*是我们身上最高等的部分"。③

与柏拉图同时从事教学、同样关注雅典道德习俗之衰颓的是伊索克拉底,他的学校及其著作——主要是《反智者派》和《关于财产交换的演说》(Antidosis)——构成了第三种回应模式。伊索克拉底通常被认为是智者派的一员,但他其实与智者派有实质性的区别,柏拉图也清楚这一点。④ 伊索克拉底批评智者派只强调演讲的表演和技巧而牺牲了塑造品格的理念,而他则采纳传统的高贵价值——史诗中英雄们

---

① Plato, *Gorgias* 502-522; Isocrates, *Against the Sophists* 2-11,19-20.
② Plato, *Lysis* 218a, *Symposium* 203d-204b, *Phaedrus* 278d, *Republic* 394d.
\* 这里参考廖申白先生的译法,他将 intelligence 译为"努斯"。——译者注
③ Aristotle, *Nicomachean Ethics*, trans. Martin Ostwald (Indianapolis: Bobbs-Merrill, 1962) 1177a11-1179a33.
④ Plato, *Phaedrus* 278e-279a. 关于这一重要问题,请对比以下著作:Charles S. Baldwin, *Medieval Rhetoric and Poetry (to 1400) Interpreted from representative works* (New York: Macmillan, 1928), pp.5-6; Donald L. Clark, *Rhetoric in Greco-Roman Education* (New York: Columbia University Press, 1957), pp.6-7; Kennedy (1963), p.79; George Kennedy, *The Art of Rhetoric in the Roman World, 300B.C.-A.D. 300* (Princeton, N.J.: Princeton University Press, 1972), p.59; Hartmut Erbse, "Platons Urteil über Isokrates," *Hermes* 99 (1971): 183-197.

所体现的传统德性标准——作为自己教育理念的德性。因此,伊索克拉底赞扬这样的雄辩家:他坚守高贵的德性,并说服民主城邦中的自由公民去追随它们。①

虽然伊索克拉底和柏拉图都反对智者派,但他们对彼此的批评简直一样多。伊索克拉底极度怀疑对真理的辩证式追求(这是苏格拉底—柏拉图教育的核心支柱),他嘲笑区分智慧和哲学的做法,斥责那些把时间浪费于无休无止地思考以获得智慧的人。就这样,他否定了柏拉图的纯理论思考,并为他的雄辩家索取"哲学家"的头衔。因为,在他看来,哲学通过演讲的雄辩口才攀至顶峰:"说得妙,想得对。"②面对所有这些指责,柏拉图继续捍卫高级理论思辨的价值,并催促伊索克拉底进行致力于真正具有哲学性质的知性探求。③ 在《高尔吉亚》《普罗泰戈拉》(*Protagoras*)及《斐德若》(*Phaedrus*)等篇中,他一遍又一遍地重复说,修辞学一旦脱离了真理,便不过是诡辩术,而真理只能通过哲学的辩证法来发现。

在很宽泛的意义上,这就是在"教育世纪"中有关闲暇自由公民之教育最主要的各种理论学说。其后,亚历山大(Alexander)建立了他的帝国,共识开始出现。在希腊化时代,诸如德摩斯梯尼(Demosthenes)和伊斯金尼斯(Aeschines)*之类的雄辩家而不是哲学王控制了公共事务,因此统治精英们越来越多地遵循伊索克拉底的教育模式。马鲁(Marrou)写道:"柏拉图被打败了:后代们并没有采纳他的教育理念。一般来说,胜利者是伊索克拉底,伊索克拉底先是成为希腊人的教师,然后又成为整个古代世界的教师。"这一"胜利"巩固了希腊化时代的教育理念,并使之传至罗马。依耶格尔(Jaegers)之见,这就解释了为什么"人文文化"可以直接从古罗马教育理论家"直接"追溯至伊索克

---

① Isocrates, *Against the Sophists* 1-11,19,20, *Antidosis* 184,252,267-271,274-278.

② Isocrates, *Against the Sophists* 8, *Antidosis* 268-277, 304-305. 文中引语出自 George Norlin 所翻译的 *Antidosis* 277 (New York:G. P. Putnam's, 1928)。

③ Plato, *Gorgias* 484d-488a, *Phaedrus* 278b-279a. (在《高尔吉亚》中,伊索克拉底并没有出现。——译者注)

* 古希腊雄辩家,其代表性的演说词有《控告提马克斯》(*Against Timarchus*)等。——译者注

拉底，而不是柏拉图或亚里士多德。①

有几个因素预示了这一结果。与试图在其理想城邦中驱逐诗人的柏拉图相比，伊索克拉底的观点显然与基于荷马史诗和其他受到推崇的诗人的教育传统更为契合。其次，柏拉图的立场也有所转变，在《高尔吉亚》中，他把修辞学贬得一无是处，而在《斐德若》中，他又赋予修辞学一定的价值，这种使哲学家与雄辩家和解的做法随后为亚里士多德所意识到，并为其所采纳。亚里士多德使修辞学系统化，并成为辩证法的"对应部分"（counterpart）。② 然而，这并非像有些评论家所说的那样，亚里士多德的《修辞学》构成了伊索克拉底与柏拉图之间的综合或黄金分割线。哲学家们事实上依然没能认识到伊索克拉底观点的完整含义。这也并非意味着柏拉图或亚里士多德在任何意义上战胜了雄辩家的教育理念。他们依然坚持自己纯理论的、沉思的教育视野。不过，退一步说，很多现代学者由此推论，这种哲学的理念代表了古希腊闲暇自由民教育的主导性理论依据是大可质疑的。这种方法反映了对苏格拉底传统的先入为主的偏好，忽略了希腊化文化中事实上源自伊索克拉底的东西，因为事实上，"很多现代学者甚至坚持认为……伊索克拉底是现代博雅教育之父"③。

因此，那种预设在雅典存在一种主导性的"哲学"教育理论的理论诉求，一方面为公元前5世纪晚期和公元前4世纪早期基本理论的明显多元性所驳倒，另一方则为雄辩家理念的卓越所驳倒——如果可以被称为卓越的话。当然，我们还要考虑将博雅学艺追溯至雅典的三个词源学的方法诉求。不管伊索克拉底是否是打败柏拉图的"胜利者"，只要哲学家或智者们被证明发明了相应的词汇，胜利的棕榈叶依然有充分的理由投向其中一方。当然，考虑到大量古代著作的佚失和现存

---

① Marrou (1956), p.194; Werner Jaeger, *Paideia: The Ideals of Greek Culture*, trans. Gilbert Highet, 2d ed. (Oxford: Basil Blackwell, 1944), vol. 3, pp. 46-47. Aubrey Gwynn, *Roman Education from Cicero to Quintilian* (London: Oxford University Press, 1926), pp.40-41; William M. Smail, *Quintilian on Education* (Oxford: Clarendon, 1938), p. xvii.

② Plato, *Republic* 398a-b, 598d-602b, *Gorgias* 462b-465e, *Phaedrus* 259e-261a; Aristotle, *Rhetoric* 1354a.

③ Gostas M. Proussis, "The Orator: Isocrates," in *The Educated Man: Studies in the History of Educational Thought*, ed. Paul Nash, Andreas M. Kazamias, and Henry J. Perkinson (New York: John Wiley, 1965), p.74.

著作中的文本问题，这种词源学的诉求充其量也是狭隘和不确定的。即便如此，术语的实质性区分仍然是指引我们前进的重要路标。

不过，就 *skholē* 这个术语而言，它对我们的帮助并不大。从它在公元前5世纪至公元前4世纪以及希腊化时期的使用，到它演变成拉丁词 *schola*，这个术语一直被信奉不同理论、实施不同课程的教师们——文法教师、修辞学教师、数学教师和哲学教师等——使用。① 因此，任何人都不能将 *skholē* 与一种特定的自由公民教育理论联系起来，除非他先入为主地假设存在一种特定的主导性理论。关于这一点，上面已经说得很明白了。最重要的可能是，*eleutherios* 这个词的词义与 *liberalis* 最为接近。在亚里士多德的著作中，*eleutherios* 和 *paideia* 连在一起。此外，伊奇尼斯（Aeschines）将 *eleutherios* 与"受教育者"（*paideutheis*）连在一起使用，伊索克拉底则将 *eleutherios* 和 *tethrammenous* 连在一起使用，后者常常被翻译成"接受了博雅教育的"。② 我们再一次看到，*eleutherios* 一词被广泛使用，因此不能将它和一种特定的教育理论联系起来。尽管如此，我们还是可以像过去一样地追问，与西塞罗所用的 *artes liberales* 一词在字面意义上最为接近的 *tekhnai eleutherioi* 一词属于哪个学派？让人颇为吃惊的答案是，希腊词 *tekhnai eleutherioi* 似乎是在公元一千年左右才出现的，它的出现是为了将拉丁词 *artes liberales* 翻译成希腊文，而不是相反。③ 换言之，与博雅学艺（liberal arts）相对应的最精确的希腊词出现在罗马术语之后，而不是之前。* 即便考虑到手稿

---

① Liddell and Scott (1940), s. v. "σχολη"; Stanley F. Bonner, *Education in Ancient Rome: From the Eler Cato to the Younger Pliny* (Berkeley: University of California Press, 1977), p. 56.

② Aristotle, *Politics* 1338a32; Aeschines, *Against Ctesiphon* 154; Isocrates, *Panegyricus* 49. 关于伊索克拉底引文的翻译，参见 *The Orations of Isocrates*, trans. J. H. Freese (London: George Bell, 1894), p. 67; George Kennedy, *Classical Rhetoric and Its Christian and Secular Tradition from Ancient to Modern Times* (Chapel Hill: University of North Carolina Press, 1980), p. 36。

③ Klibansky (1969), p. 30; Marrou (1969), pp. 11, 31。

\* 西塞罗还使用过 *liberalis disciplina*（"liberal science"或"liberal knowledge"）这个术语，这个术语和 *artes liberales* 是同义词。根据伊西多尔《词源学》的解释，*disciplina*（Discipline）一词源自拉丁文 *discere*，意为"学习"。*disciplina*（Discipline）又可称为 *scientia*（知识/科学），处理的是永恒不变的真的知识。据此，这个概念和亚里士多德在《形而上学》和《政治学》中所提出的 "*eleutherios episteme*"（ελενθερωυ επιστημων）概念是相当的。而布鲁斯·金博尔教授显然忽略了亚里士多德的这一概念。关于亚里士多德的"liberal arts"概念的阐述，可参见 Andrea Wilson Nightingale, Liberal Education in Plato's Republic and Aristotle's Politics, 载于 Yun Lee Too, *Education in Greek and Roman antiquity* (Leiden; Boston: Brill, 2001), pp. 133-173。——译者注

中可能存在疏漏或错舛,这一事实也足以让我们怀疑是否可以将这个术语追溯到更早的公元前4世纪或前5世纪。

最后,我们必须考虑"普通教育"(*enkuklios paideia*)这个术语,这个术语既有词源学的意义,也有课程的意义。在公元前5世纪至前4世纪,*enkuklios*意为"共同的、普通的、常规的";和*paideia*连在一起时,它有针对闲暇自由公民之"普通教育"之意,因此等同于博雅学艺(*artes liberales*),并被认为是博雅学艺的源头。理解*enkuklios*是如何具有这层意思的,将有助于此处及后面的讨论。

直到公元前5世纪早期,希腊的教育传统主要由体育(gymnastics)和音乐(music)两部分构成,体育操练是与古代的军事义务相联系的,音乐主要包括对文艺女神所司各种文艺的学习,是城邦宗教崇拜仪式和文化传统的基础。[①] 军事服役、文化传统和城邦宗教崇拜仪式都是公民的常规性义务,教育的目的就是为公民履行这些职责做准备,因此这种教育自然与*enkuklios*这个词的诸多前身形式联系起来。*enkuklios*这个词可能有很多来源,这些来源——比如*kuklos*——似乎表示"圆圈"(circle)、"合唱队"(chorus)、"循环"(cycle)或诸如此类的含义。因此,当*enkuklios*和教育联系起来时,其原初意义是"属于一个合唱队","在一个合唱队中"受到教育,或者"在合唱科目中的"教育,或者在一整套循环性科目中的教育,或者是在与循环有关的科目——如音乐和天文学——中的教育[*]。最后,*enkuklios*开始具有"共同的、普通的、常规的"等含义,因为"乐教"(musical education)或"普通教育"(*enkuklios paideia*)扩展成为一种针对拥有闲暇来学习的自由公民的"普通教育"。事实上,公元前5世纪至前4世纪所有不同类型的作者——欧里庇得斯(Euripides)、伊索克

---

① Plato, *Republic* 410a-412a. 此处以及接下来的论述中,我主要参考了 Kühnert(1961), pp. 6-18, 42ff; Rijk (1965), pp. 24-93; Marrou (1956), pp. 1-13, 134-141; Marrou (1969), pp. 16-18; Meister (1976), pp. 23-26; Hermann Koller, "ΕΓΚΥΚΛΙΟΣ ΠΑΙΔΕΙΑ", in *Erziehun und Bildung in der heidnischen und christlichen Antike*, ed. Horst-Theodor Johann (Darmstadt: Buchgesellschaft, 1976), pp. 3-21; Mette (1976) pp. 32-33。

\* 古希腊人认为,音乐和天文学都属于循环性科目或与循环有关的科目,因为前者涉及旋律的循环(回环往复),后者涉及天体的循环(周期性运动)。——译者注

拉底、柏拉图、亚里士多德、德摩斯梯尼——在使用 enkuklios 一词的不同变体时,其含义均为"共同的、普通的、常规的",这至少是我们所得到的一般性结论。enkuklios 只有在和 paideia 连在一起时,才具有上述含义,因此合乎逻辑的推论是,如果不是更古老的话,"普通教育"这个词至少与上述所引的作者们属于同一时代。

与将"学校"(skholē)、"适合于自由人的"(eleutherios)视为"博雅学艺"(artes liberales)的词源一样,将普通教育(enkuklios paideia)视为"博雅学艺"的词源,可以使我们首先得到一个显而易见的推论:这个术语并不是与某种特定的有关拥有闲暇去学习的自由公民的教育理论联系在一起的。相反,我们必须认识到,这个术语为不同的教育家所共享。非但如此,我们甚至可以推导出第二个更为有趣的结论。如果至少在公元前 4 世纪时"普通教育"就是一个常用的术语,为什么没有智者、哲学家或雄辩家在谈论这一时期的教育时使用这个术语呢,即使他们常常分开使用 enkuklios 和 paideia 这两个词?此外,为什么我们只能在公元 1 世纪的维特鲁威(Vitruvius)和昆体良(Quintilian)那里发现使用这个术语的最早案例呢?[①] 这一事实使某些研究者认为,"普通教育"这个术语是在公元前 2 世纪或公元前 1 世纪时才出现的。这种词源学方法再次证明,那些试图将博雅学艺追溯至柏拉图学园的人注定要无功而返,而且事实上自相矛盾。

不管普通教育是在公元前 5 世纪还是公元前 1 世纪时创造的,归于其名下之课程的谱系依然悬而未决。如果真如通常所说的那样,七艺的规范性课程形成于"教育世纪",并在古罗马时代获得"博雅七艺"(septem artes liberales)的名称,那么,我们仍有充足的理由认为,雅典发明了博雅学科(liberal arts)。而且,如果这种规范性课程与某个思想流派相联系,或者,它本身表明了一种特定的教育理论,那么我们依然可以说,这是博雅学科或博雅教育的起源。

然而,上述追溯却被证明是非常成问题的。一些学者认为,七艺

---

① 在 De architectura, bk. 6 pref., line 4 中,维特鲁威使用的是 encyclio doctrinarum omnium 而不是 enkuklios paidiea。

是在公元4世纪或5世纪被组织成常规性课程的。① 确有学者指出，公元5世纪马尔提努斯·卡佩拉（Martianus Capella）的著作首次将博雅七艺系统化，公元6世纪的卡西奥多鲁斯是第一个使用这一术语的基督徒。② 另外一些学者则断言，七艺课程在公元前1世纪"最终、明确地程式化"③，还有一些学者认为七艺典律形成于其后6个世纪的不同时间点④。由此看来，大部分历史学家都将常规性七艺课程的形成归功于古代罗马，而非古希腊。不过，所有这些判断取决于我们如何定义"程式化"和"常规性课程"。

同样可能正确的是，希腊人已经知晓并发明了七艺——三门语言学科和四门数学学科。一直到公元前5世纪，希腊的"音乐"教育传统既包括背诵古诗，也包括参与合唱队。后来，这一传统逐渐衰落，于是毕达哥拉斯学派引进了对"音乐"的第三种阐释，也即数学性的阐释。在公元前6世纪，毕达哥拉斯（Pythagoreans）将"数学"视为从宇宙学和伦理学的意义上联系世界的原则。理解数学被视为对智慧的追求。随后，柏拉图提到并特别强调了四门数学学科——算术、几何、天文学

---

① Robert R. Bolgar, *The Classical Heritage and Its Beneficiaries* (Cambridge: Cambridge University Press, 1964), p.35; Paul O. Kristeller, *Renaissance Thought II: Papers on Humanism and the Arts* (New York: Harper and Row, 1965), p.173; Leighton D. Reynolds and N. G. Wilson, *Scribes and Scholars: A Guide to the Transmission of Greek and Latin Literature* (London: Oxford University Press, 1968), p.29.

② Paul Abelson, *The Seven Liberal Arts: A Study in Mediaeval Culture* (New York: Bureau of Publications, Teachers College, Columbia University, 1906), p.9; Dobson (1932), pp.160-161; Gabriel Nuchelmans, "Philologia et son marriage avec Mercure jusqu'à la fin du XIIe sièclela," *Latomus* 16 (1957): 90-92; Joseph M. McCarthy, *Humanistic Emphases in the Educational Thought of Vincent of Beauvais* (Leiden, Neth.: E. J. Brill, 1976), p.85. 事实上，马尔提努斯·卡佩拉（Martianus Capella）并没有使用 *septem artes liberales* 这一术语，但卡西奥多鲁斯指出，马尔提努斯著作的标题是"七艺"（*De Septem disciplinis*）。参见 *Institutiones*, ed. R. A. Mynors (Oxford: Clarendon, 1937) 2.2.17. 我没有发现任何人（不管是异教徒还是基督徒）在卡西奥多鲁斯之前使用过这个术语。

③ Marrou (1956), pp.176-178; Marrou, *Saint Augustin et La fin de la culture antique*, 4th ed. (paris: Editions E. deBoccard, 1958), pp.211-235; Marrou, *Histoire de l'éducation dans l'Antiquité*, 6th ed. (Paris: Editions du Seuil, 1965), pp.264-267; Kühnert (1961), p.17; Mette (1976), pp.31-41; Francesco della Corte, *Varrone: Il terzo gran lume romano*, 2d ed. (Florence: La Nuova Italia, 1970), pp.11, 232.

④ Rijk (1965), pp.90-93. Stephen d'Iray 似乎采纳了所有这些立场，参见 *Histoire des universités françaises et étrangères des origines à nos jours* (Paris: Editions Auguste Picard, 1933), vol.1, pp.34-35。Edward K. Rand 也采取了类似的立场，参见 *Founders of the Middle Ages* (Cambridge: Harvard University Press, 1928), pp.218-219。

和音乐。① 这并不是说,这些学科已经完备。虽然毕达哥拉斯学派发展了算术科学,但几何学到公元前3世纪的欧几里得(Euclid)时才发展成熟。与此同时,对"音乐"的诗歌、歌唱的解释并没有彻底让位于数学的解释。天文学常常等同于占星术,或者相反。在公元前1世纪瓦罗(Varro,公元前116—前27)的里程碑式著作中,两者均未获得独立的地位。②

修辞学是三门语言学科中最为古老的一门。据传,公元前5世纪后半叶,叙拉古的智者(如高尔吉亚)将修辞学带到雅典。当时,在新生的民主城邦中,公共演说已经成为每一个自由公民的严肃事务。为了参与民主政治,公民们需要掌握司法、议事、赞咏的雄辩技巧。(后来,西塞罗将修辞学划分为五个步骤,即取材、布局、风格、背诵、演讲,并且这种划分成了常例。)③尽管苏格拉底、柏拉图、亚里士多德认为智者派并没有认识到修辞学背后的组织原则,但智者派却是公元前5、前4世纪时第一批传授修辞学并写作修辞学手册的人。亚里士多德则在《修辞学》一书中第一次对修辞学进行了全面、系统的阐述。④

人们还认为,智者派还发明了质询式的论辩形式,即辩证法。不过,"辩证法"这个术语的出处不早于柏拉图的《美诺》。⑤ 而且,是哲学家将辩证法进一步发展成为逻辑学——一种更为精确的分析和思考的工具。第三门语言技艺——文法——则要归功于诸如普罗迪克斯(Prodicus)和普罗泰哥拉。不过,直到公元前1世纪初,文法才成为系统化的学科。因此,将文法学归功于早期的任何思想流派,难免让人心存疑虑。再者,在文法学的初创阶段,斯多葛派的克吕西普

---

① 柏拉图还提到了其他数学科学,如立体几何学。参见 Republic 522c-530d; Hans M. Klinkenberg, "Der Verfall des Quadriviums im frühen Mittelalter," in Artes (1959), pp.1-6, 11; Carnes Lord, Education and Culture in the Political Thought of Aristotle (Ithaca, N.Y.: Cornell University Press,1982), chap.2。

② Corte (1970), p.226; Cicero, De oratore 1.187.

③ Cicero, De inventione 1.9. Aristotle (Rhetoric 1358a38-b33)第一次定义了司法的、议事的、颂词的这三种修辞学类型。

④ Plato, Apology 21e, Phaedrus 264c, 269b-c; Aristotle, On Sophistical Refutations 183b35-184a10, Rhetoric 1354b17.

⑤ Plato, Meno 75d; Jaeger (1939), pp.314ff. Diogenes Laertius(一位并不可靠的作者)说,亚里士多德将辩证法的发明归功于哲学家芝诺。参见 Lives of Eminent Philosophers 8.57, 9.25。

(Chrysippus)也作出了显著的贡献。

总而言之,我们可以说,希腊人发明了后来七艺的内容,而且他们关于课程的讨论主要集中于语言和数学。不过,他们是否形成了同样的常规性课程,则是另一码事了。首先,希腊教师们到处设帐授学,每个教师教授的科目都不相同,这就妨碍了课程的连续性和统一性。这种情况在伊索克拉底时代如此,在罗马时代亦然。和现代评论者的印象相反,当时的学生不可能去一个地方,在一个团体或一个"学校"中跟从一位或数位教师学习所有七艺。① 其次,即便存在这样的机构,教授七艺的方法和顺序也会有所差异。也就是说,对每一门技艺的解释会存在极大的不同。

一直到公元前2世纪或前1世纪,文法还不是一门正式的学科。不过,文法学的起源的确可以追溯至公元前5世纪的语言和文学,而且它受到雄辩家和智者的推崇,为哲学家所忽略。文法起源于古希腊诗歌中的"乐教",当时教授文法的教师非常注重伦理和历史,这种传统又为罗马的学校所继承。事实上,希腊语概念"文法技艺"(grammatikē tekhnē)源自"文字"(gramma)。在拉丁文中,gramma 等同于 littera,所以后来昆体良将希腊语"文法学"译为"文学"(litteratura)②。在这里,文法学、伦理学和历史学之间的联系是一种自然的联系,而且具有非常重要的意义。在文法课程中,学生先学习语言结构,然后接受以史诗和赞美诗经典为手段的教育,后两者必然要求回到"历史学"(historia)。这里所说的"历史学",不是后来意义上的阅读历史学家的著作,而是"探询"某一特定文本的事实或神话背景、语境和隐喻意义。阅读文本的目的是为了加深学生对文本的理解,并使他们尊敬文化传统,获得道德的教益。西塞罗(Cicero)和昆体良都指出,"历史学"逐渐被吸纳进了修辞学课程。③ 柏拉图等哲学家则反对这个课程,他们反对以文法学、修辞学为基础,体现文学传统

---

① Marrou (1956), pp. 200ff.; Bolgar (1964), pp. 33–34; Beck (1964), p. 141; Gunther Heilbrunn, "Isocrates on Rhetoric and Power," *Hermes* 103 (1975):156–161.

② Quintilian, *Institutio oratoria* 2.1.4.

③ Cicero, De oratore I. 158–159, 187, 201; Quintilian, *Institutio oratoria* 1.8.13–18, 2.4.3; Hans Wolter, "Geschichtliche Bildung im Rahmen der Artes Liberales," in *Artes* (1959), p. 65; Bonner (1977), pp. 237, 277–282, chap. 14–17, 19.

的教育模式。亚里士多德也提出要谨慎对待这些学科,因为它们将情感呼吁而非逻辑分析作为说服的基础。①

这种冲突同样反映在对待辩证法和修辞学的态度上。在《高尔吉亚》中,柏拉图否认修辞学具有任何价值,而在《斐德若》中,他有些勉强地承认,修辞学也许值得一学。即便如此,柏拉图仍然认为修辞学远远比不上思辨的辩证法。② 亚里士多德进一步推进了柏拉图的观点,他区分了科学的"证明"(一种理论哲学的方法,从真实的前提开始进行三段论的推理,以获得正确而抽象的结论)及其继子"辩证法"(实践哲学的方法,在意见和偶然性的人类事务领域进行三段论的推理)。我们看到,在亚里士多德、亚里士多德的老师和亚里士多德的后继者那里,"辩证法"这个术语拥有多重的含义,其中一种含义是对不同科学的前提进行开放的探究。不过,有一种含义是确定的:"修辞学"是哲学话语中"辩证法"在大众话语中的对应物。如亚里士多德所云,修辞学的推理方法是一种省略三段论法(enthymeme)*,它具有三段论的性格,但为了达到说服的效果,同时也诉诸情感、感受和癖好。③ 根据这种观点,与探索宏观的、基础性问题的辩证法或逻辑学相比,修辞学变成了不精确的、功利主义的、狭隘的附属物。

另一方面,雄辩家和智者派则持相反的看法。他们将修辞学视为至高的技艺。这种技艺处理的是议事和司法机构中最为重大的问题,仅仅在论证框架上,修辞学依赖于逻辑学。根据这种观点,不管在生

---

① Plato, *Republic* 377-392, 595-608; Aristotle, *Rhetoric* 1354a.
② Plato, *Gorgias* 462b-465e, *Phaedrus* 269-272b. 在下面关于修辞学和辩证法的讨论中,我参考了 Charles S. Baldwin, *Ancient Rhetoric and Poetic Interpreted from Representative Works* (New York:Macmillan,1924), pp.1-24; Richard McKeon, "The Methods of Rhetoric and Judgment," in *The Classical Tradition: Literary and Historical Studies in Honor of Harry Caplan*, ed. Luitpold Wallach (Ithaca, N.Y.: Cornell University Press,1966), pp.365-373; Kennedy (1963); Kennedy (1972); Kennedy (1980); Paul O. Kristeller, *Renaissance Thought and Its Sources*, ed. Michael Mooney (New York:Columbia University Press,1979), pt.5.

\* 省略三段论法指表达不完整的三段论法,即在语言表达方面省去一个前提或结论的三段论法。——译者注

③ Aristotle, *Topics* 100a25-101a5, *Rhetoric* 1355b-1357b; William M. Grimaldi, *Studies in the Philosophy of Aristotle's Rhetoric* (Wiesbaden, W. Ger.: Franz Steiner, 1972), chap.3; Larry Arnhart, *Aristotle on Political Reasoning:A Commentary on the "Rhetoric"* (Dekalb:Northen Illinois University Press, 1981), chaps.1,2,pp.65-83. 不过,也可参看 J. D. G. Evans, *Aristotle's Concept of Dialectic* (Cambridge:Cambridge University Press,1977), pp.3-6.

活中还是在教育中,修辞学所处理的问题都比逻辑学更为困难,它需要基于逻辑学的轮廓,发展出精细的、具有说服力的论点。伊索克拉底在讨论课程问题时,就指出了这一点。在公元前1世纪,瓦罗又回应了这一观点。瓦罗将辩证法视为连接文法学(基础的语言和文学)与修辞学的"词源科学"。他还对著名的斯多葛学派的比喻进行了解释,将辩证法比喻为紧握的拳头,将修辞学比喻为摊开的手掌,意思是说,修辞学对逻辑学所发现的语素加以发展。西塞罗重复了这一比喻,并使逻辑学从属于修辞学,下一世纪的昆体良也同样如此。①

如果说,关于语言技艺的意义和课程价值,人们各执己见的话,关于七艺中的数学学科,分歧也同样存在。虽然某些智者(如希庇亚斯)据称掌握了这些学科,但大部分智者(包括普罗泰哥拉)都因为修辞学之故,忽略或贬低数学学科的价值。与此截然相反的是柏拉图,他很乐意将辩证法之前的教育以算术、几何、天文学、音乐以及其他数学学科为中心,其立场较毕达哥拉斯有过之而无不及。柏拉图所强调的是通过严格的分析性思维来提升心智,而非学习实用的科学事实。② 而从伊索克拉底到昆体良,雄辩家们在推荐学生于学习修辞学之前学一些数学学科时,所提出的最重要的理由就是,数学学科可以使人掌握一些实用的科学事实。③

这种差异在"音乐"学科上表现得最为明显。歌唱性的音乐和文学性的音乐之间的张力可追溯至荷马时代的教育(paideia),后来,对音乐的哲理性、数学性的解释开始出现,于是又造成了新的冲突。例如,柏拉图在将音乐和天文学、数学联系在一起时,特别援引了毕达哥拉斯的传统。歌唱的音乐、文学的音乐、数学的音乐这三者的冲突为古罗马所继承,并始终存在。"天文学"一词的含义也体现了这种分歧。在希腊文中,天文学一词源自"星星"(aster)和"律法"(nomos)。如前所述,柏拉图坚持,对行星运行规律的研究和数学密不可分。但也有些人将占星术归并为天文学,甚至使用"占星术"(astrologia)这个

---

① 引号中的短语译自 Crote (1970), p. 219。Isocrates, *Antidosis* 266–267; Cicero, *Orator* 32,113, *De oratore* 2.154–163; Quintilian, *Institutio oratoria* 12.2.10–19.
② Plato, *Hippias Minor* 366d–367e, *Protagoras* 318c, *Republic* 521c–531d.
③ Isocrates, *Antidosis* 261–265; Quintilian, *Institutio oratoria* 1.10.

词——例如西塞罗——来表示其他人所理解的天文学。①

"哲学"(*philosophia*)这个术语同样也模棱两可。无须说,不同的哲学学派在不同意义上使用哲学这个词。可以公允地说,每一个学派都用哲学这个词来表示其高深学习的课程,在修习哲学之前,需学习各种基础性的学艺(arts)课程。然而,也有其他人将哲学等同于修辞学(如伊索克拉底),或将哲学视为和其他学艺(art)平行的一门学艺(如瓦罗),或宽泛地将其等同于所有的教育(如罗马帝国高卢地区的所有教师,在这个地区,昆体良的影响占据了主导地位)。② 在希腊主义时期,希腊人并没有就哲学一词的含义达成共识。

关于教育课程的分歧,我们还需谈到最后一点,即专业化(specialization)的问题。我们常常从古代教育史著作中了解到,雄辩家以专业化的修辞学教育结束其求学生涯,这一点和柏拉图、亚里士多德的建议——在学习一系列基础性的学艺课程之后进行专业化的学习——很类似。不过,尽管修辞学是雄辩家的最高技艺,这一类比却是不恰当的,这表现在好几个方面。雄辩家的修辞学"专业化"阶段大致在16岁至20岁左右,而在柏拉图或其他哲学学派所推荐的课程中,学生在成年之后,还需长年累月地跟随某一位教师。③ 此外,为了使雄辩家能就法律、政治、军事、文学、宗教等其他任何问题发表演讲,20岁之前和之后的修辞学教育都是通识性的,昆体良已经指出了这一点。这种训练根本不能被称为"专业化"的训练。最后,哲学家们所追求的狭窄、高深的专业化一直为智者和雄辩家所诟病,卡里克丽斯(Callicles)

---

① 关于音乐,参见 Plato, *Republic* 530d; Karl G. Fellerer, "Die Musica in den Artes Liberales," in *Artes* (1959), pp. 33-35; Edward A. Lippman, "The Place of Music in the System of Liberal Arts," in *Aspects of Medieval and Renaissance Music*, ed. Jan LaRue et al., rev. ed. (New York:Pendragon,1972), pp. 545-559; Lord (1982), chap. 2.关于天文学,参见 Cicero, *De Oratore* 1.187; Stahl and Johnson (1971), pp. 171-201; Jacques Fontaine, *Isidore de Seville et la culture classique dans l'Espagne wisigothique* (Paris:Etudes Augustiniennes, 1959), pt. 4。

② Plato, *Phaedo* 61a; Isocrates, *Antidosis* 270-277; Corte (1970), pp. 226-229; T. J. Haarhoff, *Schools of Gaul:A Study of Pagan and Christian Education in the Last Century of the Western Empire* (Oxford:Clarendon, 1919), pp. 57-58;80; Marrou (1958), pp. 193-197, 232-235; Jean-Charles Falardeau, "Perspectives d'un humanisme contemporain," in *Actes* (1969), pp. 274-275.

③ Plato, *Republic* 539a-540a; George Kennedy, *Quintilian* (New York:Twayne, 1969), pp. 47-48, 135; Bonner (1977), p. 85.

和西塞罗的批评已经清楚地说明了这一点。① 因此,关于拥有闲暇的自由公民的教育的深度和广度,存在着重大的分歧。

我们必然会得出这个结论,即古希腊并不存在一致性的常规性课程。正如亚里士多德在《政治学》一书中所哀叹的那样,教育的课程存在巨大的差异。② 这一时期杰出的教育家也许会将后来"博雅七艺"中的每一门学艺列为"通识教育"的重要组成部分,每一门学艺及其变体也许都得到了传授。不过,在公元前1世纪之前,希腊人是否已经设计了常规性的七艺课程并达成一致,这还是有待证明的问题。鉴于这一事实,考虑到上面所描述的有关教育理念的冲突,以及词源学依据的不充分性,在寻找规范性的"博雅教育"的系统化陈述时,我们必须转向古罗马。事实上,即便是那些将七艺追溯至柏拉图学园的学者,也在暗地里遵循这一路向。因为,假如没有古代拉丁,我们就很难理解为什么人们将七艺视为古希腊的常规课程。

至少从公元前1世纪开始,罗马共和国就为博雅教育提供了确切无误的词源学依据。西塞罗和其他人都使用了"博雅学院"(*artes liberales*)以及类似的词汇,它们都是英文中"博雅学科"(liberal arts)和"博雅教育"(liberal education)的词源。不过,现代学者中流行的看法认为,瓦罗或西塞罗第一个或最终阐述了"博雅七艺"的常规课程。③ 这种观点是颇成问题的。将博雅七艺的常规课程追溯至西塞罗之后两三个世纪的人物,也同样成问题。

首先,这些作家从来没有说过"博雅七艺"。也正是这些现代学者认为,普通教育(*enkuklios paideia*)一词在公元前5世纪至前3世纪没有出现,由此证明了这个术语在当时没有被使用。然而,令人奇怪的是,他们并不为这样的事实所困扰:"博雅七艺"(*septem artes liberales*)这个术语显然到公元5世纪才出现(即便公元前1世纪至公元4世纪

---

① Quintilian, *Institutio oratoria* 12.1-2; Plato, *Gorgias* 485b-d; Cicero, *De oratore* 3.132-140.
② Aristotle, *Politics* 1337a10-40.
③ Corte (1970), pp.11,32; Kühnert (1961), p.17; Marrou (1965), pp.265-267; Marrou (1969), pp.18-26; Mette (1976), pp.31-41.

流传至今的拉丁文献更加丰富,也更加可靠)。① 这一事实应当引起足够的注意,因为它提出了第二个问题:瓦罗和西塞罗并没有列举七艺的清单。瓦罗在其广为流传的百科全书著作中列举了九门学艺:医学、建筑学、哲学以及后来七艺中的六艺。西塞罗在不同地方零零散散地列举过一些学科,我们必须将这些学科合并起来才能凑够七艺,这一事实反映了罗马教育课程的易变性。教师们依然云游各地,教授不同的学科。西塞罗自己也写道,罗马教育"既未受到法律的规定,也未得到公共资助,而且也没有统一的标准"。②

将七艺的形成归功于瓦罗和西塞罗,还导致了第三个问题:在他们之后,学艺的数目依然是不确定的。在接下来的世纪中,维特鲁威(Vitruvius)列举了建筑师必须学习的十一门学艺。塞涅卡(Seneca)则将大部分技艺排除在外,认为只有那些有利于实现德性的技艺才是"符合自由人身份的"和"使人自由的"。公元 2 世纪,盖伦(Galen)列举了医生需学的八门技艺,它包括了后来的七艺,以及医学。塞克斯都·恩披里柯(Sextus Empiricus)列举了六门技艺,并将逻辑学归入哲学的范畴。数代人之后,在奥古斯丁(Augustine)的著作中,各处所列举的博雅技艺数目仍然不一致。③ 我们还可以列举更多的例子。我们也应该清楚地认识到,从瓦罗的时代开始,博雅学艺的组合多种多样,但多数组合都涵盖了三科、四艺中的大部门科目。也正是因为这样,一些现代学者才认为,整个这个时期的课程规范是七艺。然而,这仅仅是基于后见之明的一种判断。事实上,我们也许永远也不能确定,关于七艺的共识是何时达成的。但有一点是众所公认的:马尔提努斯·卡佩拉(Martianus Capella)的《文献学与墨丘利的联姻》(*De nuptiis Philologiae et Mercurii*)已经确定了七艺的典律。

《文献学与墨丘利的联姻》叙述了一个老男人向他的儿子讲述的

---

① Abelson (1906), p.9; Dobson (1932), pp.160-161; Nuchelmans (1957), p.90.

② Cicero, *De republica* 4.3; Marrou (1956), pp.200ff.; Marrou (1969), p.20, table2; Corte (1970), chap.14; Martin L. Clark, *Higher Education in the Ancient World* (London: Routledge and Paul, 1971), pp.7,45.

③ Vitruvius, De architectura 1.1.3-12; Maria Bellincioni, *Educazione alla sapientia in Seneca* (Brescia: Paideia, 1978), pp.117-160. 关于不同作者所罗列的博雅技艺,可参见 Kühnert (1961), pp.18-42,50-70; Marrou (1958), pp.195-235; Marrou (1969), pp.9-25.

故事。在故事中,天神墨丘利向一位博学多才的年轻女子文献学求爱,并得偿所愿。婚宴在天庭举行,墨丘利为自己的新娘请来了七位伴娘,每位伴娘代表一门博雅学科。马尔提努斯·卡佩拉的这本著作极大地受惠于瓦罗的著作,并对西塞罗大加赞赏。同时,他将辩证法的学习顺序置于修辞学之前,并提醒人们不要花费过多的精力来学习辩证法。他赞扬数学技艺是有用的事实信息,并在很大程度上将地理学等同于几何学。① 大体而言,该著作的寓意是,七艺是结合雄辩(墨丘利)与学问(文献学)的手段,这一宗旨获得了众神的赞许。②

当然,这并非原创性的思想。雄辩与智慧的联姻,这一直是昆体良、西塞罗、伊索克拉底等雄辩家所坚持的基本思想。不管我们认为规范性的七艺课程形成于公元前1世纪还是公元5世纪,或两者中间的某一个时间点,这一课程的理论依据都是伊索克拉底的希腊精神。罗马人毫无保留地继承了这种精神,并使之永存。当然,柏拉图和亚里士多德并没有被完全排除出七艺的课程。柏拉图的形而上学中经新柏拉图主义的桥梁,影响了每一位罗马人,而亚里士多德奠定了逻辑学的基础。马尔提努斯在著作中也陈述了这种影响。③ 不过,"博雅七艺"的理论依据包含了一些与追求批判思辨、博学沉思非常不同的内容,因为,"总体而言,是伊索克拉底,而不是柏拉图,教育了公元前4世纪的希腊人,并成为其后希腊化世界和罗马世界的导师"。④

当然,古罗马教育的相对共识的达成,并非一朝一夕之功。然而,循着古罗马教育史的历程,这种共识完全在意料之中。公元前2世纪,大加图(Cato the Elder)等忠于本民族传统者极力反对希腊的影响,并于公元前161年通过元老院下令驱逐了罗马的修辞学教师和哲

---

① Martianus Capella, *De nuptiis Philogiae et Mercurii*, ed. Adolfus Dick (Stuttgart: B. G. Teubner,1925) 1-2,423,588-704. 在这个版本中,卡佩拉给文法分配的篇幅是70页,辩证法60页,修辞学75页。

② Stahl and Johnson (1971), pp. 40-54,83,104-115,125-148; Fanny LeMoine, *Martianus Capella:A Literary Re-valuation* (Munich:Arbeo-Gesellschaft,1972), chap. 2. 马尔提努斯以及同一时期的其他作者都是在宽泛的意义上使用 *philologia* 一词的,它意指智慧、学问、知识、教育等内容。Nuchelmans (1957), pp. 84-91,106-107.

③ Stahl and Johnson (1971), pp. 85-90,104-115.

④ Marrou (1956), p. 79; Jaeger (1944), pp. 46-47; Bonner (1977), pp. 64-68,77.

学教师。① 然而，罗马人不可避免地要求得到馈赠于他们的更为精微的文化遗产。作为正在涌现的帝国的工程师、律师、行政管理者，罗马人毫无疑问会对雄辩家的传统青眼有加，因为这个传统关注的是法律、秩序、高贵的德性、公共的表达。西塞罗如是说：

> 就像从亚平宁地区流淌出来的河流一样，从共同的智慧山脊中流淌出来的学问之流分成了两半。哲学家流入了整个希腊的亚得里亚海，那里港湾众多，演说家则涌入了我们峻峭、荒僻的托斯卡纳海岸。②

希腊思辨哲学的四大学派——伊壁鸠鲁学派、斯多葛学派、逍遥派、新柏拉图主义——的确流传了下来。但在西罗马帝国，哲学家越来越脱离日常文化，龟缩在那些供奉某一先知的宗派或漫游社团之中。由于这种脱离，很多罗马人怀疑这些哲学家是诡辩家，公元1世纪的罗马皇帝韦帕芗（Vespasian）再次将他们逐出罗马。与之相反，他任命昆体良为罗马的第一个钦定修辞学教授——在当时，修辞学教授在所有教师中薪水最高。③ 在雄辩家的学校中，学生在16至20岁之间学习雄辩术，这代表了古罗马教育的最高形式。当昆体良写作《雄辩术原理》(Institutio oratoria)一书对罗马教育实践进行描绘时，这种教育模式正大行其道。在修辞学（雄辩术）教育之前，学生从文法教师的学校那里学习四至五年，在此之前则在小学校（ludus）中接受五至六年的初等教育。受古希腊传统的影响，历史和背诵受到重视。相反，从瓦罗到马尔提努斯，数学学科备受冷落。④

作为希腊词语和希腊技艺的"修辞学"(rhetorica)在罗马和西方行省的教育中占据了统治地位，"雄辩术"(oratoria)事实上是希腊词

---

① Suetonius, *De rhetoribus* 1.
② Cicero, *De oratore* 3.69.
③ Quintilian, *Institutio oratoria* 12.2.6-10, 12.3.11-12; Gwynn (1926), pp.177-184; Smail (1938), pp.xii,xxv-xxx; Clarke (1971), pp.9-10; Bonner (1977), pp.64-77.
④ Crote (1970), pp.222-226; Marrou (1956), pp.185ff.,220ff.; Falardeau (1969), pp.274-275;在《雄辩术原理》一书中，昆体良在bk.1, pts.1-3中描绘了小学校，在bk.1, pts.4-12中描绘了文法学校，在bks.2-9中描绘了修辞学学校，在bks.10-11中描绘了演讲高级训练，在bk.12中描绘了理想的雄辩家。

"修辞学"的拉丁文翻译。① 正是雄辩家西塞罗第一个为"博雅技艺"确立了这种古罗马的教育理想。昆体良在确立了自己的典范地位之后,又肯定了西塞罗的地位。他们两个人都受惠于伊索克拉底。西塞罗称伊索克拉底为"雄辩术的显赫之父""所有修辞学家的导师",昆体良则赞扬伊索克拉底是培养出最伟大的雄辩家的"最卓越的教师"。② 人们认为,最淋漓尽致地表达了这种"伊索克拉底"传统的著作是西塞罗的教育论著《论雄辩家》(De oratore),后者又激发昆体良写出了《雄辩术原理》一书。③ 这一谱系表明了雄辩家与哲学家的长期冲突。关于这一点,我们需要更深入的讨论。

当谈及这一冲突时,许多公认的优秀学术论著倾向于贬低雄辩家的立场。④ 这些论著的作者们认为,伊索克拉底、西塞罗、昆体良对苏格拉底和柏拉图所捍卫的对真理的无止境的冥思默想持批评态度。事实上,伊索克拉底公开表明了自己的批评态度,西塞罗则对那些繁难艰深的问题置之不理,对那些没有最终答案的问题漠然置之,并批评自为目的的哲学沉思。昆体良在《雄辩术原理》一书中重复了这些论点。⑤ 反过来,雄辩家们则因为缺乏思辨的敏锐和实用主义的精神气质而受到苏格拉底和柏拉图的批评。

面对这种情形,很多历史学家出于良好的意愿,试图为这些被认为是不够聪颖的雄辩家辩护。他们往往会采用两种方法。一种方法

---

① Haarhoff (1919), pp. 39–80; Quintilian, *Institutio oratoria* 2.14.1–3.
② Cicero, *De oratore* 2.10, 3.94; Quintilian, *Institutio oratoria* 2.7.11, 2.14.1, 3.1.9–12, 10.1.12, 12.10.9–12.
③ Falardeau (1969)谈到了"*isocratique*"的传统(p. 274)。Harry M. Hubbell, *The Influence of Isocrates on Cicero, Dionysius, and Aristides* (New Haven: Yale University Press, 1913), pp. 1–40; Gwynn (1926), pp. 80–81, 186; Alain Michel, "L'originalité de l'idéal oratoire de Cicéron," *Les études classiques* 39 (1971): 311–328. Kennedy (1969, p. 86)肯定了昆体良和西塞罗之间的联系,但对将西塞罗和伊索克拉底相提并论的做法表示质疑(1972, p. 279)。
④ 关于这一论述,我参考了 Baldwin (1924), pp. 37–39; Baldwin (1928), pp. 2–7; Clark (1957), chaps. 1, 2; Beck (1964), chap. 8; James J. Murphy, *Rhetoric in the Middle Ages: A History of Rhetorical Theory from Saint Augustine to the Renaissance* (Berkeley: University of California Press, 1974), pp. 7–42; Kennedy (1963), pp. 15–25; Kennedy (1972), pp. 219–229, 509–513。
⑤ Isocrates, *Antidosis* 268–271; Cicero, *De oratore* 1.229, 2.60–68, 156–159, 3.64; Quintilian, *Institutio oratoria*, pref. 12–20, 2.21.12–15.

是试图在雄辩家(特别是西塞罗)身上发现名为"哲学"的思辨精神。①第二种(同时也是更富洞察力的)方法是辩称,雄辩家都主张知识的交流是重要的。因此,雄辩与表达是重要的。这种辩护词的潜台词是,尽管柏拉图在《斐德若》中尝试肯定修辞学的作用,但他显然并不欣赏这种作用。而我们知道,亚里士多德在《修辞学》一书中纠正了柏拉图的态度,他概括了政治话语与大众话语的基本原则,并使它们与科学研究相联系,从而使自己的著作超越雄辩家的修辞学手册。如果我们假定柏拉图的思辨就是至善,或者说,如果苏格拉底、柏拉图、亚里士多德是对的,那么,我们不可避免地会得出这样的结论:雄辩术仅仅是"实现目的之手段"②。考虑到这一点,上述两种辩护方法的确是对雄辩家的最好辩护。此外,如果记起柏拉图对诡辩家的批判,想起柏拉图对雄辩家缺乏思辨敏锐的讥评,那么,我们应当自然而然地想到这样一种可能性:也许在柏拉图的眼里,伊索克拉底就是一个诡辩家。

但假如我们反过来想,伊索克拉底又如何得知苏格拉底和柏拉图不是诡辩家呢?这个问题几乎没有被深入思考过,这也说明了苏格拉底派的偏见。③ 其实,雄辩家们也正是这么想的。在西塞罗和昆体良所属的古罗马,哲学家被普遍怀疑是诡辩家,这也导致他们在公元前2世纪和公元1世纪两度被逐出罗马。这种怀疑可追溯至公元前5世纪。阿里斯托芬在《云》中将苏格拉底归为诡辩家,并认为"哲学"脱离了积极的政治生活。④ 正是在这个基础上,雄辩家发问了:我们如何

---

① Alice Dermience, "La notion de 'libertas' dans les oeuvres de Cicéron," *Les etudes classiques* 25 (1957): 157−167; Pierre Boyancé, "Cicéron et la vie contemplative," *Latomus* 26 (1967): 3−26; Ernesto Valgiglio, "Tra scetticismo filosofico e tradizionalismo religioso," *Rivista di studi classici* 21 (1973): 234−244; Quintilian, *Institutio oratoria* 10.1.123.

② Kennedy (1963), p. 21.

③ Hunt (1961, p. 21) 觉察出伊索克拉底将柏拉图看成是诡辩家。在讨论奥古斯丁对诡辩危险的提防时,Murphy (1974, p. 60) 也指出了这一点,而这一见地是鲜有人能及的:

"修辞史学者没有命名的另外一种罪恶是这样一种信念:人一旦拥有真理,就自然有能力将真理传达给他人。……在古代,这种信念的最主要的倡导者是青年时期的柏拉图,因此我们可以公允地名之为'柏拉图的修辞学异端'(platonic rhetorical heresy),就像我们将相反的理论名之为'诡辩'(sophistry)一样。"

④ Suetonius, *De rhetoribus* 1; Quintilian, *Institutio oratoria* 12.3.12; Heilbrunn (1975), pp. 159−162; Bonner (1977), pp. 64−68.

得知,哲学家所想的一切都是真的呢?苏格拉底曾告诉格劳孔,一个拥有真知的人,不可能将其所知传达给一个未启蒙的人,那么,我们如何知道苏格拉底真的知道通往真和善的道路呢?①

雄辩家认为,要认识真理,要证明哲学家不是诡辩家,唯一的方法是将哲学表达出来。这就是伊索克拉底在《关于财产交换的演说》结尾处所传达的意涵:"恰当地运用语言,乃正确理解的最可靠标志。"从这个观点出发,伊索克拉底否认亚里士多德在辩证法和修辞学之间所做的区分:有效的科学思索可以脱离言辞而独立存在。类似地,昆体良嘲讽了同时代的诡辩的哲学家,他说,哲学家可以故作高深,雄辩家则没有这么幸运,因为他们必须面向所有人演讲,由后者聆听、评判。②

除了表达,雄辩家也要求哲学家能够有所作为,特别是通过说服别人来提升德性。但哲学家会马上质问:何谓德性?雄辩家会给出一个教条的、先验的答案,而不诉诸分析或思辨。这就是雄辩家的弊病——依仗高贵德性的传统而不经省察。但同样重要的是,他们采取了与思辨哲学相对立的认识论立场:一种哲学只有被表达出来或产生效果时,才能被证明为真。支持这种立场的人恰恰是苏格拉底。他将这种雄辩家的标准用于阿那克萨哥拉(Anaxagoras)的心灵理论。因为阿那克萨哥拉没有证明心灵对现象有任何作用,苏格拉底转而他投,寻求智慧。伊索克拉底批评那些为城邦寻求永恒不变的真理的人,同时严厉指责那些利用道德败坏的修辞手法来哗众取宠的人。③ 有学者对伊索克拉底的这种批评置之不理,视之为"伊索克拉底思想中的混乱"④,但这样做只不过是重申苏格拉底的立场而忽略了雄辩家的认识论。

伊索克拉底、西塞罗、昆体良等雄辩家对哲学诡辩的恐惧是合理的,这也说明了为何他们认为雄辩术是难度最大的一门学问,因为它

---

① Plato, *Republic* 532e–533a.
② Isocrates, *Antidosis*, trans. George Norlin (New York: G. P. Putman's, 1928) 255–256; Grimaldi (1972), pp.2–3; Quintilian, *Institutio oratoria* 12.3.12.
③ Plato, *Phaedo* 97b–98c; Isocrates, *Against the Sophists* 3–8, *Antidosis* 268–271.
④ Gwynn (1926), p.49.

"要求一个人掌握所有符合自由人身份的技艺"。① 因此,雄辩家必须通晓"哲学",并有效地阐述哲学。西塞罗将这种观点归功于苏格拉底和柏拉图之前的希腊传统。西塞罗认为,苏格拉底和柏拉图人为地割裂了雄辩和学问。他指出,这两位雅典人武断地将"修辞学"的意义简化为口才,从而创造了"在脑与口之间所进行的完全荒谬的、有害的、应当受到批评的分离,这使得一些人讲授思维的技艺,另一些人讲授语言表达"。以同样的态度,西塞罗指出,没有雄辩的知识好于没有知识的雄辩,但最好是能兼有两者。而所谓兼有两者,就是指演讲②——口才与学问的联姻。

在上面的论述中,我已经描述了罗马教育关于"雄辩"的共识、雄辩家理想与哲学家理想的对比,以及在雄辩家的环境中常规性的"博雅学艺"课程的形成。下面,我将试图为这种被称为"博雅"(liberal)的教育提供一个一般性的参考框架。关于课程,我们已经指出了它的一些特征。在教育的早期,通常会有算术、几何和天文学,这些课程意在为演讲提供一些技术性的实用素材,而不是以形式科学或思辨科学的面貌出现的。音乐则被视为针对耳朵和声音的实用训练,目的是帮助欣赏诗歌,而非作为形式科学的补充。文法承载的是文学传统,关注历史和道德教育。逻辑学附属于修辞学,后者是整个课程的顶点。整个课程体系均避免专业化。

这些课程特征无疑是重要的。但从课程背后的理论依据来看,我们可以从中抽象出博雅教育的普遍类型,或者说参考框架。我称这个普遍类型为"博雅技艺理念"(artes liberales ideal),因为我认为这个类型对于那些认同它的人(特别是雄辩家)来说,是一种理念。另外,之所以说它是一种理念,还因为它构成了一个系统的、逻辑连贯的整体。当然,这种"博雅技艺理念"不是建立在罗马学校基础之上的黑格尔之云。它只不过是一种有用的建构,用以表示罗马的博雅教育倡导者以

---

① Cicero, *De oratore* 1.72. Cicero, *De oratore* 1.9–20, 3.74–78, 84–85; Prentice A. Meador, Jr., "Rhetoric and Humanism in Cicero," *Philosophy and Rhetoric* 3 (1970):1–12; Ernesto Grassi, *Rhetoric as Philosophy: The Humanist Tradition* (University Park: Pennsylvania State University Press, 1980), chaps. 1, 2. 昆体良在 *Institutio oratoria*, pref. 12–20, 2.21.12–15 中复述了西塞罗的观点。

② Cicero, *De oratore* 3.59–61, 69–73, 124–125, 142–143, *De inventione* 1.1–5. Isocrates, *Nicocles* 5–9, *Antidosis* 244.

及后来的博雅教育支持者所倡导的七种特征。

需要指出的是,博雅技艺理念在瓦罗和马尔提努斯之间的时代出现,它的主要倡导者是西塞罗和昆体良,但这一理念的内涵并不限于他们两人,而且他们两人的教育理念也不仅于此。我不认为这一理念的倡导者仅仅是那些被清楚罗列出来的人物,或者它已经穷尽了所有这些作家(或某个作家)关于"博雅教育"的论述。相反,博雅技艺理念的这七个特征,代表的是大多数古罗马博雅教育倡导者的共识。出于同样的原因,我并不认为这一参考框架是一种充分发展的博雅教育哲学。事实上,这种观点恰恰是误导性的,因为西塞罗、昆体良及其先行者伊索克拉底都不是系统性的、哲学性的思想家。根据定义,博雅教育理念就不是一种哲学,它只是一个抽象的类型。它仅仅是一种思考教育问题的方法,通过这种方法,我们可以理解在古罗马占据主导地位的、被称为"博雅"(liberal)的教育(这种教育随后又影响了"博雅教育"概念的使用)。

博雅技艺理念的第一个特征在于,其宗旨是培养能引领社会的良好公民。西塞罗的《论雄辩家》和昆体良的《雄辩术原理》都阐述了这个基本的宗旨——培养品德高尚、能力全面的积极公民,即能够担任国家的任何领导岗位、能就任何问题发表演讲的完美雄辩家。① 这一宗旨必然预示了品行的价值和标准,而这又构成了博雅教育理念的第二个特征。完美的雄辩家不仅应当德行无亏,而且,"只有好人"才能成为真正的雄辩家,这是由伊索克拉底首揭其义、西塞罗详加论述、昆体良反复阐扬的一种信念。②

博雅技艺理念的第三个特征是致力于实现那些指定的价值和标准,第四个特征则是通过一系列经典文本来确认这些价值和标准。自然,希腊文学是常常被征引的。不过,到公元1世纪末,维吉尔和贺拉斯也开始被认为是经典作家,在语言风格和伦理教诲方面,他们的作品均被视为拉丁著作的核心。也正因如此,马尔提努斯的《文献学与墨丘利的联姻》看起来就像是用权威文本编织起来的挂毯。教育家们

---

① Quintilian, *Institutio oratoria* 12.1.23–32; Cicero, *De oratore* 3.74.–77,132–139.
② Quintilian, *Institutio oratoria*, pref. 9–10, 2.17.31, 12.1.1–13.

推崇传统,并且将古典文本视为学问与生活的规范。由此得出了博雅技艺理念的第五个特征:将能够践行文本中的个人德性和公民德性的人确认为精英。对精英的确认内在于"博雅技艺"的词源含义——对拥有闲暇以投身学习的自由公民的教育。

  博雅技艺理念的这五个特征预示了它的第六个特征:"教条主义的认识论"。这并不是指我们"可以客观地了解现实",因为雄辩家对哲学的探究是持怀疑态度的。相反,能够体现其"教条主义"①(即相信真理可以被了解并被表达出来)的是,他们基本上是不假思索地认为,博雅教育的宗旨是向学生传授德性,而不是像苏格拉底的传统那样教会学生如何追求德性。因此,雄辩家的风格是实用主义的而非分析批判式的。不过,这种实用主义并不妨碍他们将博雅教育视为一种理想、一种自为的目的,这构成了博雅技艺理念的第七个特征。一个人根据卓越的标准来塑造自己,其目的仅仅在于塑造本身。瓦罗将教养(paideia)翻译成"人文"(humanitas),西塞罗将"博雅学艺"(artes liberales)等同于"人文之学"(studia humanitatis),昆体良的教育方案以及马尔提努斯所列举的七艺,共同为后世的人文主义者树立了典范,他们认为:"温习经典,为塑人格,弗记辛劳,乐在其中。"②因此,博雅教育被认为是"共同的文化理念",本身即是善。

  在有关"博雅教育"的讨论中,这七个特征占据了支配性地位,因为它们体现了雄辩家的传统。在古罗马,雄辩家传统又逐渐退化为诡

---

  ① Frederick C. Copleston, *A History of Philosophy* (Westminster, Md.: Newman, 1946), Vol. 1, pp. 28,492; Corte (1970), pp. 217,229,231; Cicero, *De oratore*, trans. H. Rackham (London: William Heinemann, 1926), p. xi; Quintilian, *Institutio oratoria* 2.17.16-30.

  ② 引文出自 Bolgar (1964), p. 346; Marrou (1969), p. 24。参见 Vito R. Giustiniani, "Umanesimo: La parola e la cosa," in *Studia Humanitatis*, *Ernesto Grassi zum 70. Geburstag*, ed. Eginhard Hora and Eckhard Kessler (Munich: Wilhelm Fink, 1973), pp.23-30。关于 humanitas 一词的意义,可参见 Aulus Gellius (123-169 C.E.) 的 Noctes atticae 中的相关章节:

> 那些会说并且正确使用拉丁文的人在用"humanitas"这个词时,并不如一般大众所指是不加分别的友好和善,也即希腊文所谓的"博爱"。他们所谓的 humanitas,实质上和希腊文所说的"教养"(paideia) 相近,也即我们所说的"娴熟善的技艺",仰慕并竭尽全力追求这些修养者最富有人性。在所有圣灵中,唯有人类在这些知识上下工夫,并沉浸其中,因此,它被称为"人文"(humanitas)。
>
> 几乎所有的文献都证明,早期的作家是在这个意义上使用这个词的,尤其是瓦罗和西塞罗。(13.17)

辩的传统。西塞罗的理想是雄辩地说出真理,与此相反,昆体良的时代更倾向于炫耀口才,这一趋势在"第二代诡辩家"(Second Sophistic)或"后期诡辩家"(Later Sophistic)的时期继续蔓延。共和国的覆亡和元首制的崛起扼杀了公共会议(public assemblies)和审议修辞学(deliberative rhetoric)的影响,因此也必然导致西塞罗理想的衰落。司法演讲的机会尚存,但帝国的行政机构逐渐取代了法庭,那些行政人员并不要求接受博雅学艺的训练。最终,修辞学只剩下在纪念仪式和典礼上歌功颂德的功能。[1] 在马尔提努斯·卡佩拉夸张俗气的九卷本《文献学与墨丘利的联姻》一书中,这种衰落表露无遗。

现代读者通常会发现马尔提努斯的寓言既让人困惑、神秘难解,又矫揉造作。尽管如此,它还是迅速在北非、西班牙、意大利和高卢地区被选为博雅七艺的教科书。在整个中世纪,《文献学与墨丘利的联姻》一书的主题反复出现于西欧的论文、文学、雕塑和绘画中。[2] 学界一般认为,除了展现才学,马尔提努斯还有另外两个写作目的。首先,《文献学与墨丘利的联姻》一书可视作为有闲暇的公民所准备的预备教育教科书;另外,该书前两卷结合了哲学与神学,后七卷则专门讨论七艺,因此可看做是一本百科全书。

这两种解释都不能让人充分信服,因为马尔提努斯著作所涵盖的范围实在太广,视之为教科书太窄,比之为百科全书又过宽。因此,最好是综合两者的解释,将之看成是闲暇公民所必需的全部教育知识。有一个事实证明了我的这个观点,那就是,马尔提努斯止步于七艺,明显排除了瓦罗所包含的实用技艺和技术,例如医学和建筑。[3] 这种综合本身使得基督徒能够使博雅学艺及其理念服从于他们的目的。

---

[1] 在提到希腊化时代时,Philostratus 造出了"第二代诡辩家"这个词,参见公元 3 世纪的 *Lives of the Sophists* 1.481. E. Patrick Parks, *The Roman Rhetorical Schools as a Preparation for the Courts Under the Early Empire* (Baltimore: John Hopkins Press, 1945), pp. 13-20; Fritz E. Pederson, "On Professional Qualifications for Public Posts in Late Antiquity," *Classica et mediaevalia* 31, fascs. 1-2 (1970):161-214; Kennedy (1972), chap. 4; Murphy (1974), pp. 35-42, 50ff.

[2] LeMoine (1972), pp. 2-3; Stahl and Johnson (1971), pp. 55-79; Philippe Verdier, "L'iconographie des Arts Libéraux dans l'Art du Moyen Age jusqu'à la Fin du Quinzième Siècle", in *Actes* (1969), pp. 305-355.

[3] Martianus Capella, De nuptiis 891; Kühnert (1961), pp. 50-51; Stahl and Johnson (1971), p. 97; LeMoine (1972), pp. 5-6.

基督教的信徒们在遭受公元1世纪和2世纪的迫害后幸存了下来。他们大多属于贫穷的、缺乏教育的阶层。在公元4世纪晚期的帝国当中,他们上升到了权力的中心。同时,很多在古典传统中受到教育的异教徒认为新近得势的福音是粗鄙的、简单的。但野蛮人的威胁逼近边境时,他们指责基督教罗马文明的道德基础和活力。反过来,一些教会的领导人也对古典文化充满敌意,不仅仅是因为他们受到迫害,还因为异教的神话从道德和神学两个方面冒犯了他们。很多基督徒都经历了希腊—罗马和犹太—基督理想之间的张力,并不得不处理这种张力。其中就包括哲罗姆(Jerome,347—420)。他梦见自己因为对古典文学的热爱而受到神的斥责:"你是一个西塞罗主义者,不是一个基督徒。"①另外一些拉丁教会的领导人则利用了异教徒和犹太人的传说。根据这一传说,柏拉图到过埃及。他们希望以此证明,博雅学艺和所有的古典学问都直接来自《圣经》,或者来自埃及人,而埃及人的学问又继承自希伯来人。

奥古斯丁也引用了这个传说,虽然后来做了修正。他提出了很多方案,为中世纪人解决这一冲突奠定了基础。在这方面,奥古斯丁的重要作品包括《论基督教教义》(*De doctrina christiana*)和《上帝之城》(*De civitate Dei*)。这些著作写作于公元5世纪的前30年,当时罗马帝国正摇摇欲坠。奥古斯丁经常援引西塞罗的文字,因此为后来的基督徒引用西塞罗提供了合法性。与此同时,奥古斯丁也正面回应异教的批评者。他辩解说,基督教并不是罗马衰落的原因。相反,是自满和对夸奖的热爱——基督徒谦卑德性的反面——腐蚀了文明。同时,他也告诫基督徒,他们的信仰和古典文化共同分享了一些价值,出于这一原因,不应完全谴责古典文化。②

---

① Jerome, Epistulae 22. 30. 关于基督教对古典文化的挪用,我参考了 Gerard L. Ellspermann, *The Attitude of Early Christian Writers Toward Pagan Literature and Learning* (Washington, D. C.:Catholic University of America Press,1949); B. Carmon Hardy, "*Et vocasti in hereditatem tuam*:Secular Knowledge and the Early Christians," *PH* 8 (1968):19-41. Peter R. Brown, *Augustine of Hippo*:*A Biography* (Berkeley:University of California Press, 1967); Kennedy (1980), chap. 7; George A. Kennedy, *Greek Rhetoric under Christian Emperors* (Princeton, N. J.: Princeton University Press, 1983), chap. 4.

② *De civitate Dei*, 特别参见 bks. 1,8,18。

因此,异教文学所导致的道德堕落问题得到了回答,但神学的问题依然存在。由此,我们进入了将预备教育与完全教育结合起来的问题。博雅七艺被采纳了,并被视为学习更高的圣经真理的必要准备。由此,教会使古典晚期的诡辩派的博雅学艺获得了一种内在的真理感和道德感,这一遗产来自文本传统,并要求被雄辩地加以阐述。因此,基督教对古典形式的采纳使得古典晚期诡辩家的博雅学艺更加接近西塞罗所倡导的雄辩家模式,这一模式来自伊索克拉底的希腊文明。我们可以在奥古斯丁的《论基督教教义》卷4有关基督教布道的文章中找到明显的证据,在那里,他解释并辩护了雄辩与智慧的结合。①

确实,在艾蒂安·吉尔松(Etienne Gilson)所理解的意义上,奥古斯丁还是一位新柏拉图主义的"基督教哲学家"。如果像某些现代学者那样,认为奥古斯丁是另一个苏格拉底,"将博雅技艺视为哲学的解放",那就没有什么依据了。② 奥古斯丁接受的是修辞学家的教育。对他来说,博雅学艺的中心是语言,而不是辩证法或数学。他有时会在科学的"逻辑"和推论式的"辩证法"之间作出亚里士多德式的区分,但又并不总是如此。这表明,正如他所暗示的那样,他是从西塞罗而不是从柏拉图或亚里士多德那里学习了哲学。他的语言观念更多地和"智慧"(Sophia)——秘密掌握的知识或神圣真理——而不是"哲学"(Philosophia),即对真理的思辨追求,联系在一起。③ 和这种观点一致,奥古斯丁根据斯多葛学派的分类来划分哲学:逻辑学、伦理学、

---

① Augustine, *De doctrina christiana* 4.5.7–4.6.10. 参见 Sister Sullivan, S. *Aureli Augustini Hipponiensis Episcopi* "*De Doctrina Christina,*" *Liber Quartus*, *A Compentary*, *with a Revised Text*, *Introduction*, *and Translation* (Washington, D. C.: Catholic University of America Press, 1930); Marrou (1958), pt.3, chap.6; Murphy (1974), pp.57–64, 285–290; W. R. Johnson, "Isocrates Flowering: The Rhetoric of Augustine," *Philosophy and Rhetoric* 9 (1976): 217–231。

② Etienne Gilson, *The Spirit of Mediaeval Philosophy*, trans. A. H. Downes (New York: Charles Scribner's Sons, 1936), p.37; Peter Baker, "Liberal Arts as Philosophical Liberation: St. Augustine's De magistro," in *Actes* (1969), pp.469–479; Edmund J. Dehnert, "Music as Liberal in Augustine and Boethius," in *Actes* (1969), pp.987–991.

③ Augustine, *Confessiones* 3.4; Guy-H. Allard, "Artes libéraux et langage chez Saint Augustine," in *Actes* (1969), pp.481–492; Marrou (1958), pp.193–197, 232–275. 按奥古斯丁的说法,"好奇心"暗示了一种危险的、空虚的学习动机。*Confessiones* 10.35.

物理学。奥古斯丁将这一分类归功于柏拉图,但它却是西塞罗所赞同的分类。①

奥古斯丁在自己的著作中列举了数目不同的博雅学艺。但在《论秩序》(*De ordine*)中,他列举了马尔提努斯的七艺,但征引的是瓦罗,他说,为了掌握"博雅学艺",一个人必须拥有"闲暇,这是年长者或环境优越者的特权"。② 同时,在《忏悔录》(*Confessiones*)的前四卷中,对于异教技艺是否与基督教真理不冲突并可作为后者之补充这一更大的问题,他做了肯定的回答,虽然有所保留。所有这些预示了这样一个事实:在此后的世代中,博雅教育的含义是由卡西奥多鲁斯和伊西多尔而不是哲学家波爱休斯(Boethius)所指定的。

---

① Augustine, *De civitate Dei* 8.4, 11.25; Cicero, *Academica* 1.5.19-21.
② "Privilegio aetatis aut cujuslibet felicitates otiosus." Augustine, *De ordine* 2.16.44, in *Patrologiae Cursus Completus Series Latina*, ed. J. P. Migne (Paris:Garnier Fratres, 1845), vol. 32. Marrou (1958), pp.189-192; Marrou (1969), table 5.

# 第三章　中世纪盛期哲学家传统的兴起

自由七艺并没有充分地划分理论哲学。

——托马斯·阿奎那[*]

巴黎和奥尔良在互相争吵……
你知道冲突的原因吗？
因为他们所偏好的学问大相径庭；
逻辑学派总是挑起争端，
称古典作家的教师为古典作家的徒子徒孙，
把奥尔良的学生唤作文法小毛孩。

——Henri D'Andeli[**]

从古典后期到中世纪，人们对于博雅学艺(*artes liberales*)和博雅学科(*disciplinae liberales*)的理解基本上是由以下三个作者的百科全书般的手册所塑造的，他们是：马尔提努斯、卡西奥多鲁斯和伊西多尔。前面已经指出，马尔提努斯的著作属于异教作品，但基督徒们不断地引用、讲授这本著作，最后宣称这本著作是属于他们基督教的。例如，

---

[*] *Expositio super librum Boethii De trinitate.*
[**] *La bataille des VII ars.*

公元 6 世纪时图尔的圣格利高里（Saint Gregory of Tours，公元 538—594）规劝教会的领导人学习"我们的马尔提努斯"的"七门学科"。①

卡西奥多鲁斯（484—584）是其中一个听从这一建议的人。在他完整的从政生涯中，他曾先后担任行政官、政治家和外交官等职位，卸任后，他在意大利半岛东南端卡拉布里亚的附近创建了一所修道院，名为维瓦利姆（Vivarium）。修道院在成立后迅速成为基督教的学术中心，使先前所有其他类似机构黯然失色。为了教育修道院中的僧侣，他写作了《原理》（Institutiones）一书，该书的第一卷名为"神圣文献"，第二卷为"世俗文献"，后者是一个非常长的文献附录，其目的是帮助僧侣学习圣经和基督教教父作品。这些"世俗文献"由"七艺"（septem artes liberales）组成，作者在序言中引用了《箴言篇》（Proverbs）9:1 中的格言"智慧建造房屋，凿成七根柱子"以及《出埃及记》（Exodus）25:37 中的"要做灯台的七个灯盏，祭司要点这灯，使灯光对照"来为学习七艺辩护。② 其后，这两句引文以及卡西奥多鲁斯将 liberalis（博雅）从词源上追溯至 liber（书本）的做法不断为后人所重复，并且进一步与埃及纸草联系起来。因为埃及被认为是学问的发祥地，传说柏拉图曾经到过希腊，向埃及人或希伯来人求学问道。③

通过这些圣经引文和神话追溯，卡西奥多鲁斯向教会的严格主义者（rigorists）提供了一份自辩书。尽管杰罗姆、奥古斯丁和其他人一再在著作中为异教文化辩护，这些严格主义者从未心平气和地看待异教文化中有悖于基督教道德和神学观念的因素。严格主义者为"对尘世的轻蔑"（contemptus mundi）所激发，敌视异教文化，这种态度渗入了

---

① Gregory of Tours, *Historia francorum*, trans. O. M. Dalton (Oxford: Clarendon, 1927) 10.18, 31.

② Cassiodorus, *Institutiones*, ed. R. A. Mynors (Oxford: Clarendon, 1937) 1.21.1, 1.27.2, 2. pref. 2; Leslie W. Jones, "The Influence of Cassiodorus on Mediaeval Culture," *Speculum* 20 (1945): 433–442; James J. O'Donnell, *Cassiodorus* (Berkeley: University of California Press, 1979), chaps. 6, 7.

③ Cassiodorus, *Institutiones*, 2. pref. 4; 2.2.22; Isidore, *Etymologiarum sive originum*, libri XX, ed. W. M. Lindsay (Oxford: Clarendon, 1911) 6.13.3; Simone Viarre, "A Propos de l'origine égyptienne des arts libéraux: Alexandre Neckam et Cassiodore", in *Actes* (1969), pp. 583–591; Silvestro Fiore, "La théorie de Bernard Sylvestris *Aegyptus parturit artes* et les precepts presans du Damdad Nask," in *Actes* (1969), pp. 575–581; O'Donnell (1979), pp. 158–159.

修道院,在公元5世纪末成为一种比较普遍的现象。他们试图严格地划清界限:信教者必须在圣经和异教文学(包括博雅学艺)之间作出选择。吊诡的是,在论证这一点时,严格主义者所诉诸的一个权威小塞涅卡(Seneca the Younger)却是一位异教徒。塞涅卡在一封书信中说,只有那些致力于德性的技艺才是真正"自由"的。这封书信后来被抄写下来,并以《关于七种自由艺术的通信》(*Liber de septem artibus liberalibus*)\*为名流传于世。① 卡西奥多鲁斯在维瓦利姆修道院的努力表明,严格主义者的批评即便在修道院中也没有完全得势,但对所有人来说,他们的批评仍然是一个重要的问题。在整个中世纪,一方面担心基督徒被博雅学艺败坏,另一方面又勉强或热情地接受博雅学艺,认为它们有助于培养有文化的基督徒,这两者一直是相伴相随的。用9世纪时埃尔万根的厄门里克(Ermenric of Ellwangen)的话来说:"田地里的粪肥使土地肥沃、粮食丰收,因此异教诗人的秽言污语也大大有助于神圣的雄辩。"②

卡西奥多鲁斯的措辞更为优雅,不过意思是一样的:使博雅学艺符合基督教的宗旨。而这是建立在博雅教育的雄辩家传统之上的。在涉及辩证法时,卡西奥多鲁斯引用了从亚里士多德到西塞罗等人的一系列定义;而在谈论修辞学时,他大量地依赖从古代流传下来的西塞罗的《简编》(*compendia*)。在讨论这两种技艺时,他引用了瓦罗的比喻:辩证法是握紧的拳头,修辞学是张开的手掌。与三科相比,数学四艺的篇幅更短,它们或者被视为有助于理解圣经比喻的一系列事实(sets of facts),或者被视为此岸世界在上帝指引下达到和谐的证据,

---

\* 事实上,塞涅卡在书信中只提到了五种自由艺术,其中不包括修辞学。——译者注

① Jacques Chailley, "La danse religieuse au moyen age," in *Actes* (1969), pp. 357-380; Etienne Gilson, "La philosohie et les arts libéraux," in *Actes* (1969), pp. 269-270; Pierre Riché, *Education and Culture in the Barbarian West from the Sixth through the Eighth Centuries*, trans. John J. Contreni (Columbia: University of South Carolina Press, 1976), chap. 3; José A. Fránquiz, "The Place of Seneca in the Curriculum of the Middle Ages," in *Actes* (1969), pp. 1065-1072.

② 转引自 Helen Waddell, *The Wandering Scholars*, rev. Ed. (London: Constable, 1934), p. xx; Jean LeClercq, *The Love of learning and the Desire for God: A Study of Monastic Culture*, trans. Catharine Misrahi, 2d ed. (New York: Fordham University Press, 1974), chap. 7; Robert Bultot, "Grammatica, ethica, et contemptus mundi aux XII et XIII siècles," in *Actes* (1969), pp. 815-827.

而不是作为用形式推理或数学训练心智的手段。① 卡西奥多鲁斯所采取的方法路线及其著作的实际内容,后来又被整合进流行于中世纪的第三本七艺手册之中。②

《词源学》(*Etymologiae* 或 *Origines*)这本著作是中世纪早期拥有读者最多的一本书,它的作者是塞维利亚的主教伊西多尔(570—636)。伊西多尔在这本书的前三卷中描述了博雅七艺,而这部分内容也是被引用最多的。在该书中,涉及语言学科的内容是数学学科的三倍。他将逻辑学(*logica*)等同于辩证法(*dialectica*),并且似乎倾向于斯多葛学派—奥古斯丁一脉而不是亚里士多德的哲学分类法。③对伊西多尔来说,文法是所有的技艺中最为基础性的,他将"散文""诗歌""寓言"和"历史"都归入文法之下。在他看来,对词语进行词源学的研究以解释词语的意义和所指,是其他所有技艺的原型,甚至也是其他所有领域之知识的原型。他认为,辩证法的推理方法可能会导致与基督教教诲相悖的奇异观念,因此,他在另外的地方这样论证文法对于辩证法的优先性:"宁愿做一个文法学家,也不要做一个异端。"④

如果说,马尔提努斯、卡西奥多鲁斯和伊西多尔这三个人偏爱雄辩家传统而不是哲学家传统的话,其后的发展线索不过是对早期中世纪传统的延续和拓展。我们可以在波爱修斯(480—524)的著作中找

---

① James J. Murphy, ed., Three Medieval Rhetorical Arts (Berkeley: University of California Press, 1971), pp. viii-xiii; Karl G. Fellerer, "Die Musica in den Artes Liberales," in Artes (1959), pp. 33-43; Hans M. Klinkenberg, "Der Verfall des Quadriviums im frühen Mittelalter," in Artes (1959), pp. 8-20; Edward A. Lippman, "The Place of Music in the System of Liberal Arts," in Aspects of Medieval and Renaissance Music, ed. Jan Larue et al., rev. ed. (New York: Pendragon, 1972), pp. 550-559. 在 Mynors 所编的卡西奥多鲁斯的 *Institutiones* 一书中,文法部分4页,修辞学12页,辩证法22页,共38页;算术11页,音乐9页,几何3页,天文学5页,共28页。

② 卡西奥多鲁斯(*Institutiones* 2.3.2)和伊西多尔(*Etymologiarum sive originum* 2.23)都引用了瓦罗的比喻,这个例子说明了我们这里所描述的连续性。

③ Isidore, *Etymologiarum sive originum* 2.22,24; Jacques Fontaine, *Isidore de Seville et la culture classique dans l'Espagne wisigothique* (Paris: études Augustiniennes, 1959), pp. 3-4,13-15, 593-645. 在 Lindsay 所编的《词源学》一书中,文法为一卷,共62页;修辞学和辩证法占一卷,共42页;数学四艺占一卷,共37页。

④ "Meliores esse grammaticos quam haereticos" (or: "Grammarians are better than heretics"). Isdore, *Sententiarum libri tres* 3.3.11, in *Patrologiae Cursus Completus Series Latina*, ed. J. P. Migne (Paris: Garnier Fraters, 1850), vol. 83; Isidore, *Etymologiarum sive originum* 1.5, 38-44; Fontaine (1959), pp. 27-209.

到这种延续性的证据。波爱修斯是东哥特王的一位大臣。当时他正致力于一项惊人的工程,即翻译、评注、调和柏拉图和亚里士多德的著作,这一工程反映了他的学术取向。在他被囚禁之后和临死之前,他的这项工程才刚刚开始不久——他仅完成了亚里士多德六本逻辑学著作中两本的翻译和评注。不过,这两本翻译和评注加上半本柏拉图的《蒂迈欧》(*Timaeus*),构成了早期中世纪人们所能接触到的古典希腊哲学的总和。① 此外,波爱修斯还著有《论论题区分》(*De differentiis topicis*)一书,该书使修辞学的"论题"服从于辩证法的"论题"。②

与此同时,这位中世纪的哲学家还开始翻译、写作有关数学类博雅学科的著作,他的《论算术原理》(*De institutione arithmetica*)的导论在形式和内容上都与马尔提努斯、卡西奥多鲁斯和伊西多尔的手册形成鲜明的对比。波爱修斯视毕达哥拉斯为数学学科的权威,并且把四门数学学科比作"四条道路相遇的地方"(*quasi quadruvio*),认为它们是通向哲学的唯一道路。通过这种方式并依赖历史的根据,波爱修斯发明了"四艺"(*quadrivium*)这个术语,并且这个术语一直为后世的博雅学科教师所沿用。波爱修斯宣称,数学四艺的共同特性是数的抽象(*quantitas abstracta*)。③ 这一判断与他对音乐科学(*scientia muscia*)的分析相契合,也符合他的另外一个观点,即感官观察仅仅是为了收集数学知识。与奥古斯丁相反,他之所以认可音乐科学,是因为它具有数学和思辨的意义,而不是因为其中包蕴着神圣的伦理、情感

---

① Pierre P. Courcelle, "*La consolation de philosophie*" *dans la tradition littéraire*: *Antécédents et postérité de Boèce* (Paris: études Augustiniennes, 1967), chap. 6; Edward K. Rand, *Founders of the Middle Ages* (Cambridge: Harvard University Press, 1928), chap. 5. 尽管波爱修斯的著作可能比卡西奥多鲁斯的著作影响要大得多,但在中世纪早期,后者的影响更大。参见 *The Seven Liberal Arts in the Middle Ages*, ed. David L. Wagner (Bloomington: Indiana University Press, 1983)以及我在 *Educational Studies* 16 (1985): 99-103 中的简短评论。

② Michael C. Leff, "*Boethius' De differentiis topicis*, Book IV," in *Medieval Eloquence*: *Studies in the Theory and Practice of Medieval Rhetoric*, ed. James J. Murphy (Berkeley: University of California Press, 1978), pp. 3-24; Henry Chadwick, *Boethius*: *The Consolations of Music*, *Logic*, *Theology*, *and Philosophy* (Oxford: Clarendon, 1981), pp. 111-120.

③ Boethius, *De institutione arithmetica*, *libri duo*, *De institutione musica*, *libri quinque*. *Accedit geometria quae fertur Boetii*, G. Friedlein (Leipzig: B. G. Teubner, 1867) 1:1; Chadwick (1981), pp. 69-107.《论算术原理》是对古希腊 Nicomachus of Gerasa 的 *Introduction to Arithmetic* 的翻译, *quadruvium* 是对 *tessares methodoi* 的翻译。

或审美意义。①

因此,对波爱修斯而言,数学四艺是通向哲学的道路,他的著作《哲学的慰藉》(De consolatione philosphiae)则证明这条"道路"(via)具有柏拉图的色彩。在该书第一卷的开篇,作者以在狱中踯躅哀伤的形象出现在读者面前,他哀叹自己韶华已逝、疾病缠身,曾经拥有的一切权力和财富都已付之东流。这时,哲学贵妇出现在他面前,她身穿长袍,雍容华贵。在她束腰外衣的下方,写着希腊字母 Pi,代表实践哲学;经过一系列的装饰,在束腰外衣的上面出现了希腊字母 Theta,代表理论哲学。哲学贵妇引用柏拉图的比喻对波爱修斯说:"你已经忘记了自己真正的身份。"并警醒他说,所有的运气、财富、青春都是过眼云烟,人从根本上说是理性的。在该书第二卷中,哲学贵妇警告说:"修辞学惟有谨遵吾之教诲,方能正道以行,使人甘之如饴。"最后,哲学贵妇描画了思辨辩证法的大纲,并指出思辨辩证法可以使他上升至哲学沉思之境,并最终免于牢狱之灾。②

不过,这种观点在随后的好多个世代中都消失了。虽然波爱修斯对亚里士多德逻辑学论著的评注在学校中被采用为教材,但《哲学的慰藉》一书却被忽略达三个世纪之久。柏拉图的告诫,即人应该沉思默想最高真理,以及哲学家所偏好的实现这一目标的课程——数学和辩证法——都遭到了抛弃。

当然,古雅典哲学著作的佚失以及对古雅典哲学著作的拒绝,并非仅仅是因为中世纪对修辞学的偏好,正如上述作者生活在意大利、南高卢地区和西班牙并非巧合一样。③ 公元 476 年,蛮族征服者废黜

---

① Boethius, *De institutione musica* 1.1–2; Fellerer (1959), pp. 33–40; Klinkenberg (1959), pp. 1–6; Edmund J. Dehnert, "Music as Liberal in Augustine and Boethius," in *Actes* (1969), pp. 987–991; Calvin Bower, "Boethius and Nicomachus: An Essay Concerning the Sources of the *De institutione musica*," *Vivarium* 16(May 1978): 1–45.

② Boethius, *De consolatione Philosophiae* 1.1, 1.6, 2.1, 3 song 9; Klinkenberg (1959), pp. 1–32; Courcelle (1967), chap. 1, pp. 17–28.

③ 在下面的论述中,我参考了 Beryl Smalley, *The Study of the Bible in the Middle Ages*, 2d ed. (Oxford: Basil Blackwell, 1952); T. J. Haarhoff, *School of Gaul: A Study of Pagan and Christian Education in the Last Century of the Western Empire* (Oxford: Clarendon, 1919); Pierre P. Courcelle, *Late Latin Writers and Their Greek Sources*, trans. Harry E. Wedeck (Cambridge: Harvard University Press, 1969), pp. 410–421; Riché (1976), chaps. 1–7; Pierre Riché, *Les écoles et l'enseignement dans l'Occident chrétien de la fin du Ve siècle au milieu du XIe siècle* (Paris: Aubier Montaigne, 1979), pp. 11–46; O'Donnell (1979), chap. 6。

了最后一位古罗马皇帝,西罗马帝国陷入分裂,小国林立,直到公元533年查士丁尼(Justinian)才收复了部分国土。尽管有查士丁尼的短暂复兴,教育事业还是开始了长达两个世纪的衰颓。在大部分罗马化地区,博雅学艺的教学依然苟延残喘,但在诸如不列颠、北高卢、德意志等边远地区,文明社会迅速衰退至部落生活的地步。在随后的几十年中,频繁的入侵、迁移使得贵族以及贵族的相关制度设施逐渐衰竭、灭亡,古典教育几乎无迹可寻。

在一些贵族家庭(他们依然能记得雄辩知识的理念)的私塾中,在主教和教区学校中(虽然时断时续),最主要地是在诸如卡西奥多鲁斯的维瓦利姆和本尼迪克特的卡西诺山(Monte Cassino)等修道院中,古典教育仍然在一定程度上存在着。修道院规模小、自给自足,而且对外封闭,因此最适合在西欧被蛮族占据的情况下保存博雅教育。不消说,修道院中也不乏古典文化的批评者,甚至是鄙夷不屑者。但是,蛮族入侵的持续威胁、广为流播的卡西奥多鲁斯和伊西多尔的著作、本尼迪克特规程的实践,都缓和了这些反对力量,而且,无论如何,基督教倾向于将古典主义视为比野蛮主义更小的威胁。

与意大利和伊比利亚半岛中那些与世隔绝、不受东边和北边部落侵扰的修道院相似,爱尔兰和威尔士也保留了一些"博雅学科"的基础教学。在罗马灭亡后的两个世纪中,朱特人、盎格鲁人和撒克逊人逐渐将本土的凯尔特人驱逐到西边的英格兰小岛屿上。这些入侵者并不重视拉丁文化,因此文学教育的中心转向威尔士的修道院,该地修道院院长的传记报告说他们在学习"博雅学科"(disciplinae liberales);并且还转向了爱尔兰,那里的人们从博雅学艺百科手册中抽取了算术、文法和修辞学的知识。到公元7世纪为止,爱尔兰已经成了全欧洲保存博雅学科最主要的宝库之一,来自其他王国的修道士们纷纷前来求学。①

---

① 关于对威尔士、爱尔兰修道院的讨论,我参考了 Charles H. Talbot, *The Anglo-Saxon missionaries in Germany: being the lives of SS. willibrord, Boniface, Sturm, Leoba, and Lebuin, together with the "Hodoeporicon" of St. Willibald and a selection from the correspondence of St. Boniface* (New York: Sheed and Ward, 1954); Max L. Laistner, *The Intellectual Heritage of the Early Middle Ages, Selected Essays*, ed. Chester G. Starr (Ithaca, N.Y.: Cornell University Press, 1957), chap. 6; Robert R. *The Classical Heritage and Its Beneficiaries* (Cambridge: Cambridge University Press, 1964), chaps. 1–2; Manuel C. Díaz y Díaz, "Les arts libéraux d'après les écrivains espagnols et insulaires aux VIIe et VIIIe sìetcles," in *Actes* (1969), pp. 42–46; LeClerq (1974), chap. 7; Riché (1976), chaps. 8–10; Fergal McGrath, *Education in Ancient and Medieval Ireland* (Dublin: Studies "Special Publications," 1979), chap. 7–9。

爱尔兰的学校逐渐往蛮夷无文的欧洲输送传教士,这些教师首先到达了英格兰,在那里建立了教授传统文化的修道院学校。在这一运动之外,又新增加了一个动力,即修道士在修道院的"外学"(exterior monastic school)中接受王族、贵族的子弟,给他们教授博雅学科。与此同时,爱尔兰的修道士开始到达高卢地区。其中一个修道士名叫哥伦班(Columban),公元615年,他在前往意大利的途中修建了好几所修道院,最后又在意大利波比奥(Bobbio)创办了一所修道院。另外还有一些爱尔兰的修道士往北传播文化。通过这些努力,爱尔兰、意大利、西班牙的文化中心总算在未开化的欧洲重新建立了比较脆弱的知识网络。

从公元8世纪开始,爱尔兰传教士在博雅教育方面的领导地位开始让位于他们的盎格鲁—撒克逊学生,这些学生利用了残留下来的相当贫乏的博雅学艺知识,如文法、赞美诗、历史、韵律学、算术,等等。一方面,教学的初级程度反映了知识的普遍衰落,这一时期的进步甚至是通过对 *florilegia*——古典作家的摘录"文选"——的简单阅读和抄写来取得的[①];另一方面,严格主义者对于受异教文化污染的担忧又加剧了课程的贫乏。奥尔德海姆(Aldhelm)和比德(Bede)都表达了这种忧虑。严格主义者同时还考虑了雄辩家和哲学家传统的优劣问题。基督教的教师们最后得出结论:某些古典学问对于信仰是有帮助的,而且,如果非要在这两种传统之间作出选择的话,那么,"宁要文法学家,不要异端"。从这里可以看出奥古斯丁、卡西奥多鲁斯和伊西多尔论博雅学艺之著作的影响。当比德的同事和学生在约克的大教堂学校教育阿尔昆(Alcuin,730—804)时,他们就依赖于这些作者,他们的教导又被阿尔昆带到了查理曼大帝(Charlemagne)的宫廷。

在高卢地区,内战的混乱、频繁的侵略一直持续到公元8世纪上半叶,当时法兰克人平息了内部叛乱并击退了从西班牙北上的撒拉逊人。法兰克贵族在军事上的辉煌战绩带来了相对的和平安定。此外,他们还打破了在家中由家庭教师教育子女的传统习俗,由此对8世纪

---

① 关于 *florilegia* 及其影响,参见 R. H. Rouse, "*florilegia* and Latin Classical Authors in Twelfth-and Thirteenth-Century Orléans," *Viator* 10 (1979): 131–160.

晚期的卡洛林文化复兴作出了贡献。他们沿袭了盎格鲁—撒克逊修道院的"外学"模式，开始将子女的教育托付给修道士。这些发展为此后的教育复兴奠定了基础。这次的教育复兴应归功于查理曼大帝，他巩固了法兰克王朝的统治，并且建立了一个宫廷学校，延请阿尔昆担任校长。

阿尔昆在公元782年从约克来此，这位英国学者建议将宫廷学校和整个帝国的教育都建立在七艺的基础之上。阿尔昆在《论文法》(Grammatica)一书中列举了这些学科。作为对阿尔昆的回应，查理曼大帝颁布诏令，命令在现存学校中扩散这些知识，并建立新学校传播这些知识。在他生命的最后八年中，阿尔昆在图尔兹教授艺学学科。他的学生和同事将其遗产发扬光大，这些人很多都在欧洲的重要学校中成为赫赫有名的人物。与此同时，在查理曼大帝的授意下，又建立了诸如圣高尔(St. Gall)等修道院学校，这些学校最主要的学术任务是对文本——主要是有关三科的文本——进行收集、抄写、评注。①

"三科"这个表示三门语言技艺的术语是在卡洛林时代由阿尔昆的圈子首先使用的。② 这一事实正好表明了他们自己的身份，正如波爱修斯发明"四艺"这个术语表明了他的身份一样。一方面，卡洛林时代的教师降低了数学学科的地位，在教授修辞学之前教授数学，不是用抽象的术语来解释数学，而是将数学视为有助于寓意解释和礼拜仪式的有用信息。③ 另一方面，他们必然将精力集中于文本和语言的学

---

① Eleanor S. Duckett, *Alcuin, Friend of Charlemagne: His World and His Work* (New York: Macmillan, 1951), chaps. 6-7; Luitpold Wallach, *Alcuin and Charlemagne: Studies in Carolingian History and Literature* (Ithaca: Cornell University Press, 1959), chap. 5; Lambert de Rijk, "On the Curriculum of the Arts of the Trivium at St. Gall from c.850-c.1000," *Vivarium* 1 (1963): 35-86; Leighton D. Reynolds and N. G. Wilson, *Scribes and Scholars: A Guide to the Transmission of Greek and Latin Literature* (London: Oxford University Press, 1968), chap. 3; Gérard Mathon, Les formes et la signification de la pédagogie des arts libéraux au milieu du IXe siècle: L'enseignement palatin de Jean Scot Érigène," in *Actes* (1969), pp. 47-57; LeClercq (1974), chaps. 7-8.

② 关于三科(trivium)和四艺(quadrivium)这两个术语的出现，基本的参考文献是Pio Rajna, "Le denominazioni *trivium e quadrivium*," *Studi medievali* 1 (1928):4-36。Bonner提醒说，这两个术语与*artes*之间的联系可以追溯至更早，在古罗马，教师常常站在街口——三岔路口或四岔路口——召集学生上学。Stanley F. Bonner, *Education in Ancient Rome From the Elder Cato to the Younger Pliny* (Berkeley: University of California Press, 1977), pp. 116-117.

③ Alcuin, *Disputatio de rhetorica et de virtutibus*, trans. Wilbur S. Howell (Princeton, N. J.: Princeton University Press, 1941), lines 18-22. Klinkenberg (1959), pp. 8-27; Fellerer (1959), pp. 33-43; Díaz (1969), pp. 37-46; Eugenio T. Toccafondi, "Il pensiero di San Tommaso sulle arti liberali," in *Actes* (1969), pp. 639-651; Lippman (1972), pp. 552-559.

习,因此强调传统艺学手册中的文法学科。比如,他们对马尔提努斯的倚仗恰恰缘自他们对马尔提努斯著作中那些古怪生僻之措辞的偏爱。①

源自百科全书学派传统的多纳图斯(Donatus)和普里西安(Priscian)的著作分别于公元350年、525年成为文法学科的标准教材,辩证法一般只是让学生浅浅地涉猎一下而已,并且从属于修辞学。波爱修斯对亚里士多德的翻译和评注就是当时人们所能接触到的有关辩证法的所有材料。因此,三科以及七艺中最重要的学科是修辞学*,虽然修辞学也缺乏重要的教材。不过,当时存在一股复兴昆体良的潮流②,此外,阿尔昆论修辞学的著作呈现出西塞罗的风格,历史学和伦理学之间也建立了一般性的联系。这些发展遥相呼应、彼此应和。正如皮埃尔·利舍(Pierre Riché)所反复指出的那样:"和过去一样,查理曼大帝治下的卡洛林文化仍然是文学性的、修辞学的。"③

考虑到这一点,我认为,博雅学艺的理念作为一种抽象模型,再一次描绘了中世纪早期(包括卡洛林王朝时代)与"博雅教育"及"博雅学艺"有关的观念的系统化特征。就课程而言,以上的描述,以及卡洛林王朝时期人们在对西塞罗的作品的评注加以引用时反复强调雄辩

---

① William H. Stahl and Richard Johnson, with E. L. Burge, *Martianus Capella and the Seven Arts* (New York: Columbia University Press, 1971), vol. I, pp. 30, 60-67; Charles S. Baldwin, *Medieval Rhetoric and Poetry (to 1400) Interpreted from Representative Works* (New York: Macmillan, 1928), chap. 5; Fritz Schalk, "Zur Entwicklung der Artes im Frankreich und Italien," in *Artes* (1959), pp. 137-138. 其他学者则认为,对 Martianus 的兴趣是"经院的"和辩证法的,而不是修辞的、文学的,参见 John O. Ward, "The Commentator's Rhetoric: From Antiquity to the Renaissance: Glosses and Commentaries on Cicero's *Rhetoric*," in *Medieval Eloquence: Studies in the Theory and Practice of Medieval Rhetoric*, ed. James J. Murphy (Berkeley: University of California Press, 1978), p. 44。

\* 作者的这一论断有些牵强,当时最重要的学科应该是文法。——译者注

② Paul Lehmann, "Die *Institutio oratoria* des Quintilianus in Mittelalter," *Philologus* 89 (1934): 354-360; Bolgar (1964), pp. 110-117; James Murphy, *Rhetoric in the Middle Ages: A history of Rhetorical Theory From Saint Augustine to the Renaissance* (Berkeley: University of California Press, 1974), pp. 124-127.

③ Riché (1976), p. 499; Riché (1979), pp. 111-118; Wilbur S. Howell, ed. And trans. *The Rhetoric of Alcuin and Charlemagne* (Princeton, N. J.: Princeton University Press, 1941), pp. 22-33; Wallach (1959), chap. 6; Hans Wolter, "Geschithliche Bildung im Rahmen der Artes Liberales," in *Artes* (1959), pp. 64-78.

与智慧结合的重要性①,都表明当时的课程模式是建立在雄辩家传统之上的博雅学艺模式。具体而言,博雅学艺理念的七个特征都能在这个时期找到。

第一,这一时期的教育目标是培养好公民和社会的领导者,这一点从阿尔昆的《论修辞学与美德》(*Disputatio de rhetorica et de virtutibus*)中可以看出来。阿尔昆在这本书中向查理曼大帝提供了一种君主理论,正如西塞罗和昆体良希望通过他们的著作塑造完美的雄辩家和统治者一样。其次,那些学习了博雅学艺的学生,不管他们是否为修道士,大多出身于贵族家庭,而且,无论如何,他们在接受博雅教育后都进入了中世纪社会的领导阶层。② 因此,教育规定了一些有关品格塑造和公民责任的价值和标准,并且要求学生服从这些价值和标准,而这些正体现了博雅学艺的第二个和第三个特征。阿尔昆的《论修辞学与美德》清楚地体现了塑造品格的意图,书中对修辞学的讨论在对基本美德(cardinal virtues)的思考中达到了高潮。③ 第四个特征当然是对权威文本的依赖,将一系列古典作家作为艺科的教学资源。事实上,"权威们"(*authorities*)就是"古典作家们"——这是它的词源学依据,而且这些古典作家同时提供道德和文学的教导。④

第五个特征是,将那些接受博雅学艺教育并在这种教育中出类拔萃的人士确认为精英。为此,那些教授博雅学艺的教师享有法律所赋予的特权和豁免权,而且,那些接受了文化教育的人为了垄断自己的学问,将未接受教育者拒之门外,还专门使用各种各样的"秘密语言"。比德(Bede)为此发明了手语。据说,公元 7 世纪的教师埃纳斯(Aenas)推荐那些有学问的人士使用密码,以"防止那些年轻人和愚笨

---

① Gabriel Nuchelmans, "Philologia et son marriage avec Mercure jusqû à la fin du XIIe siècle," *Latomus* 16 (1957): 84-97; Mathon (1969), pp. 48-58; Cora E. Lutz, ed. *Remigii Autissiodorensis commentum in Martianum Capellam* (Leiden: E. J. Brill, 1962), pp. 16-24.

② Wallach (1959), chap. 4; John W. Baldwin, *The Scholastic Culture of the Middle Ages, 1000-1300* (Lexington, Mass.: D.C. Heath, 1971), pp. 36, 47, 55; Riché (1976), pp. 48, 205-206, 284, 447-499.

③ Alcuin, *Disputatio de rhetorica et de virtutibus*, lines 1187-1368.

④ Ernest R. Curtius, *European Literature and the Latin Middle Ages*, trans. Willard R. Trask (New York: Pantheon, 1953), pp. 48-61; Jacques Paquet, "Aspects de l'université médiévale," in *The Universities* (1978), pp. 3-25.

者知晓我们的秘学,这些学问唯有受教育者才能获取"。①

在这五个特征之后的第六个特征是,中世纪早期的学者假设他们的知识是确定性的、终极性的,这表现在他们不愿意提出有关知识论和本体论的批判性问题。用埃纳斯的话来说:"一个人越是维护自己的好奇心,就越是发现自己漏洞百出。"②教师们之所以青睐文法和修辞学,是因为他们和伊西多尔(Isidore)一样相信:"语言是自然、必然的现象,因此对语言的学习可以解释形而上学的真理。"③相反,他们对于追求新知识了无兴趣。他们了解斯多葛学派和亚里士多德的哲学分类,但并不去思考在七艺之外丢失的那些科学门类包含了什么样的内容。④ 这些学者的态度是教条主义的,他们孜孜以求的是保存、传播所继承下来的亘古不变、完好如初的智慧,他们是如此虔诚,以至于仰仗古代雄辩家所发明的记忆术。⑤

至于博雅学艺理念的第七个特征,我们必须承认,那就是:中世纪的学者果断地使博雅学艺服从于为解释神圣文本做准备的需要,而不是依据"完美雄辩家"这一理想概念来塑造一个人的风度和教养。卡西奥多鲁斯经常引用圣经中的诗句来为博雅学艺辩护,并且强调博雅

---

① Riché (1976), p. 477. Pearl Kibre, *Scholarly Privileges in the Middle Ages: The Rights, Privileges, and Immunities of Scholars and Universities at Bologna, Padua, and Oxford* (Cambridge: Mediaeval Academy of America, 1962), pp. 3–8.

② 转引自 Riché (1976), p. 475。

③ Jeremy Y. Adams, "The Political Grammar of Isidore of Seville," in *Actes* (1969), p. 764. See Díaz (1969), p. 42.

④ 波爱修斯在不同的场合遵循亚里士多德的传统,将实践哲学和思辨(理论)哲学区分开来,并指出后者又划分为自然哲学、数学和神学(*De trinitate* 2 lines 1–20)。卡西奥多鲁斯(*Institutiones* 2.3.4)和伊西多尔(*Etymologiarum sive originum* 2.24.10–12)都对此做了讨论。但伊西多尔似乎更倾向于斯多葛学派—奥古斯丁的分类(2.24.3–8),其后阿尔昆在 *De dialectica* 的开篇中描述了这一分类。不过,卡洛林时代的学者并没有作出努力去填补这一图式中空缺的部分,因而事实上将哲学(*philosophia*)等同于七艺。Margaret T. Gibson, "The Artes in the Eleventh Century," in *Actes* (1969), pp. 121–124; James A. Weisheipl, "Classification of the Sciences in Medieval Thought," *Medieval Studies* 27 (1965): 57–67; Richard P. McKeon, "The Organization of Sciences and the Relations of Cultures in the Twelfth and Thirteenth Centuries," in *The Cultural Context of Medieval Learning: Proceedings of the First International Colloquium on Philosophy, Sicence, and Theology in the Middle Ages*, ed. John E. Murdoch and Edith D. Sylla (Boston: D. Reidel, 1975), pp. 151–186; Paul O. Kristeller, *Renaissance Thought and Its Sources*, ed. Michael Mooney (New York: Columbia University Press, 1979), p. 230.

⑤ Frances A. Yates, *The Art of Memory* (Chicago: University of Chicago Press, 1966), chaps. 1–3.

学艺服从于宗教经典的需要。

因此,从中世纪早期有关博雅教育的大量讨论和教学中,我们可以抽象出一个人为建构的博雅教育理念,这个理念与雄辩家传统相联系,并自我调整以服务于宗教目的。当然,哲学家的传统并没有被完全遗忘。约翰内斯·爱留根纳(Johannes Scotus Erigena,810—877)在9世纪中期主持卡洛林王朝的宫廷学校,为博雅学艺的学习带来了新柏拉图主义的视角。他为《墨丘利与文献学的联姻》写了一部评注,没有忽略西塞罗关于结合雄辩与智慧的主题,并指出艺学学科不仅仅是研究神学经典的工具,它们理应成为自主的理论哲学,值得深入研究。他最后得出结论说:"非经哲学,无以入天堂。"① 不过,爱留根纳只是一个相对孤立的案例,他未能带来哲学的复兴。② 相比之下,波爱修斯的复兴一点也不奇怪。

波爱修斯的《哲学的慰藉》使用一种结合了散文与诗之因素的寓言体,这种风格使它与教育中的文学传统甚为相契,这一时期的很多学者都为这本书写评注。总的来说,他们曲解了这个寓言,使其偏离了思辨和沉思的含意。在这些误入歧途的评注中,莱米吉乌斯(Remigius,841—908)的著作最为重要。莱米吉乌斯是当时一位声誉卓著的教师,其学术世系可直接追溯至阿尔昆。莱米吉乌斯强调智慧与雄辩的联姻,并为马尔提努斯的著作写了一本评注,这本评注在整个12世纪都有很大的影响。与之类似,他对波爱修斯著作的评注在11世纪被学者们公认为权威的解释。在这两部评注中,他误将哲学等同于圣经中的真理,并且追随阿尔昆的步伐,分析哲学贵妇长袍上若

---

① Johannes Scotus Erigena, *Annotationes in Marcianum*, edited with an introduction by Cora E. Lutz (Cambridge: Mediaeval Academy of America, 1939), p. xvi, sect. 53.15; Mathon (1969), pp. 47-64; Michael Masi, "Boethius and the Iconography of the Liberal Arts," *Latomus* 33 (1974): 57-75. 参见 Stahl and Johnson (1971), p.63n. 对于 Erigena 评注之真伪的讨论。

② 强调爱留根纳和波爱修斯对于 Remigius 以及其他人之影响的修正主义观点,可参见 Margaret T. Gibson, "The Continuity of Learning, circa 850-circa 1050," *Viator* 6 (1975): 1-13; John Marenbon, *From the Circle of Alcuin to the School of Auxerre: Logic, Theology, and Philosophy in the Early Middle Ages* (Cambridge: Cambridge University Press, 1981), chaps. 3-4。John Marenbon 论证说,爱留根纳在他的时代属于一般人物,而非杰出之士。Cf. John J. Contreni, *The Cathedral School of Laon From 850-930: Its Manuscripts and Masters* (Munich: Arbeo-Gesselschaft, 1978), pp. 95-134; Riché (1979), pp. 111-118, 261-263.

干装饰的意义,以证实七艺最终要达至神圣的智慧。通过理论哲学来达到思辨解放(contemplative liberation),这一含义在莱米吉乌斯和他的读者那里、在阿尔昆那里都不存在。①

公元9世纪,卡洛林帝国分裂成几个王国。公元10世纪,蛮族重新入侵,致使生灵涂炭、山河破碎,因此,传统上人们将这个世纪称为"铁与血"的时代。我们可以在大阿尔弗烈德王(King Alfred the Great)写给英格兰主教的信中发现文化衰落的早期证据,大阿尔弗烈德王在信中抱怨说,再也没有人懂拉丁文,更别提阅读学术著作了。不过,在奥托皇帝们的帮助下,巴比奥、兰斯、圣戈尔等地恢复了博雅学艺的教学,尤其是三科的教学。② 公元11世纪,西欧的经济开始复苏,城市、市镇走向都市化,并且在特许状的保护下走向法团化,这些因素促成了学校的建立。新建的学校有几种形式。卡西诺山和贝克等修道院学校声誉鹊起,尤其是在意大利北部,由于法学研究的复苏,城市学校逐渐建立。不过,增长最快的主要是主教学校和教区学校,在教皇和宗教会议(Church Councils)的鼓励下,这两类学校在规模和数量上都大为扩增。③

这种增长并不仅仅是数量上的,它还伴随着学校中知识活动的活跃。学校中教师和学生的数量越来越多,相互之间的学术交流、游学活动日益增多,这进一步促进了学术辩论,由此诞生了后来所说的"经院主义"(scholasticism)——这个词在后来的几个世纪中成为一个贬义色彩很重的词语。不过,在这个时候,这个词是一个很普通的词语,其含义是"学校的教学",因此它与这里所说的知识活动是密不可分

---

① Lutz (1962), pp. 5-6, 16-24, 40-50; Courcelle (1967), pp. 29-66, 241-300.

② Francis P. Magoun, Jr., "Some Notes on King Alfred's Circular Letter on Educational Policy Addressed to His Bishops," *Mediaeval Studies* 10 (1948): 93-105. 关于10世纪及其文化复兴,参见 Luitpold Wallach, "Education and Culture in the Tenth, *Medievalia et Humanistica* 9 (1955): 18-22; Benny R. Reece, *Learning in the Tenth Century* (Greenville, S. C.: Furman University Press, 1968), pp. 1-33. Rijk (1963), pp. 44-86; Gibson (1975); Riché (1979), pp. 137-186; Gora Lutz, *Schoolmasters of the Tenth Century* (Hamden, Conn.: Archon, 1977).

③ John R. Williams, "The Cathedral Schools of Rheims in the Eleventh Century," *Speculum* 29 (1954): 661-677; Maria G. Merello-Altea, *Scienza e professione legale nel secolo XI* (Milan: Giuffre, 1979), pp. 1-29; Riché (1979), pp. 335-344.

的。经院主义者采用辩证的方法,对前后一致的观点进行识别和归类,将这些主题系统化地划分为属(genera)和种(species),当面临一个对立命题*时,就制造新的区别或引用一个抗辩(exceptio)来寻求解决的办法(solutio)。这种方法在神学和法学领域得到进一步的发展,它假定传统的权威"各不相同,但不互相矛盾"。①

公元10世纪巴比奥和兰斯的吉尔伯特(Gerbert at Bobbio and Rheims)、公元11世纪图尔兹的布朗热(Beranger of Tours)和安瑟伦(Anselm,1033—1104)是辩证法的早期倡导者,他们主张使一切知识隶属于辩证法。不过,最典型的经院学者还是阿贝拉德(Abelard,1079—1144),由于他那充满火药味的、粗野无礼的辩论和讲课,他的名声很快就起来了,在巴黎的学校中尤其赫赫有名。阿贝拉德高度赞同波爱修斯的立场:数学是所有博雅学艺的基础;逻辑学是哲学的首要工具,其他六艺都隶属于逻辑学。在阿贝拉德(Abelard)及其同道的努力下,神学研究开始从"象征神学"(symbolic theology)转向"辩证神学"(dialectical theology)。在"象征神学"下,博雅教育只是为解读圣经的寓意提供材料;而在"辩证神学"之下,博雅教育旨在用分析、批判的方法来训练心智,这样,在面临对立命题时,他可以寻找区别(distinctiones)。这种方法还刺激了市民法和教会法的研究。②

学校的扩张并不是这种学术勃兴的唯一动因。古希腊失传的哲学著作(尤其是亚里士多德全集)的重新发现和翻译深刻地影响了经院主义的发展。由于西欧与中东文化中心——叙利亚、西西里、西班牙、君士坦丁堡——的接触和交流,波爱修斯没有翻译的亚里士多德其余四本逻辑学著作在12世纪中期也被发现了。这四本著作被称为

---

\* 对立命题(contraruim):指一种修辞或一种辩论类型,或两者皆有。——译者注

① "Diversi sunt sed non adversi." 关于辩证法以及经院主义的出现,权威的研究可参见 Joseph de Ghellinck, *Le Mouvement théologique du xIIe siècle*, 2d ed. (Bruges, Belg.: Editions "De Tempel," 1948), pp.517-523; Henri de Lubac, "A propos de la formule: *diversi sed non adversi*," *Recherches de science religieuse* 40 (1952): 27-40; David Knowles, *The Evolution of Medieval Thought* (New York: Random House, 1962), chps.8, 9。

② 所引用的术语出自 Ludwig Hödl, "Die Dialektische Theologie des 12. Jahrhunderts," in *Actes* (1969), pp.137-147。参见 Mary M. MaLaughlin, "Abelard's Conceptions of the Liberal arts and Philosophy," in *Actes* (1969), pp.523-530; G. R. Evans, *Old Arts and New Theology: The Beginnings of Theology as an Academic Discipline* (Oxford: Clarendon, 1980), chaps.1-3; Stephan Kuttner, "The Revival of Jurisprudence," in *Renaissance and Renewal in Twelfth Century*, ed. Robert L. Benson and Giles Constable (Cambridge: Harvard University Press, 1982), pp.299-323。

"新逻辑",波爱修斯所翻译的那两本著作则被称为"旧逻辑"。在 12 世纪末之前,人们重新发现了亚里士多德的自然哲学和形而上学著作,到 13 世纪上半叶之前,又发现了《政治学》《伦理学》《家政学》和《修辞学》等著作。与此同时,阿拉伯人、犹太人和其他希腊人关于数学和自然科学的著作也涌入欧洲,引发了一场革命。

就 12 世纪的博雅学艺而言,这场革命对雄辩家传统构成了挑战,并引发了向哲学家传统的转变,虽然这一转变是渐进式、不均衡的。古典作家们(auctores)依然屹立不倒,宣告了雄辩与智慧的联姻。马尔提努斯影响了 12 世纪的很多作家,昆体良在沙特尔等学校受到欢迎。文选(Florilegia)的数量越来越多,因此传播了——尽管是以摘录的、肢解的、残缺的形式——古典作家的作品。① 不过,《教学导论》(Didascalicon)或《古典作家引论》(accessus ad auctores)等导论手册越来越倾向于依据某种特定的哲学分类原则——斯多葛派的分类(通过奥古斯丁和伊西多尔),或亚里士多德的分类(通过波爱修斯)——来对指定的艺学课程中的著作进行分类。在教学实践中,《古典作家引论》长期以来都是通过简单介绍古典作家的生平、创作意图、作品主题、该作品在文学经典中的位置等来为学生阅读某一特定的作品提供指导。在这个意义上,《古典作家引论》与历史传统是不无关联的。然而,在 12 世纪,这些引论著作开始偏离将某一著作和古典著作联系起来的任务,转而提出这样的问题:"它应该被放到哪一个哲学分支之下?"12 世纪希尔绍的康拉德(Conrad of Hirsau)的著作《关于古典作家的对话》(Dialogus super auctores)不折不扣地反映了这种意图的转变。②

---

① Priscilla S. Boskoff, "Quintilian in the Late Middle Ages," *Speculum* 27 (1952):71–72; Nuchelmans (1957), pp.99–100; Murphy (1974), pp.106–132; Rouse (1979), pp.131–160. 关于雄辩家传统在 12 世纪的延续,参见 Philippe Delhaye, "L'enseignement de la philosophie morale au XIIe siècle," *Mediaeval Studies* 11 (1949):77–99; Delhaye, "Grammatica et ethica au XIIe siècle," in *Artes* (1959), pp.91–93; Delhaye, "La Place des arts libéraux dans les programmers scolaires du XIIe siècle," in *Actes* (1969), pp.161–173。

② "Cui parti philosophiae subponatur?" 转引自 Leslie G. Whitbread, "Conrad of Hirsau as Literary Critic", *Speculum* 47 (1972): 234–245. E. A. Quain, "The Medieval accessus ad auctores," *Traditio* 3 (1945):215–264。关于对 accessus 的全面性研究,参见 R. B. Huygens, *Accessus ad auctores: Bernard d'Utrecht, Conrad d'Hirsau* (Leiden, Neth.: E. J. Brill, 1970)。

与这种转变相伴随且事实上推动了这种转变的是,人们开始寻找哲学中那些丢失的部分(几个世纪中这些部分的存在都是为人所知的),并且对哲学的各个分支进行系统化。12 世纪的一些画像反映了这种转变。这些画像描绘了哲学以及七种博雅学艺的不同分支。与此同时,事实上七艺是被作为代表"哲学"的整体而教授的,七艺构成了博雅教育的整体。① 这种暧昧不清的立场尤其典型地体现在圣维克多的休格(Hugh of Saint Victor)的著作中,它预示着博雅学艺或博雅教育背后的理据已经发生改变。

休格在大约 1125 年的时候开始在巴黎的圣维克多修道院教书,并写作了艺学学科的导论手册《教学导论》(*Didascalicon*)一书。与当时的经院哲学潮流一致,休格对哲学的分类表现出了浓厚的兴趣,他采纳并论证了亚里士多德—波爱修斯的哲学分类方法,但同时也引用了斯多葛派—伊西多尔的分类。他采用了亚里士多德所做的必然论证(demonstrative arguments)、可能论证(probable arguments)和诡辩论证(sophistic arguments)的划分,与此同时,他既在斯多葛派—伊西多尔的意义上使用逻辑(logica)一词(即作为一个哲学分支,与三科等同),又将其视为三科中的一种技艺。② 另一方面,一旦不再讨论哲学的系统分类,他又实事求是地宣称博雅学艺构成了整个哲学,并且将这些世俗知识\*视为服务于关涉神圣知识之象征神学的素材。在论证他的博雅学艺分类时,他引用最多的作者是伊西多尔,并且借用了伊西多尔《词源学》中文法部分的大部分方法,强调古典作家的优美文

---

① Weisheipl (1965), pp. 62–67; Adolf Katzenellenbogen, "The Representation of the Seven Liberal Arts", in *Twelfth-Century Europe and the Foundations of Modern Society*, ed. Marshall Clagett, Gaines post and Robert Reynolds (Madison: University of Wisconsin Press, 1961), pp. 39–55; Philippe Verdier, "L'iconographie des arts libéraux dans l'art du moyen age jusqu'à la fin du quinzième siècle," in *Actes* (1969), pp. 305–355.

② Hugh of St. Victor, *Didascalicon*, translated with an introduction by Jerome Taylor (New York: Columbia University Press, 1961) 1, 2.16, 2.30, pp. 7–19; Roger Baron, *Science et sagesse chez Hugues de Saint-Victor* (Paris: P. Lethielleux, 1957), pp. 49–82; Baron, "L'insertion des arts dans la philosophie chez Hugues de Saint-Victor," in *Actes* (1969), pp. 551–555; Robert Javelet, "Considérations sur les arts libéraux chez Hugues et Richard de Saint-Victor," in *Actes* (1969), pp. 557–568.

\* 即七艺。——译者注

辞,将历史、道德教育与文法、修辞联系起来,使音乐成为"语言的侍女"而不是数学的侍女。①

　　术语上的这种模糊性证明当时博雅教育在两种传统之间左右摇摆,而且这种模糊性并不仅限于圣维克多的休格或哲学。其他术语也表明了12世纪对雄辩家传统的挑战。例如,"现代人"(*moderni*)这个词自从古典晚期新创"现在"(*modo*)一词以来,已经有漫长的历史。但在12世纪,人们不断地谈论"古人"(*antiqui*)和"现代人"(*moderni*)的对比,并且用后一术语来指谓那些接纳新的知识转型和新的教育实践的人,这两种新变化的焦点都是辩证法。"现代人的精明"(*subtilitas modernorum*)这个常用短语也包含了非常复杂的态度,既有对新知识的羡慕,也有对现代人傲慢浅薄、忽略文法和修辞,或者仅仅出于锦绣前程的目的而学习辩证法的鄙夷。② 更重要的是,这种双重反应在沙特尔的学校中反复出现,生动地见证了发生在博雅教育领域里的艰难而戏剧性的转变。③

---

① Hugh of St. Victor, *Didascalicon* I, 2.6–30, 3.4, 5, 6, pp. 32–39; Wolter (1959), pp. 50–83; Fellerer (1959), pp. 43–47; Enzo Liccaro, "Alcune osservazioni su Ugo di San Vittore grammatico e stilista," in *Actes* (1969), pp. 797–804; Maxwell S. Luria, "Some Literary Implications of Hugh of St. Victor's Didascalicon," in *Actes* (1969), pp. 541–549; Hödl (1969), pp. 137–147.

② John of Salisbury 在 *Metalogicon* 中反复地对比"古人"和"现代人"。参见 *Metalogicon*, trans. Daniel D. McGarry (Berkeley: University of California Press, 1955) I Prologue. H. R. Jauss, "Antiqui/moderni (Querelle des anciants et des modernes)," in *Historisches Wörterbuch der Philosophie*, ed. Joachim Ritter (Stuttgart: Schwabe, 1971), vol.1, pp. 410–414; J. O. Ward, "The Date of the Commentary on Cicero's 'De Inventione' by Thierry of Chartres (ca. 1085–1160?) and the Cornifician Attack on the Liberal Arts," *Viator* 3 (1972): 219–247; Wilfried Hartmann, "'Modernus' und 'antiquus': Zur Verbreitung und Bedeutung dieser Bezeichnungen in der wissenschftlichen Literatur vom 9. bis zum 12. Jahrhundert," in *Antiqui und Moderni: Traditionsbewusstsein und Fortschrittsbewusstsein im Späten Mittelalter*, ed. Albert Zimmermann (Berlin: Walter de Gruyter, 1974), pp. 21–39; Elisabeth Gössmann, "'Antiqui' und 'Moderni' im 12. Jahrhundert," in *Zimmermann* (1974), pp. 40–57。

③ John of Salisbury 在 *Metalogicon* (3.4) 中归于 Bernard of Chartres 的那句著名的比喻"*nani gigantum humeris insidentes*"在意思上也是含糊的。一方面,它预示着进步,因为现代人站在古人的肩膀上,参见 George Sarton, "Query no. 53—'Standing on the Shoulders of Giants,'" *Isis* 24 (1935): 107–109;另一方面,与古人相比,现代人又是侏儒。参见 Raymond Klibansky, "Standing on the Shoulders of Giants," *Isis* 26 (1936): 147–149。十二三世纪的著作揭示了这个比喻两个方面的含义。Edouard Jeauneau, "'*Nani gigantum humeris insidentes*': Essai d'interprétation de Bernard de Chartres," *Vivarium* 5 (1967): pp. 79–99。

沙特尔学校在 11 世纪早期跻身前列,致力于用神学和道德培养神职人员,并教授七艺,而且尤重三科。① 沙里斯伯里的约翰(John of Salisbury,1115—1180)在生命的最后四年中曾担任沙特尔的主教,在他所在的时代,一种不同的观念开始占据主导地位。在某些方面,他倾向于雄辩家传统,反对那些"标新立异"的人,他在论著中大量依赖昆体良、伊西多尔和卡西奥多鲁斯,而且也不试图像圣维克多的休格那样将哲学系统化。在其他著作中,他主张受过教育者必须阅读诗歌、历史和修辞学作品。事实上,在《逻辑学讲解》(*Metalogicon*)一书中,他主张,"任何人,如果使雄辩术脱离哲学研究,[那么]就是嫉妒墨丘利拥有文献学,就是要破坏文献学与墨丘利的联姻,从文献学的手中夺取她心爱的墨丘利",并因此毁坏了"所有的博雅学科"(*omnia liberalia studia*)。② 然而,约翰显然又同情新兴的哲学。《逻辑学讲解》一书共四卷,有三卷都是关于三科中的逻辑学的,其中特别提到了亚里士多德的著作,对亚氏赞赏有加。他同时关注了旧逻辑和新逻辑,虽然他并不真正懂得其中更为"逻辑"的部分,而把大部分的精力放在与修辞学论证直接有关的方面。此外,连同他年轻时的其他老师,他赞扬了阿贝拉德,赞颂他把博雅学艺提升到了学校中适当的位置。③

约翰的教学和著作表明博雅教育及其理论依据发生了转变。与此同时,教育机构本身也经历了剧烈的变化。受到 1179 年和 1215 年的第三次和第四次拉特兰会议(Lateran Councils)的鼓励,很

---

① Loren C. MacKinney, *Bishop Fulbert and Education at the School of Chartres* (Notre Dame, Ind.: Mediaeval Institute, University of Notre Dame, 1957), chap. 2; Raymond Klibansky, "The School of Chartres," in Clagett, Post, and Reynolds (1961), pp. 3-14. R. W. Southern ("The Schools of Paris and the School of Chartres," in Benson and Constable [1982], pp.113-137)认为,沙特尔学校对 1124 年以后的学校影响甚微。

② John of Salisbury Metalogicon 1.1, 3-5; Daniel D. McGarry, ed. and trans., *The Metalogicon of John of Salisbury: A Twelfth-Century Defense of the Verbal and Logical Arts of the Trivium* (Berkeley: University of California Press, 1955), pp.36-72; Wolter (1959), pp.50-83; Mary B. Ryan, "John of Salisbury's Theory of Rhetoric," *Studies in Medieval Culture* 2 (1966):56-62; Ward (1972), pp.218-238.

③ John of Salisbury, *Metalogicon* 1.5, 2.3; Brian p. Hendley, "John of Salisbury's Defense of the Trivium," in *Actes* (1969), pp.753-762; Murphy (1974), pp.127-130.

多主教学校、寄宿学校(collegiate school)和城市学校都变成了大学。一言以蔽之,当教师和学生组合成一个社团并且采用行会的标准名称——通常是 Universitas(这个词的原初含义并不表示学问或课程的广度)——时,大学就出现了。① 实际的教学机构称为学堂(studium),如果影响突出,则称之为总学(studium generale)。② 不过,早期大学的形态是丰富多样的,当局对大学行为的规范也耗时漫长,因此这两个术语都不是非常严格的。* 然而,我们还是可以公允地概括出以下两个要点。

首先,在12世纪晚期和13世纪初,行会努力使自己摆脱当地官方机构(包括宗教机构和市政机构)的政治和经济控制。不管在哪个国家或城市,行会必须建立或重建自行处理内部事务的权利。在斗争当中,教皇和君主们功不可没,他们将以前为神职人员所独享的特权和豁免权授予学者。③ 第二是追求授予"教学执照"(licentia docendi)的长期斗争,在传统上,教学执照的授予权在当地宗教机构的手中,尤其是在主教任命的校监的手中。在主教所辖学校中,教学的权力本质上是授予学生博雅学艺学位。授予这一学位并索取费用的权力成为教师们和宗教当局激烈斗争的焦点。这个时候,教皇并不情愿将自己的影响凌驾于当地的教会特权之上,在这场将持续到14世纪的斗争

---

① Universitas 只是表示行会的术语之一,另外的术语还有 Corpus, communitas, collegium, societas。见 Pierre Michaud-Quantin, Universitas: Expressions du mouvement communautaire dans le moyen-age latin (paris: J. Vrin, 1970), chap. 1。关于大学的建立,不可或缺的基础性研究是 Hastings Rashdall, The Universities of Europe in the Middle Ages, ed. F. M. Powicke and A. B. Emden, 3 vols. (Oxford: Clarendon, 1936)。

② 关于什么样的 studium 有资格被称为 generale,存在几种解释,其中包括:吸引来自不同地方的学生;在不同地方承认其执教权;除了 liberal arts 之外,教授一个或者更多的高级学科。Gordon Leff, Paris and Oxford Universities in the Thirteenth and Fourteenth Centuries: An Institutional and Intellectual History (New York: John Wiley, 1968), pp. 17-19; M. B. Hackett, ed. The Original Statutes of Cambridge University: The Text and Its History (Cambridge: Cambridge University Press, 1970), pp. 176-177; Alan B. Cobban, The Medieval Universities: Their Development and Organization (Lodon: Methuen, 1975), pp. 23-36.

\* 即很难严格区分哪些是 studium,哪些是 studium generale。——译者注

③ Gaines Post, "Parisian Masters as a Corporation, 1200-1246," Speculum 9 (1934): 421-445; Kibre (1962), chaps. 1-4, 9; Leff (1968), pp. 15-34, 82-97.

中,教皇支持的是那些新生不久的大学背后的行会。①

与此同时,大学开始成为神圣庄严、受人尊崇的机构。在13世纪初,大约有20所大学建立起来了并且还在运转②,它们包括:伊比利亚半岛的萨拉曼卡大学、里斯本大学、瓦利阿多里德大学和科英布拉大学;意大利的博洛尼亚大学、普多瓦大学、那不勒斯大学、维琴察大学、阿雷佐大学和锡耶纳大学;法国的巴黎大学、奥尔良大学、翁热(Angers)大学、图卢兹大学和蒙特佩利大学;英国的牛津大学和剑桥大学。(德国和中欧当时还没有大学。)主教学校、寄宿学校和教区学校继续独立存在,但其功能已经缩减,仅仅提供预备性的教学,学生在这些学校毕业后,继续到教授博雅学艺的大学念书。除了有权授予教学执照,真正的大学除了设有艺学院,还应该至少设有法学学院、医学学院或神学学院中的一个,其中艺学院的学位是进入这三个高级学院的先决条件。在不同的年代、不同的大学,获得艺学硕士的步骤是不太相同的。不过,我们仍然可以推断出13世纪艺学课程所要求的一般模式。③

---

① Gaines Post, "Alexander III, the Licentia Docendi, and the Rise of the Universities," in *Anniversary Essays in Mediaeval History by Students of Charles Homer Haskins*, ed. Charles H. Taylor (Boston: Houghton Mifflin, 1929), pp. 255–278; Cobban (1975), pp. 27–32; Astrik L. Gabriel, "The Conflict between the Chancellor and the University of Masters and Students at Paris during the Middle Ages," in *Die Auseinandersetzungen an der Pariser Universität im 13. Jahrhundert*, ed. Albert Zimmermann (Berlin: Walter de Gruyter, 1976), pp. 106–154. 当大部分声誉卓著的大学都获得颁发"教学执照"(*licentia docendi*)的权利时,这场斗争甚至更加尖锐了。因为所有新兴的大学都希望获得认可。此外,又出现了"通行教学执照"(*ius ubique docendi*,在任何地方教学的权利),根据溯及既往(*ex post facto*)的原则,教皇或皇家法令将颁发这一执照的权力授予所有现有大学,但仅仅选择性地将这种权力授予新建大学。

② Cobban (1975), pp. 116–121; Helene Wieruszowski, *The Medieval University: Masters, Students, Learning* (Princeton, N. J.: D. Van Nostrand, 1966), chaps. 7–8. 由于资料的匮乏,很多大学的地位并不清楚,而且有些大学在一些年之后就关闭或迁走了。

③ Hackett 指出,"学位和课程的晋级制度"是"大学组织中最为模糊、最为棘手的部分",([1970], p. 119)。在以上假设性的论述中,我参考了 Rashdall (1936); James A. Weisheipl, "Curriculum of the Faculty of Arts at Oxford in the Early Fourteenth Century," *Mediaeval Studies* 26 (1964): 143–185; Nancy G. Sirais, *Arts and Sciences at Pudua: The Studium of Padua before 1350* (Toronto: Pontifical Institute of Mediaeval Studies, 1973), chaps. 3–4; Leff (1968): 147–160。一些重要文档的节录可以从 Lynn Thorndike 的翻译中获取,参见 Lynn Thorndike, *University Records and Life in the Middle Ages* (New York: Columbia University Press, 1944)以及 Wieruszowsik (1966)。

一般来说，学生在十四五岁时获得"艺学学士"(*baccalaurius*)①的候选资格——虽然也有很多特例，学生获取学士候选资格时可能更年轻或者更年长——然后花三到五年的时间听教师讲授(*lectiones*，即阅读或疏讲)艺学课程中指定的书籍和论题。同时，候选人还聆听并开始参加诸如"诡辩"(*sophismata*)等逻辑辩论，以获得经院辩证法的训练。最后，在通过自己导师的答辩(*responsiones*)、磨炼自己的论辩技术后，候选人宣誓他已经完成前面的课程，并要求在教师委员会面前通过一系列的辩论来展示自己的技能。如果他顺利通过这个考试，将被艺学院授予"艺学学士"(*baccalaurius*)的头衔，并获允穿戴作为学位标志的披肩(*cappa*)。

　　然后，年轻的艺学学士继续在大学中进行一到三年的学习。这样一来，他在大学中的学习时间大约是六年。他还要听一些课程，参加一些辩论练习，并且在下午或节假日时讲授一些"非常设的"或"粗略的"课程，通常是一些次要的文本和艺学内容。最终是教学执照的考试(*examinatio*)。首先，他需要宣誓已经完成了课程的学习；其次，他需要主持一次辩论，并且澄清其论题；最后，他被众位教师领到校长面前，接受执教执照。不过，除非他接下来被行会接纳为会员，否则他还不是艺学硕士。这种接纳程序通常还需要参加另外一系列的辩论。此外，他还需要宣誓甘愿服从大学法团的规章制度，并且以新同行的身份举办招待宴会，这两者都是强制性的义务。

　　在整个12世纪，就像整个知识和学术领域都已经发生转型一样，博雅学科的内容和理论依据也在逐渐发生变化。由于新翻译的著作(尤其是与逻辑学、自然科学和数学有关的著作)不断涌现，马尔提努斯、卡西奥多鲁斯和伊西多尔的著作相形见绌。非但如此，亚里士多德的思想还引发了一场革命，引导人们重新思考如何从事哲学、哲学与神学有何关系等问题。很长时间以来，亚里士多德声誉卓著，在12世纪的经院学者(这些学者受到旧逻辑的刺激，更受到新逻辑的鼓舞)

---

① *Baccalaurius*(或 *baccalaureus*)的起源及其与英语 bachelor 的关系，学界存在一些争论。到13世纪的时候，在英国，任何即将取得骑士身份并且宣布占有自己的土地的年轻武士一般都被称作 bachelor。J. M. Bean，"'Bachelor' and Retainer，"*Medievalia et Humanistica*，New Series 3 (1972)：117-131.

那里，他更是大行其道，因此，人们一开始几乎是毫无保留地接受了他的学说。不久之后，态度发生了变化。亚里士多德和其他古典作家的著作通常是与伊斯兰学者的评注并置或交织在一起的，这些著作中充满了伊斯兰学者的概念、术语和涵义，因此被认为是传播异端歧见的通道。自然而然地，亚里士多德的作品翻译得越多，人们就越能认识到他的理性主义和人文主义因素，意识到他对柏拉图形而上学的拒斥，所有这些使得他的著作在很多宗教人士的眼中变得可疑。

学术界之间不免一场冲突，深深卷入其中的是托钵僧的修道会，即方济各会（Franciscans）和多明我会（Dominicans）。尽管与教师行会冲突重重，修道会的托钵僧在13世纪下半叶时还是在大学中占据了主导地位。[①] 和12世纪的西多会修道士（Cistercians）一样，这两个修道会的修道士一开始对异教的博雅学艺也充满着严格主义者的敌意，但最后都接受了它们[②]——虽然依然带着不同的感情。方济各会及其盟友包括波那文图拉（Bonaventure，1221—1274）、罗伯特·格罗斯泰斯特（Robert Grosseteste，1170—1253）和罗杰·培根（Roger Bacon，1219—1292）都强调先前的传统——柏拉图主义的、奥古斯丁主义的和唯灵论的，都认为启示真理高于由理性推导出的结论，并使哲学服务于神学。多明我会的学者，尤其是大阿尔伯特（Albert the Great，1200—

---

[①] 为了反抗市政当局或君主对大学的侵扰，教师行会常常弃校而去，享有教师特权和豁免权的托钵僧教师拒绝加入弃校行动，所以两者才发生冲突。教皇最后的裁决是，托钵僧教师必须服从行会的规章制度，但教师行会不能因为托钵僧教师不服从行会规章制度而开除或排斥他们。这一"解决方案"部分地源于这一事实，即托钵僧服从教皇的权威，教皇又不希望自己的权威因为托钵僧对大学行会的义务而受到削弱。Leff（1968），pp. 34-36，103-105，272-294；Astrik L. Gabriel，*Garlandia: Studies in the History of the Mediaeval University*（Notre Dame，Ind.：Mediaeval Institute，University of Notre Dame，1969），chap. 10.

[②] Thorndike（1944），pp. 30-31；Nicholas M. Haring，"The Liberal Arts in the Sermons of Garnier of Rochefort，" *Mediaeval Studies* 30（1968）：47-69；Delhaye（1969），pp. 169-171. 12世纪西多会的杰出僧侣里沃兹的艾尔雷德（Ailred Of Rievaulx）的话表明严格主义的情感依然是存在的，他说："因此，我主基督（master Christ）在他的学校中没有教授文法、修辞和辩证法，而是教导谦卑、温顺和正义。而且，我主基督在他的学校中也不教授他们所谓liberal的技艺，这些技艺既不自由（libere），也不解放（liberating），事实上，它们大量教导的是罪恶。"（笔者的翻译）Charles H. Talbot，ed. *Ailred of Rievaulx: De Anima*（London：Warburg Institute，University of London，1952），p. 17 n. 8.

1280)和托马斯·阿奎那(1224—1274)则试图用不同的办法——如亚里士多德的、经验主义的,区分逻辑方法和启示真理,分离哲学和神学——来调和正统与新知识。其中的一些具体的学说和形而上学问题与本论题关系不大,我们关心的是,这些争论是如何影响艺学课程的。

首先,在13世纪上半叶出现了一次前后矛盾的尝试(主要是在巴黎),也就是试图发布禁令,阻止艺学院的教师教授亚里士多德的著作。这些禁令实质上大部分被忽略了,到1255年最终被废除。更加持久的抗争是拒绝革新传统的博雅七艺(septem artes liberales)图式。传统主义者希望保留七艺的框架,让其继续充当为基督教神学提供预备性哲学教育的功能,并且强调文法和修辞学教育要担负道德训练的任务。① 这些趋势体现在罗伯特·格罗斯泰斯特(Robert Grosseteste)的早期著作《博雅学艺》(De artibus liberalibus)以及波那文图拉(Bonaventure)的《学艺向神学的回归》(Reductio atrium ad theologiam)中,而后一著作坚持了斯多葛派—奥古斯丁—伊西多尔的哲学分类。这种试图维持七艺框架的取向必然暗示了随着新知识的不断涌现,当时的艺学课程在急剧扩张。这同时也表明,他们对为新发现的知识设置新的分类方法缺乏兴趣。这种传统的取向同样出现在著名的百科全书主义者博韦的樊尚(Vincent of Beauvais)身上,樊尚是多明我会的修道士。这说明,对这场争论中不同修道会修道士的立场作出界限分明的概括是危险的。

而且,另一位多明我会修道士托马斯·阿奎那宣称说,一个不可避免的结论是:"七种博雅学艺已经不足以对理论哲学作出划分了。"这句话有两点含意:第一,需要重新理解博雅学艺;第二,这种理解遵

---

① 此处及以下论述,我参考了 Daniel A. Callus, ed., *Robert Grosseteste: Scholar and Bishop: Essays in Commemoration of the Seventh Century of His Death* (Oxford: Clarendon, 1955), pp.1-23; Leff (1968), pp.187-240, 270-309; Fernando Gneo, "La Reductio atrium and theologiam sencondo S. Bonaventura," in *Actes* (1969), pp.631-638; Antonio Tognolo, "Il De artibus liberalibus di Roberto Grossatesta," in *Actes* (1969), pp.593-597. McKeon (1975), pp.151-186; Joseph M. McGarthy, *Humanistic Emphases in the Educational Thought of Vicent of Beauvais* (Leiden, Neth.: E. J. Brill, 1976), pp.14-109。

循的是哲学的传统。① 要满足这些要求,就要对"哲学"的范畴和定义达成共识,即便反对亚里士多德渗入神学的斗争在整个 13 世纪非常盛行。最后,学者们并非完全刻意地综合了斯多葛派—奥古斯丁—伊西多尔的哲学分类(即将哲学分为逻辑、伦理学和自然哲学)和亚里士多德的哲学分类(他在很多地方对哲学做过不同的分类),最后就哲学的分类达成了一致,即将哲学划分为自然哲学、道德哲学和形而上学。② 阿尔伯特、托马斯·阿奎那等人制定了一个知性训练通向神学的五大步骤,即:(1) 三科,(2) 四艺,(3) 自然哲学,(4) 道德哲学,(5) 形而上学。③ 和不知道新逻辑的阿贝拉德一样,阿奎那使逻辑学成为博雅学艺的灵魂,进而使博雅学艺脱离了和伦理学的直接联系,并纯粹地服务于知性训练。④

这些发展在巴黎最为明显。1215、1231、1252 和 1255 年的课程记录都清楚地揭示出,逻辑学在冉冉升起,成为博雅学艺典范性的思辨知识(*scientia speculativa*)。得力于多明我会与亚里士多德主义的影

---

① "Septem liberales artes non sufficienter dividunt philosophiam theoricam." Thomas Aquinas, *Expositio super librum Boethii de Trinitate* (Leiden, Neth.: E. J. Brill, 1955), quae. 5, art. I, resp. 3. 关于对 13 世纪和 14 世纪早期自由技艺(liberal arts)的解释,我依赖于 Louis J. Paetow, *The Arts Course at Medieval Universities with Special Reference to Grammar and Rhetoric* (Champaign: University of Illinois Press, 1910); Delhaye (1949), pp. 77-99; Delhaye (1959), pp. 91-93; Delhaye (1969), pp. 161-173; Weisheipl (1964), pp. 143-185; James A. Weisheipl, "Developments in the Arts Curriculum at Oxford in the Early Fourteenth Century," *Mediaeval Studies* 28 (1966): 151-175; Leff (1968), pp. 116-184; Heinrich Roos, "Le trivium à l'université au XIIIe siècle," in *Actes* (1969), pp. 193-197; Palémon Glorieux, *La Faculté des arts et ses maîtres au XIIIe siècle* (Paris: J. Vrin, 1971), pp. 1-58; Siraisi (1973), chaps. 2-3。Olaf Pederson 正确地指出,从 13 世纪开始,liberal arts 原初的 "free" 之含义开始被理解为从 "灵魂的奴役状况" 中解放(liberation)出来,"这种奴役状况在无知的阴影下大量繁殖"。参见 Olaf Pederson, "Du quadrivium à la physique: Quelques aperçus de l'évolution scientifique au Moyen Âge," in *Artes* (1959), pp. 107-123。

② Weisheipl (1965), pp. 54-90.

③ Mary H. Mayer, *The Philosophy of Teaching of St. Thomas Aquinas* (Milwaukee: Bruce, 1929), chap. 6; Toccafondi (1969), pp. 639-651; Gérard Verbeke, "Arts libéraux et morale d'après Saint Thomas," in *Actes* (1969), pp. 653-661.

④ Mariateresa B. Fumagelli, "Note per una indagine sul concetto di retorica in Abelardo," in *Actes* (1969), pp. 829-832; Mariano Traina, "La dialettica in Giovanni Duns Scoto," in *Actes* (1969), pp. 923-930; Pierre Michaud-Quantin, "L'emploi des terms *logica* et *dialectica* au moyen Âge," in *Actes* (1969), pp. 855-862; Leff (1978), pp. 3-24; Norman Kretzmann, "The Culmination of the Old Logic in Peter Abelard," in Benson and Constable (1982) pp. 488-511.

响,巴黎大学强调逻辑学,将之视为预备性教学(尤其是针对最高的哲学或形而上学)的核心科目。这种趋势在博洛尼亚大学及其邻近大学的确不是那么明显,虽然那不勒斯大学以及多明我会在佛罗伦萨的艺学学校(*studium artium*)的确遵循了巴黎大学的路线。① 牛津大学的课程记录也表明逻辑学在三科中占据首位。不过,在数学课程中可以观察到不同的趋势。

在巴黎大学,四艺②被视为次要的技艺,仅在"非常设课程"或"粗略讲演"中加以教授,因为四艺被认为是自然哲学的预备课程,它们与自然的联系使其不受重视。然而,牛津大学却被方济各会控制,他们的柏拉图主义使那里的博雅教育呈现出不同的(尽管仍然是哲学的)取向。对罗杰·培根等牛津人而言,要攀登哲学高地,数学是典范性的预备性知识,自然哲学或物理学被视为低于四艺。学习四艺乃出自理论的兴趣,而非仅仅为象征神学中的寓言解释提供材料。当然,这些变化并非均衡一致,学习四艺的不同理论依据通常并肩而行。例如,对于古希腊、阿拉伯自然科学的兴趣(在牛津成为一所大学之前,巴斯的阿德拉德[Adelard of Bath]就表现出了这种兴趣)使得诸如光学这样的"媒介科学"也被纳入四艺之中,从而扩充了四艺的内容。与此同时,由于希望通过形式的、数学的方法训练心智,思辨音乐(*musica speculativa*)成为另外一门思辨知识(*scientia speculativa*)。③

如果说,巴黎大学致力于逻辑学,牛津大学致力于四艺,意大利的

---

① Charles T. Davis, "Education in Dante's Florence," *Speculum* 40 (1965): 425 – 433; Michael B. Crowe, "Peter of Ireland: Aquinas' Teacher of the *Artes Liberales*," in *Actes* (1969), pp. 617 – 626. 关于课程记录的节录,可参见 Rashdall (1936); Thorndike (1944); Wieruszowski (1966)。

② 在以下论述中,我参考了 Callus (1955), pp. 22 – 23; Weisheipl (1965), pp. 72 – 90; Pearl Kibre, "The quadrivium in the Thirteenth Century Universities (with Special Reference to Paris)," in *Actes* (1969), pp. 175 – 191; John E. Murdoch, "*Mathesis in philosophiam scholasticam introducta*: The Rise and Development of the Application of Mathematics in Fourteenth Century Philosophy and Theology," in *Actes* (1969), pp. 215 – 249; Guy Beaujouan, "The Transformation of the Quadrivium," in Benson and Constable (1982) pp. 463 – 487。

③ Fellerer (1959), pp. 33 – 49; Graziella Federici, "L'inserimento della' perspectivá tra le arti del quadrivio," in *Actes* (1969), pp. 969 – 974; F. Joseph Smith "A Medieval Philosophy of Number: Jacques de Liège and the *Speculum Musicae*," in *Actes* (1969), pp. 975 – 986; Andrew Hughes, *Medieval Music: The Six Liberal Art* (A Bibliography), rev. Ed. (Toronto: University of Toronto Press, 1980), pp. 24 – 29。

大学也不会不受到新的科学和哲学知识的影响。医学学习——不管是在萨勒诺大学的医学院,还是在将医学纳入艺学课程的博洛尼亚大学和帕多瓦大学——表明它能唤起学生对自然哲学和四艺的兴趣,如果不是纯粹的经院哲学的话。① 不过,在这个方面,博洛尼亚和其他大学依然保持了对古代雄辩家传统的记忆,并在实践中加以贯彻。在13世纪,就连它们也在逐步退却。但我们还是可以想见,它们比牛津大学、尤其是巴黎大学更加关注修辞学。②

这种差异可以很好地从历史和地理这两个方面加以解释。意大利是法学文化和拉丁文学文化的古老发祥地,这两种文化在意大利从未完全绝迹,它们最终还促进了新的修辞技艺的形成。公元9世纪和10世纪,书信写作技艺(*ars dictaminis*)开始发展起来。书信写作技艺是和当时的法律实践相联系的,因为政府信函和商业契约信函都要求具备规范、严谨的风格。第一本对书信写作技艺进行系统阐述的著作出自11世纪晚期的卡西诺修道院。公元12世纪,公证技艺(*ars notaria*)发展起来,接着是诉讼技艺(*ars arengandi*)、布道技艺(*ars praedicandi*),后者受到奥古斯丁《论基督教教义》的启发。

这些新的技艺都源自三科。事实上,在意大利北部的学校中,那些获得法学训练的学生会获得立法者(*legis lator*)的头衔,这个名称是

---

① Paul O. Kristeller, "Beitrag der Schule von Salerno zur Entwicklung der scholastischen Wissenschaft im 12. Jahrhundert," in *Artes* (1959), pp. 84-90; Siraisi (1973), chaps. 4-5. 关于医学和艺科的关系,参见 Pearl Kibre, "Arts and Medicine in the Universities of the Later Middle Ages," in T*he Universities* (1978), pp. 213-227。

② 关于下面对修辞学的讨论,我参考了 H. M. Willard, "The Use of Classics in the Flores rhetorici of Alberic of Monte Cassino," in *Anniversary Essays in Mediaeval History by Students of Charles Homer Haskins*, ed. Charles H. Taylor (Boston: Houghton Mifflin, 1929), pp. 351-364; Helene Wieruszowski, "*Ars Dictaminis* in the Time of Dante," *Mediaevalia et Humanistica* 1 (1943): 95-108; Harry Caplan, "Classical Rhetoric and the Mediaeval Theory of Preaching," in *Historical Studies of Rhetoric and Rhetoricians*, ed. Raymond F. Howes (Ithaca, N.Y.: Cornell University Press, 1961), pp. 71-89; R. J. Schoeck, "On Rhetoric in Fourteenth-Century Oxford," *Mediaeval Studies* 30 (1968): 214-225; Roos (1969), pp. 193-197; Murphy (1974), chap. 5; James R. Banker, "The Ars Dictaminis and Rhetorical Textbooks at the Bolognese University in the Fourteenth Century," *Medievalia et Humanistica*, New Series 5 (1974): 153-168; Rouse (1979), pp. 131-160。同时在英格兰和巴黎做过教师的 Alexander Neckham (1157-1217)的著作有时被援引为这两个地方修辞学教学具有文学倾向的证据,但这是一个特例。J. Reginald O'Donnell, "The Liberal Arts in the Twelfth Century with Special Reference to Alexander Nequam (1157-1217)," in *Actes* (1969), pp. 127-135; Murphy (1974), pp. 127, 274。

直接从艺学家(artis lator)改造而来的,而艺学家在这些学校中的意思是受过三科训练的人。这并不是说,这些新学科直接代表了博雅学艺中的雄辩家传统,因为这些学科(如博洛尼亚大学的公证技艺)通常是在艺学院之外讲授的。此外,当这些类型的知识系统化并成为技艺(artes)之后,它们也获得了经院研究图式化的、范畴化的性格,因此与"古典作家们"的文学风格扞格不入。也正因如此,13世纪早期的吉多·法巴(Guido Faba)才在学习法学时返回艺学院教书,因为他觉得法学院的学习让自己丧失了雄辩才能。① 不过,正如西塞罗、昆体良、伊西多尔和阿尔昆在谈论修辞学时无一例外地赋予法学以突出的位置,博洛尼亚大学及其邻近的学校,如帕多瓦、图尔兹、阿雷佐等,在13世纪的绝大部分时间中都在它们的艺学院中教授书信写作技艺,因此保留了对语言表达和风格的兴趣。在意大利的大学中,修辞学教师又可以非正式地被称为解经师(auctorista)*,这表明修辞学教学依赖于"古典作家们"。② 因此,这些新的技艺使得意大利比其他任何地方更多地保留了对修辞学和文学研究的浓厚兴趣。

现在,我们要询问文法的命运了。吊诡的是,在巴黎、牛津和其他北部学校,人们对文法的兴趣有增无减,甚至达到了惊人的程度。③ 一些相关的背景知识可以解释这一现象。安塞姆(Anselm)是辩证法的

---

① Thorndike (1944), pp. 41-46; Louis J. Paetow, ed. And trans., *The Battle of the Seven Arts: A French Poem by Henri d'Andeli* (La bataille des VII ars) (Berkeley: University of California Press, 1914), pp. 13-30; Charles B. Faulhaber, "The summa dictaminis of Guido Faba," in *Medieval Eloquence: Studies in the Theory and Practice of Medieval Rhetoric*, ed. James J. Murphy (Berkeley: University of California Press, 1978), pp. 85-88; Merello-Altea (1979), pp. 9-29, 48-52.

\* 解经师:指对古典作家进行讲解和评论的人。——译者注

② Helene Wieruszowski, "Arrezzo as a Center of Learning and Letters in the Thirteenth Century," *Traditio* 9 (1953): 342-383; Giuseppe Billanovich, "Auctorista, humanista, orator," *Rivista di cultura classica e medioevale* 7 (1965): 146ff.; Siraisi (1973), chap. 2; Manlio Bellomo, *Saggio sull' universitá nell' etá del diritto commune* (Catania: Giannótta, 1979), chaps. 3, 10.

③ 以上关于思辨文法的论述,我参考了Louis M. Regis, "L'être du langage et l'humanisme medieval et contemporain," in *Actes* (1969), pp. 281-294; Heinrich Roos, "Die Stellung der Grammatik im Lehrbtrieb des 13. Jahrhunderts," in *Artes* (1959), pp. 94-106; Roos (1969), pp. 193-197; Marcia L. Colish, "Eleventh-Century Grammar in the Thought of St. Anselm," in *Actes* (1969), pp. 785-795; Ada Lamacchia, "I modi signifcandi di Martino di Dacia," in *Actes* (1969), pp. 913-921; Paetow (1910), chap. 2. 关于思辨文法的学术文献非常多,而且还在增加。参见 E. J. Ashworth, *The Tradition of Medieval Logic and Speculative Grammar from Anselm to the End of the Seventeenth Century* (Toronto: Pontifical Institute of Medieval Studies, 1978)。

早期鼓吹者之一。为了解释辩论中出现的明显的前后不一致的问题，安塞姆分析了词语和句法的使用，从而将文法论证融入辩证法的课程之中。其后，阿贝拉德提出了一些争议性的问题，即语言符号与其所指物之间的关系是什么。渐渐地，甚至那些致力于文学文法和"古典作家们"的学者——例如奥尔良的教师里尔的阿兰（Alain de Lille）——也于公元1202年开始采用这种方法。阿兰将图式性的、"逻辑的"框架应用于文法研究，此外，他还创作了一篇寓言，在寓言中，七种自由技艺建立了一个通道，引导学生通向更高的哲学。①

安塞姆所开创的研究在13世纪达到巅峰，学者们开始寻找一种普遍的文法，这种普遍的文法构成了所有不同语言的文法的基础。这类研究被称作思辨文法（grammatica speculativa），它是另一门思辨学科。在艺学院中，教授思辨文法的教师的薪酬是教授文学文法（literary grammar）的教师的两倍。结果，多纳图斯（Donatus）和普里西安（Priscian）的传统文法教材逐渐被新的思辨文法教材取代——传统的教材利用古典著作中的例句来教授文法，而新的教材则强调文法中图式化的、"逻辑的"规则。尤其重大的变化是，古代文法（antiqui grammatici）——多纳图斯和普里西安的著作有时被称为古代文法——被弃置一旁，取而代之的是"意义形态学"（modi significandi moderni，或者更通俗的名称，modi significandi）——意义形态学的意思是"所指的模式"（modes of signifying）。这一论题的著作试图依据"存在模式""所指模式"以及"理解模式"之间的关系，分析、描绘语言和句法的不同部分。当这些分析、描绘的工作完成之后，从思辨文法中诞生的是完整的句子（oratio perfecta）。

"古典作家"及其鼓吹者并没有偃旗息鼓，加兰的约翰（John of Garland）在1241年所写的《学者行为手册》（Morale Scolarium）证明了这一点。约翰毕业于牛津大学，后在图尔兹、巴黎大学等地任教，最后

---

① Alain de Lille, *Anticlaudianus*, translated with an introduction by James J. Sheridan (Toronto: pontifical Institute of Medieval Studies, 1973), sects. 2, 7, pp. 10-31; Santo Arcoleo, "Filosofia ed arti nell' Anticlaudianus di Alano di Lilla," in *Actes* (1969), pp. 569-574; Gesare Vasoli, "*Ars grammatica e translation teologica* in alcuni testi di Alano di Lilla," in *Actes* (1969), pp. 805-813.

回到英格兰。约翰所有的著作都在捍卫古典作家和优美文学的价值，主张学习文法和修辞。在《学者行为手册》一书的序言中，约翰详细论述了基督教对雄辩家传统的利用："因此，他[上帝]给世界准备了哲学家，也准备了先知，前者用拉丁语装饰教会，后者见证真理。"在第一章"祈求德性、呼唤博雅学艺"（Plea for Morality and for the Liberal arts）之后，约翰恳求道："让我们打开书本，阅读有益的诗歌吧。"在一一列举七种博雅学艺之后，约翰攻击了那些开始取代普里西安和多纳图斯著作的思辨文法手册。①

更为生动地反映这场斗争的是 13 世纪最后 25 年中由亨利·德·安德里（Henri d'Andeli）所写的一首叙事诗《七艺的战斗》（La bataille des VII ars）。这首诗描绘了巴黎的学校和奥尔良的学校之间的一场虚构战斗。奥尔良曾是法学和文学的重镇，但它们的学生在逐渐流失，且还被巴黎的学者戏称为容纳"古典作家的徒子徒孙"和"文法小毛孩"的场所。在奥尔良，文法率领"由出类拔萃的作家组成的骑士大军"往前进发。在巴黎，"逻辑学门庭若市，文法学兵源锐减"，柏拉图和亚里士多德率领部队迎战奥尔良军团。一场大战拉开了序幕：

> 亚里士多德翻身落马，
> 文法摔倒在地。
> 随后，亚里士多德向佩修斯刺去，
> 尤维纳利斯爵士和贺拉斯爵士，
> 维吉尔、卢西安和斯塔提乌斯，
> 塞德柳斯，普罗佩提乌斯，普鲁登修斯，
> 阿拉托，荷马，特伦斯
> 纷纷猛击亚里士多德，
> 而他屹立不倒，犹如山巅城堡。
> 普里西安和两位侄子

---

① John of Garland, *Morale Scolarium*, translated with an introduction by Louis J. Paetow (Berkeley: University of California Press, 1927), prologue, sect. I, sect. 2 line 26, sect. 14, pp. 82–96, 98–106, 120–127.

试图敲碎他的眼睛。
这时,辩谬篇和两大逻辑,
解释篇和论题篇,
自然之书,伦理之书,
巫术夫人,医学,
还有波爱修斯爵士、马克罗比乌斯爵士
穿着胆小鬼的服装,
波菲利也围了上来
共同援助亚里士多德。

那一天,逻辑最后取得了胜利,文法从战场逃到了"埃及,她诞生的地方"①。这个说法让我们想起基督教对异教知识的辩解。

当古典作家匆忙撤退的时候,关于博雅学艺的新共识也达成了,它所留给14世纪的遗产非常明显。哲学不再等同于七艺,它成了位于七艺之上的知识,并划分成形而上学、道德哲学与自然哲学。在巴黎,亚里士多德获得全胜,再无对手,逻辑学既是艺科的基础,也是艺科的顶峰。在牛津,柏拉图的遗产没有被遗忘,数学在那里当阳称尊。无论属于哪种情况,这都是一个致力于追求思辨知识的哲学家的博雅教育课程。道德训练备受冷落,修辞学消失得无影无踪。只有在靠近拉丁文学发祥地的地方,修辞学才保持强势。然而,即便在那里,修辞学也越来越远离古典作家,变成技术性的、图式性的技艺,服务于法学研究。文法甚至更加远离了古典著作,变成了服务于专业研究的形式化的语言学工具。

由于这种发展趋势,专业性的研究生学院越来越受重视,艺学教育整体上严重滑坡。发生这种转型的原因主要有两个。首先,研究生学院整合了大部分新发现的知识,这些知识使当时的教师兴奋不已;其次,在中世纪晚期,法学、神学、医学等专业化学习是通往锦绣前程

---

① Henri d'Andeli, *The Battle of the Seven Arts*: *A French Poem by Henri d'Andeli* (La bataille des VII ars), translated with an introduction by Louis J. Paetow (Berkeley: University of California Press, 1914), lines 1–45, 205–223, 407, pp. 13–30. See chap. 3, n. 3 above.

的道路。受这些因素的刺激,很多学生总是急切地希望能够早些进入高级学院,教师自己也在推动这种趋势。这种态度使得艺学课程的学习时间越来越短,内容越来越窄,在 13 世纪的巴黎大学以及 14 世纪的博洛尼亚大学和牛津大学里都能发现这种明显的趋势。[①] 与沙里斯伯里的约翰在 12 世纪末的警告相比,加兰的约翰以及亨利·德·安德里的哀叹在当时已经无济于事。雄辩家已经逃到埃及,哲学家主宰了博雅教育。

---

① James A. Weisheipl, "The Place of the Liberal Arts in the University Curriculum during the XIVth and XVth Centuries," in *Actes* (1969), pp. 209-213; Alexander Murray, *Reason and Society in the Middle Ages* (Oxford: Clarendon, 1978), chap. 9, 12; John M. Fletcher, "The Teaching of Arts at Oxford, 1400 - 1520," *PH* 7 (1967): 417 - 421; Vern L. Bullough, "Achievement, Professionalization, and the University," in *The Universities* (1978), pp. 497-510; Evans (1980), chaps. 1-3.

# 第四章　文艺复兴时期的人文主义者和改革派牧师

  博雅技艺与学问中的最高学科是道德哲学,它为心灵的致命之疾带来一种疗救。

维夫斯*

  辩证法非但对神学无益,它对神学研究来说简直是一种妨害——这是不容否认的。

马丁·路德**

  如果不讲授文法及其他修辞学技艺,那么牧师、律师和哲学家从何而来?

马丁·路德***

在1300年,西欧有15至20所大学在开办;其后两个世纪里,20多所大学筹划、建立或者已经开设讲座。每逢资金无法落实或学生来源匮乏,很多大学就会关闭。一些大学迁走,一些重建,其他的一些合并,许多都被遗忘了。到1500年,大学的数目接近70所。同时,艺学

---

 \* *Introduction to Wisdom.*
 \*\* Letter to George Spalatin.
\*\*\* "A Sermon on Keeping Children in School."

课程(the arts curriculum)中的经院倾向进一步扩展。例如在牛津大学,逻辑学和思辨文法方面的辩论日益挤占其他学习科目的位置,仅有数学、物理学和一些书信写作技艺不受影响。① 总体而言,由于学生在相当小的年纪就被授予学士学位,艺学课程(the arts course)的授课时间也变短了。②

与此同时,有关辩证法学习及其在神学中应用的热烈争论,受到了奥卡姆的威廉(William of Occam,1285—1349)之"唯名论"的激发。③ 预见了后来经验主义者的哲学之后,这位圣方济修会的修道士向他同时代的"唯实论"发起了挑战。唯实论认为关于独立实体的普遍性观念这一信仰确实是客观存在的;而奥卡姆及其信徒则坚持认为,这种普遍性特质仅仅是名义上的,并非实际存在。奥卡姆们的这种立场报复式地破坏了正统教条的形而上学与认识论前设。这种唯名论观点——它们通往的是"现代道路",正如后来人们所理解的——

---

① Brother Bonnaventure, "The Teaching of Latin in Later Medieval England," *Medieval Studies* 23 (1961): 1-16; John M. Fletcher, "The Teaching of Arts at Oxford, 1400-1520," *PH* 7 (1967): 417-454. 一项研究提出论据赞同修辞学在14世纪牛津大学的生命力; R. J. Schoeck, "On Rhetoric in Fourteenth-Century Oxford," *Mediaeval Studies* 30 (1968): 214-225. 但需要同时参见 James A. Weisheipl 的解释: "Curriculum of the Faculty of Arts at Oxford in the Early Fourteen Century," *Mediaeval Studies* 26 (1964): 143-185; Weisheipl, Developments in the Arts Curriculum at Oxford in the Early Fourteen Century," *Mediaeval Studies* 28 (1966): 151-175。

② 一些大学,如巴黎大学,最初禁止学生在20岁之前成为艺学硕士。至14世纪,这一限制见不到了,学生通常在13或14岁开始学习艺学课程。至16世纪,年龄提高到14或15岁;到下一个世纪,则为15或16岁。Astrik L. Gabriel, *Student Life in Ave Maria College, Mediaeval Paris: History and Chartulary of the College* (Notre Dame, Ind.: Mediaeval Institute, University of Note Dame, 1955), pp. 185-188; Kenneth Charlton, "Ages of Admission to Educational Institutes in Tudor and Stuart England: A Comment," *History of Education* 5 (1976): 221-226; Richard L. DeMolen, "Ages of Admission to Educational Institutes in Tudor and Stuart England", *History of Education* 6 (1977): 9; David Cressy, "School and College Admission Ages in Seventeenth Century England," *History of Education* 8 (1979): 167-177.

③ 有关"古代道路"(*via antiqua*)与"现代道路"(*via moderna*)以及它们在大学中所引发的争辩,我引自 Gordon Leff, *Paris and Oxford Universities in the Thirteenth and Fourteenth Centuries: An Institutional and Intellectual History* (New York: John Wiley, 1968), pp. 240-255, 294-308; Carlo Giacon, "La *suppositio* in Guglielmo di Occam e il valore reale delle scienze," in *Actes* (1969), pp. 939-947; Howard Kaminsky, "The University of Prague in the Hussite Revolution: The Role of the Masters," in *Universities in Politics: Case Studies from the Late Middle Ages and Early Modern Period*, ed. John W. Baldwin and Richard A. Goldthwaite (Baltimore: Johns Hopkins University Press, 1972), pp. 79-106; Astrick L. Gabriel, "Via Antiqua' and 'Via Moderna' and the Migration of Paris Students and Masters to the German Universities in the Fifteenth Century," *Miscellanea Medievalia* 9 (1974): 339-483。

在克拉科夫(Krakow)、莱比锡、海德堡、巴黎和牛津的大学赢得了一批重要的追随者；而唯实论者——那些遵从"古代道路"的人——则继续占据科隆、布拉格和意大利的大学。

这场激烈的争论促使论据日益神秘化和内在化，败坏了演绎推理和语言学训练。智者派(sophismata)退化为诡辩家，批评者在嘲笑约翰·丹斯·斯考特(John Duns Scotus,1266—1308)时开始称这些教授为"蠢人"(dunces)，而斯考特成了圣方济修会的博士，在1350—1650年之间他所吸引的信徒比托马斯·阿奎那的还要多。这一带有嘲弄性质的诨名不仅专指奥卡姆的信徒，而且用于所有的学究，他们所作的批评和辩论的无尽循环虽然属于一个古代的哲学传统，却构成了一些相当"现代"或"晚近"的因素。排拒任何与现代道路有关之事，在文艺复兴时期人文主义者的思想中明显存在，虽然他们自己掀起了新的波澜，却是以复古为名。

到1300年，意大利的经济和政治条件在使宫廷、公爵和教会赞助人的财富持续增长的同时，也容许企业家精神的创新。所有这些都促进了阿尔卑斯山脉南部书面文化的整体繁荣。早期的贡献者包括但丁(Dante Alighieri,1265—1321)，其寓言体的百科全书式作品《神曲》(II convivio)通过里尔的阿兰的著作受到马尔提努斯的影响。但这一运动的基础由彼得拉克(Petrarch,1304—1374)奠定，他基本上无视教授们在哲学、逻辑以及专业研究中的兴趣，而是以西塞罗为其主要向导，复兴了古代拉丁修辞学者的文学模型。简而言之，他教导门徒合上《工具论》(Organon)而打开西塞罗的著作，门徒也认真奉行。他的精神继承者包括文艺复兴时期两个最为杰出的教育家格里诺(Guarino da Verona,1370—1460)和维多里诺(Vittorino da Feltre,1378—1446)，他们在很大程度上受到重新发现的两部著作的影响，这两部著作是：1416年发现的昆体良《雄辩术原理》的全部文本和1422年发现的西塞罗的《论演说家》(De oratore)。自然，这些罗马雄辩家在人文主义者中已是赫赫有名并广受崇拜，而他们成为文艺复兴运动的文化与教育典范的这一事实毋庸争辩。

这些人文主义者完全非难经院式的现代派，把"中世纪的"(middle)这一形容词用于指称他们所认为的在光辉的古罗马之后出现的一个黑暗时期。他们认为,通过他们的努力,古罗马文化正在重生。出于对古典拉丁文的这种认同,人文主义者用"雄辩家"一词替代了"古典作家",他们认为后者是一种中世纪的讹用。① 然而具有讽刺意味的是,他们忘却了自己正致力于"找寻那些湮灭的人文主义经典文本以复兴12世纪"的义务。而使用诸如"文艺复兴"或"人文主义"这类模糊不清的字眼,现在需要我们做一些澄清。

布克哈特(Burckhardt)1860年颇具争议性的研究②,激起了有关"文艺复兴"定义的辩论。有人没有回溯这些冗长曲折的争论就断言,一些学者把文艺复兴归因于柏拉图主义的复兴,或者将其视为实验科学、启蒙运动、19世纪自由主义或者现代性的起始点。但此处并不采用这一观点,因为我所信赖的观点认为文艺复兴与哲学的某种复兴无关,原因在于,该运动的领军人物无疑是非哲学的。相反,将文艺复兴时期人文主义者们统一在一起的主要是他们对一种教育理想的共同认同,这一理想建基于古典文学,尤其是建基于西塞罗和昆体良的作品。③ 他们对"人文主义"的这一理解是适当的,与"人文"(*humanitas*)

---

① Giuseppe Billanovich, "Auctorista, humanista, orator," *Rivista di cultura classica e medioevale* 7 (1965): 143-163; Cesare Vasoli, "La première querelle des 'anciens' et des 'modernes' aux origines de la Renaissance," in *Classical Influences on European Culture*, A. D. 1500 -1700, ed. Robert R. Bolgar (Cambridge University Press,1976), pp.67-80.

② Jakob C. Burckhardt, *Die Kultur der Renaissance in Italien* (Basel,1860), translated by S. G. Middlemore (London: C. K. Paul, 1878). 在下文的讨论中,我主要依据 Herbert Weisinger, "The Renaissance Theory of the Reaction Against the Middle Ages as a Cause of the Renaissance," *Speculum* 20 (1945): 461-467; Wallace K. Ferguson, *The Renaissance in Historical Thought: Five Centuries of Interpretation* (Boston: Houghton Mifflin, 1948), chap. 9; William J. Bouwsma, The Culture of Renaissance Humanism (Washington, D. C.: American History Association, 1973); 以及 Paul O. Kristeller, "Studies on Renaissance Humanism during the Last Twenty Years," *Studies in the Renaissance* 9 (1962): 7-30。根据 Heiko A. Oberman 的说法, 这篇论文是对文艺复兴思想最好的综合性介绍(*Itinerarium Italicum* [1975],pp. ix-xxviii)。

③ Vito Giustiniani, "Umanesimo: La parola e la cosa," in *Studia Humanitatis, Ernesto Grassi zum 70. Geburtstag*, ed. Eginhard Hora and Eckhard Kessler (Munich: Wilhelm Fink, 1973), p.25; Denys Hay, "England and the Humanities in the Fifteen Century," in *Itinerarium Italicum* (1975), p. 321. Paul O. Kristeller 是这一观点的主要提倡者。Kristeller (1962), p. 22; Kristeller, *Medieval Aspects of Renaissance Learning, Three Essays*, ed. and trans. Edward Mahoney (Durham, N. C.: Duke University Press, 1974), p. 369. 相反或其他的观点,参见 Ernst mandi (Oxford: Basil Blackwell, 1963); James E. Biechler, "Review of *The Pursuit of Holiness in Late Medieval and Renaissance Religion*," *Theological Studies* 35 (1974): 756; George M. Logan, "Substance and Form in Renaissance Humanism," *Journal of Medieval and Renaissance Studies* 7 (1977): 1-34.

· 第四章 文艺复兴时期的人文主义者和改革派牧师 ·

的原初意义一致——"人文"被瓦罗、西塞罗和纪琉斯(Gellius)界定为"善的技艺中的学与教"(learning and instruction in the *bonae artes*)①。

由于他们的教育规划,文艺复兴时期的人文主义者使用"人文学"(*studia humanitatis*)或"人文之学"(*studia humaniora*)等称谓。这是西塞罗和纪琉斯创造的新词,与"博雅学艺"(*artes liberales*)同义,15世纪时意指文法、修辞学、诗歌和历史学科,通常与道德哲学连在一起。自此,一条连贯的线索可以通过亨利·德·安德里、阿尔昆和伊西多尔被追溯到,虽然这一谱系由于动机已改变而不必过分强调。除了致力于对良好公民的道德引导,文艺复兴时期的人文主义者还致力于人性的持续改善。由于这一定位,文艺复兴时期的学者虽为基督徒,他们推进经典研究纯属是为了经典研究本身,而非强调它对神学研究有所助益,并且他们还引证了闲暇对于从事经典研究的必要性。② 所有这些都使人忆起雄辩家传统和博雅学艺理想,所以毫不奇怪的是,尽管西塞罗的《论学院派》(*Academica*)广为流行③,直接指向希腊化罗马原型的那些批评仍然存在着,并继续针对文艺复兴时期的人文主义者。由于"在所有涉及哲学思辨的方面存在着显著的缺陷",他们因道德教导的折中方法、形式主义倾向和引证权威的教条式顺从而受到指责。④

无论如何,体现出博雅学艺理想之特性的文艺复兴运动在 15 和

---

① Aulus Gellius, *Noctes atticae* 13.17. 见第 2 章 n.79 之前的部分。与此类似的方式是希腊和罗马的演说家,他们将四艺视为一系列有用的事实而非正式的数学学科;文艺复兴时期的人文主义者推动了从中世纪晚期视 liberal arts 为正式学科的观点转向以之为科目的趋势。Richard McKeon, "The Transformation of the Liberal Arts in the Renaissance," in *Development in the Early Renaissance*, ed. Bernard S. Levy (Albany: State University of New York Press, 1972), pp.161-169.

② Paul O. Kristeller, *Studies in Renaissance Thought and Letters* (Rome: Edizioni di Storia e Letteratura, 1956), pp.572-574; Kristeller, *Renaissance Thought: The classic, scholarstic, and Humanist Strains*, rev. ed. (New York: Harper and Row, 1961), pp.10, 100-110, 131-132; Giustiniani (1973), pp.23-30; Sem Dresten, "The Profile of the Reception of the Italian Renaissance in France," in *Itinerarium Italcum* (1975), p.186.

③ 文艺复兴时期,西塞罗的《论学院派》被认为是在人文主义运动之外富有刺激性的怀疑论。Charles B. Schmitt, *Cecero Scepticus: A Study of the Influence of the "Academica" in the Renaissance* (The Hague: Matinus Nijhoff, 1972), chap.1-2.

④ 引语出自 William H. Woodward, *Desiderius Erasmus concerning the Aim and Method of Education* (Cambridge: Cambridge University Press, 1904), p.36. 参见 Fredrick Eby and Charles F. Arrowood, *The History and Philosophy of Education, Ancient and Medieval* (New York: Prentice-Hall, 1940), p.921; Paul O. Kristeller, *Renaissance Thought* Ⅱ: *Papers on Humanism and the Arts* (New York: Harper and Row, 1965), pp.36-37。

16世纪传播到欧洲其他地方。对于这一传播,人们可能有不同的阐释。一些人对此做了类型学上的区分,把北方的文艺复兴描述为"基督教人文主义",称南方的为"古典人文主义";另一些人注意到低地国家中意大利人文主义的输入在境界上大为降低,因而关注其中的衰减过程。① 不管怎样,教育课程与人文主义者的影响密不可分,因为:首先,它在观念上与人文主义者的运动是一个整体;其次,更多的人文主义者依靠教育非其他手段谋生。

14世纪晚期,维吉里奥(Pier Paolo Vergerio)写作了最早的论述教育的著作之一——《论青年的正直品格与博雅学科》(*De ingenuis moribus et liberalibus adolescentiae studiis*)。该书为他赢得了极大的声望,而且这种声望还延续至整个16世纪。作为帕多瓦大学的教师,维吉里奥明确地把人文主义者的教育计划与"博雅教育"联系起来,他写道:"我们称那些与自由人身份相称的学习为博雅的,通过这种学习,我们获得并践履德行和智慧。"②维吉里奥反对在艺学课程中对逻辑学进行经院式的强调,而主张在高尚品格与古典文学的学习之间建立起牢固的联系。与此同时,在拜占庭王国和意大利的城市之间往来游历的学者们刺激了文献学研究,促进了对希腊文学的追求。

15世纪最重要的两个教育者是格里诺和维多里诺,他们是亲密的朋友,且在为学校建立人文主义理想方面贡献至巨。前者曾在佛罗伦萨、威尼斯和帕多瓦大学任教,在费拉拉(Ferrara)当修辞学教师并推进了希腊语和拉丁语的研究。后者在帕多瓦大学求学与任教多年,然后为曼图亚的统治者冈察加(Gonzaga)家族建立了学校。他根据自己在昆体良著作中发现的人文主义理念,围绕对博雅七艺的重新阐释,设计了课程框架。这种对《雄辩术原理》的依赖以及把哲学补充解释

---

① Cf. Robert R. Bolgar, *The Classical Heritage and Its Beneficiaries* (Cambridge: Cambridge University Press, 1964), p. 305; Oberman (1975), p. xxiii; Jozef Ijsewijn, "The Coming of Humanism to the Low Countries," in *Itinerarium Italicum* (1975), p. 275.

② Vergerio 的话出自 *De Ingenuis Moribus* in *Vittorino da Feltre and other Humanism Educators: Essays and Versions*, William H. Woodward (Cambridge: Cambridge University Press, 1897), p. 102。参见 Eugenio Garin, *L' educazione in Europa*, 1400/1600: *Problemie Programmi*, rev. ed (Rome: Editori Laterza, 1976), pp. 117-127。人文主义教育家的一些拉丁文本见 *Il pensiero pedagogico dello Umanesimo*, ed. and trans. Eugenio Garin (Florence: Giuntine Sansoni, 1958)。

为生活的实际指南——这一点令人忆起伊索克拉底的观点——为其同时代的人文主义者所普遍认同,并传至他们 15 世纪的后继者。①

至 15 世纪中期,人文学(Studia humanitutatis)(或 artes liberales、studia litterarum、bonae artes、humanae artes、studia humaniora,因为当时人们也使用这些称谓)进入了意大利大学和城市学校的艺学课程。威尼斯、费拉拉、曼图瓦、帕多瓦和佛罗伦萨是推进希腊和拉丁文学的领导者,而博洛尼亚人则专注于修辞学。② 罗马大学的人文学(humanist studies)也得到发展,那里的修辞学教师包括洛伦佐·瓦拉(Lorenzo Valla,1407—1457)。在《对抗亚里士多德学派的辩证法论辩》(*Dialecticae disputations contra aristotelicos*)和《论拉丁语言的优雅》(*De linguae latinae elegentia*)中,瓦拉通过攻击对逻辑学的经院式专注,宣扬了古典作家的写作风格。尤其是后一篇论文,颇受尊崇且广为参考。它在两方面归纳了人文主义者的努力:一是恢复了在文法和修辞学教学中将伟大的古典著述当做范例的实践,二是把思辨文法(*grammatica speculativa*)从它所生根的北欧学校中驱逐出去。③

然而,人文主义在意大利的发展不应使人过快地推断阿尔卑斯山以北地区的情形。出于前面提到的一些政治、经济原因,文艺复兴时期人文主义者在意大利兴盛较早且更为强大,而其影响向北扩展并进入大学是一个模糊不清并存在争议的事件。某些历史学家坚持认为

---

① William H. Woodward, *Studies in Education during the Age of the Renaissance, 1400-1600* (Cambridge: Cambridge University Press, 1906), pp. 26-47; Woodward (1897), pp. 48-78; Jean Girud, "Victorin de Feltre (1378-1447?)" *PH* 11 (1971): 369-387; Garin (1976), pp. 127-134.

② 相对而言,佛罗伦萨的学校较晚接受人文主义。Charles T. Davis, "Education in Dante's Florence," *Speculum*, 40 (1965): 425-433. 此处及下文,我引自 Eugenio Garin, "La concezione dell'università in Italia nell'età del Rinascimento," in *Commission* (1967), pp. 84-93; Jacques Le Goff, "La conception francaise de l'université à l'ēpoque de la Renaissance," in *Commission* (1967), pp. 94-100; James R. Banker, "The Ars Dictaminis and Rhetorical Textbooks at the Bolognese University in the Fourteenth Century," *Medievalia et Humanistica*, New Series 5 (1974): 153-168; Adriano Franceschini, *Nuovi documenti relativi ai docenti dello studio di Ferrara nel sec. XVI* (Ferrara: SATE, 1970), pp. xvii-xix; Robert N. Swanson, *Universities, Academics, and the Great Schism* (London: Cambridge University Press, 1979), pp. 202-207.

③ Wilhelm Kolmel, "*Scholasticus Literator* Die Humanisten und Verhaltnis zur Scholarstik," in *Historisches Jahrbuch*, ed. Johannes Sporl (Munich: Karl Alber,1973), vol. 93, pp. 311-327; Lisa Jardine, "Loenzo Valla and the Intellectual Origins of Humanist Dialectic," *Journal of the History of Philosophy* 15 (1977): 143-164.

人文主义者在15世纪尚未进入大学,甚至说:"事实上,人文主义是一项反大学运动。"其他人则通过引证对文法、修辞学和新科学日益扩大的关注以及人文主义教师在学院与学校(colleges and schools)中的数量,而持相反的观点。① 这些解释上的矛盾对于理解这一时期的博雅教育至关重要,它必须借助四个因素得到澄清。②

首先是如何定义"文艺复兴时期的人文主义"。如果它被视为启蒙运动的先锋,那么它对前启蒙运动世界中的一些机构——即大学——的影响则有可能不被承认。另一方面,如果坚持此处的定义,即基于古典文学的一种教育理想,那么人们往往看到人文主义的影响较多地渗入了15世纪的大学。在相互矛盾的解释中,第二个因素与人文主义者和经院学者的课程兴趣有关。既然前者重视文法和修辞学,且同时结合了诗歌与历史并注意伦理学,而后者专注于逻辑学和哲学,因此他们的兴趣在某种程度上是竞争性的但并不必然相互排斥。事实上现已确知,双方阵营中的成员与同僚之间的争执多于他们与所谓的对手之间的争执(如下文所示,康拉德斯·塞尔提斯[Conradus Celtis,1459—1508]在莱比锡大学发现了这一点)。因此,15世纪的大学中经院派技艺和哲学仍然强劲这一事实并非一定会同

---

① 前者的事例,参见 Louis J. Paetow, *The Arts Course at Medieval Universities: With Special Reference to Grammar and Rhetoric* (Champaign: University of Illinois Press, 1910), pp. 61 - 66; Ernest C. Moore, *The Story of Instruction*, vol. 2, *The Church, the Renaissance and the Reformations* (New York: Macmillan, 1938), p.141; James A. Weisheipl, "The Place of the Liberal Arts in the University Curriculum during the XIVth and XVth Centuries," in *Actes* (1969), p. 216。对于后者,见 Kristeller (1961), p. 102; Helene Wieruszowski, *The Medieval University, Masters, Students, Learning* (Prinston, N. J.: Van Nostrand, 1966), pp. 115–116; Sven Stelling-Michaud, "Quelques remarques sur l'histoiro des universitiés à l'époque de la Renaissance," in *Commission* (1967), p. 72。

② 下文引自 Gabriel (1955), chap. 10; Lewis W. Spitz, *Conrad Celtis, the German Arch-Humanist* (Cambridge: Harvard University Press, 1957), pp. 3 - 8; Astrick L. Gabriel, *The College System in the Fourteenth-Century Universities* (Baltimore: privately printed, 1962), pp. 1 - 6; Andrzej Wyczóански, "Le rôle de l'université à l'époque de l'humanisme," in *Commission* (1967), p. 135; Karl A. Sprengard, "Die Bedeutung der Artistenfakultat fur die Entwicklung der modernen philosophie des XIV. und XV. Jahrhunderts," in *Actes* (1969), pp. 691–699; Alan B. Cobban, *The Medieval Universities: Their Development and Organization* (London: Methuen, 1975), chap. 6; James B. Ross, "Venetian Schools and Teachers, Fourteenth to Early Sixteenth Century: A Survey and a Study of Giovanni Battista Egnazio," *Renaissance Quarterly* 24 (1976): 522 - 530; Laetitia Boehm, "Humanistische Bildungsbewegung und mittelaterichhe Universitatsverfassung: Aspekte zur fruhneuzeitlichen Reformeschichte der deutschen Universitaten," in The *Universities* (1978), pp. 329 - 345。

·第四章 文艺复兴时期的人文主义者和改革派牧师·

时排斥人文主义博雅学艺的出现。

第三是如何定义"学习"(studies)。人文主义的教育理想最初是在课外和附属机构被接受的。当时教会权力缩小,中产阶级出现,大学的世俗化在文艺复兴进程中发展起来。这些变化随即鼓励了个人创建毗邻于大学的寄宿学院和学校。这些新建机构提供一些基于人文主义教育理想的讲座和辅导。除了这种对大学正式课程的补充,人文主义运动也影响了中等教育。当时中等教育尚未成为高度系统化的组织,家庭教师们由此而得以自由地讲授博雅学艺或人文学(*studia humanitatis*),正如他们在 15 世纪时的威尼斯所做的那样。因此,大学章程中或许没有正式要求教授人文学,但这一事实并非意味着这样的教学未曾发生在大学内外。最后,即便大学没有正式提倡雄辩家的博雅学艺,那些云游四方并如此施教的仍是来自大学的学者。这一事实既被那些在大学中发现人文主义影响的现代学者引证,又为那些持相反观点者所用。记住上述四点之后,我们将简要地回顾人文主义影响在地理上的拓展。

继意大利之后,文艺复兴传播到的地区通常被说成是德国和中欧。早在 1445 年,庇科勒梅尼(Enea Silvio de Piccolomini)——后来的教皇庇护二世(Pope Pius II)——去维也纳大学深造人文主义文学。大约就在此时,他给波希米亚和匈牙利国王写了一个小册子,描述如何以人文主义方法讲授博雅学艺和哲学,并且广泛地引述昆体良。为这样的访学和学术所激励,维也纳大学逐渐在艺学课程中扩大了拉丁文学的研究,变化随即在布拉格大学被接受,然后是克拉科夫大学。[①] 比这一影响更为重要的是北方学者对意大利的访问,他们回国之后宣扬人文主义的准则。

最初到帕多瓦、博洛尼亚、帕维亚(Pavia)、费拉拉或者锡耶纳

---

① Aeneas Silvius Piccolomini, *De liberorum educatione*, trans. Joel S. Nelson (Washington, D. C.: Catholic University of America Press, 1940), chaps. 1-3; Woodward (1897), pp. 138-158; Lynn Thorndike, *University Records and Life in the Middle Ages* (New York: Columbia University Press, 1944), documents 132, 163; Alphons Lhotsky, *Die Wiener Artistenfakultat*, 1365-1497 (Vienna: Hermann Bohlaus, 1965), pp. 133-145. 在从维也纳通过布拉格至格拉斯哥这一人文主义影响的延伸方面,参见 Paul W. Knoll, "The World of the Young Copernicus: Society, Science, and the University," in *Science and Society: Past, Present, and Future*, ed. Nicholas H. Steneck (Ann Arbor: University of Michigan Press, 1975), pp. 27-34。

(Siena)学习罗马法和教会法时,许多人无意于宣扬人文主义的理念,但另外一些人在思想中有这种强烈的愿望。荷兰的人文主义者鲁道甫斯·阿格里科拉(Rodolphus Agricola,1443—1485)便是这样的一个人。他在北方的大学接受教育,其后花了十年时间在意大利的学校致力于古典研究,最后以人文主义精神激发了海德堡大学。更值得注意的莫过于康拉德斯·塞尔提斯,他对科隆大学的经院哲学感到失望,于 1485 年去海德堡求学;他在阿格里科拉去世后迁往埃尔福特(Erfurt),培养了那里的文艺复兴圈子未来的领导人物。他游历南部,到意大利的几个中心城市研究人文主义经典,之后回到北方,在德国的几所大学开设讲座,最终他在 1491 年抵达因戈尔施塔特(Ingolstadt),那里请诗人到大学授课已成风尚。塞尔提斯在那里撰成《演说》(*Oratio*),这是人文主义者所著的第一份大学改革规划。此书并未攻击博雅教育课程,而是根据塞尔提斯在意大利学校所见的文艺复兴教育理想,设法使这种教育课程恢复活力。[①] 在因戈尔施塔特的教员中继承这一传统的是罗伊希林(Johann Reuchin,1455—1522),他晚年在图宾根大学推进了希腊语和希伯来语的研究。

罗伊希林在巴塞尔大学获得艺学硕士学位乃不争之事实,因为这所大学在 1460 年建立后已经成为阿尔卑斯山北部人文主义的中心之一。但更为重要的是,巴塞尔大学证实了这一时期市民阶层建立的大学相对来说不受强调经院哲学的基督教会的影响,因而对人文主义的影响持开放态度。在中产阶级改变中世纪大学学业的努力受挫之处,形成了诸如文法中学(gymnasia)、专科院校(academies)以及单科学校(*studia paticularia*)之类的附属机构,以满足根据人文主义理想实施教育的强烈需求。在 15 世纪,普鲁士的希尔默(Chelmo)、土伦(Torun)和布劳恩斯贝格(Braunsberg)的学校就是在这种情况下创建的。[②]

促进人文主义在中欧、德国、波兰兴起的另一个因素是,这些地区

---

① Spitz (1957), pp.1–31; Spitz, "The Course of German Humanism," in *Itinerarium Italicum* (1975), pp. 374, 402; Agostino Sottili, "La natio germanica dell'Università di Pavia nella storia dell'umanesimo," in *The Universities* (1978), pp. 347–364.

② Lewis W. Spitz, *The Religious Renaissance of the German Humanists* (Cambridge: Harvard University Press, 1963), pp. 20–40; Sterling-Michaud (1967), pp. 75, 82; Brygida Kurbis, "Discussion," in *Commission* (1967), p. 134; Wolfgang Rother, "Zur Geschichte der Basler Universitasphilisophie im 17. Jahrhundert," *History of Universities* 2 (1982): 153–155.

分裂成了许多小公国。这种多元状态鼓励了作为统治者的王公与贵族之间的差异与竞争,因而有助于产生 15 世纪晚期在克拉科夫、埃尔福特和纽伦堡发展起来的人文主义思潮。同样,当智者弗雷德里克(Frederick the Wise)计划创建威登堡大学(the University of Wittenberg)时,他希望以此提升其萨克森选区(Saxon electorate)的文化生活,使之超出毗邻地区。1502 年的建校文件对人文学教学作了详细的规定。至 1512 年,人文主义已成为许多教师认可的教育理想。①

至此,莱比锡大学的氛围与其在《学者手册》(*Manuale scholarium*)中的形象相比,已经大有改观。这本手册初印于 1481 年,其拙劣的拉丁文显示出当时明显缺乏人文主义的影响。1518 年,这一文本因莫泽劳讷斯(Petrus Mosellanus,1493—1524)的《教育学》(*Paedologia*)而失色。莫泽劳讷斯因这一对话体作品而成为莱比锡大学的希腊语教授并在整个欧洲赢得声望。为人文主义理想的学术与审美原则所感染,莫泽劳讷斯最先为有关古典拉丁文体的"新学"(New Learning)对话体作品奠立了基础;而且他注意到,莱比锡的新生在艺学课程(arts curriculum)中阅读的作者是西塞罗、泰伦斯(Terence)、维吉尔、普鲁登提乌斯(Prudentius)和伊拉斯谟。莱比锡大学艺学院 1519 年的讲座日程表证实了当时的新人文主义思潮。② 所以大致来说,文艺复兴时期人文主义及其教育理想的影响在 15 世纪晚期和 16 世纪早期之前已至德国,也于此时来到低地国家。在 15 世纪中叶,鲁道甫斯·阿格里科拉(Rodolphus Agricola)从意大利回到家乡后感到自己是置身于野蛮人中的异类。但是很快,卢汶大学在艺学课程中结合了拉丁诗人和雄辩家的作品,至 1500 年,诸如布鲁基(Bruges)、根特(Ghent)和德文特(Deventer)等城镇里的城市学校努力向北部传播人文主义教育模式。对

---

① Maria Grossmann, *Humanism in Wittenberg*, *1485-1517* (Nieuwkoop, Neth.: B. De Graaf, 1975), pp. 42-46, 55; James H. Overfield, "Scholarstic Opposition to Humanism in Pre-Reformation Germany," *Viator* 7 (1976): 391-420; Michal Patkaniowski, "Periodizzamento, giurisprudenza umanistica, influssi italiani a Cracovia," in *Commission* (1967), p. 128-129.

② *Manuale scholarium*, translated with an introduction by Robert F. Seybol (Cambridge: Harvard University Press, 1921), pp. 9-13; Petrus Mosellanus, *Paedologia in puerorum usum conscripta*, translated with an introduction by Robert F. Seybolt as *Renaissance Students Life* (Urbana: University of Illinois Press, 1927), pp. xi-xix; Alfred O. Norton, *Readings in the History of Medieval Universities* (Cambridge: Harvard University Press, 1909), pp. 132-134.

于那些希望被称做受过教育者的人来说,在意大利居留已成必要条件。①

与德国相似,人文主义在法国首先是在宫廷和市民阶层的城市中心被接受,然后才逐渐进入大学。在 15 世纪,经院哲学的力量迫使法国中产阶级在大学之外建立他们自己的学院和城市人文主义学校。当 1461 年巴黎大学的司法权被转至议会时,这种模式的某些改变提前实现了。这一举动自然削弱了宗教权威——这是大学世俗化的前提,因而市民阶层新学校的创建渐趋减少。在 15 世纪上半叶约有 25 所学院出现,而在下半叶只有 3 所。同样,1463 年前法国有 8 所新大学创立,以后的几个世纪里却再无其他新建大学。这并非意味着人文主义研究从专科院校和学院迅速传播到历史更久远的老牌大学中。甚至到 1530 年后,当皇家讲座(the Royal Lectureship)在巴黎大学中设立以发展人文主义学术时,这些讲座教授(lecteurs roaux)的教学水准经常是比较初级的。人们对于人文主义的接受是一个渐进的过程,因此 16 世纪而非 15 世纪被公认为法国文艺复兴的世纪。②

15 世纪时伊比利亚半岛的形势并无不同。尽管那里有意大利人文主义者的造访及其惠赠西班牙王子和作家的人文主义文本,但如同在萨拉曼卡(Salamanca)和孔布拉(Coimbra)一样,亚里士多德的哲学传统及与之相伴的经院哲学势力依然强大。在 15 世纪末,西班牙最著名的人文主义者维乌斯(Juan Luis Vives,1492—1540)早年曾接触到一点人文主义的影响,仅仅是因为他在家里接受了家庭教师的教育。他很快离开祖国到巴黎、卢汶,最后到了牛津,1522 年他在那里接受了拉丁文、希腊语和修辞学的讲师职位。③

1520 年有时被视为人文主义教育理想输入英格兰诸大学的 40 年

---

① Ijsewijn (1975), pp. 198-200,223; Astrik L. Gabriel, "Intellectual Relations between the University of Louvain and the University of Paris in the 15th Century," in *The Universities* (1978), pp.87-88.

② Le Goff (1967), pp. 94-100; Dresden (1975), pp. 119-192; Athony Grafton, "The Classical Teaching of the *Lecteurs Royaux* at Paris: A Reconsideration"(Paper presented at Symposium, Innovation and Tradition: The Universities of Early Modern Europe, conducted by the Warburg Institute [University of London, March 1979]).

③ Hastings Rashdall, *The Universities of Europe in the Middle Ages*, ed. F. M. Powicke and A. B. Emden (Oxford: Clarendon, 1936), vol. 2, chap. 7; Woodward (1906), Textbook (New York: Teachers College Press, 1968), pp. 11-32; Martin L. Clarke, *Classical Education in Britain, 1500-1900* (Cambridge: Cambridge University Press, 1959), pp. 22-31. 见本章的注释43。

· 第四章　文艺复兴时期的人文主义者和改革派牧师 ·

进程中的巅峰期。人文主义教育理想传播的途径已在附属学校和初级学校(lower schools)准备就绪,这些学校的捐赠基金已开始源自平信徒而非教会,因而可以摆脱牧师的约束而免于墨守经院模式。① 相反,在教会继续控制教育之处,如西英格兰的部分地区,博雅教育中相应强调的是科学文法(scientitia grammatica)、逻辑学和亚里士多德。② 在初级学校里,与这一变化并行的是学生构成的世俗化,学生日益由贵族、士绅和中产阶级的子弟组成,这既是因为意大利已经历了经济条件的巨大变化,又是因为官僚政府的出现导致了对文职公务员的大量需求。然而在博雅教育中,对培育人文主义理想最为重要的是学院导师制的出现。起初导师制只是大学讲授课制度的一种非正式辅助形式,在15世纪作为讲授课的必要补充而存在,不过最终取而代之,成为大学里的主要教学组织形式。这些制度与课程方面的变革提供了通衢,促使某些人文主义者的观念,特别是伊拉斯谟的思想——他曾于1510—1515年间在英格兰逗留——进入英国的学术生活。

伊拉斯谟因其人文主义学识闻名欧洲,其学识展现于诸如《格言集》(*Adagia*)和《愚人颂》(*Moriae encomium*)等广为传颂的著作中,以及其重新编订的教父著作和希腊语新约圣经之中。③ 他因此在神学和古典文学两个领域奠定了自己的学术权威地位。如此一来,在使人文主义理想成为教育的规范方面,伊拉斯谟的贡献可能超出了其他任何人。

---

① 有关这四十年进程的介绍,我引自 Roberto Weiss, *Humanism in England During the Fifteenth Century*, 2d ed. (Oxford: Basil Blackwell, 1957); Weiss, "Learning and Education in Westen Europe from 1470-1520," in *New Cambridge Modern History: The Renaissance, 1493-1520*, ed. G. R. Potter (Cambridge: Cambridge University Press, 1957), pp. 95-126; W. A. Pantin, "The Conception of the Universities in England in the Period of the Renaissance," in *Commission* (1967), pp. 109-112; Cobban (1975), chap. 6; Hay (1975), pp. 305-370。

② Nicholas Orme, *Education in the West of England, 1066—1548: Cornwall, Devon, Dorset, Gloucestershire, Somerset, Wiltshire* (Exeter: University of Exeter Press, 1976), pp. 23-26。

③ 此处及下文,我引自 Woodward (1904), chaps. 2-3; Desiderius Erasmus, *The Education of a Christian Prince*, translated with an introduction by Lester K. Born (New York: Columbia University Press, 1936; New York: W. W. Norton, 1968), pp. 30, 135, 199; Johan Huizinga, *Erasmus of Rotterdam*, trans. F. Hopman (New York: Charles Scribner's Sons, 1924); Hellmuth Exner, *Der Einfluss des Erasmus auf die Englische Bildungsidee* (Berlin: Junker und Dunnhaupt, 1939); Desiderius Erasmus, *Declamatio de pueris statim ac liberaliter instituendis* (Etude critique), translated with an commentary by Jean-Claude Margolin (Geneva: Librairie Droz, 1966), pp. 41-82; Myron P. Gilmore, "Italian Reactions to Erasmian Humanism," in *Itinerarium Italicum* (1975), pp. 61-118。有关伊拉斯谟的简要介绍,颇值得一看的是 Martin L. Clarke, "The Educational Writings of Erasmus," *Erasmus in English* 8 (1976): 23-31。

这里的教育即是他在《论学习的正确规划》(*De ratione Studii*)和《关于儿童应该被自由地教育并且始自青年早期的宣言》(*Declamatio de pueris statim ac liberliter instituendis*)中描述的"博雅学科",于是,从这些著作中,或作为人文主义者为人文学(*studia humanitatis*)辩护之典范的伊拉斯谟其他著作中,可以抽象出构成博雅学艺理想之七个特性的雄辩家框架。

首先,伊拉斯谟的学识使他很难产生对于思辨哲学和批判哲学的尊重。例如在教育理论方面,他直接依赖昆体良,并写出《一个基督教王子的教育》(*Institutio principis christiani*)作为对伊索克拉底一篇论文的回应。他那些有关教育的作品通常充满了陈词滥调,并与其大量引用圣经和古典作家的言论相联系,指向一种认识论的教条主义,其中隐含着对人格形成之明确标准的确认,这是博雅学艺理想的第二个特性。伊拉斯谟的标准有二:他从某些文学经典中发现的美学准则与自耶稣那里发现的道德准则。他试图将那些准则调和成其所谓的"基督哲学"。

这一术语进一步证实了他对于"哲学"的曲解使他背离思辨的传统,也证明了他在两个方面直接求助于一套经典文集。此为其第三个特性。伊拉斯谟根据近似基督的道德标准来评判异教徒的著作,并且倒转过来,接受人文主义者阐释宗教文本的文献学原则。以这种方式,他试图通过其人文观念——借助学识与品德的锤炼来形塑好公民——来调和文学、美学与道德准则,这是博雅学艺理想的第四个特性。形塑好公民的意图出现于《基督教骑士手册》(*Enchiridion militis christiani*)的规定中;而且与阿尔昆及古代雄辩家相一致,这一意图也显示于《雄辩术原理》中,该论著的写作目的是要传达君王应该如何被教育成好公民的典范。

然而一旦考虑到与博雅学艺的其他两个特性的关联,这些同样的准则就会呈现出自相矛盾之处。这两个特性涉及对于绝对标准的认同和对于精英的认定。尽管伊拉斯谟有着坚定的信念,但在大多数同辈人信奉宗教改革运动领袖的"圣经崇拜"观\*或者坚信基督教会神圣不可侵犯的年代里,伊拉斯谟显得比较宽容而且没有偏见。他乐观

---

\* "圣经崇拜"观指的是宗教改革运动领袖马丁·路德所主张的观念:《圣经》是信仰的唯一源泉,每个信徒都能以自己的方式自由地理解和解释《圣经》。——译者注

地相信，人人能够实践他的人文主义道德准绳并且成为基督的好公民以解决社会和政治问题。他希望，和谐能够在一种真正的宗教、一种古典文化和一种精致的语言中实现。这种基于宽容甚至人人平等观念的虔敬反映出他青年时期在共生兄弟会（the Brethren of Common Life）中接受的教育；并且，除了伊拉斯谟因其保持了耶稣和西塞罗的绝对标准而明确接受那些观点以外，这种宽容似乎违背了博雅学艺理想。因此，对于宽容以及基督教的"四海之内皆兄弟"的信念被确认为他的权威信条。如果这一法则的基础受到挑战，伊拉斯谟可能如那些将人文学保留给精英人士的同时代人文主义者一般，变得不容异说和居高临下。当他最终断定宗教改革运动领袖为真正信仰的敌人时，他毫不犹豫地将激烈的毁谤加诸马丁·路德。①

对于信念的这种基本尊重和相伴而来的精英主义并非没有困扰伊拉斯谟，他的作品显露出一种内在的冲突，即对博雅学艺的关注与对自为目的之德性完善的关注之间的冲突。如此一来，他与博雅学艺理想之第七特性的密切关系便出现了裂痕。在基督徒的谦恭和人文主义者对"人"的推崇与赞美之间，在基督徒对于简单纯粹信仰的渴望和人文主义者对于深奥微妙之文雅的重视之间，伊拉斯谟经历了很大的紧张。他由此认识到，文艺复兴人文主义的一个核心困境在于伦理标准和美学标准之间的抵触，这种紧张关系在廷臣理想中尤为明显。②

---

① Preserved Smith, *Erasmus: A Study of his Life, Ideals, and Place in History* (New York: Harper and Brothers, 1923), pp. 52,443; Albert Hyma, *The Youth of Erasmus*, 2d ed. (New York: Russell & Russell, 1968), chap. 9–10, 12; James D. Tracy, *Erasmus: The Growth of a Mind* (Geneva: Lirairie Droz. 1972), pp. 9–10, 103–105.

② 人文主义者在美学与伦理标准之间的冲突在巴尔德萨·卡斯底格朗（Baldassare Castiglione，1478—1529）的《廷臣论》（*Il cortegiano*）中清晰可见。卡斯底格朗建议绅士从来不要忽视或缺乏技能，而是要选择言说或行动的机会以使他人相信其能力超过实际拥有的。从这一点出发，廷臣应该熟练地从事另一有着较多知识或技能的事务。意识到有人可能视这一欺骗为不妥，卡斯底格朗争辩道：

当你所拥有的一件未经镶嵌的珠宝看起来很美，然后它经过一个较有造诣的金匠之手使它显得更美，难道你不会说是金匠欺骗了观众的眼睛吗？而正因这一欺骗，他应受称赞。(*The Book of the Courtier*, trans. Sir Thomas Hoby [1561; reprint, New York: E. P. Dutton, 1928], p. 132.)

卡斯底格朗的著作大体上恪守了"严肃认真"和"诚信"的原则，我们不能因这种"欺骗"而怀疑其写作原则。Fritz Caspari, *Humanism and the Social Order in Tudor England* (Chicago: University of Chicago Press, 1954; New York: Teachers College Press, 1968), p. 153. John S. White, *Renaissance Cavalier* (New York: Philosophical Library, 1959), p.38.

对于伊拉斯谟而言,这种冲突可能已确实折中为一种通过博雅学艺进行无止境的完善的理想主义观念,但是他对于博雅学艺的课程规定仍然证实了他对雄辩家传统的忠诚。在思考博雅教育之意谓时,他在《雄辩术》(*Declamatio*)中回忆道:

> 我青年时代最为痛苦的时光是[我们]这些男孩子为"能指"(modi significandi)所苛责,而同时只能被教以拙劣的表达技巧。毫无疑问,教师们通过介绍辩证法和形而上学的难题而使语法变得晦涩,以免他们看起来是在教学生一些幼稚的事情。①

后来在《雄辩术》和《论理性》(*De ratione*)中,他推荐读者学习七门博雅学艺,但是强调文法和修辞。他给逻辑学以不同的阐释,认为它是修辞学而非哲学的辅助;他对基本的四艺学习重视不足,而仅仅将其作为有用的素材予以推荐。②

这一课程框架因而未被遗忘,并在实际上适应着罗马雄辩家的复兴理想。在15世纪晚期,埃尔福特是最先将人文学引进课程的德国中北部大学之一,该大学借助马提安努斯(Martianus)的语法评注将《古代》(*antiqui*)引入讲座课程,导致了与埃尔福特经院学者的激烈论战,后者偏于将语法视为逻辑学的一个分支而加以传授。③ 当西班牙人维夫斯(Vives)——他本人推崇马提安努斯的读物——在1531年写作《论教学科目》(*De trandendis disciplnis*)时,他制定了一套博雅训练课程,该套课程包含了经由经院派视角和人文主义视角修正过的七艺科目(subjects of the seven liberal arts)。④ 与此同时,传统的手册继续被参考。马尔提努斯、卡西多罗斯(Cassiodorus)和伊西多尔的书在

---

① Erasmus, *Declamatio* 514f, 504d.

② Desiderius Erasmus, *De ratione studii*, in *Oprea Omnia Desiderii Erasmi Roterdami Recognita et Adnotatione Critica Instructa Notisque Illustrata* (Amsterdam: North-Holland, 1969), order1, vol. 2, pp. 136-146.

③ Pantin (1967), pp. 103-104, Emil Lucki, "Concern of the Synods for the Liberal Arts during the First Century of the Renaissance, 1350-1450," in *Actes* (1969), pp. 731-733. 有关马提安努斯语法评注之作用的洞见可参见 Cora E. Lutz, "Aesticampianus's Commentary on the De Grammatica of Martianus Capella," *Renaissance Quarterly* 26 (1973): 157-166。

④ Juan Luis Vives, *De tradendis disciplines*, translated with an introduction by Foster Watson (Cambridge: Cambridge University Press, 1913), pp. ci-clv, bks. 3-5; Tobriner (1968), pp. 36-64. Cf. William Sinz, "The Elaboration of Vives' Treatises on the Arts," *Renaissance Studies* 10 (1963): 68-90.

16世纪均再版至少六次。因此毫不奇怪,新教改革者梅兰希顿(Melanchthon,1497—1560)早年在海德堡大学和图宾根大学求学时接触过三科和四艺的课程框架,当然,此时经院主义已经迅速让位于人文主义。同样,并不令人吃惊的是,当梅兰希顿成为教师后任教于威登堡大学时,他会在自己的博雅学艺讲座中采纳人文主义取向。[①]

人们评判新教改革通常是根据以下几个方面的发展:奥古斯丁教义的复兴、作为托马斯主义综合体系之替代物的唯名论和神秘主义的产生、社会压迫时期基督教会的腐化堕落、民族主义和王权的出现。然而,此处关注的中心议题是宗教改革思想与文艺复兴人文主义的相互影响,以及宗教改革思想与雄辩家传统和博雅学艺理想的交互作用。[②] 虽然新教和天主教改革在16世纪西欧的讨论中通常占首要地位,但是文艺复兴在16世纪登峰造极却同样重要。正是在这个世纪,法国、英格兰和中欧的大学接受了人文主义信条。

坦白地说,在宗教改革和文艺复兴之间关系的问题上,人们的学术主张已趋于两极化。其中一极是那些将宗教改革视为在本质上属于中世纪的东西,因而与文艺复兴人文主义者处于敌对地位并为其所反对;另一极的学者相信宗教改革是文艺复兴的宗教补充物,认为宗教改革和文艺复兴是同一运动的两个分支。文艺复兴时期人文主义者的神学与宗教改革者的神学大为不同,前者比后者表现出更多的宽容并高度看重人类的能力和价值,尤其是智力。此外,无论在大学内

---

① Hans Ahrbeck, "Melanchthon als Praeceptor Germaniae," in *Philipp Melanchthon Forschungsbeitrage zur vierhundersten Wiederkehr seines Todestages dargeboten in Wittenberg* 1960, ed. Elliger (Gottingen, W. Ger.: Vandenhoeck & Ruprecht, 1961), pp. 140-146; Wihelm Maurer, "Melanchthon als Humanist," in *Elliger* (1961), pp. 116-132.
② 在下面的分析中,我引用了 Smith (1923), pp. 1-3, 320-324; E. Harris Harbison, *The Christian Scholar in the Age of Reformation* (New York: Charles Scribner's Sons, 1956), pp. 123, 145-163; Roland H. Bainton, "Interpretations of the Reformation," *American Historical Review* 66 (1960): 74-84; Ernest Troeltsch, "Renaissance and Reformation," in *The Reformation Basic Interpretations*, ed. and trans., Lewis W. Spitz, 2d ed., (Lexington, Mass.: D. C. Heath, 1972), pp. 25-43; Kristeller (1965), pp. 77-82; William J. Bouwsma, "Renaissance and Reformation: An Essay in Their Affinities and Connections," in *Luther and the Dawn of the Modern Era: Papers for the Fourth International Conference for Luther Research*, ed. Heiko A. Oberman (Leiden, Neth.: E. J. Brill, 1974), pp. 129, 133-147; Heiko A. Oberman, "Headwaters of the Reformation: Initia Lutheri-Initia Reformationis," in *Oberman* (1974), pp. 40-88.

任教还是在大学外任教,大多数欧洲文艺复兴时期的人文主义者没有追随路德的反叛,而在 1520 年以后一致反对他。即便如此,这两种运动因共同反对经院哲学而产生了深刻的联系,来自双方的教育者都偏重修辞学研究而非逻辑学研究。和文艺复兴的人文主义者一样,新教改革者不赞同哲学家的思辨传统,而是站在雄辩家的立场上,始终极力主张真正的公民美德的高尚传统。这种看法之下隐含着对于"生活能够从抽象原则出发,通过演绎进行解释"这一经院假设的怀疑。人文主义者主要出于美学方面的原因,而宗教改革者给人印象深刻的地方在于,他们凭借火热的虔敬而不是逻各斯的力量劝导和说服他人。

他们追随瓦拉,拒绝思辨文法中枯燥纤弱的规则和经院学者所教授的"矫揉造作的逻辑",而是宣扬以"自然逻辑"取而代之,因为这一逻辑存在于自古以来伟大的修辞学者们和先知们的实际辩论之中。因此,当逻辑研究并入修辞学之中并位居其下时,这两个群体都强调学识和文献学方法以便能对古典的范本进行最为精确的阅读。而且,人文主义者和宗教改革者都同意维夫斯的见解,即"博雅学科中的最高学科是道德哲学,它为心灵的致命之疾带来一种疗救"[1]。这恰与人们对艺学课程所持的经院观点形成尖锐对立,后者将艺学课程主要作为学习逻辑方法和形而上学的一种计划,以备从事系统的神学和其他专门研究之用。如果我们将这些见解与马丁·路德和约翰·加尔文所表达的对古典作家——尤其是西塞罗和昆体良——的崇拜联系起来,那么倘若知道新教改革中的二十多位最高领袖几乎都自认为是人文主义者,就不会大惊小怪了。[2]

---

[1] Juan Luis Vives, *Introduction to Wisdom*, translated by Richard Morison (1540) with an introduction by Marian L. Tobriner (New York: Teachers College Press, 1968), p.204.

[2] Martin Luther, "Letter to George Spalatin, Wittenberg, February 22, 1518," in *Luther's Works, Letters*, ed. Gottfried G. Krodel (Philadelphia: Fortress, 1967), vol. 48, p. 58; Lewis W. Spitz, "Headwaters of the Reformation: *Studia Humanitatis*, Luther Senior et *Initia Reformationis*," in *Luther and the Dawn of the Modern Era: Papers for the Fourth International Conference for Luther Research*, ed. Heiko A. Oberman (Leiden, Neth.: E. J. Brill, 1974), pp.89, 101-107; Henk J. de Jonge, "The Study of the New Testament in the Dutch Universities, 1575–1700," *History of Universities* 1 (1981): 113-114.

路德谴责经院式教育机构,1524 年他向市长和议员呼吁改革教育,并在布道和写作中推崇"博雅学艺"。他质问:"如果不传授语法及其他修辞学技艺,那么牧师、律师和哲学家从何而来?"[1]梅兰希顿在这种传授语法及其他修辞学技艺的运动中充当了领导角色,并提供了学校组织模式,由此拉丁语法学校成为遍及中欧的新教地方性学校之典范。梅兰希顿在 1533 年修订了威登堡大学的艺学课程,该课程以西塞罗和昆体良为雄辩课程(eloquentia)的指南,并将修辞学的地位提高到哲学之上。梅兰希顿的学生通过该课程之后,在德国的几乎所有学院和文法中学中任教。

以威登堡为模型,其他大学在"梅兰希顿式宗教改革和人文主义综合体系"(Melanchthonischen Synthese von Reformation und Humanismus)的基础上实行改革,诸如 1535 年图宾根大学的改革、1539 年和 1559 年莱比锡大学的改革、1539 年格拉夫瓦尔德(Greifswald)大学的改革与 1563 年罗斯托克(Rostock)大学的改革;新大学也以同样的精神创建起来,它们包括 1544 年建立的柯尼斯堡(Konigsberg)大学、1558 年建立的耶拿(Jena)大学、1574 年建立的莱顿(Leyden)大学和 1585 年建立的法兰内克(Franeker)大学。[2]威登堡大学不仅激发了这些大学改革和创建新学校的行动,而且还从邻近的土地上吸引了许多学生,例如来自波希米亚和波兰的年轻贵族。但是在 16 世纪余下的岁月里,路德教派的教义日益严厉并趋于偏袒国王而非贵族。这种态度疏远了一些非德国的学生,包括波希米亚人和波

---

[1] Martin Luther, "A Sermon on Keeping Children in School," in *Luther's Works*, *The Christian in Society*, ed. Robert C. Schultz(Philadelphia: Fortress, 1963), vol. 46, p.252.

[2] 引自 Gustav A. Benrath, "Die deutsche evangelische Universitat der Reformationszeit," in *Universitat und Gelehrtenstand*, *1400-1800*, ed. Hellmuth Rossler and Gunther Franz (Limburg an der Lahn, W. Ger.: C. A. Starke, 1970), p. 70。Charles L. Robbins, *Teachers in Germany in the Sixteenth Century*, *Conditions in Protestant Elementary and Secondary Schools* (New York: Bureau of Publication, Teachers College, Columbia University, 1912), pp.40-46; Gustav M. Bruce, Luther as an Educator (Minneapolis: Augsburg, 1928; Westport, Conn.: Greenwood, 1979), chaps. 7-12; Ahrbeck (1961), 142-146; Maurer (1961), pp. 116-132; M. Steinmetz, "Die Konzeption der deutschen Universitaten im Zeitalter von Humanismus und Reformation," in *Commission* (1967), pp. 114-127; Gerald Strauss, "The State of Pedagogical Theory c. 1530: What Protestant Reformers Knew about Education," in *Schooling and Society*, *Studies in the History of Education*, ed. Lawrence Stone (Baltimore: Johns Hopkins University Press, 1976), pp.69-94; Strauss, *Luther's House of Learning*: *Indoctrination of the Young in the German Reformation* (Baltimore: Johns Hopkins University Press, 1978), pp. 6-13.

兰人,他们开始迁往其他新教中心,尤其是斯特拉斯堡(Strasbourg)。①

斯特拉斯堡著名学校的创建者约翰内斯·斯图谟(Johannes Sturm,1507—1589)受过共生兄弟会的教育,像伊拉斯谟和其余的欧洲人那样,他从这种教育中获得了一种关于朴素的虔敬如何能与古典研究相结合的早期模式。他在卢汶大学接受博雅教育并在巴黎大学深造后任教,然后来到斯特拉斯堡。1538年,他在此地建立了自己的学校,并且像卡洛林王朝的学者们那样,以西塞罗的"智慧与雄辩的虔敬"为学校的题铭。在其后44年里,他担任中等学校(文法中学)和公开授课的高等学校(学园)的校长——后者在1621年升格为大学。像梅兰希顿一样,斯图谟关于雄辩之虔敬的计划建基于人文主义的博雅教育,并作为一种模式为波兰、英格兰和德国的拉丁学校接受,此外还影响到莱顿、爱丁堡和日内瓦。

这一模式传至加尔文教派的中心日内瓦,其意义尤为重要。在16世纪晚期和17世纪早期,由于斯图谟的学校处于严格的路德派教义的影响下,波希米亚人和波兰人再次更改了游学方向——这一次他们去往日内瓦、巴塞尔、苏黎世的归正会(Reformed Church)学校和大学,以及法国胡格诺教派(Huguenot)的学校。由于这些外国学生仍在寻求同样的人文主义教育,他们的迁徙也就反映出某种事实,即1559年在日内瓦建立的加尔文学院(Calvin's College)以斯图谟的学校模式为基础,而胡格诺教派的学院和法国的其他新教学校依次模仿日内瓦或斯特拉斯堡。日内瓦模式由加尔文的后继者西奥多·柏撒(Theodore Beza,1519—1605)坚持下来并进一步传播开去,他与欧洲各地的新教教育者有通信联系。② 因此,自路德教派到加尔文教派再到胡格诺教

---

① H. de Chelminska, "Sturm et la Pologue," in *L'humanisme en Alsace* (Paris: Société d'Edition "Les Belles-Lettres," 1939), pp. 52-53, 60; D. Stremooukhoff, "Les humanists tchèques à l'Académie de Strasbourg," in *L'humanisme en Alsace* (1939), pp. 42-44; František Hurby, *Etudiants Tchèques aux écoles protestantes de l' Europe occidentale à la fin du 16 et au début du 17 siècle* (Brno, Czech.: Universita J. E. Purkyne, 1970), pp. 11-14, 25-31.

② Howard C. Barnard, *The French Tradition in Education, Ramus to Mme. Necker de Saussure* (Cambridge: Cambridge University Press, 1922), chap. 3; J. Rott, "L'humanisme et la réforme pédagogique en Alsace," *L'humanisme en Alsace* (1939), pp. 73ff.; E. Hoepffner, "Jean Strum et l'enseignement supérieur des lettres à l'écle de Strasbourg," in *L'humanisme en Alsace* (1939), pp. 86-88; Gérard Mathon, "Les formes et la signification de la pédagogie des arts libéraux au milieu du IX siècle: L'enseignement palatin de Jeans Scott Erigène," in *Actes* (1969), p. 58.

派教育机构广泛传播的一种人文主义艺学教育,可以追溯至学生与教育者之间的契约,也可以延伸至天主教改革的教育努力。

在某种程度上出于对新教叛乱的反应,特伦特大公会议(the Council of Trent,1546—1563)为了同天主教神职人员甚为普遍的愚昧无知作斗争,建议在每个主教辖区建立神学院,从而使那些渴求牧师职位的学生能够接受博雅学艺的教育。对于这种公认的需要,最为有效的、影响深远的反应体现在由罗耀拉(Ignatius of Loyola,1493—1556)所创立的耶稣会(the Society of Jesus)上。1547年在墨西拿(Mesina),耶稣会士为世俗学生开办了第一所学院。该学院为罗马学院的课程提供了模式,这些课程写入了1551年耶稣会章程。这一模式于1586年详细拟订于《教学大纲》(ratio studiorum)中,于1591年修订并于1599年定稿。① 同时,耶稣会在建立教育机构方面取得了非凡的成就。在1556年罗耀拉死后,耶稣会士已在西欧建立了35所学院;在1599年,西欧的学院有245所;在1626年,达到444所。无论是独立存在还是位于大学之中,每所学院都参照罗马学院的课程和《教学大纲》来实施博雅教育。这一点可见于例如因戈尔施塔特设置的讲座和读物中,它们服务于中欧的天主教徒,一如威登堡大学服务于新教徒。②

尽管存在宗教信条的区分和国家文化的差异(这种差异在16世纪开始损害欧洲文化统一性),艺学课程仍为博雅教育保持了相当一

---

① Allan P. Frrell, *The Jesuit Code of Liberal Education*: *Development and Scope of the Ratio Studiorum* (Milwaukee: Bruce, 1938); George E. Ganss, *Saint Ignatius's Idea of a Jesuit University*: *A Study in the History of Catholic Education* (*Including Part IV of the Constitutions of the Society of Jesus*) (Milwaukee: Marquette University Press, 1954), pp.10–11, chap.3; Richard L. Kagan, "University in Castille, 1500–1810," in *The University in Society*, ed. Laurence Stone (Princeton, N. J.: Princeton University Press, 1974), vol. 2, pp.367–382.

② 至17世纪中叶,耶稣会士在西班牙建立了拥有学院水准的教育机构中的一半。在意大利,其大学已长期浸淫于文艺复兴时期人文主义的氛围,耶稣会通过将其学院定位转向中等甚至初等教育而获得很大的影响。向北发展至中欧,罗耀拉的追随者们差不多在每所天主教学院控制了博雅学艺教育,著名的例外是萨尔兹堡大学,那里信奉本笃会。除了上述所引的文献来源,这方面的内容还可参看见 Henri de Vocht, "Les debuts de l'enseignement classique dans la Compagnie de Jésus et leurs rapports avec l' humanisme," *Les études classiques* 13 (1945): 193–209; Denys Hay, "Schools and Universities," in *The New Cambridge Modern History*: *The Reformation*, *1520–1559*, ed. G. R. Elton (Cambridge: Cambridge University Press, 1958), pp. 415, 430, 431; Ernest Schubert, "Zur Typologie gegenreformtorischer Universitasgrundungen: Jesuiten in Fulda, Wurzburg, Ingolstadt, und Dillingen," in *Universitat und Gelehrtenstand*, *1400–1800*, ed. Hellmuth Rossler and Gunther Franz (Limburg an der Lahn W. Ger.: C. A. Starke, 1975), pp.85–99。

致的模式。西塞罗和亚里士多德是不可或缺的文本来源,而一些标准的人文主义教材也得到了广泛的运用。彼得勒斯·莫泽劳讷斯(Petrus Mosellanus)的《教育》(*Paedologia*,1518)至 1706 年已出了 64 版,伊拉斯谟(1519)、维夫斯(1539)和科尔迪耶(Corderius,1564)类似的对话体作品均再版超过百次。① 博雅学艺的次序同样保持基本一致,正如以下这些文献和课程所呈现的:梅兰希顿的小册子《论博雅技艺》(*De artibus liberalibus*)、从 16 世纪中期开始修订的威登堡艺学课程(arts curriculum)、斯图谟为其文法中学和学园制定的学习规划、加尔文 1599 年拟定的《学院规章》(*Ordre du Collège*)、16 世纪法国新教学院的课程,以及耶稣会士的《教学大纲》(*ratio studiorum*,起源于墨西纳和罗马的学院)。② 当这些课程规划被放在一起加以考虑并容许某些不连续性时,博雅学艺的总纲可以勾勒如下。

在进入任何类型的正规学校之前,一小部分准备接受高等教育的孩子被要求学习读写算,并且他们通常就学于当地的牧师。尽管如此,这些"小家伙"(*petits* 或 petties——如他们在英文中的称谓)常常缺乏开始学习语法的充足的基础训练,因此必须给予甚至是最为基本的训练——提供这种训练是一种公认为"琐屑"(petty)教学的苦差事,因此为承担这一职责的语法教师所轻视。学生在 6 至 10 岁之间——具体年龄要视他作为一个"小家伙"学习的起始时间和深入程度——进入可能被称为学院、文法中学、中等学校或语法学校的教育机构学习。在这一阶段,学生学习三科(*trivium*)。而三科的这种"贬

---

① Mosellanus, *Paedologia*, pp. xi-xiv; Bolgar (1964), p. 435.
② 这些课程计划可见于 Woodward (1906), pp. 144-162, 230-246; Barnard (1922), pp. 40-49, 91-94; Farrel (1938), pp. 29ff., 357ff.; Ganss (1954), pp. 33, 47-58, 85-111, 153; Gabriel (1955), pp. 185-188; Stephen d'Irsay, *Histore des universités francaises et étrangètes des origines à nos jours* (Paris: Editions Auguste Picard, 1933-1935) vol. 1, pp. 313-315; Hay (1958), pp. 415-423; Robert R. Bolgar, "Education and Learning," in *The New Cambridge Modern History: The Counter-Reformation and Price Revolution, 1559-1610*, ed. R. B. Wernham (Cambridge: Cambridge University Press, 1968), pp. 427-452; Astrik L. Gabriel, *Garlandia: Studies in the History of the Mediaeval History* (Notre Dame, Ind.: Medievel Institute, University of Notre Dame, 1969), pp. 97-116; Jurgen Herbst, "The First Three American Colleges: Schools of the Reformation," *Perspectives in American History* 8 (1974): 30-35; Anton Schindling, *Humanistiche Hochschule und freie Reichsstadt: Gymnasium und Akademie in Strassburg, 1538-1621* (Wiesbaden, W. Ger.: Franz Steiner, 1977), pp. 162-289。

值"最终导致 trivial 一词产生贬义。① 在文艺复兴人文主义者的影响下,文法逐渐意指语言和文学两方面的训练,并且随着时间的推移,文法训练通常在拉丁语之外越来越多地包括希腊语。在文法和随后的修辞学之中,共同的典范是西塞罗和昆体良。这一阶段的终结课程是诗歌和历史,而这是人文学影响的另一标志。事实上,这一影响的明证是,诗歌和历史的结合不仅进入了文法而且进入了修辞学,而这种结合作为在人类交流中体现"自然逻辑"的范例,与经院哲学的"人为逻辑"正好对立。

初级学校的课程可能包括辩证法、数学和希伯来语入门。在初级学校度过 4 至 7 年之后,10 至 15 岁的学生进入教育的下一阶段。这一阶段的教育通常是在大学的艺学院,不过在一些国家,尤其在德国,它渐渐被称为哲学院,虽然它通常可能类似于新教或天主教学院或学园的一个高等分支机构。在这一阶段,学生要花 6 至 10 年继续学习拉丁语与希腊语文法和修辞学以及数量不等的希伯来文,同时也学习逻辑学,学习残存的四艺,学习"物理学"或者说自然哲学,学习经济学、政治学和作为道德哲学分支的伦理学以及形而上学入门。如果进入大学,学生则可能成为艺学硕士。这一学位的声望是学生选择大学而非独立学院或学园的一种诱因。但是,通往教学生涯或者进入大学研究生院的任何路径,却为那些欣赏学园或学院的实权人物所控制。

如果博雅学艺的组成和次序基本一致的话,那么巨大的不连续性存在于教育计划的分层中。"小学校"(petty school)、文法学校、学院和大学之间的界限由于当地环境以及时间推移而有所不同。总体上看,较高层次的教育机构不愿承担预备性教学任务,一有机会就急于摆脱这一职责。因此,艺学院乐意将三科科目(trivial subjects)的教学让与大批涌现的学院和文法中学,而这些学院和文法中学转而高兴地将"小科目"(petty subjects)让与小学校(*les petites écoles*)。另一方面,在没有大学的地方或者大学对某个学院怀有敌意时,学院的课程就会

---

① 在 15 世纪英文中,trival education 经常指"属于中世纪研究的三科"。当这些科目在初级学校课程中被接受并成为正式的大学艺学课程的预备科目时,trival 开始意味着"诸如可在任何地方遇到的、常见的、平庸的、普通的、每日的、熟悉的",然后进入其在今天更为轻蔑贬损的意思:"少量的、评价甚低的、微不足道的、贫乏的、无足轻重的、不值得考虑的、不重要的、微小的"。

扩展至包括七艺中的大部分科目,以及自然哲学、道德哲学和形而上学。

博雅教育的课程规划受到文艺复兴时期人文主义的重大影响,因此已被学院、学校(school)和文法中学接受,不过它还在为得到正式认可而进行斗争。例如在法国,我们可以发现人们对人文学持有矛盾态度的大量证据:以巴黎大学为首的大学在16世纪接受了人文主义,而后又断然拒绝它;后一种态度可见于1534年巴黎大学艺学院,那里维护亚里士多德的至尊地位,并在哲学课程中保持其影响到17世纪中叶。① 这种矛盾部分取决于所讨论的内容是属于正式的讲授课还是大学学院*中的课外教学。还有一个需要考虑的事实就是:大学内人文主义的反对者一方面受到了国家和宗教政治因素的影响,因为人文学起初与新教改革者有关;另一方面又受到了教育机构内部政治斗争的影响,因为1530年创立的皇家讲席教授职位激起了相当大的嫉妒。因此,反对人文学并不必然表示在基本原则上与人文主义对立。这种模棱两可只会恶化发生在法国大学中的冲突,使之日益将自治权让与王权。与此相应,他们失去了发展的生机,只好将教育的领导权让渡给由市民阶层、胡格诺教派和耶稣会所建立的学院——至1610年胡格诺教派已建立了35所学院,耶稣会于1564年将其学习规划带到巴黎大学克莱芒学院(Collège de Clermont)。到了1600年,这些群体已将法国博雅教育的标准变成他们自己的人文主义模型,正如在亨利四世(Henri IV)批准的巴黎大学改革章程中所见到的那样。

宗教迫害最终使胡格诺教派和耶稣会教士逃离法国而来到低地国家,在低地国家,人文主义者自15世纪晚期以来一直活跃于卢汶大学。由于卢汶大学三语学院(Collegium Trilingue at Louvain)得到捐赠以资助八个学生和三个教授——一个希腊语教授、一个拉丁语教授和一个希伯来语教授,这种活跃状态在1517年得到推进。由伊拉斯谟

---

① Cf. Bernard (1922), pp.5-18, 95-108, 189-196; d'Irsay (1933), pp. 259-273, 358; Farrell (1938), pp. 31, 39, 376ff; Le Goff (1967), pp. 97-98, 138; Anthony Grafton, "Teacher, Text, and Pupil in the Renaissance Classroom: A Case Study from a Parisian College," *History of Universities* 1 (1981): 37-53; Laurence B. Brokliss, "Philosophy Teaching in France, 1600-1740," *History of Universities* 1 (1981): 131-152.

\* 大学学院,即附设于大学中的学院(colleges located at the universities)。——译者注

所组织,这个人文主义教育机构启发了法兰西学院(Collège de France)和牛津诸学院(Colleges of Oxford)其后的课程。人文主义理想以这种方式再次渗入博雅教育,首先体现在学院中,然后跨越国家与宗教界限进行传播。吊诡的是,这一传播后来发生逆转,当伊丽莎白一世颁布的1559年最高法案(Acts of Supremacy)迫使许多英格兰天主教学者移居欧洲大陆时,卢汶大学成了他们的避难所。[①]

这次迁移预示着16和17世纪喧嚣动荡的英国局势。[②] 当时,天主教徒、英国国教徒和清教徒之间的激烈宗派冲突加剧了教会、君主、贵族和议会为各自的利益而寻求政治权力的争斗。尽管这种混乱导致一些直接指向学校和大学的训谕反复出现,但是通过学界人士和政治权威的舆论支持,博雅教育的内容和原则仍然保持着基本的一致。这并不是说局势是停滞的,而是指一种教授人文主义博雅学艺的渐进标准在缓慢地演进着,并且这种标准越来越充满一种绅士的理想。

约翰·科莱特(John Colet)在1511年通过建立设有人文学新课程的圣保尔学校(St. Paul School)发起了建立文法学校的运动,这些新课程为当时一般的神职人员所反对。由于新生缺乏知识准备,大学先前不得不以教授基础语法开始其艺学学程;但是这种初级训练现在已为文法学校所承担,这些文法学校转而为其必须教授"小科目"这一事实深感痛惜。渐渐地,科莱特的方法——以西塞罗、昆体良和伊拉斯谟为拉丁语语法和修辞学的模范,教授希腊语,最后导入希伯来语——成为标准,这一预备阶段需要7年——通常在7至15岁之间,并且根据人文主义者的建议,以作为修辞学辅助课程的逻辑学入门而

---

[①] Henri de Vocht, *History of the Foundation and the Rise of the Collegium Trilingue Lovaniense*, *1517-1550*, 4 vols. (Louvain, Belg.: Bibliothèque de l'Université, 1951-1955), vol. 1, pp. 1-7, 46ff., 99-236, and vol. 2, pp. 16, 28-38, 148, 273-274.

[②] 在下面的讨论中,我引用了 Ruth Kelso, *The Doctrine of the English Gentleman in the Sixteenth Century* (Urbana: University of Illinois Press, 1929), pp. 121-122; Robert Walcott, *The Tudor-Stuart Period of English History* (1485-1714): *A Review of Changing Interpretations* (New York: Macmillan, 1964); Kenneth Charlton, *Education In Renaissance England* (London: Routledge and Kegan Paul, 1965), pp. 98, 105-128; Joan Simon, *Education and Society in Tudor England* (Cambridge: Cambridge University Press, 1966), pp. 73ff., 299-305; Hay (1975), p. 367. Wilbur S. Howell, *Logic and Rhetoric in England*, *1500-1700* (Princeton, N. J.: Princeton University Press, 1956), pp. 4, 66-145。

结束。在 16 世纪,这一课程规划为那些去往偏远地区,并根据源自古代经典的范型来讲授语法的大学毕业生所普及。文法教师的理想是成为"昆体良的杰出演说家"(the *bonus orator*\* of Quintalian)①,这一杰出典范主要出现在罗杰·阿斯坎姆(Roger Ascham,1515—1568)的《教师》(*The Scholemaster*,1570)中。在文艺复兴时期的英格兰,《教师》是最受称赞的教育著作之一。紧随斯图谟,罗杰·阿斯坎姆(Roger Ascham,1515—1568)从人文主义原则和技术中引出其教育准则,诸如为维夫斯所使用的对译法。② 很快,《教师》在英格兰到处被引用。这一事实证实,16 世纪的第 3 个 25 年标志着文艺复兴人文主义(无论如何定义)进入了英格兰的平常教育之中。

这种文学预备课程为发展于剑桥与牛津艺学课程中的人文学提供了基础。直至 19 世纪,剑桥与牛津仍是英格兰仅有的两所大学。③ 伊拉斯谟在 16 世纪早期访问剑桥时,激发了那里的人文主义研究。

---

\* *bonus orator* 的意思是 good orator。——译者注

① Foster Waston, *The English Grammar Schools to 1660: Their Curriculum and Practice* (Cambridge: Cambridge University Press, 1966), p.6.

② Roger Ascham, *The Scholemaster*, 1570, ed, R. C. Alston (Menston, Eng.: The Scholar Press,1967), fols. 33v–35v; Lawrence Ryan, *Roger Ascham* (Stanford, Cal.: Stanford University press, 1963). 罗杰·阿斯坎姆的课程规划与圣保罗学院(St. Paul's)及那些离乡背井的英格兰天主教学院的课程相一致,诸如肯特的三威治学院(Sandwich School in Kent)、昆布兰的圣毕兹学院(St. Bees School in Cumberland)等。这种课程上的一致之所以能实现,是因为采用了莉莉拉丁文法(Lily's Latin grammar),该文法由威廉姆·莉莉(William Lily)和伊拉斯谟为圣保罗学院编辑,是这一领域的标准文法。Donald L. Clark, *John Milton at St. Paul's School: A Study of Ancient Rhetoric in English Renaissance Education* (New York: Columbia University Press, 1948), chap. 5; John H. Brown, *Elizabeth Schooldays: An Account of the English Grammar Schools in the Second Half of the Sixteenth Century* (Oxford: Basil Blackwell, 1933), p.83; Robert Middlekauf, *Ancients and Axioms: Secondary Education in Eighteenth Century New England* (New Haven: Conn.: Yale University Press, 1963), pp.1–6; Beales(1963), pp. 132ff., 273–274; David Cressy, *Education in Tudor and Stuart England* (New York: St. Martin's Press, 1975), pp. 72–73, 82–84; Thomas W. Baldwin, *William Shakespear's Small Latine & Lesse Greeke* (Urbana: University of Illinois Press, 1944), vol. 2, chap.31.

③ 在下文的讨论中,我引用了 Norman Wood, *The Reformation and English Education: A Study of the Influence of Religious Uniformity on English Education in the Sixteenth Century* (London: George Routledge, 1931), pp. 88–92; Clarke (1959), pp. 16–31, 61; Craig R. Thompson, *Universities in Tudor England* (Washington: D. C.: Folger Shakespeare Library, 1959), pp. 2–3; Simon (1966), pp. 73–132, 253–305; Fletcher (1967), pp. 421–429; Huge F. Kearney, *Scholars and Gentleman: Universities and Society in Pre-Industrial Britain, 1500–1700* (London: Faber and Faber, 1970), pp. 34, 71–96; John M. Fletcher, "Change and Resistance to Change: A Consideration of the Development of English and German Universities during the Sixteenth Century," *History of Universities* 1 (1981): 1–36.

不久以后,理查德·福克斯(Richard Foxe)为牛津规划了一所适宜新学问的学院,他的这一努力促成了圣体学院(Corpus Christi College)的建立。人文主义者的推动也使国王在16世纪30年代发布训谕,要求削减经院课本,引进希腊语和拉丁语作为学院讲座课程(college lectures),以补充大学开设的修辞学、逻辑学、算术、地理学、音乐和哲学必修课。在16世纪40年代,亨利八世(Henri VIII)通过设立钦定教授职位(Regius professorships)以及建立牛津基督堂学院(Christ Church,Oxford)和剑桥大学三一学院(Trinity College,Cambridge),推进了这一趋势。这一运动随着1549年新的大学章程颁布而得以继续,其后又有1564年为牛津制定的和1570年为剑桥制定的伊丽莎白章程(the Elizabethan statutes)。

与此同时,英国国教会的建立激励了人文主义者对经院哲学展开攻击,因为与罗马教廷的决裂削减了许多在教义神学和宗教法规方面的就业机会。这些专门职业机会的衰减减少了对于研究生学科的需求——这些学科在历史上曾经加强了大学中的经院哲学,而使更多的注意力集中于艺学课程,后者已经慢慢从逻辑学转向修辞学。这一转变可见于根据西塞罗的五重分类(the fivefold Ciceronian)对修辞学研究进行的充实以及对那种趋于更多地模仿古典文学而更少地根据经院式抽象概念进行教学的教学法的修正。[①] 文法也通过增加古典文学和希腊语研究而得以扩充。四艺学科由于强调声乐而得到扩展,并且对逻辑学和三门哲学的研究理论上也在继续。

之所以要说"理论上",是由于大学章程渐渐被忽视,尤其是那些援引经院遗产作为课程组成部分的章程。特别的忽视出于一种必要

---

① 有人已经论证过,经院哲学的复兴于16世纪晚期和17世纪早期发生在英国大学。但这一点指的是亚里士多德的逻辑学取代了彼得·拉莫斯(Peter Ramus)的逻辑学——后者的逻辑学方法曾经超越了亚里士多德——而不应被理解为反人文主义的复兴。在这一方面,拉莫斯主义(Ramist)与经院观点之间的不同是微不足道的。Howell (1965), pp. 142-172, 342, 373; William T. Costello, *The Scholastic Curriculum at Early Seventeenth Century Cambridge* (Cambridge: Harvard University Press, 1958); Charlton (1965), pp. 145-168; Richard L. Greaves, *The Puritan Revolution and Educational Thought: Background for Reform* (New Brunswick, N. J.: Rutgers University Press, 1969), p. 103; Anton Antweiler, "Scholarstik alsPsychologisches Phanomen," in *Actes* (1969), pp. 1087-1103; Walter J. Ong, *Ramus, Method, and the Decay of Dialogue, from the Art of Discourse to the Art of Reason* (Cambridge: Harvard University Press, 1958), chaps. 1, 8, 12.

条件,即学生在完成四年艺学学士学位的功课之后,必须再用几年时间阅读并演讲高级辩证法和三门哲学——自然哲学、道德哲学和形而上学,然后才能成为艺学硕士。在 15 世纪,这一要求尚未实现,大学轻易地赦免了学生的实际学习内容并授予学位;16 和 17 世纪,对艺学硕士的要求缩减至只要在大学里住上几年,而后仅仅要求住上一段时间——正如现代剑桥和牛津的艺学硕士所意味的那样。相应地,学院承担了越来越多的教学责任。

17 世纪初期,牛津和剑桥的学生一般在学院住宿,学院承担了监护和教学的主要责任,大学仅仅负责学生注册、考试和授予学位。许多大学教授职位成为闲差,年轻的导师担任了差不多全部教学工作。因为这些导师各自为学生指定教材,他们作为教师使博雅教育更为多样和世俗化,并相应地扩大了人文主义的影响。这一模式在《大学生指南》(*Directions for a Student in the Universitie*)中相当明显,该书是剑桥大学玛格达莱妮学院(Magdalene College, Cambridge)导师约翰·麦瑞韦瑟(John Merryweather)1649 年为其学生所做的博雅教育课程规划。上午主要用于学习逻辑学和三门哲学,下午学习雄辩家的人文学,并且特别倚重西塞罗的经典著述。牛津大学女王学院(Queen's College, Oxford)的导师和后来的院长托马斯·巴罗(Thomas Barlow)1657 年制定的课程计划与之并无不同,二者在结合经院哲学和人文学方面已成为博雅教育的规范。①

这些博雅学艺也出现在 16 和 17 世纪的美国殖民地,我们最好在其广阔的背景中理解这一传播。我之所以这样说,并非要在最宽泛的意义上解释教育,包括所有那些传递文化的机构②,而是要将制度和社

---

① Samuel E. Morison, *The Founding of Harvard College* (Cambridge: Harvard University Press, 1935), pp.60-78; Kearney (1970), p. 104-123; Cressy (1975), pp. 132-134; Jefferson Looney, "Undergraduate Education at Early Stuart Cambridge," *History of Education* 10 (1981): 9-19. 在过去,约翰·麦瑞韦瑟(John Merryweather)的《指南》(*Directions*)一书曾被认为是伊曼纽尔学院的理查德·侯兹沃斯(Richard Holdsworth of Emmanuel College)所作,写作时间也提前至 1640 年。

② 见 Bernard bailyn, *Education in the Forming of American Society: Needs and Opportunities for Study* (Chapel Hill: University of North Carolina Press, 1960), 尤见 pp.15-21。

会背景的某些方面考虑在内,它们直接反映那些被描述为"博雅"的教育规划。

当1647年马萨诸塞颁布章程要求市镇支持办学时,那里已开办了9所学校。在读写算的基础教育之外,这些拉丁语学校忠实地采纳了英国的教育计划。这一来源的权威性也在1684年纽黑文的霍普金斯语法学校法规以及弗吉尼亚的威廉和玛丽学院(the College of William and Mary)为语法学校制定的章程中得到承认:

> 这所语法学校要求很好地教授拉丁语和希腊语。至于语言基础和语法以及每种语言的经典作家,教学用书要求它们与英格兰学校法规或惯例的规定相同。①

与英格兰一样,殖民地学校的课程服务于学生进入学院的升学目标;而在1740年之前,美国殖民地只有三所学院——哈佛学院、威廉和玛丽学院以及耶鲁学院。1642年、1655年、1686年和1702年的哈佛法规报告中一贯明确宣称,有入学意愿的男生必须表现出以下方面的能力:能够说拉丁语并且写作拉丁语散文和诗歌;理解希腊语及其语法;熟悉公认为优秀的经典作家,尤其是用拉丁语写作的西塞罗和维吉尔、用希腊语写作的伊索克拉底和希腊语《新约》——"然后他才有可能获准进入学院。而在具备这些资格之前,入学要求将不被允准"。威廉和玛丽学院在1693年得到特许状,其入学要求方面的规定几乎与哈佛无异,正如在其1727—1728年章程中所要求的,希望入学的学生"必须首先通过由擅长这些学术性语言的校长、教师和牧师主持的考试,以检测他们在拉丁语和希腊语中是否取得了应有的进步"。② 在康奈狄克,一所后来以伊莱休·耶鲁(Elihu Yale)命名的学院于1701年开办,同年的董事会布告以及1702—1706年的学院法规

---

① Edgar W. Knight, *A Documentary History of Education in the South before* 1860, vol. 1, *European Inheritances* (Chapel Hill: University of North Carolina Press, 1949), p. 511; Lawrence A. Clemin, *American Education: The Colonial Experience, 1607–1783* (New York: Harper and Row, 1970), pp. 181–186, 503f.; Middlekauf (1963), pp. 6–9, 76.

② 法令与章程引自 Knight (1949), p. 513; Edwin C. Broome, *A Historical and Critical Discussion of College Admission Requirements* (New York: Macmillan, 1903), pp. 18–29; Morison (1935), p. 333。

副本显示，入学要求完全是传统的那一套。①

  这三所最早的学院在组织②、学术训练和毕业程序方面非常相似，它们显著地类似于欧洲长期以来的做法。③ 哈佛、威廉和玛丽学院以及耶鲁的四年制博雅学艺课程依然明显表现出基本的一致。哈佛的博雅学艺课程实际上始于三年制课程，虽然它直接以剑桥和牛津的诸学院中的四年制课程计划为模型，而牛津、剑桥是很多清教殖民者的母校。1652 年，哈佛的课程扩展至四年，增加的一年主要是让学生复习在语法学校学习过的那些语法和经典作品。这一课程计划在 1655 年昌西校长的法令（President Chauncy's Laws）和 1723 年《关于当前的规定课程受到学生欢迎的特别说明》（A Particular Account of the Present Stated Exercises Enjoyed the Students）中得以重申。

  在 18 世纪早期，哈佛的新生从周一至周四温习拉丁语，继续学习希腊语，并开始学习逻辑学和希伯来语。由于课程基本上是累积性的，二年级学生继续学习这些学科，并开始学习物理学（或自然哲学），三年级学生要学习物理学、伦理学（或道德哲学）和形而上学。在复习

---

①  Richard Warch, *School of the Prophets*: *Yale College, 1701-1740* (New Heaven, Conn.: Yale University Press, 1973), p.187. 在清教徒的新英格兰和英国国教徒的弗吉尼亚之外，新荷兰（后来成为纽约和新泽西的殖民地）完成了一次"母国制度化生活的同一性转化"。这里"制度化生活"反映出加尔文新教教会的实践，这一实践在多特教会会议中被确定并起源于斯特拉斯堡和日内瓦。因此在荷兰人的城市新阿姆斯特丹，读写算方面基础学校教育的建立也使"小学校"或拉丁语学校得到了加强。William H. Kilpatrick, *The Dutchth Schools of New Netherland and Colonial New York* (Washington, D.C.: Government Printing Office, 1912), pp.19-21, 95-97, 220-223. 同样，在魁北克的法国天主教育体系中，在 1655 年开办的一些小学校中并未发现方法上的不同，在天主教徒和胡格诺派教徒的拉丁文小学校中并无不同，1655 年魁北克耶稣学院在学习规程的组织方面亦无不同。Louis-Philippe Audet, *Histoire de l'éducation au Québec*: *L'organization scolaire le régime francais, 1608-1760* (Montreal: Centre de Psychologie et Pédagogie, 1966), pp.19-29.

②  有关三所学院与外部的理事会合作与组织，参见 Jurgrn Herbst, *From Crisis to Crisis*: *American College Government, 1636-1819* (Cambridge: Harvard University Press, 1982), pp.1-61。

③  有关背诵、讲座、修辞辩论练习和辩论等学术训练以及研究生培养的连续性，参见 Mary L. Smallwood, *An Historical Study of Examinations and Grading Systems in Early American Universities*: *A Critical Study of the Original Records of Harvard, William and Mary, Yale, Mount Holyoke, and Michigan from Their Founding to 1900* (Cambridge: Harvard University Press, 1935), chap.2; Morison (1935), pp.135-137; Morison, *Harvard College in the Seventeenth Century* (Cambridge: Harvard University Press, 1936), vol.1, pp.159-193, and vol.2, app.B; George S. Pryde, *The Scottish Universities and the Colleges of Colonial America* (Glasgow: Jackson, 1957), pp.5ff,; Warch (1973), chaps.8, 9。

拉丁语、希腊语、希伯来语、逻辑学和物理学之外,四年级学生侧重算术、几何学和天文学。在整个四年里,星期五主要留给修辞学,星期六学习神学,历史学和地理学也间或包括在内。以上为艺学学士的要求。艺学硕士三年课程的要求也很快退步至前述剑桥和牛津那样的水平。在哈佛进行博雅学艺学习的实际四年中,就其指定教材而言,与牛津和剑桥、巴黎和莱顿或者德国大学所规定的那些书目没有什么不同。人文主义的影响在17世纪晚期依然受制于经院哲学的势力,两者旗鼓相当。这一事实反映于学位论文的题目汇编之中,也从丹斯·司考特(Duns Scotus)的著作出现在图书馆及其肖像陈列于哈佛礼堂的现象中体现出来。① 而哈佛的这种博雅教育成为其后殖民地学院的原型。

在17世纪60年代,弗吉尼亚议会向国王请愿,要求"为学生建立一所博雅文理学院",但是只有当议会将勇敢的牧师詹姆斯·布莱尔(James Blair)送到英格兰时,此项提议才获准。布莱尔曾就读于阿伯丁的马利斯查学院(Marischal College, Aberdeen)和爱丁堡大学。他在1693年为威廉和玛丽学院争取到特许状,并被任命为第一任校长。这一点使有些人认为早期的威廉和玛丽学院与苏格兰的大学之间明显类似。但证实这些相似点是困难的,因为学院、图书馆和建校资料在1705年被火烧毁,学院直到1723年才得以重建。此后不久,琼斯教授(professor Hugh Jones)写道:"我们国家的性质决定了我们的大学几乎不可能采纳剑桥和牛津的优良方法和课程,虽然在一定程度上可以复制它们的一些有用的习俗和章程。"② 威廉和玛丽学院追随哈佛向英格

---

① 哈佛的最后一位"课程"艺学硕士于1872年被授予学位。Louis F. Snow, *The College Curriculum in the United States* (New York: Bureau of Publications, Teachers College, Columbia University, 1907), pp. 18–30; Colyer Meriwether, *Our Colonial Curicculum, 1607–1776* (Washington, D. C.: 1907), pp. 49–62; Edward K. Rand, "Liberal Education in Nineteenth Century Harvard," *The New England Quaterly* 6 (1933): 525–551; Morison (1935), pp. 36–90, 337;. Morison (1936), vol. 1, pp.139–175, 189, 256。

② 引文出自 Knight (1949), pp. 371, 489。见 Louis Shores, *Origins of the American College Library*, 1638–1800 (Nashville: George Peabody College, 1934), p.6; Morison (1935), pp. 134–135; Pryde (1957), pp. 1–16; Rena Vassar, "The College Battle: Political Factionalism in the Founding of the College of William and Mary," *PH* 4 (1964:) 444–456; Douglas Sloan, *The Scottish Enlightenment and the American College Ideal* (New York: Teachers College Press, 1971a), pp. 20–21 n. 39。

兰看齐,这一点可以在1728年的学院章程中得到证实,这些材料首先述及掌握"拉丁和希腊语言"的文法学校,此外还说:

> 我们在哲学院委任两位老师或教授……其中之一应该讲授修辞学、逻辑学和伦理学,另一位讲授物理学、形而上学和数学……我们确实根据英格兰两所著名大学的形式和制度,要求学生修读四年才能获得学士学位,修读七年才能取得硕士学位。①

耶鲁建于1701年,它所立基的信念是:"适于青年的博雅与宗教教育(Liberal & Religious Education of Suitable Youth)是在上帝恩惠之下的一种主要的和最为可能的权宜之计。"在康乃狄克的塞布鲁克(Saybrook)举行的"学院负责人董事会"(board of Collegiate Undertakers),最初的每个成员都毕业于哈佛(耶鲁前50年的院长和校长也是如此)。虽然这些人中大多数为其母校所主张的宗教信仰自由担忧,但他们在耶鲁却基本上重复哈佛的课程,如来自1713级和1714级校友的证言、1701年和1718年董事会布告以及1726年《在康乃狄克寄宿院中奉行的规则和职位》(Orders and Appointments to be observed in ye Collegiate School in Connecticut)所显示的那样。所有的本科生在每周的星期五与星期六学习修辞学、伦理学和神学;从周一至周四,"如果是新生,他们通常要背诵文法",将学习重心放在希腊语和希伯来语上面并温习拉丁语。二年级学生上"逻辑学"课,三年级学生学习"物理学"和一些"形而上学"。四年级学生背诵一些数学、地理学和天文学方面的教材。和其他学院一样,耶鲁的课程是渐进的,所以高年级学生要继续练习文法,进行辩论和背诵,学习文学和伦理学,以及上地理学和历史学课。在理论上,这种培养艺学学士的课程计划完成之后,接下来的就是三年的硕士学位课程,但后者只是其理想的影像,很快退化至英格兰的惯常水准。②

因此,最早的三所殖民地学院的博雅学艺课程与中世纪大学的经

---

① Knight (1949), pp. 513, 515.
② Franklin B. Dexter, ed., *Documentary History of Yale University, Under the Original Charter of the Collegiate School of Connecticut, 1701-1745* (New Haven, Conn,: Yale University Press, 1916), pp. 27-28; Warch (1973), pp. 187-234, 243. 魁北克学院位于法兰西天主教殖民地北部,其课程规划与美国的新教英格兰学院非常类似。Audet (1966), pp. 31-35.

院课程大为不同。人文主义者的影响使人们重视古典文学。当逻辑学被纳入课程规划、"思辨语法"和四艺学习遭到边缘化、三门哲学科目受到排挤而成为子虚无有的硕士学位课程时,古典文学渐渐占据了课程规划的大部分。哲学的遗迹主要出现在伦理学和神学学习中,这一事实指出了影响博雅学艺学生的一种重要的社会理想——绅士的理想。

在中世纪晚期,贵族们已形成一种"非常完美的绅士骑士"(verray, parfit, gentil knight)的理想,英勇的品质、骑士的精神和作战的勇猛由此得以同血统的高贵联系起来。① 虽然在12和13世纪,骑士的七种完美人格被认为与七门博雅学艺类似,但这一理想却基本上与学院人士的目标与追求相冲突。随着意大利人文主义的兴起,巴尔德萨·卡斯蒂寥内(Baldassare Castiglione)等作家建议向骑士学习,并因而将战士和学者的角色结合起来;虽然卡斯蒂寥内在《廷臣论》(*Il cortegiano*)中忠告,骑士应让人觉得自己的技艺并非后天学习而致,因为"不像技艺的技艺才是最高的技艺……苦心孤诣会剥夺事情本身的优雅"②。当文艺复兴人文主义者向北推进时,卡斯蒂寥内和伊拉斯谟的著作在英格兰被热情接受,并且佩剑贵族(*noblesse de l'épée*)变成长袍贵族(*noblesse de la robe*)。这一转变包括:与英勇气概相连的血统高贵的标准变为一种品德高贵的标准,而品德高贵的标准基于文雅的举止、教育成就和道德价值。这是骑士理想、文艺复兴时期人文主义的课程规划以及基督教伦理标准的汇聚之地,并且正是它们共同组成了绅士理想。

在英格兰,最早和最重要的表述出现在托马斯·艾利奥特(Thomas Elyot)的《统治者之书》(*The Boke Named the Gouernour*, 1531)

---

① Geoffrey Chaucer, "The General Prologue," *The Canterbury Tales*, Lines 72, in *The Works of Geoffrey Chaucer*, ed. F. N. Robinson, 2d ed. (Boston: Houghton Mifflin, 1957). 在这一讨论中,我倚重 Kelso (1929), pp. 111-116; Morison (1935), pp. 50-53; Edwin H. Cady, *The Gentleman in American: A Literary Study in American Culture* (Syracuse, N. Y.: Syracuse University Press, 1949), pp. 3-11; Fritz Schalk, "Zur Entwicklung der Arts in Frankreich und Italien," in *Arts* (1959), pp. 139-144; Jack H. Hexter, *Reappraisals in History: New Views on History and Society in Early Modern Europe* (Evanston, Ill.: Northwestern University Press, 1961), p. 67; Simon (1966), pp. 63-65, 334-340; Caspari (1968), pp. 8-14, 259ff.; Kearney (1970), pp. 24, 39-41; Cobban (1975), pp. 231-233。

② Castiglione, *The Book of the Courtier*, p. 46.

中,该书将卡斯蒂寥内的礼仪教义和伊拉斯谟的教育理论相结合,因而推崇"西塞罗或昆体意义上的'雄辩家'——教育和政务之士优美的极致(beau idéal)"。① 艾利奥特制定了"在公共财富中拥有权威的绅士成长期的教育与养成"②计划,该计划包括希腊和拉丁文法与修辞学,作为评注辅助的逻辑学、在治国方面有着实用价值的地理学和法学、可启迪道德教训的诗歌和历史,以及哲学——他所谓的"哲学"几乎专指道德哲学或伦理学。再补充以绅士风度的训练,这些学习就组成了一项课程规划,它主要采用伊拉斯谟、昆体良、西塞罗、伊索克拉底和狄摩西尼斯(Demosthenes)的著作并以它们为理论依据。《统治者之书》在最初的50年里印了8版,并繁衍出有关绅士理想的一些类似作品。这些作品各有不同的侧重点,但具有同样的意图,那就是:将体现于卡斯蒂寥内著作中的谦恭教义、伊拉斯谟所表达的人文主义教育理想以及与基督教理想和谐一致的个人德性教育加以调和。在那些热衷于炫耀其绅士地位的早期美洲殖民者的书架上,这些小册子颇为显眼。由于这些书籍在推崇礼貌、虔敬或文学性追求方面或多或少有所不同,作为清教徒的波士顿人和遵从英国国教的弗吉尼亚人皆可按自己的趣味各取所需。③

---

① Barnard (1922), p. 116. 关于英国和殖民地的绅士,我引自 Foster Waston, *The Beginnings of the Teaching of Modern Subjects in England* (London: Sir Isaac Pitman, 1909), pp. xxvi-xxxii; John E. Mason, *Gentlefolk in the Making: Studies in the History of English Courtesy Literature and Related Topics from 1531 to 1774* (Philadelphia: University of Pennsyvania Press, 1935), pp. 180-181; Louis B. Wright, *The Cultural Life of the American Colonies, 1607-1763* (New York: Harper and Row, 1957), pp. 128-130; Caspari (1968), pp. 2-4, chaps. 4, 6; Osar Handlin and MaryF. Handlin, *The American College and American Culture: Socialization as a Function of Higher Education* (New York: McGraw-Hill, 1970), pp. 8-10; Cremin (1970), pp. 68ff。

② Sir Thomas Elyot, *The Boke Named the Gourtesy*,据1531年第一版编辑(1883; reprint, New York: Burt Franklin, 1967), bk. 1, chap. 4。

③ 然而,我确实不同意有时在有关殖民地自身所作的截然区分——南方被描述为"上等绅士"或"骑士"之家而新英格兰只与清教或基督教绅士有关联。虽然说马萨诸塞不是弗吉尼亚,但是,在北方和南方绅士观念之间造成这种分裂是危险的。虽然与清教徒和基督教徒相反,骑士或上等绅士经常被描述为不敬的或为了炫耀宁愿牺牲道德原则,但是绅士的真正概念在其核心中含有道德高尚的观念。文艺复兴时期人文主义者谴责骑士传统中邪恶的残余,例如决斗,他们将对美德的推崇置于写作的中心。德行是"上等绅士"的基础,其对于"上等绅士"的意义绝不亚于对基督徒。Cady (1949), chaps. 1-3; Wright (1957), p. 127; George C. Brauer, Jr., *The Education of a Gentleman: Theories of Gentlemanly Education in England, 1660-1775* (New York: Bookman, 1959), p. 53; Michael V. Belok, "The Courtesy Tradition and Early Schoolbooks," *HEQ* 8 (1968): 306-309; Kearney (1970): 39ff.; Garin (1976), pp. 241ff.

·第四章 文艺复兴时期的人文主义者和改革派牧师·

当年轻的绅士们挤满了欧洲的学院,16世纪上半叶绅士理想开始重塑博雅学艺的主流课程体系。① 绅士们纷至沓来,导致礼仪书籍成为课程体系中的推荐读物,用于学园、学院和大学的博雅教育课程。艾利奥特的教育计划在英格兰极有影响,为其后的人物诸如罗杰·阿斯坎姆、詹姆士·克莱兰(James Cleland)和亨利·皮坎姆(Henry Peacham)和坎特伯雷大主教约翰·威特吉夫特(John Whitgift)所吸收。为培养绅士而设计的一套规范性课程体系就这样出现了——各校间的课程设置虽从未完全重复,但总是颇为近似。②

在文法方面,通过一些简单的读物来学习希腊语和拉丁语受到推崇,同时一些现代语言,尤其是法语和意大利语,也受到关注。修辞学和雄辩术——它们的理论和实践要追溯到赫墨根尼(Hermogenes)、昆体良、伊拉斯谟、伊索克拉底、狄摩西尼和西塞罗——作为政治的有用工具而得到重视。地理学和历史学也因为其实用性而获得合法地位。法学通常被看做是政治学、经济学和伦理学——道德哲学的中世纪分支——的一部分,熟悉法学被认为是合乎需要的③。逻辑学、形而上学和自然哲学导论也被认为是有价值的;同样地从实用的眼光来看,数学和天文学亦然。神学的一些研究是必要的,一个人若特别虔诚则可以研究得更多;而那些欲进入宫廷者被建议学习舞蹈、音乐以及其他高贵的活动。在诸如现代语言的地位和需要学习多少知识等问题上,

---

① Mark H. Curtis, *Oxford and Cambridge in Transition, 1558-1642: An Essay on Changing Relations Between the English Universities and the Englilsh Society* (Oxford: Clarenton, 1959), chap. 4; Hexter (1961), pp. 4, 50; Lawrence Stone, "The Educational Revolution in England, 1560-1640," *Past and President* 28 (1964): 41-80; Caspari (1968), chap. 6.

② Woodward (1960), pp. 295-322; Kelso (1929), pp. 118, 127-138; Caspari (1968), chap. 4; Kearney (1970), pp. 37ff., 107-123; Patricia-Ann Lee, "Some English Academies: An Experiment in the Education of Renaissance Gentlemen," *HEQ* 10 (1970): 284.

③ 在伦敦除了大学和学院之外,培养普通法方面的律师会馆(the Inns of Court)为牛津和剑桥的绅士教育提供了补充。这早在1470年就已经成为事实,那时最高法院的首席法官(Lord Chief Justice)约翰·福提斯(John Fortescue)写道:"真的,在大大小小的会馆里,在法学院之外,还有一所文法中学提供适合贵族的活动。"*De laudibus legum angliae*, ed. S. B. Grimes (Cambridge: Cambridge University Press, 1942), chap. 19. 在16世纪,年轻的绅士们经常在一两年后离开牛津和剑桥,到那些会馆获取对于普通法的肤浅认识和对于"适合贵族的活动"的深入理解。Wilfred R. Prest, *The Inns of Court under Elizabeth and the Early Stuarts, 1590-1640* (London: Longman, 1972), chap. 7.

自然地存在着不同意见①;但是艺学课程中学术专业化之势已然消退,这使得非专门化的博雅教育成为绅士的标志。

学问和文雅因而在英格兰结盟,弗吉尼亚和新英格兰也接踵形成这种关联。除了学习的课程,殖民地学院的外部董事会——意在将治理权置于社会领袖而非学院人士之手——的组织形式也强化了博雅教育与基督教文雅理想之间的联盟。从这一角度来看,劳伦斯·克莱明(Lawrence Cremin)在殖民地教育中发现的三个中心论题——虔敬、礼貌、学问——是尤有深意的,因为它们指出绅士教育中隐含着宗教的、宫廷的和人文主义的推动力。② 历史学和地理学——在魁北克学院以及英国新教学院的博雅教育中发现的绅士学科——证明了这一点,而18世纪哈佛和耶鲁根据社会地位排列学生的习俗也是一个例证——在这种习俗中,社会地位被认为与学生的出身背景相匹配。③

因此在整个18世纪早期,殖民地弗吉尼亚、康乃狄克和马萨诸塞的"博雅文理"(liberal arts & sciences)与文艺复兴时期英格兰的相当类似。同样的传统,同样的课本,同样的教学法,甚至同样的一些教师在大西洋两岸声名远扬并受到敬重。而且从"博雅文理"这一意在塑造基督教绅士的教育计划中,人们可以抽象出博雅学艺理想的七种特征;这一框架在历史情境中并非如此称谓,但在此作为一种人为的建构,可以使这种"博雅—宗教教育"与雄辩家的传统联系起来。

首先,有一种基本假设认为,真理能够被认识和表达。这一教条主义中潜在的信念是:博雅教育的任务是传递智慧而非教给学生如何去寻求它。出于更为实用而非思辨或者分析的观念,博雅学艺教师呈现给学生的关于生活和世界的观点是适当的、反复的而非质疑的。17世纪哈佛的教学法在技术学习(technologia)的规定中透露出这一看法。④ 这是一个必须记忆和背诵的文理知识(arts & science)的综合系

---

① 绅士对于学究式行为持有很深的畏惧,这无疑来自中世纪的骑士传统。而在这一时期,教育者对于绅士之无知的频繁指责总是遭到绅士的反击。绅士抨击这些教育者在追求晦暗不清的博学,而一个绅士没有必要掌握那些难懂的学问。Brauer (1959), pp.52-103.

② Cremin (1970), p.192 及各处; Wallace Notestein, *The English People on the Eve of Colonization, 1603-1620* (New York: Harper and Row, 1954), pp.130-131; Handlin and Handlin (1970), p.11。

③ Morison (1935), pp.50-51; Morison (1936), vol.1, pp.150, 265, 272; Pryde (1957), p.9; Audet (1966), pp.31f.

④ 有关这种教学法及技术,见 Morison (1936), vol.1, pp.148-256。

统,这种教学法体现出对权威的教条式顺从,因而引起了尖锐的批评。理查德·马尔卡斯特(Richard Mulcaster)1581 年在其《立场》(*Positions*)一书中抨击道:"它是无可争议的,因为柏拉图赞扬过它,因为亚里士多德认可它,因为西塞罗推崇过它,因为昆体良熟悉它,或者其他人……因此它是对我们有用的。"弗朗西斯·培根(Francis Bacon)在《新工具》(*Novum Organum*)中附和了这一攻击。① 只不过使用的炮弹仍然是阿贝拉德、奥卡姆与其他学院人士几个世纪前使用的批判性论辩方法——有人会说它是苏格拉底式的。

其次,认识和传播真理的目的是训练伊索克拉底和昆体良式的杰出雄辩家,即能够和愿意在任何领导职位上服务社会的政治家。② 英国的礼仪书籍并非与之完全一致,它注重的是对于雄辩术的精通,这是年轻的绅士们能够在联邦为自己带来荣誉和发挥作用的一种重要才能。由此必然而来的第三点是对于品格塑造之价值和标准的清晰规定;而且那些价值规范来自古典文本,这是第四点。正如文艺复兴时期礼仪书籍所概括的那样,个人的完善和市民美德的养成需借助于绅士教育;历史研究因被认为在这方面尤其有益而得到普遍的推崇。同样,莫塞拉努斯(Mosellanus)、伊拉斯谟、维夫斯与科尔迪耶的对话体作品在整个 18 世纪的流行,源于他们将智力完善和在优美的拉丁文中传达的道德训诫结合起来。当然,这些经典以及其他"现代"经典为希腊和罗马古典作家以及《圣经》所补充。

杰出雄辩家的训练目的中也暗含博雅学艺理想的第五个特性:对于受过博雅教育之精英的明确认同。毫无疑问,牛津、剑桥和哈佛一直在为教会和国家培养杰出的神职人员。但是,这一任务在 17 和 18 世纪获得了新的意义,因为绅士的涌入使"统治精英"阶层在学院中成为主导的势力,他们占领了此前由贫寒子弟和牧师所据的位置。③ 而

---

① Richard Mulscaster, *Positions Wherein Those Primitive Circumstances Be Examined, Which Are Necessarie for the Training Up of Children* (1581; reprint, London: Longmans, Green, 1888), p. 11; Francis Bacon, *Novum Organum; or, True Suggestions for the Interpretation of Nature*, ed, Thomas Fowler, 2d ed. (Oxford: Clarendon, 1889) 1. 84.

② 在下面的讨论中,我主要依靠 Kelso (1929), pp. 116, 146; Cady (1949), pp. 3-6; Brauser (1959), chaps. 1-3, 5; Simon (1966), pp. 63-64, 295ff., 353; Caspari (1968), pp. 25, 256-279; Kearney (1970), pp. 15-98, 136。

③ 引文出自 Kearney (1970), pp. 115; Morison (1936), vol. 1, p. 200; Hexter (1961), pp. 50-53, 65。

且当绅士理想注入博雅学艺时,在第六个方面,它增强了对于培育"良好教养"这一承诺的注重——借此可获得适当的"精神的高贵"——以及对那些在礼仪和博雅学问方面缺乏造诣者的有意排斥。正如纽约国王学院的第一任校长萨缪尔·约翰逊(Samuel Johnson)在1759年所评论的,希伯来语是"绅士应该具备的素养"。

最后,博雅学艺理想的第七个特征是将博雅教育视为自为目的的美德。当然,需要作出两个限定,即博雅学艺对于"将教育的终极目的归于宗教"的清教徒而言是有用的,同时博雅学艺对政治和社会进步是有用的。两者似要折中出一种理想主义者的博雅教育观念。但是,教育计划在这些方面的效用并不妨碍博雅学艺也被看做是一种自为目的的目标。在16和17世纪的进程中,"适于青年的博雅—宗教教育"与绅士理想产生了内在联系,于是两者携手前进。绅士理想因此并未排斥虔敬,而实际上包含了虔敬。同样,既然绅士理想并未与政治、社会的发展相抵触,而是实际上要求这一发展,那么博雅学艺的基本原则也是如此。以这种方式,就像在英格兰一样,早期美洲殖民地的博雅教育成为"没有丧失其作为一种预备性学习效用的……一种自为目的的教育"。[①]

---

[①] Curtis (1959), p.123. 有关这种 liberal education 之功用的评论,见 Watson (1908), pp. 534-536; Bailyn (1960), p.19; Middlekauf (1963), p.3; Tobriner (1968), pp.49-50; Greaves (1969), pp.104-113。

# 第五章 博雅—自由理念的兴起

> 在创新和改革精神的热情感染之下……他们(弥尔顿[Milton]、洛克[John Locke]、卢梭[Roussean]以及……其他就此问题发表著述的人们)反对那些处理问题的正确模式,推荐那些难以付诸实践,或者即便能够实现,也是无用或有害的方法……因此,在以下的论述中,我支持的是古典的教育系统,它存在于古典学科之中,并且为我们的民族创造了许多人性之美。
>
> ——维塞斯莫·诺克斯(Vicesimus Knox)*

实验科学的兴起和启蒙运动的开展,促进了哲学活动的复兴进程,以及与"博雅教育"一词相联系的另一种理念的成形。然而,博雅教育的不同概念类型的这一演化过程,被许多当代学者否定了。这些学者认为,关于博雅学艺,17、18世纪的科学家、自由思想家和哲学家与文艺复兴时期的人文主义者有着相同的看法。但是,尽管这两个群体确实推崇并推进了"古典"的研究,也相信"自由学科(liberal studies)……之所以得名,正是因为它给人自由",然而文艺复兴的人文主义者坚持认为,"人文主义学习……受到个人形象及其功能的限制,受到它在世界和社会中位置的限制"。因此,自由学艺(artes liberales)在"给人自由"的同时,也"被一种共同的义务联系在一起,分

---

\* Liberal Education, or A Practical Treatise on the Methods of Acquiring Useful and Polite Learning (1789).

享共同的文化,并成为一个更具普遍意义的共和国(res publica)的成员"。① 这样,文艺复兴人文主义者所谓的自由,意味着受到某种文化传统秩序的规训,它与启蒙运动时代兴起的个人主义的、不受限制的自由是大相径庭的。

"自由"(free)这一概念在内涵上的差异体现在各国语言中——比如,很明显地体现英语中——liberal 一词的词源学演进上。在 16 世纪的英格兰,liberal 一词被用于形容由于拥有闲暇而自由的绅士的活动,这与"适合于自由人的"(liberalis)的历史传统相一致。liberal 同时也有"不受束缚,言行的自由"之意,但是这一词义往往有"不受成见及礼节的制约,肆意妄为"的消极内涵。直到 18 世纪,后一种含义才拥有"从狭隘的成见中解放出来,思想开明的"这样的积极含义。② 这一区别同样存在于文艺复兴的拉丁文中。维罗纳的盖利诺(Gualino da Verona)的一位信徒在 1460 年撰文称颂他时,用拉丁文写道:"他将多少生来蒙昧的人从语言的粗俗中解放出来!"此种关于解放(liberation)和自由(freedom)的含义源于雄辩家的传统,这与卢梭的名言"人生而自由,却无往而不在枷锁之中"(Man is born free, and everywhere he is in chains)或康德(Kant)的名言"勇敢求知! 敢于使用自己的理性"(Dare to know! Have courage to make use of your own understanding)中所表达的含义是大不相同的。③

同样,我们需要对人文主义者和自由思想家(freethinkers)与古人的关系作出区分。文艺复兴时期的人物歌颂古典作家,特别是西塞罗

---

① 在此我引用并反对 Eugenio Garin 的观点,*L'educazione in Europa*, *1400/1600: Problemi e programmi*, rev. ed. (Rome: Editori Laterza, 1976), pp. 16-21, 241-245, 259-281。另参见 Vito R. Giustiniani, "Umanesimo: La parola e la cosa", in *Studia Humanitatis*, *Ernesto Grassi zum 70. Geburtstag*, ed. Eginhard Hora and Eckhard Kessler (Munich: Wilhelm Fink, 1973), p. 27; Girolamo Arnaldi, ed., Le origini dell'università (Bologna: Il Mulino, 1974), p. 14; George M. Logan, "Substance and Form in Renaissance Humanism," *Journal of Medieval and Renaissance Studies* 7 (1977):1-34。

② *The Oxford English Dictionary*, s. v. "liberal"; Sheldon Rothblatt, *Tradition and Change in English Liberal Education: An Essay in History and Culture* (London: Faber and Faber, 1976), chap. 3.

③ 这段对盖利诺颂歌的引用译自 Garin (1976), p. 128。Jean-Jacques Rousseau, *Du contrat social*; ou, *Principes du droit politique*, in Oeuvres Complètes, ed. Bernard Gagnebin and Marcel Raymond (Paris: Gallimard, 1964), vol 3, bk. 1, chap. 1; Immanuel Kant, *Beantwortung der Frage: Was ist Aufklarung?* In *Werke*, ed. Ernst Cassirer (Berlin: Bruno Cassirer, 1922), vol. 4, p. 169.

和昆体良;18世纪的现代主义者同样也是绅士,也是接受古典名著的熏陶而成长起来的有闲阶层的成员。他们赞美古人,也包括赞美雄辩家。但是,他们的"民间英雄"是毫不妥协、永无止境地追求真理的苏格拉底。他始终被视为模范的教师和思想家,因为自由思想家将哲学和批判等同起来。事实上,"他们认为,正是这种批判的行为,才使他们有资格自称哲学家"。① 他们与哲学、批判和古代紧密相连,认为苏格拉底的批判性习性是最伟大的古代遗产。

不言而喻,文艺复兴人文主义者也并没有忽视苏格拉底和柏拉图。实际上,他们还拓展和推进了对柏拉图著述的研究。但是,引述某位哲学家和对其哲学怀有好奇心是很不一样的,而决定如何去读这些作家与知道应该读哪些作家是同样重要的。例如,有传言说,18世纪的爱德华·吉本(Edward Gibbon)以"贪婪的"愉悦"吞咽"了西塞罗,而16世纪的约翰内斯·斯特姆(Johannes Sturm)推崇苏格拉底并将其思想融入教学当中。然而,这两者不应该混为一谈。前者在雄辩家身上找到了对其所在时代的博雅学艺展开攻击的根据,后者则明确地援引哲学家以宣扬某种基督教的美德。②

实验科学的兴起"胜过了基督教产生后的一切,使文艺复兴和宗教改革不过成了小小的插曲,仅仅是中世纪基督教世界系统内部

---

① Paul Hazard, *The European Mind*, *1680-1715*, trans. J. Lewis May (New Haven, Conn.: Yale University Press, 1952), p. 141. 参见 Peter Gay, T*he Enlightenment*: *An Interpretation* (New York: Alfred A. Knopf, 1966), vol. 1, pp. 81-82, 121-132; Elaine Limbrick, "Montaigne and Socrates," *Renaissance and Reformation* 9 (1973): 46-57. (然而,康德将"苏格拉底的对话录"排除出道德教育的范畴。Immanuel Kant, *The Metaphysical Principles of Virtue* [Part II of the *Metaphysics of Morals*], trans. James Elington [New York: Bobbs-Merrill, 1964], 4.479.)这并不意味着哲学家眼中的苏格拉底是柏拉图主义的苏格拉底的准确反映,又或者后者是博雅—自由理念的直接来源,尽管这一理念植根于哲学家传统。实际上,有人以古希腊的思想——一种进化的、平等的、前进的、实用主义的世界观——将"liberal"的传统与智者派而不是苏格拉底、柏拉图相联系。Eric A. Havelock, *The Liberal Temper in Greek Politics* (New Haven, Conn.: Yale University Press, 1957), pp. 30, 80-81; Frederick A. Beck, *Greek Education*, *450-350 B.C.* (London: Methuen, 1964), pp. 149-150.

② E. Hoepffner, "Jean Sturm et l'enseignement supérieur des letters à l'Ecole de Strasbourg," in *L'humanisme en Alsace* (Paris: Société d'Edition "Les Belles-Lettres," 1939), p. 87; Gay (1966), pp. 55-57.

的转变"。① 无论这一观点是否得到认同,现代世界的进步受到了科学发展的深远影响,确实是显而易见的。此外,保存完好的"新哲学"或"新科学"从尼古拉·奥里斯姆(Nicholas Oresme)*到查尔斯·达尔文(Charles Darwin)的发展过程也毋庸赘述。然而,考虑到此前关于人文主义的论述,应该承认,文艺复兴至少是实验科学发展的起点。事实上,有的学者走得更远,他们论述了人文主义和科学探求的"统一",或是强调推动了科学实验方法的文艺复兴对创新的态度。另一些学者则谈及早期的科学家对古代科学原始文本的使用,或是在文艺复兴的文化社团中寻找17世纪科学社团的根源。尽管如此,人文主义者与早期科学家的基础性联合实际上是消极的——这两个群体都反对经院式的实践和权威。

之所以这样说,是为了不再强调文艺复兴的人文主义可能对这个世界的数学—力学模型的发展所起到的直接贡献——哥白尼(1473—1543)、开普勒(1571—1630)和伽利略(1564—1642)曾为这一模型的创立付出了极大的努力,而且这一模型对开创新科学作用重大。诚然,在天文学中寻找数学和谐的努力与文艺复兴时期柏拉图哲学的复兴有关,早期的科学家也往往是人文主义者圈子里的老师和学生。然而,更为重要的是,以下逆命题并不成立:主要的人文主义者都不是自

---

① Herbert Butterfield, *The Origins of Modern Science*, *1300-1800*, rev. ed. (New York: Macmillan, 1957), p.7 and chap.10. 关于实验科学的起源及文艺复兴的贡献,我引用了Martha Ornstein, T*he Role of Scientific Societies in the Seventeenth Century* (1913; reprint, Chicago: University of Chicago Press, 1938), pp.73-139; Hans Baron, "Towards a More Positive Evaluation of the Fifteenth Century Renaissance," *JHI* 4 (1943): 21-49; Alastair C. Crombie, "The Significance of Medieval Discussions of Scientific Method for the Scientific Revolution," in *Critical Problems in the History of Science*, ed. Marshall Claggett (Madison: University of Wisconsin Press, 1959), pp.79-101; Olaf Pederson, "Du quadrivium a la physique: Quelques apercus de l'evolution scientifique au moyen age," in *Artes* (1959), pp.107-123; Marie (Boas) Hall, *The Scientific Renaissance*, *1450-1630* (New York: Harper and Row, 1962), pp.18-19; Joan Gadol, "The Unity of Renaissance: Humanism, Natural Science, and Art," in *From the Renaissance to the Counter Reformation*: *Essay on Honor of Garrett Mattingly*, ed. Charles H. Carter (New York: Random House, 1965), pp.29-55; Cesare Vasoli, "La Premiere querelle des 'anciens' et des 'modernes' aux origines de la Renaissance," in *Classical Influences on European Culture*, *A. D. 1500-1700*, ed. Robert R. Bolgar (Cambridge: Cambridge University Press, 1976), pp.67-80; Vasoli, "The Contribution of Humanism to the Birth of Modern Science," *Renaissance and Reformation*, n. s., 3, no. 1 (1979): 1-15.

\* 奥里斯姆(Nicholas Oresme,1323—1382)是经济学家、数学家、物理学家、天文学家、哲学家、音乐家和心理学家。——译者注

然科学、实验科学领域的杰出学者。①

这一重要区别的原因在于,文艺复兴的人文主义致力于重新获得古典传统和欣赏其文学成就。相反,哥白尼、开普勒和伽利略则在天文学和力学中挑战传统的信条,而且新科学发展出了一种批判的、开放的方法论。正如约翰·多恩(John Donne)*在诗中写到的那样,"新哲学将一切置于怀疑之中"。② 与其本质相适应,尽管笛卡儿的理性主义和英国的经验主义开始发掘其深入的哲学含义,新科学还是在试探性地前进了,并且,艾萨克·牛顿(Isaac Newton,1642—1727)的《自然哲学之数学原理》吊诡地赢得了信任、接受和作为真知的假设。③

因此,从文艺复兴的起点开始,新哲学逐渐成熟,并最终在启蒙运动中获得了热情的支持。从这次哲学家传统的复兴及其对苏格拉底式批评法和数学规则的狂热之中,可以抽象出与博雅学艺理念相对照的与"自由"(liberal)学科相联系的另一理念。我称其为"博雅—自由(liberal-free)理念",因为它作为根本的文化理念而存在着,因为从包含了一种整体上逻辑连贯的角度来说,它是系统的。如上所述,标准的限定条件是有序的。虽然我认为博雅—自由的理念产生于笛卡儿(Descartes)、霍布斯(Hobbes)的时代和康德、普里斯特利(Priestley)的时代之间,但是我并不是说任何特定的人物曾以这些术语来形容这一理念。出于同样的原因,尽管早期的科学家、"现代人"和启蒙运动时

---

① Edwin A. Burtt, *The Metaphysical Foundations of Modern Physical Science: A Historical and Critical Essay*, rev. ed. (New York: Harcourt, Brace, 1932), pp. 36–50; Paul O. Kristeller, "The Place of Classical Humanism in Renaissance Thought," *JHL* 4 (1943): 59–63; Harcourt Brown, "The Renaissance and Historians of Science," *Studies in the Renaissance* 7 (1960): 27–40.

\* 约翰·多恩(1572—1631)是英国诗人、玄学派诗歌的创始人和主要代表人物,作品包括爱情诗、讽刺诗、格言诗、宗教诗以及布道文等。诗歌节奏有力,语言生动,想象奇特而大胆,常使用莎士比亚式的机智隐喻。——译者注

② John Donne, "An Anatomie of the World: The First Anniversary," in *The Complete Poetry and Selected Prose of John Donne*, ed. Charles M. Coffin (New York: Random House, 1952), line 205; A. R. Hall, *The Scientific Revolution, 1500–1800: The Formation of the Modern Scientific Attitude*, 2nd ed. (London: Longmans Green, 1962), pp. 32–33.

③ 实际上,真正了解自然的奥秘这一假设,见于哈雷(Halley)所写的对牛顿的颂扬:"任何一个凡人,不可能比他更接近上帝。"Edmund Halley, "In Viri Praestantissimi Isaaci Newtoni Opus Hocce Mathematico-Physicum: Seculi Gentisque Nostrae Decus Egregium," in *Isaac Newton's Philosophiae Naturalis Principia Mathematica*, ed. Alexandre Koyé and I. Bernard Cohen, 3d ed. (1726; reprint, Cambridge: Harvard University Press, 1972), vol. 1, p. 14, line 48.

期的自由思想家为这一理念作出了贡献,博雅—自由的理念并不囿于这些人,这些人也不受限于这一理念。我更愿意坚持这样的观点,即从这一时期某些思想家的作品当中,我们可以抽象出一套由七个特征连贯而成的模式,并且这一模式逐渐出现在被后来的那些仔细回顾这些思想家的支持者们称为"自由"教育的论述和计划中。

博雅—自由理念的七个特征中,最为重要的是对自由——尤其是从既有的约束和标准中获得自由——的强调。在这一点上,约翰·洛克(1632—1704)的作品有着很大的影响,特别是《政府论》两篇,其中他写道:"人类原初的状态……是一种他们认为合适的、并以此规范行为的完美的自由状态。"基于这一论断,洛克继而将自由(liberty)提升为一项基本的人权。让·雅克·卢梭(1712—1778)通过自己的著作将其融合到自由的传统中:哲学方面,表现在坚信一切行动都源自"自由人的意志"(in the will of a free being)的萨瓦牧师的神学当中;政治方面,表现在《社会契约论》之中,对不可让渡的自由权利的捍卫;教育方面,表现在《爱弥儿》之中,鼓励婴孩、儿童和青少年根据自身的感知去满足自我的需要。当然,许多 18 世纪的哲学家对卢梭的自由的尺度持有保留态度;尽管如此,他们仍然将自由作为首要的对象来称颂。①

对自由的渴求尤其与对理智和理性的强调相联系,这也是博雅—自由理念的第二个特征。当狄德罗呼唤"理性时代"时,他同时也在呼唤一个自由的时代,因为哲学家的理智的有效利用需要自由,反之亦然。不在理智之上加诸任何假定之束缚的"自由思想"使人兴奋不已,而"被称为自由思想家的一派人的出现和成长"受到了其成员的拥戴,也为同时代的经院哲学家所谴责。对人类理性力量和数学法则的狂

---

① John Locke, *Two Treatises of Government... Printed for Awnshan and J. Churchill at the Black Swan*, 1968, ed. Peter Laslett, rev. ed. (Cambridge: Cambridge University Press, 1967), 2.2.4; Jean-Jacques Rousseau, *Du Contrat Social*, bk. 1, chap. 4; Rousseau, *Emile*; 或 *de l'éducation*, in *Oeuvres Complètes*, vol. 4, bk. 1, pp. 253-254, bk. 2, pp. 310-312, bk. 4, pp. 586-587; Gay (1966), p.3. 卢梭的思想中有深刻的极权主义倾向,但是对个体自由的宣扬后来被认为是他对"自由教育"的主要影响,这一观点同时为支持他的进步主义者和欧文·白璧德(Irving Babbitt)这样刻薄的批评家所接受。

热当然是、也理应是启蒙运动广为人知的主题。① 牛顿和笛卡儿也许是作为理性时代之基础的数学理性主义的最为重要的先驱,尽管后者更为详尽地阐述了其哲学含义。

在《方法论》一书中,勒内·笛卡儿(1596—1650)试图通过系统地寻找一种确定的新标准来清除对权威的经院式依赖。他在逻辑关系中找到的这套标准,在头脑中能够"清晰而明显地"意识到。他关于宇宙从起点开始的推论也无需在此赘言,我们仅需注意到他对理性主义方法的绝对自信,这可以从很多方面反映出来,例如,他赞同"罪恶源于无知"的苏格拉底式的观点,他将情感贬低为混乱的观念,他不信任感官体验,认为这些体验是以一种混乱的方式通过松果体腺传至大脑。② 如此的自信,加之对这个世界的数学模型的推崇,导致后来理性被尊为启蒙运动的至高无上的君主,尽管在启蒙运动中还存在着卢梭和其他人的浪漫主义反动。③

第三个特征:博雅—自由理念包含了一种批判怀疑主义。尽管某些自由思想家转而信仰新科学,认为通过自己的探究能够达到最终答案,但是他们的这一反应基本上并未抓住科学方法的核心,即任何推断而来的结论都将成为新的假设,并接受质疑和批判。从根本上来

---

① Anthony Collins, *A Discourse of Free-Thinking Occasion'd by the Rise and Growth of a Sect call'd Free-Thinkers* (London: n. p., 1713); Gay (1966), pp. 20, 31, 83, 129; Hazard (1952), pp. 145-184; Friedrich A. Hayek, New Studies in Philosophy, Politics, Economics, and the History of Ideas (London: Routledge & Kegan Paul, 1978), pp. 119-132. 当然,似乎不允许太多自由的严密推理的形而上学系统也是由笛卡儿、斯宾诺莎(Spinoza)、莱布尼茨(Leibniz)这样的"现代人"所建立的。Ernst Cassirer, T*he Philosophy of the Enlightenment*, trans. Fritz C. A. Koelln and James P. Pettegrove (Princeton, N. J.: Princeton University Press, 1951), pp. 6-7, 45ff.

② René Descartes, *Discourse on the Method*, pt. 4; *The Passions of the Soul*, articles 16-32, 48; *Rules for the Direction of the Mind*, rule 12; *Meditations on the First Philosophy*, meditations 5, 6; *Notes Directed Against a Certain Programme*, pp. 442-443, in T*he Philosophical Works of Descartes*, trans. Elizabeth S. Haldane and G. R. Ross (Cambridge: Cambridge University Press, 1911), vol. 1.

③ 对哲学家的知性主义的一种反动的发展过程经常与卢梭的鼓励相联系,Irving Babbitt 对卢梭的影响做了尖刻的批评,见 *Rousseau and Romanticism* (Boston: Houghton, Mifflin: 1919), chap. 2。必须承认,卢梭将行为主要视作欲望的奴仆,认为判断来自情感而非理性,他的论断与其说是系统有序的,还不如说有些急躁。Rousseau, *Emile*; or *de l'education*, pp. 203-244; Jean Starobinski, "The Accuse and The Accused," *Daedalus* 107 (Summer 1978): 41. "指责18世纪的心理学完全是唯智的,其分析局限于思想和理论知识的范畴,忽略了情感生活的力量和特殊性质",关于这一论断的证据,参见 Cassirer (1951), pp. 104ff. ; Peter Gay, *The Enlightenment*: *An Interpretation* (New York: Alfred A. Knopf, 1969), vol. 2, pp. 187-207。

说,这一方法依赖于一种怀疑的态度。笛卡儿及其怀疑的方法,洛克及其对先天观念存在的攻击,都对理论背景作出了贡献,但是只有经由大卫·休谟(David Hume,1711—1776),这些含义才被清楚地表达出来。在《人类理解研究》中,休谟认为,经验主义的实在性仅仅建立在某一前因导致某一后果这种已经过去的观察之上。他明确指出,新科学永远都不能带来确定性。① 即便是一千次实验中得到的相同结果,在逻辑上也不存在使其在接下来的检验中重复出现的必然性。

由于"确定性是不宽容之母",宽容因此成为博雅—自由理念的第四个特征。出现在18世纪之始的这一特征是一种"新的美德",因为"宽容"一词在过去暗指软弱或怯懦,是一个人对自己所宣称的信仰缺乏投入的表现。② 这种新的美德主要依靠怀疑主义的认识论,正如洛克在对宗教的论述中所表现出来的那样。③ 如果不能确定标准最终是对是错,那么没有一种观点能够被认为是绝对的。自由思想家很快就接受了这一观点。平等主义是博雅—自由理念的第五个特征。平等主义的趋势也是随着标准和规范的相对化而产生的,尽管这种联系并没有立即被强调。相反,在"自然法"原理方面,霍布斯等人创立了"自然使人类足够平等"的信条。霍布斯的这一观念大受启蒙思想家的推崇。尽管在评价自然状态时与霍布斯有所不同,洛克和卢梭同样提出了"人生而平等"的主张。④ 因此,直到休谟揭穿了与平等的诉求

---

① David Hume, *An Inquiry Concerning Human Understanding*, in *The Philosophical Works of David Hume* (Edinburgh: Adam Black and William Tait, 1826), vol. 4, sects. 6–7; Kingsley Martin, *French Liberal Thought in the Eighteenth Century: A Study of Political Ideas from Bayle to Condorcet*, ed. J. P. Mayer, 2d ed. (London: Phoenix, 1962), pp. 13–16, 35–53, 117–123, 177–183; A. R. Hall (1962), pp. 32–33.

② 引语出自 Hazard (1952), pp. 343–344. Gay (1966), p. 163; Gay (1969), p. 399。

③ 洛克的 *Epistola de Tolerantia* 于1689年面世,但他的认识论方面的论述在 *A Second Letter Concerning Toleration* (1690) 中阐述得更为详尽,见 *The Works of John Locke* (1823; reprint, Aalen, W. Ger.: Scientia Verlag, 1963), vol. 6, pp. 61–137。

④ Thomas Hobbes, *Laviathan; or The Matter, Forme and Power of a Commonwealth, Ecclesiastical and Civil*, ed. C. B. Macpherson (1651; reprint, Baltimore: Penguin, 1968), pt. 1, chap. 13; Locke, *Two Treatises of Government*, 2.2.4; Judith N. Shklar, "Jean-Jacques Rousseau and Equality", *Daedalus* 107 (Summer 1978): 13–26. 相应地,在"哲学的"雅典,"自由"(*eleutheria*)暗示着平等和民主法则,而在"雄辩的"罗马,*libertas* 一词则没有这种含义。Chaim Wirszubski, *Libertas as a Political Ideal at Rome during the Late Republic and Early Principate* (Cambridge: Cambridge University Pree, 1950), pp. 9–15.

相联系的自然法和社会契约的理论不过是合乎时宜的假象,这一主张在"启蒙"的言论中可谓根深蒂固。

与这种包容性和平等主义必然相伴的是博雅—自由理念的第六个特征,即对个人意志的强调,而不是对见之于博雅学艺理念中的公民义务的强调。洛克关于教育的论述对这种个人主义伦理作出了贡献,他强调每个儿童的天性,认为教师应该据此来唤起学习的动机,而不是依靠强制力。卢梭在《新爱洛伊丝》里有关教育儿童的文字中表达了同样的主旨。之后,他在《爱弥儿》中通过暗示性地描述人类的发展阶段,详细阐述了这一理念,因而将个人成长的概念与对独立个体的强调结合起来。①

对个体成长的关注催生出了博雅—自由理念的第七个特征:"博雅—自由"是一种理念,并且自为目的。知识的追求过程中所要实现的智力的自由成了一个自为目的的目标。由于结论总是面临批判,人们最终渴求的实际上并不是真理,而是探寻的过程。因此,启蒙运动时期卓越的德国作家戈特霍尔德·莱辛(Gotthold Lessing)*坚持认为,如果上帝一手拿着真理,一手拿着探求真理的勇气要他作出选择,他会选择后者。从某种意义上来说,伊曼纽尔·康德的观点也与之相似。

评论家们指出,康德的教育哲学"始终坚持自治、自由和个性",但是,如上所述,在此我并不想用博雅—自由理念的框架去限制某个具体的人。例如,几乎没有人会认为康德是怀疑论者,尽管他相信自己被休谟从"独断论的迷梦"中摇醒,并且认为"物自体"(noumena)永远

---

① Jean-Jacques Rousseau, *Julie; ou La nouvelle Héloise*, in *Oeuvres Completes*, vol. 2, pt. 5, letter 3; John Locke, *Of the Conduct of the Understanding*, ed. Francis W. Garforth (New York: Teachers College Press, 1966), sect. 4; Locke, *Some Thoughts Concerning Education*, in *The Works of John Locke*, vol. 9, sects. 66, 167–168.

\* 莱辛(Gotthold Lessing,1729—1781),德国启蒙运动时期剧作家、美学家、文艺批评家。他批判虚伪的宫廷风格和"虔诚"的情感,用人道主义、浪漫主义取代已陷于僵死、衰落的古典主义,主张天才与艺术创造的完美结合,反对艺术创作中固有模式的限制。莱辛处于古典主义向浪漫主义的转折点,将启蒙运动推向高潮,其美学思想预示了即将到来的浪漫主义美学的萌芽和蓬勃发展。——译者注

不能被直接认识。① 但是,我们也有理由将18世纪末对真理的永无止境的自由追求的巨大影响归功于康德。正如他所写的:"我本人,本意上是真理的追寻者。我感觉到一种对知识的强烈渴求和推进知识的永不停息的热情,每跨出一步,我都感到满足。"这一观点同样见于他思想中进步的方面,他预先假定发展理性主义能够朝着实现先验理性的方向推进。这种假设广为启蒙思想家接受,正如在他们的历史哲学和他们认为极为适切的实验科学中所体现的那样。②

把目光从那些在十七八世纪的讨论中抽象而出的观念丛(set of ideas)以及与所谓"博雅"的教育相联系的思想体系中抽离出来,我们能发现当时的课程计划(the curriculum)——特别是英国的课程计划——中主要有三种不同的博雅学科模式。首先,经院式课程计划(the scholastic program)的残余依然存在,它强调逻辑的学习和从固有原则到实际经验的每个细节的哲学推理。其次,还有人文学(*studia humanitatis*),这在某种情况下保存了雄辩家的人文主义传统,尽管由于经院哲学的影响和制度上的约束,这些学习经常恶化到通过枯燥的文法和修辞规则来教授古典语言和文学的地步。再次,这时出现了或许能被定义为博雅—自由的科目(the liberal-free subjects),主要包括自然科学和实验科学、现代语言学。这是一套以两种途径发展的课程:途径之一仅仅是抓住了新科学的发现,并且以绝对的口吻教授它们;另一种则在科学发现中包含了实验方法和态度。

---

① Immanuel Kant, *Prolegomena to Any Future Metaphysics*, translated with an introduction by Lewis W. Beck (New York: Bobbs-Merrill, 1950), 4.260; Kant, *Critique of Pure Reason*, trans. Norman K. Smith (New York: Macmillan, 1929) A10, B14-18; A22-41, B37-58; A76-83, B 102-116. 评论家的评论引自 William K. Frankena, *Three Historical Philosophies of Education: Aristotle, Kant, Dewey* (Glenview, III.: Scott, Foresman, 1965), p.92。

② 引自 Ernst Cassirer, *Rousseau, Kant, Goethe: Two Essays*, trans. James Gutman, Paul O. Kristeller, and John H. Randal, Jr. (Princeton, N.J.: Princeton University Press, 1945), pp.1-2, Cassirer (1951), pp.49ff., 209-228; William H. Walsh, Kant's Criticism of Metaphysics (Edinburgh: Edinburgh University Press, 1975), app,; Butterfield (1957), chap.12; Alfred C. Ewing, *A Short Commentary on Kant's Critique of Pure Reason* (Chicago: University of Chicago Press, 1938), chaps. 4,5。

## 第五章　博雅——自由理念的兴起

以上三种课程计划及其衍生物以不同的方式与一系列规模空前的学术机构和教育讨论相联系,并在其中得到推动。文法学校和独立的古典学校填补了较低的层次,在此层次之上,不同类型的独立学园和导师共同承担了大学的教育职能。这包括在一个国家或公国内由宗教上的少数派建立的学园——在英国被称为反对派学园或非国教派学园,它们有的兴旺发展,有的悄然淹没,其生存能力取决于政府的包容程度。在大学中,寄宿制学院和导师、讲师和教授职位、官方规定的艺学学士学位的科目和考试之间的联系经常十分松散。这一点充分体现在17世纪晚期和18世纪的剑桥和牛津之中。尽管批判传统学习的批评家大多身处大学之外,他们确实通过著述和通信对关于博雅教育的讨论作出了贡献。总而言之,这些教育计划及其支持者提出了关于博雅教育的多种意见。

在许多问题之中,一个核心的问题是,与博雅—自由理念相联系的那种思想与科目是否已渗透进17、18世纪的大学。和"文艺复兴人文主义在何时何地进入大学"这一问题一样,关于近代科学何时何地进入大学,当代的学者有许多不同意见。有人坚信这种渗透的确发生了,而另一些人则否认这一点。[①] 对某一位学者而言,剑桥聘请著名的牛顿就是其对科学开放的证据;而在另一位学者眼中,牛顿个人的卓越和独特性恰恰说明了大学是多么抵制科学。在某些人看来非国教派学园是现代的,另一些则认为它们依然追随大流。证据的模棱两可导致了解释上的矛盾,而批评教育的人士彼此意见并不一致,这更加剧了模糊性。诸如洛克和普里斯特利这样的批评家尽管或许与博雅—自由的科目和思想有关,却仍然坚持希腊语和拉丁语"是有重大

---

① 与赫伯特·麦克拉西兰在 *English Education Under the Test Acts*, *Being the History of the Non-conformist Academies*, *1662-1820* (Manchester, Eng.: Manchester University Press, 1931), chaps. 1.2 的观点相比较;P. Allen, "Scientific Studies in the English Universities of the Seventeenth Century", *JHL* 19 (1949): 219-253; Nicholas Hans, *New Trends in Education in the Eighteenth Century* (London: Routledge and Kegan Paul, 1951), pp. 37-38, 47-49, 54ff.; W. A. Pantin, "The Conception of the Universities of England in the Period of the Renaissance," in *Commission* (1967), pp. 105-106; Hugh F. Kearney, *Scholars and Gentlemen: Universities and Society in Pre-Industrial Britain*, *1500-1700* (London: Faber and Faber, 1970), pp. 151-152, 165; Richard S. Tompson, *Classics or Charity? The Dilemma of the 18th Century Grammar School* (Manchester, Eng.: Manchester University Press, 1971), p. 23.

用处和优越性的语言；一个人若是不熟悉它们,则无法在有教养的群体中立足"。另外,那些猛烈抨击经院哲学家的人士在抨击之时常常利用经院哲学的论点。① 因此,关于这一时期博雅教育的本质,还有许多细节值得探讨。我个人倾向于一种较为传统的观点——反修正主义,如果非要这么说的话。总之,在我看来,大学反对博雅—自由科目的进入,正如同它们在两三个世纪之前反对文艺复兴人文主义科目那样。

再看看新哲学和新科学的支持者对学校的态度。大多数人与弗朗西斯·培根一样,身处已有的教育机构之外,反对先入为主的经院哲学和绅士传统。霍布斯曾经厌倦了牛津的亚里士多德主义,想在大学里讲授他自己的学说而不是古人的学说。笛卡儿并不认为生搬硬套的三段论法或古典权威对追求真理有何帮助,洛克则认为大学里的辩论都是无用的。② 对经院哲学家的攻击在 18 世纪仍然持续着,吉本嘲笑大学的教条主义,休谟提议清空它们的图书馆：

> 当我们浏览图书馆的藏书,被这些原则说服时,我们犯了多大的错误呢？比方说,如果我们拿起关于神学或形而上学的任何一卷,我们不妨这样问：它是否包含了任何关于数量和数字的抽象推理？没有。它是否包含了任何关于事实和存在的经验性推理？没有。那么,将这本书付之一炬吧,因为它除了诡辩和假象一无所有。③

新哲学家对吹捧希腊和拉丁文学的做法同样持批判态度。他们并没有轻视本国语言——笛卡儿、卢梭和伏尔泰用法语写作了重要的著作,培根、霍布斯、洛克和休谟使用英语,莱辛和康德使用德语。他们也批评以陈腐的方式讲授文学经典：笛卡儿在《方法论》里,洛克在

---

① 引自 Locke, *Some Thoughts Concerning Education*, sect. 168。参见 Joseph Priestley, *Miscellaneous Observations Relating to Education*, *More Especially as It Respects the Conduct of the Mind*, 2d ed. (Birmingham, Eng.: M. Swinney, 1788), sect. 3; James P. Ferguson, "The Image of the Schoolmen in 18th Century English Philosophy, with Reference to the Philosophy of Samuel Clarke," in *Actes* (1969), pp.1199–1206。

② Hobbes, *Laviathan*, pp. 727–728; Descartes, *Rules for the Directions of the Mind*, rules 3, 7, 14; Locke, *Of the Conduct of the Understanding*, sects. 7, 29, 31.

③ Hume, *An Inquiry Concerning Human Understanding*, sect. 12, pt. 3.

《教育漫谈》里都展开过批评；卢梭则抱怨说，他花了两年时间"学习拉丁文和一切以教育为名的无用之物"。① 在培根和霍布斯的领导和伦敦皇家学会的支持下，17世纪末的批评家们终于对西塞罗式和经院式修辞学理论提出了质疑，并发展出一种简化的修辞方法，拒绝一切矫揉造作。在18世纪的英格兰，这一活动将修辞学从复杂的、五重的、西塞罗式的定义中还原出来，仅仅关注表达的形式和风格。② 雄辩术与智慧的结合由此废止。这些新哲学家们从根本上反对博雅学问的雄辩家理念———一种以有说服力的优美表述来记述求真、求善(公民美德)内容的高尚传统。

出于这些态度，尽管17世纪中期诸如塞缪尔·哈特利布(Samuel Hartlib)*、约翰·弥尔顿及他们所在的小圈子作出了一些改革的努力，自由思想家、实验者、现代主义者和哲学家基本上都在教育机构之外工作。直到17世纪晚期，科学家们仍多以个人身份进行实验，与他们的助手一起分散在私人的工作室和家中开展工作。渐渐地，支持这些事业的正式机构以致力于新科学的科学协会的方式在大学之外建立起来。这其中包括1622年伦敦的皇家学会、1666年的法兰西科学院及随后的柏林皇家科学协会。此后不久，莱布尼茨在莱比锡创办《教师学报》(Acta Eruditorum)；在荷兰，这个曾经十分包容、后来成为新冒险之母的国度，诞生了其他的刊物。17世纪的这些努力后来成为18世纪和19世纪相似事业的模范。③

---

① Descartes, *Discourse on the Method*, pt. 1; Locke, *Some Thoughts Concerning Education*, sects. 168-169; Jean-Jacques Rousseau, *Confessions*, in *Oeuvres completes*, vol. 1, bk. 1, p. 12.

② Wilbur S. Howell, *Logic and Rhetoric in England, 1500-1700* (Princeton, N. J.: Princeton University Press, 1956), pp. 338-390; Howell, *Eighteenth-Century British Logic and Rhetoric* (Princeton, N. J.: Princeton University Press, 1971), pp. 76, 145ff.; Karl R. Wallace, "Francis Bacon on Understanding, Reason and Rhetoric," *Speech Monographs* 38 (1971): 79-91; Peter France, *Rhetoric and Truth in France: Descartes to Diderot* (Oxford: Oxford University Press, 1972).

\* 哈特利布(Samuel Hartlib, 约1600—1662)，17世纪英国著名的教育家和农业改革家。——译者注

③ Stephen d'Irsay, *Histoire des universities francaises et etrangeres des origines a nos jours* (Paris: Editions Auguste Picard, 1933-1935), vol. 2, pp. 56-57, 89-90; Ornstein (1938), chaps. 3-7; M. B. Hall (1962), pp. 238-246; A. R. Hall (1962), chap. 7; Kurt Muller, "Zur Entstehung und Wirkung der wissenshaftlichen Akademien und gelehrten Gesellschaften des 17. Jahrhunderts," in *Universtitat und Gelehrtenstand, 1400-1800*, ed. Hellmuth Rossler and Gunther Franz (Limburg and der Lahn, W. Ger.: C. A. Starke, 1970), pp. 127-143.

与此同时,大学日益衰落。在18世纪之初,经院主义的诡辩弊病影响到神圣罗马帝国的32所大学;未来改革的希望仅仅存在于哈勒大学(1694)、哥廷根大学(1734)和埃尔兰根大学(1743)的建立之中。① 法国的经历也并无二致。② 在1660年斯图亚特王朝复辟之前,英格兰有一些迹象表明大学在对新科学开放,但是从1660年开始直到19世纪,牛津和剑桥回到了枯燥的经院—人文主义传统。因此,大学不但排斥大量英格兰科学家——在18世纪,这些人中毕业于英格兰大学的比例骤减——所做的工作,也排斥最出色的古典学研究,因为这些研究大多与大学学习无关。③ 这一论断并不意味着英格兰或欧洲被截然分为"古代"和"现代"。这样一种二分法显然极易受到批判,正如它已经被批判的那样。④ 但是,我们可以归纳出,近代早期批判、思辨的哲学的复兴和繁荣确实发生在大学之外和所谓的博雅教育之外。

---

① Notker Hammerstein, " Zur Geschishte derDeutschen Universitat im Zeitalter der Aufklarung," in *Universitat und Gelehrtenstand 1400-1800*, ed. Hellmuth Rossler and Gunther Franz (Limburg and der Lahn, W. Ger.: C. A. Starke, 1970), pp. 145-172; R. Steven Turner, "University Reformers and Professional Scholarship in Germany, 1760-1806," in *The University in Society*, ed. Lawrence Stone (Princeton, N. J.: Princeton University Press, 1974), pp. 495-532; Charles E. McClelland, "The Aristocracy and University Reform in Eighteenth Century Germany," in *Schooling and Society: Studies in the History of Education*, ed. Lawrence Stone (Baltimore: Johns Hopkins University Press, 1976), vol. 1, pp. 153-154; McClelland, *State, Society and University in Germany, 1700-1914* (Cambridge: Cambridge University Press, 1980), pts. 1, 2; R. J. Evans, "German Universities after the Thirty Years War," *History of Universities* 1 (1981): 169-189.

② d'Irsay (1935), p. 90-103, 112-142; Boguslaw Lesoodorski, "Les universities au siècle des lumieres," in *Commission* (1967), pp. 143-159; Jacques Le Goff, "La conception francaise de l'universite a l'epoque de la Renaissance," in *Commission* (1967), pp. 94-100; Lawrence B. Brockliss, "Philosophy Teaching in France, 1600-1740," *History of Universities* 1 (1981): 131-168.

③ Martin L. Clarke, *Greek Studies in England, 1700-1830* (Cambridge: Cambridge University Press, 1945), chap. 3; Clarke, *Classical Education in Britain, 1500-1900* (Cambridge: Cambridge University Press 1959), pp. 68-73; Hans (1951), pp. 31-36; Kearney (1970), pp. 141ff., 157ff.; Howell (1971), chap. 1.

④ 参见 Richard F. Jones, Ancients and Moderns: *A Study of the Rise of the Scientific Movement in Seventeenth-Century England*, 2d ed. (St. Louis: Washington University Press, 1961), 及 Allen G. Debus, *Science and Education in the Seventeenth Century: The Webster-Ward Debate* (New York: American Elsevier, 1970)。也见于 Kearney (1970). chap. 10。

从斯宾诺莎\*的观点中,我们可以找到上述现象的一个重要原因。他认为,教会对教育机构的控制限制了学术的自由,因为神学的信条并不鼓励牧师们去怀疑。在这点上,倒不是说科学家们想要去怀疑。许多科学家(如牛顿和玻义尔)虔诚地坚持基督教信仰,并坚信理性和科学与宗教的真理是完全协调一致的——这种观点最终导致了自然神论。① 尽管如此,甚至在对伽利略进行责难之前,经过犹太教徒和基督徒对斯宾诺莎的谴责,再到斯提林福里特主教(Bishop Stillingfleet)\*\*对洛克的反对,如此种种,牧师们都坚定不移地反对新哲学。这种对新哲学的反对转而在文法学校和大学中延续着。如果要对这一时期做一个总体的评价,无数的权威人士都认为在16、17世纪,以及在18世纪的大部分时间里,课程、制度结构和教学是停滞不前或衰退的。

尽管出现了萧条,大学对新哲学的反对并非完全被动。它们有足够的精力加入到教会对新哲学和自由思想家无休止的责难当中去——至少这是传统的说法,并未受到质疑。正如牛顿在剑桥的存在往往被用于支持另一种观点\*\*\*一样,笛卡儿哲学的课本在18世纪初获得的官方认可因大学腐化的程度不同而受到欢迎或抵制。洛克的《人类理解论》在牛津和剑桥广为师生阅读,却被禁止教授,也是同样矛盾的阐释。

除了课程的问题,大学中不同的知识分子运动所扮演的角色也同样模糊不清。在17世纪后半叶,剑桥大学的柏拉图主义者攻击霍布斯的唯物主义和笛卡儿的机械理性主义以及世界的数学—力学模型。在剑桥大学内部,这些柏拉图主义者支持唯心主义的宇宙观,以此作

---

\* 斯宾诺莎(1632—1677),荷兰哲学家,西方近代哲学史上重要的理性主义者,与笛卡儿和莱布尼茨齐名,他的哲学体系中决定论的解释为科学的一体化提供了蓝图。著有《几何伦理学》《神学政治论》等。——译者注

① Cassirer (1951), pp. 39-45; Stuart Hamphshire, *Spinoza* (Harmondsworth, Eng.: Penguin, 1951), pp. 42-44, 200-209; Gerald R. Cragg, *The Church and the Age of Reason, 1648-1789* (Harmondsworth, Eng.: Penguin, 1960), pp. 74-78; Martin (1962), pp. 123-131; A. R. Hall (1962), pp. 103-105.

\*\* 即爱德华·斯提林福里特(Edward Stillingfleet,1635—1699),英格兰神学家,曾任皇家礼拜堂牧师和伍斯特主教。在与洛克的通信中,他支持二元论,反对洛克对其的批判。——译者注

\*\*\* 指认为近代科学成功地渗透进16—18世纪大学的观点。——译者注

为基督教道德规范的基础。然而，他们在当时也被认为是温和主义者和"不拘泥于教条的人"，即较为包容的、开通的基督徒，因为他们认为，对理性的需求和信仰是完全一致的。在接下来的一个世纪，苏格兰的常识学派哲学家强烈反对伯克莱\*和休谟的怀疑论，并认为哲学必须以某种广为人知的并被认为是正确的关于世界的假设为基础。常识学派的成员，诸如托马斯·里德\*\*、乔治·坎贝尔\*\*\*掌握着苏格兰大学中的荣誉席位，他们的盟友詹姆斯·毕提\*\*\*\*享受国王的津贴，并因为以极其好辩而浅薄的方式抨击休谟而获得了牛津的博士头衔。另一方面，里德和坎贝尔致力于将逻辑学学习从经院主义和人文主义修辞学中分离出来，并将其与科学方法相结合；里德被认为是温和主义者，他的学派推进了启蒙运动的过程。

尽管存在着这些含糊之处，最终我必须指出，总体而言，大学是反对思想自由和新知识的。改革的提议并不是从大学内部发出的，尽管某些教师认识到了新哲学的价值。① 直至1765年，当时的剑桥大学在科学和数学成就上都远胜牛津，但一位英国国教的主教理查德·沃森（Richard Watson）仍然被任命为剑桥大学化学教授，正如他后来所说的，尽管他对化学一无所知，也从未在此方面接受过训练。

---

\* 伯克莱（George Berkeley，1695—1753），近代西方主观唯心主义哲学的鼻祖，是英国唯心主义经验论心理学思想的主要代表，曾任爱尔兰克罗因地区主教，提出了"存在就是被感知"（*esse is percipi*）这一著名的哲学论断。主要著作有《视觉新论》《人类知识原理》等。——译者注

\*\* 托马斯·里德（Thomas Reid，1710—1796），苏格兰哲学家，常识学派创始人之一。——译者注

\*\*\* 乔治·坎贝尔（George Campbell，1719—1796），苏格兰哲学家，常识学派代表人物之一，著有《修辞哲学》。——译者注

\*\*\*\* 毕提（James Beattie，1735—1803），苏格兰哲学家，常识学派代表人物之一。——译者注

① 和其他新科学家和哲学家一样，约瑟夫·普里斯特利似乎认同这一观点。参见 Joseph Priestley, *An Examination of Dr. Reid's "Inquiry into the Human Mind on the Principles of Common Sense," Dr. Beattie's "Essay on the Nature and Immutability of Truth," and Dr. Oswald's "Appeals to Common Sense on Behalf of Religion,"* 2d ed. (London: J. Johnson, 1757). 若需要关于大学智力氛围的论据的其他解释，可比较 Clarke (1959), pp. 65–69; Cragg (1960), pp. 68–78; Friedrick C. Copleston, *A History of Philosophy* (Westminster Md.: Newman, 1962), vol. 5, cjaps. 3, 17; Gay (1969), pp. 24–25, 155–158; Vivian H. Green, *The Universities: British Institutions* (Baltimore: Penguin, 1969), pp. 41–42, 232–236; J. David Hoeveler, Jr., *James McCosh and the Scottish Intellectual Tradition: From Glasgow to Princeton* (Princeton, N. J.: Princeton University Press, 1981), chap. 4.

例外确实存在,某些意大利的大学最早接受了一些新知识。① 居于领袖地位的是荷兰的大学,荷兰一直保持政治和宗教上的中立政策,以促进商业发展。这些大学反过来既有助于在 1660 年斯图亚特王朝复辟之后激发苏格兰大学对新哲学的兴趣,也有助于在 1689 年光荣革命(Revolution)后增进苏格兰大学对新哲学的兴趣。苏格兰大学录取的学生中贵族较少,比起英格兰的大学,这里中产阶级和贫苦人家出身的男孩更多。在整个 18 世纪,从苏格兰大学毕业的英格兰科学家的比例稳步上升。但即便是在相对进步的环境中,对新哲学的兴趣仍然只能对艺学课程施加较小的影响。第一年,学生们要投入源自雄辩家和修辞学家的拉丁语和希腊语语法和文学的学习;第二年的内容大致相同,外加逻辑学和基础数学;第三年里进一步重复这些课程,再加上一些伦理学;第四年用于复习回顾,并学习少量的自然哲学和形而上学。

苏格兰和荷兰的大学对"另类学校"——非国教学园(the Dissenting Academies)——影响很大。非国教学园因为提供了当时英格兰最为现代和进步的教育而闻名。实际上,一位历史学家曾经指出,非国教学园在德国和苏格兰教育家那"解放思想"的肥沃土壤里播下了"一颗现代自由教育的种子"。② 清教徒们对此也有贡献,正如我们在塞缪尔·哈特利布的例子中看到的那样,虽然他自己创办学园遭遇了失败。尽管如此,在 1670—1720 年学园的初创时期,非国教的基督徒们大多还是遵循他们无法进入的牛津和剑桥的模式。只有在 18 世纪,数学和实验科学才逐渐在这些学园的课程设置中获得了一席之

---

① 以下关于大学和反对派学园中新知识的讨论,我引用了 d'Irsay (1935), pp. 1–23; Clarke (1959), chap. 11; Vern L. Bullough, "Educational Conflict and the Development of Science in the Renaissance," *Bucknell Review* 15 (1967): 35–45; Green (1969), chap. 5; Karl A. Sprengard, "Die Bedeutung der Artistenfakultat fur die Entwicklung der modernen Philosophie des XIV. und XV. Jahrhunderts," in *Actes* (1969), pp. 691–699; Kearney (1970), pp. 129–135, 156; Hoeveler (1981), chap. 2。

② Hans (1951), p. 57. 关于学园,参见 McLachlan (1931), pp. 19–32; Richard L. Greaves, *The Puritan Revolution and Educational Thought: Background for Reform* (New Brunswick, N. J.: Rutgers University Press, 1969), p. 92; Green (1969), pp. 44–47, 228–232; Charles Webster, ed., *Samuel Hartlib and the Advancement of Learning* (Cambridge: Cambridge University Press, 1970), pp. 7–10, 71–75。

地,即便在那时,这些博雅—自由(liberal-free)科目也并不被认为是"博雅教育"的一部分——这一事实说明,在这一转型时期,即使在英格兰高等教育系统中最为"开化"的地方,人们对于前景仍然是犹豫不定的。直到18世纪后半叶,"博雅"教育的含义才开始发生了"微妙却可察觉的转变"。①

在英格兰的其他教育机构中,变化较少,或根本没有变化。可能存在过的关于新知识的大学讲座从未获得正式的许可。"博雅—自由"科目的讲授往往都是由私人提供,需要缴纳一定的费用,而不是由大学或学院捐赠予以支持。格雷沙姆学院(Gresham College)的情况代表了这些博雅—自由科目的计划外课程的本质。尽管它有时会被牛津、剑桥讲授新哲学的教师视为典范,但它不提供任何文凭,并且地处伦敦,与两所大学内的博雅教育课程大为不同。相反,17世纪后半叶,牛津大学的一位导师托马斯·巴洛(Thomas Barlow)所著的《青年学者指南》(*Directions for Younger Scholars*)证明了当时确实存在经院主义与人文主义学习共存的情况,牛津大学的另一位导师俄巴底亚·沃克(Obadiah Walker)的《论青年绅士的教育》(*Of Education Especially of Young Gentlemen*)也证明了这一点。关于绅士所修读的标准课程的后一种归纳\*到1699年时重印了至少六次,批判了对科学的过度狂热,将"自由的精神"定义为宽厚、慷慨而非不受束缚的自由。②

导师们的指导方式与一个世纪之前菲利浦·锡德尼(Philip Sidney)\*\*爵士所受的教育十分类似,在乔治时代——"博雅"(liberal)暗示着绅士出身(gentility)、博雅学艺(liberal arts)意味着绅士教育

---

① Rothblatt (1976), pp. 27, 76, 98ff.

\* 指《论青年绅士的教育》一书。——译者注

② 巴洛和沃克在 Kearney (1970), pp. 146-159 中被讨论。此处及以下地方,我引用了 John W. Adamson, *Pioneers of Modern Education, 1600-1700* (Cambridge: Cambridge University Press, 1921), chap. 10; Hans (1951), pp. 63-67, 117-121; John L. Mahoney, "The Classical Tradition in Eighteenth Century English Rhetorical Education," *History of Education Journal* 9 (1958): 95; Fritz Caspari, *Humanism and the Social Order in Tudor England* (Chicago: University of Chicago Press, 1954; New York: Teachers College Press, 1968), p. 299; Patricia-Ann Lee, "Some English Academies: An Experiment in the Education of Renaissance Gentlemen," *HEQ* 10 (1970): 273-286; Rothblatt (1976), p. 25, chap. 3, 6, 7.

\*\* 锡德尼(Philip Sidney, 1554—1586),英国文学史上最早的诗人之一。他创作了百余首十四行诗,合集为《爱星者与星》(*Astrophel and Stella*),还创作了最早的诗歌理论作品之一《诗辩》。——译者注

(gentleman's education)的时代——得到了发扬。当一些独立学园被当做两所大学的替代物而建立,并将科学科目和现代语言包含其中时,它们的"博雅教育"仍然包括了西塞罗和亚里士多德的古典学术。与此同时,其他的"贵族学校"建立起来,大学里的学院也越来越表现出排外性。1721年,内森·贝利(Nathan Bailey)出版了《英语语源学通用词典》(An Etymological English Dictionary)的第一版,他特意将博雅教育与礼貌社会联系起来(也见于1802年的第三版及德文译本)。这一观点在18世纪后半叶为牛津大学圣约翰学院的院士维塞斯莫·诺克斯\*所重申,他的《论博雅教育:或关于获得有用而礼貌的知识的方法的实用论述》至1795年时共出了11版。他写道:

> 在创新和改革精神的热情感染之下……他们(弥尔顿、洛克、卢梭,以及……其他就此发表著述的人们)反对那些处理问题的正确模式,推荐那些难以付诸实践,或者即便能够实现,也是无用或有害的方法……因此,在以下的论述中,我支持古典的教育系统,它存在于古典学科之中,并且为我们的民族创造了许多人性之美。①

19世纪初,牛津大学章程规定,艺学学士"必须接受人文学的考试,尤其要接受有关希腊和罗马黄金时代的作家的考察,包括至少三位作家,任何一个学位都应如此"。对"人文学"的重视实际上标志着这一时期牛津和剑桥对古典研究的浓厚兴趣。与此同时,德国大学正在推进新人文主义(neuhumanistische)学习的理念,"人文主义"(humanism)一词最早出现在英语当中,表达强调希腊和拉丁文学的教育,以区别于更功利的科学训练。② 在英格兰的初等学校中也存在同样的情况,正如在著名的1805年判决中所见的,根据传统和现行的用

---

\* 维塞斯莫·诺克斯(Vicesimus Knox,1752—1821),英国散文家和牧师,在圣约翰学院接受教育,曾任坦布里奇学校校长。——译者注

① Vicesimus Knox, *Liberal Education*; *or*, *A Practical Treatise on the Methods of Acquiring Useful and Polite Learning*, 10th ed. (London: Charles Dilly, 1789), vol. 1, pp. 1-3; William E. Axon, ed., *English Dialect Words of the Eighteenth Century as Shown in the "Universal Etymological Dictionary" of Nathan Bailey* (London: Trubner, 1883), pp. v-viii.

② 大学章程引自 Clarke (1959), pp. 98, 104-131. Raymond Klibansky, "Questions et discussions," in *Actes* (1969), pp. 301-302; Carl Diehl, *Americans and German Scholarship*, *1770-1870* (New Haven, Conn.: Yale University Press, 1978), chap. 1; McClelland (1980), pp. 99-131; Martha McMackin Garland, *Cambridge before Darwin: The Ideal of a Liberal Education*, *1800-1860* (Cambridge: Cambridge University Press, 1980), chap. 1。

法,"文法学校"指的是一所"以语法的方式教授学术语言的学校",因此文法学校的校长没有义务讲授本国语言。在研究过1828年课程模式之后,耶鲁学院的法人团体和教师们下结论说:"在英伦诸岛、法国、德国、意大利以及文学已经表现出差异性和重要性的每个国家,希腊和罗马的经典仍然是博雅教育的必要部分。"很少有人对此表示诧异。①

如我们将要看到的,这所位于纽黑文的学院需要跨越大西洋去寻找具有领导地位的教育模式,这一事实能说明早期美国学院的发展状况。之所以这样说,是因为,在实验科学与"现代"科目(作为博雅—自由理念的粗略而尝试性的代表)进入英国教育这一问题上,我更倾向于传统的解释。同时,我本人又对是否赞同近几十年日益流行起来的关于美国本科教育历史的修正主义或现代主义观点感到十分犹豫。尽管如此,应该承认,科学科目并没有完全被殖民地时期当地不同新教派系统治下的九所学院排斥,它们分别是:哈佛(1636),公理会;威廉和玛丽(1693),英国国教;耶鲁(1701),公理会—长老会;普林斯顿(1746),长老会;哥伦比亚(1754),英国国教;宾夕法尼亚(1755),英国国教—长老会;布朗(1765),浸礼会;罗格斯(1766),荷兰改革教派;达特茅斯(1769),公理会。

1711年,威廉和玛丽学院设立了美国第一个数学和自然哲学教席;至1776年,其他五所学院步其后尘。哈佛学院聘请了艾萨克·格林伍德(Isaac Greenwood),他带来了牛顿的《实验哲学讲义》(*A Course in Experimental Philosophy*)的思想;接下来,还聘请约翰·温斯罗普(John Winthrop)担任数学和自然哲学的第二位教授长达40年。在耶鲁,1716—1719年担任教师的塞缪尔·约翰逊也作出了同样的努力,此后耶鲁在汤姆斯·克拉\*校长和美国革命之前的几任校长手中得到

---

① *Reports on the Course of Instruction in Yale College by a Committee of the Corporation and the Academical Faculty* (New Haven, Conn.: Hezekiah Howw, 1828), p. 34; *The Attorney-General v. Whiteley*, July 20th, 22d, 1805 11 Vesey Junior 241.

\* 汤姆斯·克拉(Thomas Clap,1703—1767),公理会牧师,1722年毕业于哈佛学院。耶鲁大学首任校长,任职近27年。——译者注

了进一步的发展。①

围绕着新泽西学院(即后来的普林斯顿大学)有两个不断对所有的殖民地学院,特别是对长老会学院产生影响的漩涡。一方面是大觉醒(Great Awakening)*和复古主义者——他们通过分裂的倾向来鼓励教育的多元化和差异性,尽管某种程度上他们是反理智主义的——带来的混乱。另一方面则是非国教学园和苏格兰大学的活动,如前所述,它们对博雅—自由科目十分热衷。尽管普林斯顿的前四任校长始终坚持经院主义——人文主义的课程,课程计划直到约翰·威瑟斯普恩(John Witherspoon)**到任都没有扩展,但这些因素确实对普林斯顿产生了影响。1771年,普林斯顿设立了一个数学和自然哲学的教席,第二年的课程计划中也纳入了地理学、历史学、天文学和法语。同时,罗格斯(1776年以王后学院之名获得特许状)也与它在新泽西的邻居保持高度一致。②

在哥伦比亚(以国王学院之名建立),新知识的影响有时体现在反

---

① Robert Freeman Butts, *The College Charts Its Course: Historical Conceptions and Current Proposals* (New York: McGraw-Hill, 1939), pp. 60-66; Theodore Hornberger, *Scientific Thought in the American College, 1638-1800* (Austin: University of Texas Prss, 1945), pp. 25-26, 44-51; Carl A. Hangartner, "Movements to Change American College Teaching, 1700-1830," (Ph. D. diss., Yale University, 1955), pp. 128-136; Richard Warch, *School of Prophets: Yale College, 1701-1740* (New Haven, Conn.: Yale University Press, 1973), pp. 72, 195, 214-215; Brooks M. Kelley, *Yale: A History* (New Haven, Conn.: Yale University Press, 1974), pp. 70-82.

\* 指第一次大觉醒,产生于1730年,是先前在欧洲发生的宗教复兴运动的延伸。这股新的宗教潮流认为,个人意识和经验,而不是教会所传布的资讯,才是宗教经验中最有价值的地方。这使得浸礼会的观点开始在殖民地中蔓延开来。这也是第一个对英国殖民地造成全面影响的事件,它为美国大革命奠定了思想基础。——译者注

\*\* 约翰·威瑟斯普恩(John Witherspoon,1723—1794),美国独立宣言的签署人之一。他毕业于爱丁堡大学,1768年从苏格兰来到美国,担任普林斯顿大学第六任校长直到去世。曾在普林斯顿开设有关苏格兰哲学的课程。——译者注

② Thomas J. Wertenbaker, *Princeton, 1746-1896* (Princeton, N. J.: Princeton University Press, 1946), chap. 3; Hangartner (1955), pp. 48-63; George P. Schmidt, *Princeton and Rutgers: The Two Colonial Colleges of New Jersey* (Princeton, N. J.: D. Van Nostrand, 1964), p. 34; Richard P. McCormick, *Rutgers: A Bicentennial History* (New Brunswick, N. J.: Rutgers University Press, 1966), chap. 1; Douglass Sloan, T*he Scottish Enlightenment and the American College Ideal* (New York: Teachers College Press, 1971a), pp. 33, 64-72, 110-112; Sloan, "Harmony, Chaos, and Consensus: The American College Curriculum," *Teachers College Record* 73 (1971b): 227-232; Sloan, ed. *The Great Awakening and American Education: A Documentary History* (New York: Teachers College Press, 1973), pp. 19-27, 41, 128; David C. Humphrey, "Colonial Colleges and English Dissenting Academies: A Study in Transatlantic Culture," *HEQ* 12 (1972): 184-187; Howard Miller, *The Revolutionary College: American Presbyterian Higher Education, 1707-1837* (New York: New York University Press, 1976), chap. 1, p. 94.

映笛卡儿和洛克的哲学思想的文本的存在和使用中,同时也体现在自然哲学课程中不断包含的"观察与实验"。① 对教育创新的更大热情通常被归因于费城的"学院/学园/慈善学校"*。正是该校与本杰明·富兰克林的联系促成了教育创新的更大热情。富兰克林在1749年的《关于宾夕法尼亚青年教育的建议》中提出了课程设置的实用性及使用"自然哲学的实验仪器",并且他在1751年提出的"英语学校的理念"由于其反古典主义的影响力和对本国语言的推动而经常被人引用。此外,宾夕法尼亚学院的第一任教务长威廉·史密斯(William Smith)著有《关于米兰尼亚学院的初步设想》(*A General Idea of the College of Mirania*),该"设想"与苏格兰大学(Scottish Universities)改革后的课程类似,并且吸纳了许多启蒙运动的教育思想。宾夕法尼亚学院"毕业论文考试"的性质,以及本杰明·拉什(Benjamin Rush)被任命为美国第一位化学教授,都是该校接受新学的进一步证据。②

上述事实勾勒出了经常用于证明"'新知识'在(殖民地的)课程计划中占有一席之地,注重归纳而非演绎,注重伦理学而非神学,注重英语而非拉丁语"的证据的大致线索。与这一结论同时而来的往往还有"教师团体更为专业化,按科系分化"以及"经院式的拉丁语辩论让位于英语的法庭辩论"之类的结论。③ 现在,所有此类的变化都能够被

---

① David C. Humphrey, *From King's College to Columbia, 1746-1800* (New York: Columbia University Press, 1976), pp. 164-180.

\* 指宾夕法尼亚学院。——译者注

② Benjamin Franklin, *Proposals Relating to the Education of Youth in Pennsylvania* (Philadelphia: B. Franklin, 1749), pp. 6-9, 13-14; Franklin, "Ideal of the English School, the Consideration of the Trustees of the Philadelphia Academy," appended to the Reverend Richard Peter's *A Sermon on Education, Wherein Some Account Is Given of the Academy Established in the City of Philadelphia* (Philadelphia: Franklin and Hall, 1751), pp. 1-8; Edward P. Cheyney, *History of the University of Pennsylvania, 1740-1940* (Philadelphia: University of Pennsylvania Press, 1940), pp. 28-29; Terry W. Smith, "'Exercises' Presented during the Commencement of the College of Philadelphia and the Other Colonial Colleges," *PH* 7 (1967): 182-222; Louis F. Snow, *The College Curriculum in the United States* (New York: Bureau of Publications, Teachers College, Columbia University, 1907), chap. 3,4. (斯诺大大高估了威廉·史密斯论述的影响,但仍有助于追踪其影响的线索。)

③ 引语出自 Fredrick Rudolph, *Curriculum: A History of The American Undergraduate Course of Study since 1636* (San Francisco: Jossey-Bass, 1977), pp. 37。James J. Walsh, *Education of the Founding Fathers of the Republic, Scholasticism in the Colonial Colleges, a Neglected Chapter in the History of American Education* (New York: Fordham University Press, 1935), chap. 3; Joe W. Kraus, "The Development of a Curriculum in the Early American Colleges," *HEQ* 1 (June 1961): 70-71。关于专业化,参见 Hangartner (1955), chaps. 1, 2; Samuel E. Morrison, *Three Centuries of Harvard, 1636-1936* (Cambridge, Mass.: Belknap, 1936), pp. 89-90。

承认,并且对目前的目的而言,仍然需要提出更具体的问题:新知识在当时真的被视为"博雅教育"的一部分吗?思考这个问题需要一些时间,但是在此,这个问题几乎不需要解决,因为新哲学和启蒙运动对殖民地学院的影响相对较小,这与现代主义者的阐释形成了对比。殖民地学院与哲学家传统的复兴相隔甚远,仍然保持着与基督教的宗旨相一致的经院主义——人文主义传统。

历史学家们之所以得出不同的解释,很大程度上是因为对背景的理解有所不同。例如,诚如弗里德里克·鲁道夫(Frederick Rudolph)所指出的,1642 年的学生将在 1764 年课程表中发现一些不同之处。① 但是,结合 18 世纪中期的科学知识来看,学院的教员们并没有受过专门教育,教学方法和设备也很少受到当时新发展的影响。如同欧洲一样,真正意义上的启蒙思想发生在教育机构之外。

殖民地时期的领袖人物很早就被吸纳进伦敦皇家学会,他们之中包括一些殖民地时期的教育家,如英克利斯·马瑟(Increase Mather)*和约翰·温斯罗普。然而,殖民地学院本身却将追求知识的责任交付给了外部的团体,如美利坚哲学学会(American Philosophical Society),这一学会由本杰明·富兰克林组织,1769 年合并了费城的另一类似组织,形成了位于费城的美国哲学学会,其宗旨是促进有用的知识。两年之后,该学会的成员包括了 248 名殖民地居民和欧洲人。在 1800 年前昔,其成员增至 650 人;此时,美国人文与科学学会(American Academy of Arts and Sciences)在波士顿成立。它们都是饱受启蒙运动下的博雅—自由风潮影响的美国机构。② 科学和实验的方法为"业余

---

① Rudolph (1977), p. 53. 关于南北战争前死记硬背在课程中的盛行,参见本书附录 1。

* 马瑟(Increase Mather, 1639—1723),马萨诸塞殖民地时期的重要人物,17 世纪著名的公理会牧师,1692—1701 年任哈佛大学第六任校长。——译者注

② Allen O. Hansen, *Liberalism and American Education in the Eighteenth Century* (New York: Macmillan, 1926), pp. 62, 105-107; Frank Klassen, "Persistence and Change in Eighteenth Century Colonial Education," *HEQ* 2 (June 1962): 92-93; Joseph C. Kiger, *American Learned Societies* (Washington D. C.: Public Affairs Press, 1963), chap. 1; Ralph S. Bates, *Scientific Societies in the United States*, 3d ed. (Cambridge: MIT Press, 1965), pp. 2-12; George F. Frick, "The Royal Society in America," in *The Pursuit of Knowledge in the Early American Republic: American Scientific and Learned Societies from Colonial Times to the Civil War*, ed. Alexander Oleson and Sanborn C. Brown (Baltimore: Johns Hopkins University Press, 1976), pp. 70-73; Alexandra Oleson, "Introduction: To Build a New Intellectual Order," in Oleson and Brown (1976), pp. xv-xxv; John C. Greene, "Science, Learning, and Utility: Patterns of Organization in the Early American Republic," in Oleson and Brown (1976), pp. 1-3.

者"所使用,而不是学院里的学者和专业科学家。

医学院的教授通常属于例外情形,他们占了在殖民地以外接受训练的学者的绝大部分。实际上,一份全国性研究从大约 210 名在 1750—1800 年间执教于美国学院的著名教授中抽样出 124 位展开调查,它发现,除去那些医学教授,仅有两人在欧洲接受教育。即便是在拥有出色的医学院的地方,如费城,科学活动也围绕美利坚哲学学会而非学院展开。当然,这也许与特定的城市有关,因为费城是美利坚哲学学会的诞生地。但是,这份全国性研究表明,在 124 位教授中,只有 15 人属于美利坚哲学学会,其中大部分来自费城学院。就算将美国科学促进会和美国艺术学会(American Academy of Fine Arts)都考虑在内,学院教授的数字也仅为 24 人。[1]

宗派性的学院不仅不参与新的批判哲学和实验方法,而且还诽谤它们,即使是在他们开始接受能够被纳入自然神学的科学发现之时。如此,学院所发出的谴责之声由 17 世纪末 18 世纪初对自然神论及与之相应的人类的自立——因理称义(justification by reason)而非因信称义(justification by fatith)——的指责,变为对一种"无法摆脱的怀疑主义"的恐惧。比方说,国王学院校长塞缪尔·约翰逊对约翰·洛克的恐惧困扰着他及其继承者。沃尔特·明托(Walter Minto)这位普林斯顿新任的数学和物理学教授,在 18 世纪 80 年代试图缓解这种恐惧。但是,后来成为迪金森学院(Dickinson College)校长的查尔斯·尼斯贝特(Charles Nisbet)在 1800 年仍然表达了恐惧之情,憎恨"自由探究精神"所带来的"巨大而畸形的产物"。[2]

从新英格兰到南部各州,古典的课程计划及其传统依然持续着。事实上,有证据表明,人文主义经典的学习在 18 世纪中期之后增长了,特别是对"纯文学"(belles lettres)——演讲、历史、诗歌和文

---

[1] Hornberger (1945), pp. 66-74; William L. Sachse, *The Colonial American in Britain* (Madison: University of Wisconsin Press, 1956), pp.55-63; William D. Carrell, "American College Professors: 1750-1800," *HEQ* 8 (1968): 291-292; Sloan (1971a), pp. 226-236.

[2] Samuel Johnson, *Elementa Philosophica: Containing Chiefly, Noetica, or Things Relating to the Mind or Understanding: and Ethica, or Things Relating to the Moral Behaviour* (Philadelphia: B. Franklin and D. Hall, 1752), tract 1, p. 6; Samuel Miller, *Memoir of the Rev. Charles Nisbet, D. D., Late President of Dickinson College, Carlisle* (New York: J. Leavitt, 1840), p.269.

学——的学习,其目的是通过教育逐渐灌输"美德"。人文主义经典学习旨在塑造一个为了知识——为了它们的装饰作用——而追求知识的精英,这一点为丹尼尔·卡洪(Daniel Calhoun)所承认:"对许多——也许是大多数——(殖民地的)学生来说,博雅教育没有任何特定的社会功用,拉丁语、希腊语和哲学以及进入高等学府学习,是声望和教养的标志。"①如此的概括一点儿也不极端,特别是考虑到殖民地学院课程的统一性时更是如此。从1743年托马斯·克拉普(Thomas Clap)的耶鲁学院课程目录到1778年以斯拉·斯泰尔斯(Ezra Stiles)*的课程目录,从新罕布什尔的达特茅斯学院到第一所授予学位的州立大学——北卡罗来纳大学(1789),这样的艺学课程计划区别一直不大。②

除了神学,一年级新生几乎把所有时间都用在新约全书的希腊语语法和演说词的拉丁语语法上,外加一些算术。二年级学生继续这些学习,并开始接触修辞学,其中可能包括一些本国语言的纯文学,并修习逻辑学、高等教学或代数。三年级学生继续学习拉丁语、希腊语和修辞学以及代数、几何,可能还有三角或"流数",还有一门自然哲学课程。四年级学生复习前三年的内容,学习形而上学,选修校长讲授的道德哲学高级课程,如还有时间,则在春季学习了解更多关于自然哲学的知识。归纳出的这一学习框架在长期的背诵和演讲的实践中延续着,讲授课的形式缓慢地渗入其中。

与此同时,美国的第一个数学和自然哲学教席(1711年成立于威

---

① Daniel H. Calhoun, *The Intelligence of a People* (Princeton, N. J.: Princeton University Press, 1973), p. 40. Robert Middlekauf, "A Persistent Tradition: The Classical Curriculum in Eighteenth Century New England," *William and Mary Quarterly*, 3d series, 18 (1961): 56 - 60; Klassen (1962), pp. 83 - 99; Richard M. Gummere, *The American Mind and the Classical Tradition: Essay in Comparative Culture* (Cambridge: Harvard University Press, 1963), chap. 1; Edwin A. Miles, "The Old South and The Classical World," *North Carolina Historical Review* 48 (1971): 258 - 275; Phyllis Vine, "The Social Function of Eighteen-Century Higher Education," *HEQ* 16 (1976): 409 - 424.

\* 以斯拉·斯泰尔斯(Ezra Stiles, 1727—1795),公理会牧师,1746年毕业于耶鲁学院,1778—1795年任耶鲁校长。曾担任耶鲁学院第一任闪米特语教授,将希伯来语圣经旧约全书的大部分译成了英语。现在耶鲁大学的一个学院以他的名字命名。——译者注

② Snow (1907), pp. 41 - 45, 54, 79 - 82; Leon B. Richardson, *History of Dartmouth College* (Hanover, N. H.: Dartmouth College, 1932), vol. 1, pp. 248 - 249; Kraus (1961), pp. 68 - 75; Gummere (1963), chap. 4; Kelley (1974), pp. 70 - 83.

廉和玛丽学院)失败了。担任这一职位的首位教授实际上是一个懒汉,第二位教授仅仅授课一年或两年就离开了弗吉尼亚,但仍保留职位。此时,第一个数学和自然哲学教席已经创立了将近20年,威廉和玛丽学院在促进科学发展方面仍然乏善可陈。在哈佛,很显然,艾萨克·格林伍德教授的自然哲学课程进行了16讲。他的继任者约翰·温斯罗普在30讲的课程中涵盖了杠杆、滑轮、斜面、螺旋、楔形、重力、引力与内聚力、运动法则、磁力、电、流体、光学、天文学和其他力学知识。18世纪的科学授课一再被调侃为"不过是灌输一系列的定义",很少有人对此表示惊讶。①

与哈佛相比,耶鲁在神学和教育方面更为保守。三段式的辩论直到1790年还在纽黑文推行;尽管牛顿很早就出现在耶鲁的课程安排中,校长西奥多·德怀特·吴尔玺(Theodore Dwight Woolsey)*在18世纪中期谈到,即使是在18世纪70年代,让学生直接接触牛顿的《自然哲学之数学原理》仍然"必定是非常罕有的事"。② 国王学院的情况也并无二致。在那里,校长塞缪尔·约翰逊(1754—1763年在任)早先在宣传自己的时候,描绘了一个广博而进步的课程计划,然而实际上,他却致力于传统的经典和"文雅知识"。这一做法是合乎国王学院的实际的,因为国王学院的学生主要来自富人家庭,也就是信奉英国国教的中产阶级和绅士。约翰逊的继任者迈尔斯·库珀(Myles Cooper)**及其《教育计划》(The Plan of Education)仍未打破这一雄辩家传统。相反,在自然哲学和数学基本被忽视之时,古典文学的统治

---

① 引自Cheyney (1940), p. 83; Stanley M. Guralnick, *Science and The Antebellum American College* (Philadelphia: American Philosophical Society, 1975), p. 14. Hornberger (1945), pp. 25-51; Hangartner (1955), pp. 128-136。

\* 吴尔玺(Theodore Dwight Woolsey, 1801—1889),美国著名教育家、国际法学家、耶鲁大学第十任校长(1846—1871)。也是反对奴隶制的领导人之一。——译者注

② Theodore Dwight Woolsey, *An Historical Discourse Pronounced before the Graduates of Yale College, August 14, 1850; One Hundred and Fifty Years After the Founding of that Institution* (New Haven: B. L. Hamlen, 1850), p. 61. Cf. Warch (1973), pp. 215, 229; Kelley (1974), pp. 41, 81.

\*\* 库珀(Mules Cooper, 1735—1785),英国国教会牧师,毕业于牛津大学皇后学院。曾担任国王学院校长助理和道德哲学教授,1763—1775年任国王学院校长。——译者注

地位上升了。①

在新泽西学院,校长亚伦·伯尔(Aaron Burr,1748—1757在任)设立了古典取向的课程,这一取向在这一时期他按七艺进行划分的学生毕业论文中体现得很明显。继任的两位校长也从本质上保存了这一计划,只不过加入了一些英语文学的学习。直到再下一任的校长约翰·威瑟斯普恩(John Witherspoon)时,才提出了更为宽广的课程计划。这种做法可能得到了其他学校的认可,尤其是在诸如罗德岛学院(College of Rhode Island)等院校仍然将学生的毕业论文冠以"七艺"之标题的大环境下。但是,比起学院之外的智识活动,新泽西学院及临近的罗格斯学院的课程计划还远远不够开明。② 对博雅教育的判断取决于环境标准,在费城学院尤其如此。

许多"自由"或"进步"的观念可能源自本杰明·富兰克林的《建议》(The Proposals)和"英语学校的理念",或威廉·史密斯(William Smith)的《米兰尼亚学院》(The College of Mirania)。许多历史学家也将博雅教育现代性的起源定位于此。然而,富兰克林的英语学校并不关注"博雅教育",他的《建议》虽然确实提到了"博雅教育",但在推崇"最为实用的"学习的同时,也推崇"最具装饰性的"学习。在论及英语学习时,富兰克林"并没有反对希腊语和拉丁语……这两门有史以来最为优秀的语言,最具表现力、内涵最丰富、最美丽的语言"。他反复引用乔治·特恩布尔(George Turnbull)的《对博雅教育所有分支的观察》(Observations on Liberal Education in All Its Branches,1742)——后者认为,"博雅教育"的方向是具有"良好教养"的"绅士"之"高贵身份",以此培养有着"勇敢、坚毅和男子气概"的"自由品格"。同样的,富兰克林的"英语学校的理念"以及与之相关的理查德·彼得(Richard Peters)的《关于教育的演说》(A Sermon on Education)都明确指出,希腊语和拉丁语语法以及"经典"的学习是所谓"博雅"教育的

---

① Humphrey (1976), pp. 79-100, 158, 164-176; Snow (1907), pp. 56-59.
② Walter C. Bronson, *The History of Brown University*, *1764-1914* (Providence, R.I.: Brow University Press, 1914), pp. 101-106; Cheyney (1940), p. 86; Werternbaker (1946), p. 93; Gummere (1963), p. 64; Sloan (1971a), pp. 62-64, 112-113.

关键组成部分。①

同样,威廉·史密斯的《米兰尼亚学院》从本质上来说也许能被称为进步主义的博雅教育的重要先驱。然而,1756年,史密斯在担任教务长期间出版了一份更为守旧的课程计划,这份计划反映了当时费城学院实际的三年课程。维持着富兰克林的"理念"中所暗示的区分,史密斯并未提及英语学校,因为这与博雅教育无关。相反,他试图通过实际上的经院主义——人文主义课程去塑造年轻人。② 因此,尽管殖民地学院经常被认为有着最为科学或进步的影响,"博雅教育"一词仍然与古典语言和文学挂钩,其雄辩家传统的特点仍然占统治地位。

革命带来了变化。实际上,正是这次反抗运动将启蒙运动的影响带到了美国——特别是在教育领域,并削弱了英格兰乔治时代关于博雅教育的理论。平等、自由、知识、进步、实验和科学与革命的领袖人物的思想相结合,而且我们可以追溯许多概念的特定传播路线:从亚当·斯密、洛克、卢梭和爱尔维修(Helvétius),到美国独立运动的关键人物富兰克林、杰斐逊(Jefferson)、拉什、亚当斯(Adams)和潘恩(Paine)。不足为奇的是,这一启蒙运动的潮流同时也鼓励了对权威和传统的怀疑以及对传承权威和传统的绅士美德及古典教育的

---

① Franklin (1749), pp. 10, 11, 14, 18, 29-32. 富兰克林的"英语学校理念"没有介绍古典学,也没有提及"liberal" education (pp. 1-8)。富兰克林的文章是作为理查德·彼得的 *A Sermon on Education, Wherein Some Account Is Given of the Academy Established in the City of Philadelphia* (Philadelphia: Franklin and Hall, 1751, 于学校开幕式上呈送)的附录而流传的,因此他对 liberal education 的这一忽略更值得注意。这一学会由一所拉丁语文法学校(教室)和一所英语文法学校(教室)组成。后者是由富兰克林所描绘的,此时彼得认为希腊语和拉丁语法和"经典"以及数学属于"博雅文理",对这些科目的学习属于"博雅教育"。彼得也支持英语语法的学习,但认为这是"为那些不愿意学习拉丁语的人而使用的"(pp. 22-23, 26, 30)。拉丁语学校的地位高于英语学校,因此清晰地由学校章程所规定。

② Lawrence Cremin, *American Education: The Colonial Experience, 1607-1783* (New York: Harper & Row, 1970), pp. 378-383. 反对这一观点、认为费城学院是现代的且进步的著述主要有 Snow (1907), chap. 3; Butts (1939), passim; Hornberger (1945), pp. 28-29;其他人则仰仗以下文献的权威性:Cheyney (1940), pp. 85-87; Smith (1967), p. 199。

攻击。① 因此，美国革命可以被视为形成美国的博雅—自由理念的催化剂。

反抗者们提出的教育理论并没有忽视雄辩家传统。共和党人关于自由、平等、个人主义、追求知识和科技进步，以由本杰明·拉什、诺亚·韦伯斯特(Noah Webster)、罗伯特·科勒姆(Robert Coram)等人提出的全国性教育系统为背景。在这些论述中，博雅学艺理念的特点仍然占据了统治地位。实际上，托马斯·杰斐逊的"最优者"(*aristoi*)概念来自于有道德的绅士，他的普遍教育计划包括调和民主和礼貌，正如华盛顿在其告别演讲中对美国人民所说的那样。这一"解放的文明"(civility liberalized)辩证法——引用劳伦斯·克雷明(Lawrence Cremin)的提法——可以由美国人对希腊、特别是罗马的古典著述的浓厚兴趣得到进一步的佐证。② 因此，"解放的文明"预示着两种互相对峙的博雅教育理念之间正在出现的冲突，如同我们在革命年代和共和国初期的作品中所见的那样。

---

① Donald G. Tewksbury, *The Founding of American Colleges and Universities Before the Civil War, with Particular Reference to the Religious Influences Bearing upon the College Movement* (New York: Bureau of Publications, Teachers College, Columbia University, 1932), pp. 60ff., 142; Agatho Zimmer, *Changing Concepts of Higher Education in America Since 1700* (Ph. D. dissertation, Catholic University of America, 1938), pp. 38–62; Gordon C. Lee ed., *Crusade Against Ignorance: Thomas Jefferson on Education* (New York: Bureau of Publications, Teachers College, Columbia University, 1961), chap. 1; Paul Nash, "Innocents Abroad: American Students at British Universities in the Early Nineteenth Century," *HEQ* 1 (June 1961): 32–44; Hyman Kuritz, "Benjamin Rush: His Theory of Republican Education," *HEQ* 7 (1967): 432–451; Wilhelm Sjostrand, *Freedom and Equality as Fundamental Educational Principles in Western Democracy: From John Locke to Edmund Burke* (Stockholm: Almqvist & Wiksell, 1973); Rothblatt (1976), pp. 117ff; Henry S. Commager, *The Empire of Reason: How Europe Imagined and America Realized the Enlightenment* (New York: Doubleday, 1977). 这些早期的共和国领袖构成了精英群体，但他们的平等主义诉求体现在他们对大众学校的偏好远远多于英国的精英阶层。Carl F. Kaestle, "'Between the Scylla of Brutal Ignorance and the Charybdis of a Literary Education': Elite Attitudes Towards Mass Schooling in Early Industrial England and America," in *Schooling and Society: Studies in the History of Education*, ed. Edward Stone (Baltimore: Johns Hopkins University Press, 1976), pp. 171–191.

② Cremin (1970), p. 419. Edwin H. Cady, *The Gentleman in America: A Literary Study in American Culture* (Syracuse, N. Y.: Syracuse University Press, 1949), chap. 5; Lee (1961), pp. 81–103; Michael V. Belok, "The Courtesy Tradition and Early Schoolbooks," *HEQ* 8 (1968): 306–309; Edwin A. Miles, "The Young American Nation and the Classical World," *JHI* 35 (1974): 259–274; Eva T. H. Brann, *Paradoxes of Education in a Republic* (Chicago: University of Chicago Press, 1979), pp. 79–102; Meyer Reinhold, *Classica Americana: The Greek and Roman Heritage in the United States* (Detroit: Wayne State University Press, 1984), pp. 23–49, 95–97, 156–157.

这一冲突反映在"liberal"一词语义的发展上,特别是考虑到它最初有着"自由"或"不受约束"的含蓄的贬义。"liberal"一词是否应该被视为含有赞许的意义呢?在此问题上,早期的论争发生在宗教领域,因为神学家们对于可能最终削弱正统教条的语义混乱从来都特别敏感。许多批评由此直指"自由派基督徒"的"开明",因为他们对宗派主义的反对源自绅士的"基督教的宽厚仁慈",继而发展成为对教条主义的正统认识论的批判。①

在教育方面,"liberal"一词兼有博雅学艺(artes liberalis)和博雅—自由(liberal-free)的含义,其辩证的歧义性很早就在《加图书信集》(Cato's Letters)*里的系列文章中提到,特别是在第71篇里。该篇说:"文雅技艺(Polite Arts and Learning)即是在自由国度里自然产生、在非自由国度里遭到损坏的知识。"这些文章写于英格兰,在美国大受欢迎,正是它们将这一辩证的歧义性传过了大西洋。其他的渠道则由移居外国的英格兰人提供,如约瑟夫·普里斯特利。普里斯特利在18世纪末详细解释了"博雅教育"的含义,这位一神派的化学家宣称,"一个人的伟大目标是追求真理和实践美德"。因此,他坚持认为,"自由的哲学科学"或"自然哲学"或"实验哲学"都应该是"博雅教育"的组成部分;并且他还认为,"博雅学者"(liberal scholar)需要"足

---

① 美国的"自由派基督徒"在否认自己是美国人或自然神论者的同时,至少最初,开始使用"liberal"一词来表示"开明的"和"非宗派的"之意。在他们看来,这仅仅是对基督教不断增长的复杂性的一种宽容而友好的回应,这种宗教上的复杂性自宗教改革以来就一直质疑"某一派系拥有唯一真实的教义,其他的都是假的"这一理念。反对者们意识到初期的相对主义当中蕴藏着危险,可能最终破坏所有对真理的诉求。实际上,容忍的态度源自对"自由派基督徒"的友善,这些基督徒卷入了对正统认识论的挑战。当然,这两大主题相互交织,很难轻易分开,如William Ellery Channing 在1806年为自由派基督徒所做的辩护:

"你们抱怨我们的标准不够特别。但这是我们的开明的标志性特征。一个系统能够协调的不同观点越多,或者其基本原则越少,它就越合于自由的心灵。"(引自 C. Conrad Wright, *The Liberal Christians: Essays on American Unitarian History* [Boston: Beacon, 1970], p.30。)

Alan Heimert, *Religion and the American Mind from the Great Awakening to the Revolution* (Cambridge: Harvard University Press, 1966), pp. 5–23; Andrew Delbanco, *William Ellery Channing: An Essay on the Liberal Spirit in America* (Cambridge: Harvard University Press, 1981), chap. 3.

\* 作者为约翰·特伦查德(John Trenchard)和托马斯·戈登(Thomas Gordon),1720—1723年出版,并在随后的25年中多次重印。这些文章被看做为美国大革命进行论证的首要的理论来源。——译者注

够的闲暇来阅读","对从事任何博雅职业的人来说,拉丁语和希腊语的学习依然十分重要"。①

在美国,博雅学艺(artes liberals)与博雅—自由(liberal-free)理念之间的冲突体现在1795年由美利坚哲学学会发起的一次竞赛中的两篇获奖文章中。这次竞赛要求给出"适于美国政府的天才们的博雅教育和文学课程的最佳系统"。两篇文章的作者,塞缪尔·诺克斯(Samuel Knox)和塞缪尔·H.史密斯(Samuel H. Smith)都表达了对古典文学和"现代"研究的重视,对培育公民美德和追求知识的关注,以及对自然科学和技术进步为文化的改良和反思提供更多闲暇的欣赏。两位作者都含糊地使用"liberal"一词来表示"慷慨大度"或"绅士"的含义,同时传达了一种自由或解放的意义。② 关于普里斯特利、美利坚哲学学会等发起者,我们必须记住,他们代表着开明的或解放的观点。如果说他们仍然尊崇雄辩家传统的古典文学,那么,教育机构更是如此。

在反对变革的过程中,文法学校遭到的攻击日益增多。总的来说,它们对此并未作出反应,尽管为了迎合到1800年之时不仅要考核拉丁语、希腊语同时也考核初等算术的学院录取标准,文法学校的课程计划有了细微的改动。在学院中,几乎难以看到博雅—自由科目的

---

① Priestley (1788), pp. xiv, 19, 23-27. 45; *Cato's Letters*, Number 71, Saturday, March 31, 1722, "Polite Arts and Learning naturally produced in Free States and marred by such as are not free," in *The English Libertarian Heritage from the Writings of John Trenchard and Thomas Gordon in the "Independent Whig" and "Cato's Letters,"* ed. David L. Jacobson (New York: Bobbs-Merrill, 1965), pp. 186-192.

② 关于 Samuel H. Smith, "Remarks on Education: Illustrating the Close Connection Between Virtue and Wisdom. To which is Annexed a System of Liberal Education. Which, Having received the Premium Awarded by the American Philosophical Society, December 15, 1797, is Now Published by Their Order" (Philadelphia, 1798), 参见 Hansen (1926), pp. 139-140; Fredrick Rudolph, ed., *Essays on Education in the Early Republic* (Cambridge, Mass.: Belknap, 1965), p. 167。关于 Samuel Knox, "An Essay on the Best System of Liberal Education, Adapted to the Genius of the Government of the United States. Comprehending also, an Uniform General Plan for Instituting and Conducting Public Schools, in This Country, on Principles of the Most Extensive Utility. To which is Prefixed, an Address to the Legislature of Maryland on That Subject" (Philadelphia, 1799), 见 Rudolph (1965), pp. 282-290, 301-315。

增设。几乎一半的课程是拉丁和希腊文学,四分之一为道德哲学、逻辑学和修辞学,四分之一为纯文学、历史和自然哲学。①

另一方面,我们也能见到背离原有的博雅教育的一些努力,如1779年威廉和玛丽学院的课程改革、1784年哥伦比亚学院富有雄心的计划以及宾夕法尼亚学院任用欧洲大学的毕业生作为教员。长老会学校和学院作出了引人注目的尝试,如普林斯顿的塞缪尔·H.史密斯——起初是一名讲师,1794年开始担任校长——试图在课程计划中引入更多的科学和现代学科。一些州,如佐治亚州(1785)、北卡罗来纳州(1789)、佛蒙特州(1791)、南卡罗来纳州(1801)和俄亥俄州(1802),以平等主义为名为公立大学颁发了特许状,这导致了同一时期学术标准的整体下滑。②

一种"文化国家主义"也与这一时期相关。在这几十年中,美国人回顾欧洲的经验,以求推进与欧洲平等的科学和进步。这一动机在1812年战争*之后得到了强化,并且历史学家发现,1815年后的美国科学家越来越多地投身于对知识的纯粹追求当中。19世纪20年代被称为学院中科学的兴趣发生"革命"的年代,19世纪30年代是初等学校中"自由学习"(free learning)发展的年代,接下来的20年则被一些

---

① Edwin C. Broome, *A Historical and Critical Discussion of College Admission Requirements* (New York: Macmillan, 1903), p.39; Snow (1907), pp.82-140; Klassen (1962), pp.83-99; Robert Middlekauf, *Ancients and Axioms: Secondary Education in Eighteenth Century New England* (New Haven, Conn.: Yale University Press, 1963), p.154; David W. Robson, "College Founding in the New Republic, 1776-1800," *HEQ* 23 (1983): 323-341. 南部的学院与绅士理念及传统课程保持了更为紧密的联系,即使在革命年代也是如此。Robert P. Thomson, "Colleges in the Revolutionary South: The Shaping of a Tradition," *HEQ* 10 (1970): 399-412.

② Hangartner (1955), pp.19, 33; Merle Bowman, "The False Dawn of the State University," *HEQ* 1 (June 1961): 6-22; Oscar Handlin and Mary F. Handlin, *The American College and American Culture: Socialization as a Function of Higher Education* (New York: McGraw-Hill, 1970), pp.19-21; Sloan (1971a), chaps. 5, 7; Miller (1976), pp.180-185.

\* 指1812—1815年美国和英国的战争,是美国独立后的第一次对外战争。1812年6月18日,美国向英国宣战。1812—1813年,美国攻击英国北美殖民地加拿大各省。1813年10月至1814年3月,英国在欧洲击败拿破仑帝国,将更多的兵力增援北美战场。英国占领美国的缅因州,并且一度攻占美国首都华盛顿。1815年双方停战,边界恢复原状。——译者注

学者视为美国科学和学术专业化的关键时期。① 我们能够从很多渠道获取关于19世纪前半叶学院课程计划——作为博雅—自由理念的粗略而尝试性的代用品——受到"自由化"影响的证据。

  R. F. 巴茨(R. F. Butts)在此方面列举了15个事例,其中最突出的是伊利法莱特·诺德(Eliphalet Nott)\*任校长的1804—1866年间联合学院(Union College)对艺学学士课程的修订。其他"朝自由化方向变革的有力代表人物"还有华盛顿学院的托马斯·C. 布朗尼尔(Thomas C. Brownell)、纳什维尔大学的菲利普·林斯利(Philip Lindsley)、伦斯勒理工学院的阿莫思·伊顿(Amos Eaton)、佛蒙特大学的詹姆斯·玛什(James Marsh),阿默斯特学院的雅各布·阿勃特(Jacob Abbott),托马斯·杰斐逊、詹姆斯·麦迪逊(James Madison)及计划成立弗吉尼亚大学的1818年委员会其他成员。与此同时,任命本杰明·西利曼(Benjamin Silliman)\*\*为耶鲁大学化学教授促使罗格斯等学院作出了相似的举动。② 到1835年,一些年轻学者在德国大学深造后回到哈佛,他们饱受19世纪早期盛行的自由探究态度

---

 ① Elizabeth B. Cowley, *Free Learning* (Boston: Bruce Humphries, 1941), pp. 9-13; Brooke Hindle, *The Pursuit of Science in Revolutionary America, 1735-1789* (Chapel Hill: University of North Carolina Press, 1956), pp. 248-251, 382-386; George H. Daniels, *American Science in the Age of Jackson* (New York: Columbia University Press, 1968), p. 3; Daniels, "The Process of Professionalization in American Science: The Emergent Period, 1820-1860," in *Science in America since 1820*, ed. Nathan Reingold (New York: Science History Publications, 1976), pp. 63-75; Guralnick (1975), pp. viii, xi, chap. 2; Martin Finkelstein, "From Tutor to Specialized Scholar: Academic Professionalization in Eighteenth and Nineteenth Century America," *History of Higher Education Annual* 3 (1983): 106-115.

 \* 伊利法莱特·诺德(Eliphalet Nott,1773—1866),美国牧师,1795年毕业于布朗大学,1804年担任联合学院校长直至去世,1829—1845年间还兼任伦斯勒理工学院(Rensselaer Polytechnic Institute)校长。——译者注

 \*\* 本杰明·西利曼(Benjamin Silliman,1779—1864),美国化学家、地质学家。1796年毕业于耶鲁大学,1802年获律师资格。1802—1853年任耶鲁大学化学和自然史教授。1805年去英国和欧洲大陆访问,专业兴趣转向地质学。1808年开设地质学和矿物学课程。1813年协助创办耶鲁大学医学院。1818年创办《美国科学和艺术杂志》,任编辑达20年。著有《英国、荷兰、苏格兰旅行日志》《化学元素》等。——译者注

 ② 引自 George M. Dutcher, *An Historical and Critical Survey of the Curriculum of Wesleyan University and Related Subjects* (Middletown, Conn.: Wesleyan University Press, 1948), p. 8。Buttes (1939), chaps. 6,8; McCormick (1966), pp. 44-45; Roland G. Paulston, "The Report of the Rockfish Gap Commission: A Proposal for a New American Higher Learning," *PH* 8 (1968): 108-119; Rudolph (1977), pp. 62-63, 85-94.

的影响。① 美国高等教育未来的模式源自德国大学,这些年轻学者的建议和1825年哈佛的改革在他们对教师系科化、讲授课、学生选课、现代语言教学以及按能力和进度划分学生的呼吁当中可见一斑。实际上,根据一项研究,此类教学方法的转变在1800—1870年间遍及美国学院。②

这些初创举动在来美国任教的德国教授的影响下得以加强。1825—1850年间,布朗大学校长弗兰西斯·韦兰(Francis Wayland)强烈要求在本科学院课程计划中引入实用的科学课程。同时,1852—1863年任密歇根大学校长的亨利·P.塔潘(Henry P. Tappan)也试图引进德国大学的自由研究模式。这些努力使得学术标准变得严格起来:引入了笔试;评分系统得到完善;入学要求继续扩展,19世纪二三十年代包括了地理、英语语法和初级代数,四五十年代又包括了初等几何。这些进展带来了新教科书的出版,如《公立中学语法:新实用英语语法系统》,该书"写给你,无论属于何种等级或生活状态的美国公民,你都不会拒绝进步的理念,不因为新的发现而抛弃真理,不因为'得到长期以来用法的许可'而支持旧的错误"。③

在19世纪的大部分时间里,美国国会对学院的兴趣仅仅局限于它们参与科学,特别是那些能够很快应用的科学。这一事实鼓励了教育实践中的新思想和变革。

尽管如此,对于科学科目和课程改革在19世纪前半期实质性地

---

① Turner (1974), p. 495; Carl Diehl, "Innocents Abroad: American Students in German Universities, 1810-1870," *HEQ* 16 (1976): 321-341; McClelland (1980), pts. 1, 2.

② Morison (1936), pp. 229-238; M. St. Mel Kennedy, "The Changing Academic Characteristics of the Nineteenth-Century American College Teacher [1800-1870]," *PH* 5 (1965): 360-371. 关于美国在19世纪早期是否真正理解并接受德国大学的方法,请比较Richard J. Storr, *The Beginning of Graduate Education in America* (Chicago: University of Chicago Press, 1953), chaps. 3-5, 以及 Diehl (1978): chaps. 3-5的重新阐释。

③ Oliver B. Peircre, *Grammatical Instructor; or, Common School Grammar: A New and Practical System of English Grammar*, 3d ed. (Utica, N. Y.: William Williams, 1837), p. A1. 参见 Broome (1903), pp. 40-46; Bronson (1914), pp. 204-316; Mary L. Smallwood, *An Historical Study of the Original Records of Harvard, William and Mary, Yale, Mount Holyoke, and Michigan from Their Founding to 1900* (Cambridge: Harvard University Press, 1935), pp. 15-18, 41-86; George N. Rainsford, *Congress and Higher Education in the Nineteenth Century* (Knoxville: University of Tennessee Press, 1972); Kelly (1974), pp. 167ff.

进入美国学院这一观点,有说服力的反对意见更多。① 在教育机构之外,科学社团在 19 世纪前半期高速增长,1848 年美国科学促进协会(American Association for the Advancement of Science)的成立和 1862 年国家科学院(National Academy of Sciences)的成立标志着这一活动达到顶峰。1818 年,《美国科学与人文期刊》(*American Journal of Science and Arts*)诞生,由此引发众多科学期刊相继出现。与欧洲一样,这一进程说明学术团体而非学院主宰了对知识的批判性追求。② 当教育机构试图吸纳这些知识时,变化通常发生在文理学科科系之外,也就是说发生在医学院或专科学校(academies)里。后一种机构的成立实际上是为了避免文法学校和学院对改变课程计划的抵触情绪。不过,尽管得到了鼓励,专科学校仍然没有为博雅教育带来革新。当使用"liberal"一词修饰教育时,它们提到"对文艺的慷

---

① 由于"全国对启蒙运动的普遍反对"以及第二次大觉醒之后许多由宗教控制、超过国家支持能力的新学院的建立,Hofstadter 及其他学者将这一时期形容为美国学院的"大退步"。Richard Hofstadter and Walter P. Metzger, *The Development of Academic Freedom in the United States* (New York: Columbia University Press, 1955), pp. 209-222; Tewksbury (1932), pp. 62ff.; Miller (1976), pt. 3, chap. 10. 有些学者反对"退步"的形容,如 D. W. Moreo, "Higher Education in a New Nation: United States from 1800 to 1860," *PH* 11 (1971): 60-74。Hofstadter 从知识的进步、著名学者的产出等的质量上进行论述,Moreo 及其他学者则从数量的角度论述学院数量的增加促进了文化人的素质,为文化的进步创造了基础。

在一项深入的研究中,Burke 给出了建立学院的比较狭窄的定义,认为学院成功的比例很高,这一说法挑战了 Tewksbury 关于所谓的"大退步"时期学院高失败率的传统解释。此外,Burke 还认为,既然"内战"前的学院比传统观点所认定的更具吸引力,而且这些学院的毕业生从事了成功的世俗职业,那么这些学院在意识形态、教学方法和课程安排上就不是"传统"史料编纂学所称的那么狭窄。这一结论并不是完全根据以上假设得出的,而且传统主义者们也并未否认第二点。Colin B. Burke, *American Collegiate Populations: A Test of the Traditional View* (New York: New York University Press, 1982).

② Bates (1965), chap. 2; Oleson (1976) pp. xx-xxiv; Greene (1976), pp. 1-20; Sally G. Kohlstedt, "Savants and Professionals: The American Association for the Advancement of Science, 1848-1860," in *The Pursuit of Knowledge in the Early American Republic: American Scientific and Learned Societies from Colonial Times to the Civil War*, ed. Alexandra Oleson and Sanborn C. Brown (Baltimore: Johns Hopkins University Press, 1976), pp. 299-325.

已经有人论证,1820 年之后美国杰出的科学家同时也是大学科系成员,这一事实被用来证明大学对科学的反应。Sloan (1971b), pp. 233; Daniels (1976), pp. 63-77. 然而,这些教授往往隶属医学院而非文理科系。James H. Cassedy, "Medicine and the Learned Society in the United States, 1660-1850," in Oleson and Brown (1976), pp. 261-278. 此外,一项关于科学社团联合性的研究指出了"教育机构与知识社团之间的根本分界线",并说明科学社团之所以迅速发展,是因为学院不愿承担科学研究的任务,"当学院形成研究能力时,社团的支持形式开始逐渐撤回,由学院直接承担"。A. Hunter Dupree, "The National Pattern of American Learned Societies, 1769-1863," in Oleson and Brown (1976), pp. 28-29.

慨资助"或"由朋友的慷慨所支持"的学校,建议学生们"在好学勤奋、举止优雅方面表现出色,对长辈有序而大度地遵从"。①

在学院中,就在威廉和玛丽学院1779年计划遭到怀疑、哥伦比亚学院1784年计划规模缩减之后不久,普林斯顿学院的董事们取消了世纪之交史密斯校长制定的实用的和科学类的课程,即使学习那些课程的学生在毕业时仅能获得一份证书而不是艺学学位。到了1812年,史密斯本人也因为教育和神学上的怪癖被免职。尽管罗格斯学院在西利曼的鼓舞之下任命了教授,课程计划仍然以古典文学为主导,数学和形而上学几乎没有空间,自然哲学更是少得可怜。1830年哥伦比亚、布朗和宾夕法尼亚学院的章程也反映了相似的情况。② 至于入学要求,需要指出,随着对数学、英语、几何和历史的附加要求的出现,古典学诸科目也得到了提升而不是被取代了。

在改革的个案问题上,必须承认,伊利法莱特·诺德确实对联合学院的课程范围和实际的艺学学士课程都有着深远的影响,但是,其他一些经常提及的改革家们对博雅教育的实质性影响要小得多。在佛蒙特,詹姆斯·玛什允许选课,但是学生们只有在完成必修的古典文学之后才能获得艺学学士学位。在弗吉尼亚,1818年委员会的报告从未真正实施;而且,尽管学生可以选择学习科目,1831年校方仍然采用了对艺学本科学位的传统要求。伦斯勒从来没有声称其非传统学科组成了某种博雅教育。纳什维尔的菲利普·林斯利(Philip Lindsley)试图将非传统科目纳入博雅教育之中,后人对此评价得更多

---

① 引自 Owen Biddle, *A Plan for a School on an Establishment Similar to That at Acksworth, in Yorkshire, Great-Britain, Varied to Suit the Circumstances of the Youth within the Limits of the Yearly-meeting for Pennsylvania and New Jersey* (Philadelphia: Joseph Crukshank, 1790), pp. 7, 12; David Tappan, *Copy of an Address delivered to the Students of Philips Academy in Andover* (Exeter, N. H.: Stearns and Winslow, 1794), p. 7; Simeon Doggett, *A Discourse on Education Delivered at the Dedication and Opening of Bristol Academy* (Newbedford, Mass.: J. Spooner, 1797), p. 25。参见 E. W. Bagster-Collins, "History of Modern Language Teaching in the United States," in *Studies in Modern Language Teaching* (New York: Macmillan, 1930), p. 12; Middlekauf, (1963), chap. 10; Theodore R. Sizer ed., *The Age of the Academies* (New York: Bureau of Publications, Teachers Colleges, Columbia University, 1964), pp. 2–7, 20, 28ff。

② Snow (1907), pp. 102–109, 122–123, 129–142; Wertenbaker (1946), chap. 5; Sloan (1971a), chaps. 4, 5; Miller (1976), pp. 280–284.

的是:"他的伟大之处不在于成就,而在于梦想。"①类似地,雅各布·阿勃特(Jacob Abbott)关于提供不包括古典语言的艺学学士课程的提议从未在阿默斯特这所建于1821年、"为虔诚、有才的贫苦青年提供古典教育,培养基督教牧师"的学院中实现。哈佛从19世纪初推行一神论以来,就一直与美国学院的主流格格不入,即使在这里,德国的自由研究、个人学习、追求知识的模式在这一时期对博雅教育的影响也相对较小。哈佛1825年的改革并未完全实现改革者的理念,教师们成功抵制了核心课程改革。坎布里奇的许多人都支持1828年的耶鲁报告。②

耶鲁报告由三篇文章组成,它回应的是有关耶鲁应该改变课程计划、放弃古典语言的提议。第一篇由校长杰里米亚·戴(Jeremiah Day)*执笔,描述并肯定了现有的课程计划;第二篇的作者是古典学教授J. L. 金斯利(J. L. Kingsley),他深入研究了希腊和拉丁文学的教学,并为之辩护;第三篇的作者为康涅狄格州州长吉迪恩·汤姆林逊(Gideon Tomlinson)**,他代表耶鲁法团(Yale Corporation)采纳了前述观点。耶鲁报告的实质与当时其他学院的论述并无很大不同。然而,1828年的耶鲁或许有着最为庞大的在校生和校友群体,他们所覆盖的地理区域比国内任何学院都要广阔。如此大的影响力,加上此后几十年中从耶鲁毕业的学院校长多于其他任何学院,使得耶鲁报告尤为重要。而耶鲁报告传达的根本信息就是,古典文学是"博雅教育"不可或

---

① 引自 Fredrick Rudolph, *The American College and University*: *A History* (New York: Random House, 1962), p.117。Rudolph (1977), pp. 63, 79-84; Russell Thomas, *The Search for a Common Learning*, *1800-1960* (New York: McGraw-Hill, 1962), pp. 11-15; Sloan (1971b), p. 234; Guralnick (1975), p. 28.

② 关于阿默斯特学院,参见 Noah Porter, *The American Colleges and the American Public* (New Haven, Conn.: Charles Chatfield, 1870), pp. 9-10; Thomas H. LeDuc, *Piety and Intellect at Amherst College*, *1865-1912* (New York: Columbia University Press, 1946), p. 2。关于哈佛,参见 Morison (1936b), pp. 233-235; Daniel W. House, *The Unitarian Conscience*: *Harvard Moral Philosophy*, *1805-1861* (Cambridge: Harvard University Press, 1970), chap. 1。

\* 戴(Jeremiah Day,1773—1867),耶鲁大学第五任校长,1817—1846年在任。——译者注
\*\* 汤姆林逊(Gideon Tomlinson,1780—1854),1802年毕业于耶鲁学院,1827—1831年任康涅狄格州州长,1831和1837年被选举为参议员。——译者注

缺的基础。①

为了论证这一点,金斯利首先反映了普遍的意见,认为如果耶鲁为完成一系列现代科目的人授予艺学学士学位,"那就等于承认那些课程是博雅教育,然而这个世界并不认为它们应该被冠以这一称谓"。此外,不仅这个世界不认为现代学科的学位是"博雅教育",而且,"那些由此获得学位的人也会很快发现,(所谓的博雅教育)不是它所宣称的那么回事"。这是因为,除了古典学,没有任何科目能够为自由公民提供"鉴赏力和想象力"的适当发展,以及心智能力的适当训练。因此,即使耶鲁确实发生了改变,也不会带来任何不同。"一种博雅教育,无论学院采取什么样的课程计划,都将毫无疑问地延续其一贯的模式。"②

杰里米亚·戴(Jeremiah Day)重复了以上两条理由。第一条理由意在说明为何要坚守雄辩家传统。戴相信,古典文学能够塑造"具有广阔而自由的视野、扎实而优雅的才能"的绅士,并认为,"比起单纯地坐拥财产,这些才能为他们带来了更高的声望"。③ 然而,第二条理由通过引进19世纪流行一时的心智训练(mental discipline)的概念为博雅教育中的雄辩家传统的调节提供了依据。戴认为,博雅教育应该致力于"思维的训练(discipline)和装备(furniture):扩展思维的力量,并

---

① 过去和当代的历史学家认为耶鲁报告的影响是保守的。Zimmer (1938), pp. 34-35; George P. Schmidt, *The Liberal Arts College: A Chapter in American Cultural History* (New Brunswick, N. J.: Rutgers University Press, 1957), pp. 56-58; Willis Rudy, *The Evolving Liberal Arts Curriculum: A Historical Review of Basic Themes* (New York: Bureau of Publications, Teachers Colleges, Columbia University, 1960), chap. 1; Melvin I. Urofsky, "Reforms and Response: The Yale Report of 1828," *HEQ* 5 (1965): 53-68; Kelley (1974), pp. 157-165; Rudolph (1977), p. 279. 与这一长期以来的观点相对的解释认为,耶鲁报告是"全面的、开明的、自由的",并且是"非常现代化的"。Guralnick (1975), p. 30; Sloan (1971b), p. 246. 我认为,这些再阐释过分强调了报告中的辩解(pp. 5, 44),因为从两个重要方面而言,这份报告是保守的。首先,保守主义并未过多体现在报告中明确提及的博雅教育的目标中,而是体现在那些没有明确提及的部分,如对知识的追求。其次,尽管戴、金斯利和其他教育改革家所描述的目标几乎没有矛盾,但是在有关为了实现这些目标而推荐的学习方面却存在很大分歧。具有讽刺意味的是,强调19世纪晚期——从传统的史料编纂学的角度来看,当时的耶鲁仍然是一所保守的机构——耶鲁的进步趋势的修正主义者援引了1828年报告的传统观点来证明耶鲁的"进步",这与对后一时期的传统阐释形成了对比。Louise L. Stevenson, "Between the Old-Time College and the Modern University: Noah Porter and the New Haven Scholars," *History of Higher Education Annual* 3 (1983): 39-57.

② *Reports... Yale* (1828), p. 41.

③ *Reports... Yale* (1828), p. 29.

与知识一起储存"——这一观点不仅在 1828 年耶鲁报告中很突出,而且在 19 世纪 50 年代牛津和剑桥的报告中同样突出。① 他由此传达了这样一种信念:某些科目的学习能够使人习得诸多可迁移的思维能力,从而能轻松进入其他领域。

作为心智训练之理论基础的官能心理学从根本上来说源自苏格兰人托马斯·里德的常识学派哲学。里德反驳了经验主义的怀疑论,指出一个人在出生时,心灵并不是一块白板。相反,里德认为心灵的内部结构必定能提供某些公认的基本真理。"因此,这些基本的、自然的判断是自然为增进人类的理解而给予人类的'装备'的一部分……它们构成了所谓的人类的常识;与这些基本原则相悖的,就是我们所谓的荒谬。"②凭着对"装备"的先验的相信,里德试图反驳休谟的怀疑主义,耶鲁大学则试图捍卫古典的博雅学艺。里德的回答为耶鲁大学应对那些呼吁以现代科目取代古典学的博雅—自由批评家提供了基本的认识论。震惊于新科学方兴未艾的发展状态,传统博雅学科的支持者通过吞并学术战场的方法来先发制人。

因此,心智训练理论的兴起表明,在美国,一直以博雅学艺理念的特点来自圆其说的人文主义经典教学的拥护者开始作出调整,即开始用博雅—自由理念来论证古典学的合法性。一方面,这种调整体现在强调训练智力而非培养高贵的美德为学习文学的目的——这一目的的转变同样发生在 18 世纪的英国。另一方面,博雅学艺的调整还能从有关古典文学能够增进"自由和平等"的辩护中看出。当然,这些辩护早在《加图书信集》(*Cato's Letters*)、理查德·彼得(Richard Peter)关于费城学院的演说以及塞缪尔·诺克斯和塞缪尔·H. 史密斯的论著中就已出现,但是,明确的表达也许只有在汤姆·林逊(Tom Linson)州长和耶鲁法团的声明之中才被奉为正统,该声明说:"我们交给年轻学生的古典文学模式在以自由的原则感染其心灵时几乎从不失败";

---

① Reports...Yale (1828), p. 7; Rothblatt (1976), pp. 130ff.
② Thomas Reid, "Inquiry into Human Mind," in *The Works of Thomas Reid*, ed. William Hamilton (Edinburgh: Maclachlan and Stewart, 1858), chap. 7, sect. 4, p. 209. 似非而是的是,苏格兰的经验主义者也提出了关于在课程中包含实验科学的相似解释。也就是说,他们给出了确凿的肯定。Miller (1976), pp. 181–182.

不能"正确地欣赏古人的……这些自由而质朴的典范"可能导致"普遍的智力标准和道德价值的贬低,我们的公民自由和宗教自由将会因为最终不能使我们的公民行使权利并实现自治而受到危害"。①

德国大学的影响促进了博雅学艺理念对博雅—自由理念的调适,因为德国的学校改造了古典的学术,抛弃了对古典模式的毫无创造性的模仿,而改为对古典文本(特别是古希腊文本)的历史学、文献学研究。这种批判的方法在19世纪前半期导致英格兰大学古典学课程逐渐蜕变。② 因此,随着古代的哲学家传统的提升,古典课程开始承认专门研究的标准,这是博雅学艺理念调整日趋显著的另一途径。

转变和断裂预示着日后的发展。这并不能证明实验科学在博雅教育课程计划中地位的确立,或是制度化了的博雅教育认同博雅—自由理念。这一局面直到美国内战都少有变化。如前所述,倘若博雅教育包含了学院所发起的一切学术活动和追求,与之相比,内战前的博雅教育的观点更有说服力。然而,评价不应局限在有限的范围内。现代科目——实验科学、高等数学、本国语言学——在战前的学院无关紧要,甚至受到鄙视。③ 旧有的模式仍然很强。

正如文艺复兴和科学革命时的欧洲那样,内战前的美国出现了新的教育机构,这些机构致力于不在学院教授的科目。整个19世纪前半期,科学社团、专业学院、学术讨论会(lyceums)和学生的文学社团繁荣发展,因为它们培养了在正式课程计划中找不到安身之处的兴趣。与此同时,学院不愿承认新科目和新思想的态度导致了公众的普

---

① Reports...Yale (1828), pp. 51-52; Rothblatt (1976), chap. 10.《加图书信集》第71篇 (p.189)中有:

罗马人在(希腊)学习方面的巨大进别无理由,正是因为政府的自由和平等……对于自由来说,没有什么是太困难的,使得希腊人和罗马人成为世界之主的自由,也使他们成为学习希腊和罗马的高手,当他们的自由遭到破坏,学习也遭到了破坏。(Number 71, Saturday, March 31, 1722, "Polite Arts and Learning naturally produced in Free States and marred by such as are not free.")

Richard Peters 引用 John 8:32,"你需懂得真理,真理使你自由",认为"在我的课本的词句中,知识和自由有如此紧密的联系"证明了学习古典的"自由学科"能促进自由的价值。Peters (1751), p.1.

② Clarke (1959), chap. 8; Garland (1980), chaps. 1, 7. 参见 chap. 5 n. 66 above。

③ 参见附录1。

遍不满。1825年到1850年,在某些地区,就读于学院的学生数停滞不前或缓慢下跌。同时,州政府也表现出不愿资助学院的情绪,因为学院忽视了实用的科学科目。①

证据比比皆是。在哈佛,这所神学上——如果不是教育方面——最为正统的学院,在1825年到1860年间,对古典文学和背诵的抱怨从未停歇。后来担任哥伦比亚学院校长的F. A. P.巴纳德(F. A. P. Barnard)在1856年指出,现代语言学和科学等科目的引入是"不被提倡且不必要的",因为它们不能如古典文学那样充分地训练心智。同时,后来任普林斯顿学院校长的小约翰·迈克莱恩(John Maclean, Jr.)宣称:"我们不应着眼于创新……在这里,没有任何天马行空的教育实验曾经得到过支持。"②在南部和西部的小型教育机构中,对传统的坚持体现在伦道夫—梅康(Randolph-Macon)学院1842年、戴维森(Davidson)学院1848年、美世(Mercer)学院1850年和欧伯林(Oberlin)学院1864年的课程中。与此同时,六十余所天主教学院试图保持教学计划(ratio studiorum),宣称学生只要学习"高贵的言行和绅士的礼节"③就足够了——至少圣母学院1863年的课程目录是如此。

---

① Sizer (1964), pp. 1, 40–46; David F. Allmendinger, Jr., "New England Students and the Revolution in Higher Education, 1800–1900," *HEQ* 11 (1971): 381–389; James McLachlan, "The Choice of Hercules: American Student Societies in the Early 19th Century," in *The University of Society*, ed. Lawrence Stone (Princeton, N. J.: Princeton University Press, 1974), pp. 449–494; John S. Whitehead, T*he Separation of College and State: Columbia, Dartmouth, Harvard, and Yale, 1776–1876* (New Haven, Conn.: Yale University Press, 1973), chap. 3; Leah G. Stambler, "The Lyceum Movement in American Education, 1826–1845," *PH* 21 (1981): 157–185. 学生人数下降、内战前的学院遭受攻击、地位不高等传统的阐释遭到了反对,见 David B. Pottes, "Curriculum and Enrollments: Some Thoughts in Assessing the Popularity of Antebellum Colleges," *History of Higher Education Annual* 1 (1981): 88–109, and Burke (1982)。

② Frederick A. Barnard, *Improvements Practicable in American Colleges* (Hartford, Conn.: Brownell, 1856), pp. 12ff.; John Maclean, *History of the College of New Jersey from Its Origins in 1746 to the Commencement of 1854*. (Philadelphia: J. B. Lippincott, 1877), vol. 2, pp. 421, 427; Morison (1936b), p. 260.

③ Sophia Jex Blake, *A Visit to Some American Schools and Colleges* (London: Macmillan, 1867), pp. 47–64; Richardson (1932), vol. 2, p. 234; Albea Godbold, *The Church College of the Old South* (Durham, N. C.: Duke University Press, 1944), p. 81, app. 1; Philip Gleason, "American Catholic Higher Education: A Historical Perspective," in *The Shape of Catholic Higher Education*, ed. Robert Hassenger (Chicago: University of Chicago Press, 1967), pp. 33–35. 圣母学院的课程目录引自 Handlin and Handlin (1970), p. 24。

接下来的一年,芝加哥神学院的 S. C. 巴特利(S. C. Bartlett)在达特茅斯学院毕业典礼上的演说中提到,现代科目——本国语言学、自然科学和其他课程革新——"作为博雅教育的替代物往往言过其实"。19 世纪 50 年代早期,达特茅斯学院——当时全美最大的三所学院之一——的课程目录显示,教师们实际上同意巴特利的观点。① 希腊文学和拉丁文学在课程计划中至少占四分之一,修辞学、英语纯文学又占去四分之一。另有大约四分之一是历史、道德哲学和神学,最后的四分之一是数学、物理学、天文学和解剖学。教学以背诵、演讲和论辩为主。现代语言学的少量讲授课被安排在假期进行。

学院对待外语的态度很能说明问题。在获准进入内战前学院的课程计划时,外语一般被定为任选课程或处于次要地位。即便外语成为艺学学士课程的一部分,评分系统也有所倾斜,与传统科目相比,这部分科目无法得到与之相称的分值。如果学习过程中现代语言学取代了古典语言学,那么该课程计划会被视为劣等,其毕业生不能被授予艺学学士学位。即使是 19 世纪 40 年代宾夕法尼亚大学的现代语言学教授 H. I. 施密特(H. I. Schmidt),也认为"古代的经典语言学"是课程计划"不可或缺"的基础。②

类似的限制也发生在科学进入内战前学院的博雅教育之时。当科学科目被引入到艺学学士课程计划中时,评分系统也出现了倾斜。如果这些科目在某一课程安排中占了重要的比例,以牺牲古典学为代价,毕业生就不能获得艺学学士学位,他们所受的教育也会被认为是劣质的。这是 1824 年的伦斯勒和霍巴特(Hobart)以及 1838 年魏斯廉

---

① Samuel C. Bartlett, *Duties of Educated Men* (Boston: Marvin, 1865), pp. 10-12; *Catalogue of the Officers and Students of Dartmouth College for the Academical Year (1852-1853)* (Hanover, N. H.: Dartmouth College, 1852), pp. xxv-xxvii; *Catalogue of the Officers and Students of Dartmouth College for the Academical Year (1854-1855)* (Hanover, N. H.: Dartmouth College, 1854), pp. xxvii-xxx. 巴特利 1877 年担任达特茅斯学院校长,由于在这次毕业典礼上的表态,他于 1881 年接受了学院联合会的"审讯"。19 世纪 50 年代早期到 1881 年,达特茅斯的这一发展过程被 Marilyn Tobias 记录下来,与对美国学院历史的传统阐释恰好相符(尽管作者希望使自己与传统观念显得不同)。*Old Dartmouth on Trial: The Transformation of the Academic Community in Nineteenth-Century America* (New York: New York University Press, 1982).

② Henry I. Schmidt, *Education* (New York: Harper and Brothers, 1842), pp. 249-250; Bagster-Collins (1930), pp. 49-62; Smallwood (1935), chap. 5.

(Wesleyan)所遇到的情况。科学学位课程在1851年进入哈佛和布朗、1852年进入耶鲁和达特茅斯、1853年进入密歇根、1854年进入罗切斯特(Rochester)时,也都遇到了这样的情况。① 学院开始提供学生进入实验室的机会,但这只存在于那些与博雅的课程计划相比,不那么有名、也不太严格的课程计划之中。

如果说现代语言学和科学因此在博雅教育中几乎不被接受或不受尊重,那么到内战时这些博雅—自由科目至少在边缘徘徊;经过调整的博雅学艺理念的存在证明它们十分接近。努力争取被接受的群体是那些提倡实用性和技术的人们。比如,赠地运动的支持者们将传统课程计划视为仇敌,1862年的《莫里尔赠地法》证明了这些人的影响。② 调整博雅学艺理念、推动博雅—自由理念的另一促进因素是1859年查尔斯·达尔文《物种起源》一书的出版。实际上,在此前一年,牧师托马斯·希尔(Thomas Hill)*在哈佛的斐陶斐荣誉学会(Phi Beta Kappa Society)**成员面前就曾论证古典文学和科学在学习中应该达成均衡,以传播"对任何年龄的任何人而言都自由而广博的……文化",博雅教育仍然与"最高的基督教神学和基督教道德"相一致。③

---

① 关于达特茅斯的数学课程,攻读四年制艺学学位的学生在第一年修完平面几何,第二年进入微积分。"科学学院"三年制的学生在第二年末结束平面几何,不再深入。Catalogue... (1854–1855), pp. xxvii-xxxix. 参见 Blake (1867), pp. 50–54, 144–151; Broome (1903), p. 77; Milton H. Turk, "'Without Classical Studies': The Hobart 'English Course' of 1824," JHE 4 (1933): 339–346; Smallwood (1935), chap. 5; Dutcher (1948), pp. 12–15; Rudolph (1962), chap. 11。

② Edward D. Eddy, Jr., Colleges for Our Land and Time: The Land-Grant Idea in American Education (New York: Harper and Brothers, 1957), chap. 1; Thomas (1962), chap. 2.

\* 希尔(Thomas Hill,1818—1891),唯一派牧师、数学家、科学家、教育家,1843年毕业于哈佛,1859年任俄亥俄州安提俄克学院校长,1862—1868年任哈佛第二十任校长。——译者注

\*\* 斐陶斐荣誉学会1776年12月5日成立于威廉和玛丽学院,后来遍及新英格兰地区的学院,是美国最为古老的本科生荣誉机构,该机构坚持"自由的探究,思想和言论的自由"(freedom of inquiry and liberty of thought and expression)的原则,致力于培养和认可优秀的学生。当前已经有超过250个分会,并且有超过50万名会员,包括六位现任最高法院大法官以及前总统乔治·布什与比尔·克林顿。——译者注

③ 希尔1862—1868年任哈佛校长。Thomas Hill, Liberal Education: An Address Delivered before the Phi Beta Kappa Society of Harvard College (Cambridge, Mass.: John Bartlett, 1858), pp. 20–21; G. Brown Goode, "The Origin of the National Scientific and Educational Institutions of the United States," Papers of the American History Association, 4, pt. 2 (New York: G. P. Putnam's Sons, 1890), pp. 151–153.

# 第六章　雄辩家传统与哲学家传统在美国的冲突

  在我能够确定的范围内,博雅学艺最初根本不是我们所理解的艺术,它们的"liberal"属性也不是现代意义上的含义……它们之所以是 liberal,是因为它们构成了与由奴隶们发展起来的粗俗的工匠技艺相对的自由民或绅士的教育……相反,我们强调 liberal 一词的另一层含义,这个含义不是最初的含义,但很容易因为 liberal 这个词而望文生义。我们认为,liberal arts 是使人自由的技艺(liberalizing arts),是解放心灵,将心灵送上追寻陌生而诱人的探险之路的学习。

——阿尔弗雷德·H.阿帕姆(Alfred H. Upham)*

  在《美国学者》杂志 1944 年举办的一次论坛中,约翰·杜威提到:"在最近关于博雅教育的讨论中,人们几乎是普遍地和不约而同地将 liberating 视为 liberal 的同义词。没有什么事比这更令人震惊的了。"① 这一观察生动地刻画了从美国内战到第二次世界大战期间博雅教育之语义变迁的普遍本质。当然,在更早的时候,共和国的缔造者们就认为,独立和自由的培养有赖于对公民和社会领导者的适当教育。在

---

 * "The Liberal Arts"(1930).
 ① John Dewey, "The Problem of the Liberal Arts College," *The American Scholar* 13 (1944a): 391.

19世纪前半期,包含博雅—自由理念若干特点的提议已经为美国高等教育提出来了。但这些特征并未带来任何广泛的"自由教育"的提法。* 只有在内战以后,"解放"(liberating)和"自由"(freeing)的概念才广为流传,正如我们在查尔斯·艾略特通过哈佛的选课制来提高"教育的自由"所见的那样,詹姆斯·麦考什(James McCosh)在普林斯顿对此表示强烈的反对:"哦,自由!多少罪恶都假汝之名而行!"①然后,在"一战"前后盛行的实用主义和进步主义之风的吹拂下,"自由"教育("liberal" education)中"解放"(liberating)的含义更加广为流传。

这一现象的另一例子能从一份包含了1842年到1876年间27种关于"博雅教育"或"博雅文化"(liberal culture)的论述,及其与1909年到1920年间40种此类论述的比较研究中看到。研究发现,后一组论述正朝着"心灵只有得到'自由',才能'更深入更广阔'"的含义迈进。与此类似,路易斯·斯诺(Louis Snow)1907年对博雅课程历史的研究认为:"1870年以来,课程计划中学科的自由化和平等化已经广为人知,以致人们都不以为怪。"1926年,汉森(Hansen)在《18世纪的自由主义与美国教育》(*Liberalism and American Education in the Eighteenth Century*)一书中,支持教育朝着"解放"(liberation)的目标发展。1931年,一份针对师范学院的研究以责难的口气质问"自由文理

---

\* 19世纪末之后,liberal education 一词中 liberal 的含义逐渐从17—19世纪的"博学的"(learned)、"绅士般的"(gentlemanlike)、"文雅的"(genteel)转向"使人自由的"(liberating)和"自由的"(free)。因此,在此后章节中我们有时根据上下文将 liberal education 译为博雅教育或自由教育。关于 liberal education 的语义演变,可参考沈文钦《西方博雅教育思想的源起、发展和现代转型:概念史的视角》(2011)一书。——译者注

① Charles W. Eliot, "Liberty in Education," in *Educational Reform: Essays ad Addresses* (New York: Century, 1898), pp.124-148; James McCosh, *The New Departure in College Education, Being a Reply to President Eliot's Defense of It in New York* (New York: Charles Scribner's Sons, 1885), p.5. 此后的讨论,我参考了 Laurence R. Veysey, *The Emergence of the American University* (Chicago: University of Chicago Press, 1965), chaps. 2,3; Hugh Hawkins, *Between Harvard and America: The Educational Leadership of Charles W. Eliot* (New York: Oxford University Press, 1972), chaps. 2, 3, 9; Hawkins, "University Identity: The Teaching and Research Functions," in *The Organization of Knowledge in Modern America, 1860-1920*, ed. Alexandra Oleson and John Voss (Baltimore: Johns Hopkins University Press, 1979), pp.285-312。

学院中学校生活的精神从根本上来说是否是自由的或使人自由的"。①接下来的一年,洛林斯学院(Rollins College)的校长在《全国教育研究协会年鉴(Yearbook of National Society for the Study of Education, NSSE)》中写道:"使自由教育具有自由的属性";哈佛校长柯南特(Conant)在20世纪30年代——根据雅克·巴尔赞的观点,这是"成千上万的毕业典礼发言者们年复一年地解释,自由学艺就是使人自由的学艺"的十年——晚些时候使用了类似的表述。到杜威1944年发表评论之时,《高等教育学刊》预先刊登社论《自由教育能够使人自由吗?》。②

总的来说,这些教育家们并不属于支持古典文学的群体。但即使是支持古典文学的群体——包括欧文·白璧德和罗伯特·哈钦斯,面对将自由教育等同于"自由"(freeing)、"解放"(liberating)或"使自由"(liberalizing)的大潮,仍然不能避而不谈。然而,这些倡导阅读古典文本的人士都赞美自由教育中"始于规则、趋向自我约束"的自由——正如1939年路易斯维尔大学(University of Louisville)校长及1941年孟菲斯西南大学(Southwestern at Memphis)校长所坚持的那样。因此,赞美自由、独立、解放的语言之普遍使用暗示着一种不断增长的一致意见,但含义的模糊也日益增加。到了1945年,"自由派"(liberals)和"保守派"(conservatives)都使用关于博雅教育的这种语言,以至第八届美国科学大会上有人告诫道:"在我们的术语的使用

---

① Louis F. Snow, *The College Curriculum in the United States* (New York: Bureau of Publications, Teachers College, Columbia University, 1907), p. 173; Leonard V. Koos and C. C. Crawford, "College Aims, Past and Present," *School and Society* 14, no. 362 (1921): 499-509; Allen O. Hansen, *Liberalism and American Education in the Eighteenth Century* (New York: Macmillan, 1926), pp. 61, 153; Margaret Kiely, *Comparisons of Students of Teachers College and Students of Liberal Arts Colleges* (New York: Bureau of Publications, Teachers College, Columbia University, 1931), p. 146.

② Hamilton Holt, "Liberalizing a Liberal Education," in *Changes and Experiments in Liberal-Arts Education: The Thirty-first Yearbook of the National Society for the Study of Education, Part II*, ed. Guy M. Whipple (Bloomington, Ill.: Public School Publishing, 1932), pp. 221-228; James B. Conant, "The American College," *AACB* 23 (1937): 44; R. H. Eckelberry, "Does Liberal Education Liberalize?" *JHE* 15 (1944): 224-225; Jacques Barzun, "Humanities, Pieties, Practicalities, Universities," *SR* 1 (November 14, 1937): 8.

中,一定存在着一些混淆之处。"①

这种混淆状况也存在于词源学中,这一问题在1930年由迈阿密大学校长提出。他反对与"自由"教育相关的博雅—自由的内涵:

> 在我能够确定的范围内,博雅学艺最初根本不是我们所理解的艺术,它们的"liberal"属性也不是现代意义上的含义……它们之所以是liberal,是因为它们构成了与由奴隶们发展起来的粗俗的工匠技艺相对的自由民或绅士的教育……相反,我们强调liberal一词的另一层含义,这个含义不是最初的含义,但很容易因为liberal这个词而望文生义。我们认为,liberal arts是使人自由的技艺(liberalizing arts),是解放心灵,将心灵送上追寻陌生而诱人的探险之路的学习。
>
> ——阿尔弗雷德·H. 阿帕姆

其他一些大体上支持雄辩家传统的人们——如查尔斯·迪赫(Charles Diehl)或欧文·白璧德的支持者诺曼·福斯特(Norman Foerster)——提出了与"liberal"一词最初的含义相同的看法:"自由民"的教育(education for "free men")。与此相反,那些支持博雅—自由理念特点的人们——如保罗·希勒珀(Paul Schilpp)或托马斯·布利格斯(Thomas Briggs)——"试图……以liberal原初的含义来定义自由教育:这种教育将一个人从某些东西中解放出来,或为了某些目的使人得以自由"。② 词源学上的小冲突暗示着关于长年累月加诸"liberal education"这一概念的声誉的更大战争。正如1940年全国青年管理局(National Youth Administration)教育计划负责人所抱怨的那

---

① Henry W. Holmes, "What is a Liberal Education?" *Proceedings*: *Eighth American Scientific Congress Held in Washington May 10-18, 1940* (Washington, D. C.: U. S. Department of State, 1945), vol. 12, p, 147; R. A. Kent, "The College in Democracy: Safeguarding the American College Against Regimentation and Indoctrination," *JHE* 10 (1939): 417-420; Charles E. Diehl, "Postwar Liberal Arts Education," *AACB* 29 (1943): 196-201.

② Paul A. Schilpp, "An 'Apology' for Philosophy: The Place of Philosophy in the Liberal-Arts Curriculum," *JHE* 6 (1935): 223; Norman Foerster, *The Future of the Liberal College* (New York: Appleton-Century, 1938), chap. 1; Foerster, "United States," in *The Meaning of Liberal Education in the Twentieth Century: Yearbook of the International Institute of Teachers College*, ed. Isaac L. Kandel (New York: Bureau of Publications, Teachers College, Columbia University, 1939), p. 337; Thomas H. Briggs, "United States," in Kandel (1939), p. 317; Diehl (1943), pp. 196-201.

样:"难道不是每个人都渴望享有自由教育吗?难道有人敢于反对任何自由的东西并给予负面的判断?由于拥有对自由科目构成的传统课程计划的描述所带来的语言上的优势,传统主义者们在全国范围内宣扬自己的主张。"①

1860年到1945年间的发展使人们倾向于将博雅—自由理念视为更大的政治和社会的"自由主义"运动的支柱:在自由主义挑战社会上"保守的"影响时,教育中博雅—自由理念也与博雅学艺理念相交锋。然而,我所谓的博雅—自由理念这样一种人造的概念与自由主义现象之间的关系是十分不明确和不直接的,以至于把两者加以类比是非常误导人的。② 因此,既然已经提及"自由""解放"和"自由主义"等语词越来越频繁地与"自由教育"关联在一起使用,以及随之而来的概念的模糊在20世纪三四十年代到达顶峰,我们不妨回顾一下美国内战结束后发生的事件。

现在,将19世纪六七十年代视为"大学时代"的开端或"新时代的黎明",会引来贬低战前学院的批评,或者更普遍的是,引来依赖传统的史料编纂学中过分简单化而陈旧的结论的批评。尽管如此,无论如何搅乱,历史的主线仍然是清晰的。19世纪后半期,美国高等教育确实发生了深刻的变化。显然,变化可能被夸大了,一些人急着去认可爱德华·希尔斯(Edward Shils)最近的言论:"约翰·霍普金斯大学的成立或许是西半球教育史上最具决定性的事件。"③然而,即便抛开耶鲁(1861年授予了美国第一个哲学博士学位)、康奈尔(作为一所非宗派的大学,1868年由A. D.怀特[A. D. White]创立)、哈佛(1869年任命查尔斯·艾略特为校长,开始了选课制)或者密歇根(1871年在J. B.安吉尔[J. B. Angell]的领导下开始研究生教育)的例子不说,希尔

---

① Charles H. Judd, "The Organization of a Program of General Education in Secondary Schools and Colleges," *AACB* 26 (1940): 303.
② 见附录2。
③ Edward Shills, "The Order of Learning in the United States: The Ascendancy of the University," in Oleson and Voss (1979), p. 28. 参照 Frederick Rudolph, *The American College and University: A History* (New York: Random House, 1962), chap. 11; James Axtell, "The Death of the Liberal *Arts* College," *HEQ* 11 (1971): 339—352。

斯仍然有些言过其实。不仅有一些美国大学是在1876年D.C.吉尔曼(D. C. Gilman)创立约翰·霍普金斯大学之前就建立起来了,而且还有一些是在其之后不久就建立起来的:G.S.霍尔(G. S. Hall)于1889年创立克拉克大学,J.J.基恩(J. J. Keane)主教于1889年创立天主教大学,D.S.乔丹(D. S. Jordan)于1891年创立斯坦福大学,W.R.哈珀(W. R. Harper)于1892年创立芝加哥大学。

对美国大学发展起着重要激励作用的因素来自德国。访学的美国研究生和教授从德国大学归来时,倾心于专门化学术、思辨的研究,而且尤其倾心于他们在德国高校所见的自由氛围。特别是后者——教学自由(*Lehrfreiheit*)和学习自由(*Lernfreiheit*),给美国人以深刻的印象。这一理念被认为"源自探究的功能,源自知识不是固定不变的或终结性的假设",这一假设是被美国人理想化了的"致力于扩展知识边界的探究,而不仅限于保存不变的知识"的德国大学各个方面的基础。① 自然,美国的学校开始采用这种重研究的高等教育理念是需要时间的,早期的大学领导人对此争论不休,比方说,查尔斯·艾略特并不欣赏或鼓励研究和原创学术,尽管他们确实赞成教育中的质疑态度。然而,随着时间的推移,科学学科的成长、专业化的出现、建立定义明确的与稳固的"学系"(academic departments)以支持专业化成为美国的一种模式,它效法的是德国的做法。②

---

① 引语出自 Paul Farmer, "Nineteenth-Century Ideas of the University: Continental Europe," in *The Modern University*, ed. Margaret Clapp (Ithaca, N. Y.: Cornell University Press, 1950), p. 15; Richard Hofstadter and Walter P. Metzger, *The Development of Academic Freedom in the United States* (New York: Columbia University Press, 1955), pp. 386-387。参见 George E. Peterson, *The New England College in the Age of the University* (Amherst, Mass.: Amherst College Press, 1965), chaps. 1, 2。近来,其他学者质疑德国影响的程度。Carl Diehl, "Innocents Abroad: American Students in German Universities, 1810-1870," *HEQ* 16 (1976): 31-341; Diehl, *Americans and German Scholarship, 1770-1870* (New Haven, Conn.: Yale University Press, 1978), chaps. 4-6; Charles E. McClelland, *State, Society, and University in Germany, 1700-1914* (Cambridge: Cambridge University Press, 1980), pp. 151-189.

② Joseph Ben-David, "The University and the Growth of Science in Germany and the United States," *Minerva* 7 (1968): 1-35; Shils (1979), pp. 19-47. 关于美国模式和德国模式的区别,参见 Fritz K. Ringer, "The German Academic Community," in Oleson and Voss (1979), pp. 409-429 及 Konrad H. Jarausch, ed., *The Transformation of Higher Learning, 1860-1930: Expansion, Diversification, Social Opening, and Professionalization in England, Germany, Russia, and the United States* (Chicago: University of Chicago Press, 1983)收录的比较文章。

G. S. 霍尔曾经指出,研究是"人类的最高天职"。并且,尽管只有克拉克大学特别专注于这一天职,但是其他大学也都承认其正确性并采纳了这一方法。讲授课、研讨课、实验室操作——这些德国大学的发明——逐渐取代了背诵,本科生们利用图书馆的时间也大大超过了此前通常允许的每周二至三小时。与此同时,业余人士将大学中的研究职业让位于从事教学和研究的专业人士。① 这些转变是由美国人的实用伦理造成的,因为比起对传统的模仿,研究的理念能够为学习带来更大的物质回报。更大的激励来自于投身"科学"——19世纪后半期,对该词的使用在每个学术领域飞速增长。因此,"科学"一词的含义摇摆不定。一般而言,它或者代表了主要是推理演绎的学科,或者代表了基于归纳实验数据、避免先验假设的学科。19世纪晚期对"教育科学"的追求实际上反映了这些趋势。②

对科学研究的追求同样促进了超越德国大学的对专业化的热情。专业化在1866年到1918年成为美国科学社团的关键特点,它促进了本科生"主修"和"辅修"专业的发展,这与学术领域的专门化所带来的研究生院的科系化是一致的。在1840年,耶鲁学院拥有8个系,密歇根学院有5个系,伊利诺伊学院也有5个系。到1905年,这三校的系数分别达到了22个、32个和12个。与此同时,早在1880年,由哥伦比亚大学的政治科学学院首创,促成开启了大学中"超级系"(super-departments)即学院(school)的出现。与这些专门科系相应的是不断增长的哲学博士数量。1870年前,美国被授予非医学博士学位的共计16人。仅1880年,就有54人被授予哲学博士学位;1890年,有

---

① G. Stanley Hall, *Life and Confessions of a Psychologist* (New York: D. Appleton, 1923), p. 338; Elliot R. Downing, "Methods in Science Teaching: Summary of Investigations of the Demonstration Method versus the Laboratory Method," *JHE* 2 (1931): 319–319; Herbst (1965), pp. 34ff.; Arthur T. Hamlin, *The University Library in the United States, Its Origins and Development* (Philadelphia: University of Pennsylvania Press, 1981), chaps. 2, 3, 9.

② J. P. Powell, "Some Nineteenth-Century Views on the University Curriculum," *HEQ* 5 (1965): 102–105; Paul Buck, ed., "Introduction," in *Social Sciences at Harvard, 1860–1920: From Inculcation to the Open Mind* (Cambridge: Harvard University Press, 1965), pp. 1–17; James R. Robarts, "The Quest for a Science of Education in the Nineteenth Century," *HEQ* 8 (1968): 431–446.

149 人；1900 年，有 382 人。①

尽管学术价值上出现了这些发展，方法论和组织结构——从中世纪的大学开始就鲜有变化——仍是大西洋两岸大学的基础，不过对于美国的博雅文理学院而言，它们令人十分困惑。正如一位任教于阿默斯特学院，仅仅因为介绍了国外的教学方法就被勒令离开的德国学者所言："我承认，我无法预言那些既无法成为大学、又不能成为预科学校（Gymnasia）的学院（college）的最终地位到底为何，我找不到任何它们必须存在的理由。"②此处，学院需要解决教育机构的结构问题以应对美国高等教育的转变。传统主义者——如耶鲁的诺亚·波特（Noah Porter）——试图将美国的学院与德国的预科学校等同起来，以此将新的教学法和课程计划从本科教育中排除出去。但是，预科学校的模式也能被大学用来将学院降级为中等教育机构，如克拉克大学和约翰·霍普金斯大学就是如此。因此，不与大学相联系的独立学院（independent colleges）是没有吸引力的。

哈佛大学实际上走上了相反的方向，将学院吸收进研究生部，而斯坦福和芝加哥大学则试图将学院划分为两年的预科教育和两年的大学教育。与此同时，四年制学院坚持认为，自己是"博雅教育"的保

---

① George P. Schmidt, *The Liberal Arts College: A Chapter in American Cultural History* (New Brunswick, N. J.: Rutgers University Press, 1957), pp. 288–289; Earl J. McGrath, *The Graduate School and the Decline of Liberal Education* (New York: Bureau of Publications, Teachers College, Columbia University, 1959), p. 10; Philip W. Payton, "Origins of the Terms 'Major' and 'Minor' in American Higher Education," *HEQ* 1 (June 1961): 57–62; Ralph S. Bates, *Scientific Societies in the United States*, 3d ed. (Cambridge: MIT Press, 1965), chap. 3; John Higham, "The Matrix of Specialization," in Oleson and Voss (1979), pp. 3–8.

② 转引自 Herbst (1965), pp. 49–50; Thomas H. LeDuc, *Piety and Intellect at Amherst College, 1865–1912* (New York: Columbia University Press, 1946), p. 15. 以下关于四年制学院的讨论，参见 Noah Porter, *The American Colleges and the American Public* (New Haven, Conn.: Charles Chatfield, 1870), chaps. 1, 15; Daniel C. Gilman, "Is It Worth While to Uphold Any Longer the Idea of Liberal Education?" *Educational Review* 3 (1892): 109; William R. Harper, *The Prospects of the Small College* (Chicago: University of Chicago Press, 1900); Andrew F. West, *Short Papers on Liberal Education* (New York: Charles Scribner's Sons, 1907), pp. 65, 90ff.; Jurgen Herbst, "Liberal Education and the Graduate Schools: An Historical View of College Reform," *HEQ* 2 (1962): 244–258. 近来，有学者提出普林斯顿的麦考什和耶鲁的波特属于稳健派，并试图调和"旧式学院和新式大学"。J. David Hoeveler, Jr., *James McCosh and the Scottish Intellectual Tradition: From Glasgow to Princeton* (Princeton, N. J.: Princeton University Press, 1981), chap. 7; Louise L. Stevenson, "Between the Old-Time College and the Modern University: Noah Porter and the New Haven Scholars," *History of Higher Education Annual* 3 (1983): 39–57.

存者,因而与中等教育或研究生训练都不同。研究功能的支持者,从约翰·霍普金斯大学的 D. C. 吉尔曼(D. C. Gilman),到普林斯顿大学的 A. F. 韦斯特(A. F. West),并未怀疑这是它们的传统角色。然而,许多大学的创建者,如芝加哥大学的 W. R. 哈珀(W. R. Harper)则警告说,这种四年制独立本科教育的概念将逐渐被取代,直至终结。因此,关于教育机构之结构的争论不可避免地关注学院对于自由研究和博雅教育之间关系的态度。

在《论雄辩家》一书中,西塞罗提到,伟大的雄辩家要避免思辨哲学必然会带来的狭窄的专业化,而英格兰文艺复兴时期的绅士教育——正如鲁斯·科尔索(Ruth Kelso)所指出的——强调"广度而非深度",这与人文主义传统相一致。因此,自然而然地,美国文理学院中的公民教育和文雅学科(polite learning)与大学的专业化研究相矛盾;同样重要的是,对信仰的虔诚也与专业化相矛盾。特别是新英格兰的宗派性学院,如阿默斯特学院及大量的中西部后继学院,与将学术研究置于宗教信仰之上的潮流进行了斗争。然而,基督教绅士理想之中,没有任何一种信念或两种信念的结合能够长期地抵挡城市化和工业化的压力、福音主义的衰落、达尔文主义的推进和大学模式的普遍成功。到 1900 年,即使小规模的基督教学院也开始转向专业学习。[1]

较为典型的是达特茅斯学院。1893 年,校长 W. J. 塔克(W. J. Tucker)的到来带来了科系及课程计划的改进和扩展,课程中加入了大量的物理、化学、生物学、经济学和德语。[2] 类似地,一份关于 1883 年到 1933 年 11 所文理学院课程目录的研究指出,教师群体中拥有哲学博士学位者的比例从 17% 升至 49%,与此相对的是古典语言学、数学和天文学教师人数的锐减,这些科目与七艺相类似或许并不是巧合。其他由现代语言学协会(Modern Language Association)进行的对学院和大学的全国性研究表明,1884 年到 1906 年间,学士学位对古典

---

[1] Cicero, *De oratore* 3. 132–140; Ruth Kelso, *The Doctrine of the English Gentleman in the Sixteenth Century* (Urbana: University of Illinois Press, 1929), pp. 125–127; LeDuc (1946), chaps. 2–3; McGrath (1959), pt. 1; Peterson (1964).

[2] Robert F. Leavens and Arthur H. Lord, *Dr. Tucker's Dartmouth* (Hanover N. H.: Dartmouth College, 1965), chaps. 3–4, pp. 152–156; Marilyn Tobias, *Old Dartmouth on Trial: The Transformation of the Academic Community in Nineteenth-Century America* (New York: New York University Press, 1982), pp. 127–143.

语言学的要求也大幅下跌。相反,对现代语言学的要求增加了。①

这一增加的趋势更为重要,因为它与同时的本科课程计划背离指定课程而转向选修课程的运动是相悖的。在19世纪后半期,本科生获得了越来越多的选课自由,平均毕业年龄也达到了22岁。自由度的扩展,不仅是因为学生更为成熟,更因为大学创建者们提出了科目平等的理念,他们欢迎学生学习所有科目,这一观点以伊斯拉·康奈尔(Ezra Cornell)的著名论述为代表:"我愿意建立这样一所学校,在那里,任何人都能够获得任何科目的教育。"哈佛校长查尔斯·艾略特尤其是将学科的平等与19世纪极为盛行的心智训练学说以及承认个体在心性气质上存在深刻差异的心理学联系在一起。他因而指出:(1)任何学科实际上都能够训练心智;(2)每个人都应该自由地选择与自己的心智最适应的科目来进行训练。

这一自由的选课体系的主要批评者包括耶鲁和普林斯顿的校长,他们为古典学的特殊功能、限制、标准和价值进行辩护。其他人则予以反击,如小C. F. 亚当斯(C. F. Adams, Jr.)在1883年的作为。但是,只有哈佛的校长艾略特才被认为是学生自由选课的主要发言人。他用以回应反对意见的方式——如约翰·洛克所主张的个人应该能在不同的宗教信仰中作出选择:"自由的选择权意味着没有任何科目被认为是具有最高价值的……人类积累下来的智慧并不能确凿无疑地规定,什么样的科目最有助于18岁至22岁的青年培育心智。"如上所述,艾略特最终将"心智训练"的概念转化为一种智力激发,并且也支持后来的进步主义历史学家对其立场完全采取博雅—自由理念的阐释。无论他是否真的走了那么远,可以说,从1867年哈佛委员会将自由选课制认定为大学的特征之一开始,直到20世纪初被取消,自由

---

① E. W. Bagster-Collins, "History of Modern Language Teaching in the United States," in *Studies in Modern Language Teaching* (New York: Macmillan, 1930), pp. 68-72; Merle Kuder, *Trends of Professional Opportunities in the Liberal Arts Colleges* (New York: Bureau of Publications, Teachers College, Columbia University, 1937), pp. 124-126, 129. 美国学院联盟的学院课程委员会1921年的报告发现,"一战"期间"现代"学科显著增加,同时"希腊语、拉丁语、数学和天文学衰落了"。这或许与七艺之间存在着不止是巧合的类比关系。F. C. Ferry, "Tables of Student Hours of Instruction of 18 Colleges and Universities for the College Years 1911-1912, 1915-1916, and 1919-1920," *AACB* 8 (1922): 18-26.

选课制始终伴随自由研究的发展。[1]

如果现在回过头去,从学生个体的角度去考察"解放"语言的潮流、大学的建立,以及通过科学研究、自由选课而实现的对真理的追求,那么很显然,博雅—自由理念的特点能够从关于自由教育的讨论中被抽象出来。这并不是说当时的情况是统一且明朗的。但是,总的来说,我们能够看出,博雅—自由的特征深深地渗入了塔潘(Tappan)1852年的就职演说、怀特(White)1862年呼吁"真正自由的大学"对妇女和黑人开放的信件、约翰·霍普金斯大学"真理指向自由"(Veritas vos Liberabit)的校训以及艾略特"自由科目……是那些为了真理而以科学精神加以追求的科目"的定义之中。思辨性研究的理念在各个学校之间得到更为广泛的认可,促进了维希(Veysey)所说的"理智自身的解放",并且如巴茨(Butts)所述,影响了"对自由教育的经典定义……这一定义将真理认为是统一、固定而永恒的"。[2] 这些观点在19世纪由校长为毕业年级学生教授的道德哲学必修课程的衰落中得到了印证,在当时,道德哲学课程立基于对以下三点的认可:统一的和预先设定的课程计划,从经典文本当中习得的绝对美德与习俗,训练学生成为合格的公民。从19世纪80年代开始,由于对不作价值判断

---

[1] Eliot (1898), pp. 140-141; Charles F. Adams, Jr., *A College Fetich*: *An Address Delivered before the Harvard Chapter of the Phi Beta Kappa Society*, June 28, 1883 (Boston: Lee and Shepard, 1883). 校长们的观点参见 Porter (1870), pp. 39-91; McCosh (1885); 至于后来的争论,参见 Gilman (1892), p. 106; West (1907), pp. 112-113。由于高年级学生从 1872 年起不受任何要求限制,新生从 1884 年开始可以部分选课,1899 年所有的课程都变为选修课,哈佛的选课制显得十分与众不同。由于没有任何其他院校切实仿效,这一体制倒可谓是全国"最不重要的"。W. H. Cowley, "College and University Teaching, 1858-1958," *Educational Record* 39 (1958): 314-316. 多数学院采取"组合选课制",学生们从选定的组合中选择课程,实际上仍有设定好的领域。George W. Pierson, "American Universities in the Nineteenth Century: The Formative Period," in Clapp (1950), pp. 85-87.

[2] Robert F. Butts, *The College Charts Its Course*: *Historical Conceptions and Current Proposals* (New York: McGraw-Hill, 1939), p. 163; Versey (1965), p. 142. 其他引述来自 Henry P. Tappan, *A Discourse Delivered by Henry P. Tappan, D. D., at Ann Arbor, Mich., on the Occasion of his Inauguration as Chancellor of the University of Michigan, December 21st, 1852* (Detroit: Advertiser Power Presses, 1852); Hugh Hawkins, "The University-Builders Observe the Colleges," *HEQ* 11 (1971): 353-354; Hawkins (1972), p. 105。Charles Wegener 的解释极好地支持了此处的论断。在描述美国大学重视杜威理念的历史情境之后,他将"自由教育"的目标解释为"人应当成为智力活动中自由地发挥功能的参与者和智力共同体中自治的成员"(*Liberal Education and the Modern University* [Chicago: University of Chicago Press, 1978], p. 95)。

的研究的强调和伦理学理论中实用主义的推进,四年级课程逐渐没落了。①

实用主义的兴起,伴随着其在认识论上对绝对主义的反对,总的来说与美国达尔文主义和进步主义的发展有关。这一切都鼓励了教育者在教育理论中融入博雅—自由理念的特征。然而,多少有些反常的是,达尔文主义的影响起初是反对这一潮流的。这一方面是因为这样一种信念,即清除先验的假设,从大量的实证数据中进行归纳,如同达尔文所做的那样,人们就能得到确定的结论。只有到了19世纪末,这一信念才因使用演绎方法的社会科学家所提出的不同答案而有所动摇。另一方面,进化论的根本原则在赫伯特·斯宾塞(Herbert Spencer)和威廉·格雷厄姆·萨姆纳(William Graham Sumner)的"社会达尔文主义"或"保守达尔文主义"当中被教条化了,他们引用了"物竞天择"和"适者生存"的比喻来解释现状的合理性。直到19世纪90年代,达尔文主义的社会解释主张才在从心理学和哲学角度持"演化改良论"主张的人们的努力下发生了转变。这些人认为:存在改变环境的自由;只要"平均主义"成为可能,每个人都能够影响这一改变的过程;演化本身是"渐进的"和变化的,但不是绝对的法则。②

修正的观点直接源自实用主义。尽管采纳了许多达尔文的概念,实用主义者并不将环境视为静态的已知事物,而是强调生物体改变环境的能力。实用主义或"实验主义"(experimentalism)在师范学院流行起来之时,主要存在于乔治·H.米德(George H. Mead)、查尔斯·S.皮尔斯(Charles S. Peirce)和威廉·詹姆斯(William James)的著作中。

---

① Douglass Sloan, "The Teaching of Ethics in the American Undergraduate Curriculum, 1876-1976," in *Ethics Teaching in Higher Education*, ed. Daniel Callahan and Sissela Bok (New York: Plenum, 1980), pp. 2-19. 同时,请注意从1751年Richard Perter在费城的演说到约翰·霍普金斯大学校训的转变。二者都由 *Et cognoscetis vertitatem, et veritas liberabit vos*("你们必晓得真理,真理必叫你们得以自由")而来,不过约翰·霍普金斯把前半句省略了。Richard Peters, *A Sermon on Education, Wherein some Account is Given of the Academy Established in the City of Philadelphia* (Philadelphia: Franklin and Hall, 1751), p. 1; Wegener (1978), p. 34.

② Richard Hofstadter, *Social Darwinism in American Thought*, rev. ed. (Boston: Beacon, 1955a), chaps. 1, 5, 9; Lawrence A. Cremin, *The Transformation of the School: Progressivism in American Education, 1876-1957* (New York: Alfred A. Knopf, 1961), chap. 4; Buck (1965), pp. 1-17.

它构建了教育实用主义的哲学基础,这种实用主义的系统阐述主要源自约翰·杜威。① 1894 年到 1904 年间,杜威的思想在芝加哥大学得到完善,它直接针对的是对一切绝对标准和价值所持的肯定态度,欣赏每个人的独特之处,提倡以自由实验的方式面对生活中遇到的新情况。② 这一与博雅——自由理念十分契合的哲学在 19 世纪 90 年代发展起来的时候,民粹主义者复兴了杰克逊的口号"人人皆平等,无人享有特权"。其后,在 1900 年到第一次世界大战之间,实用主义作为广泛的社会、政治、教育批判和改革运动而兴起。进步主义色彩充斥着教育领域的讨论,它和博雅——自由理念所共享的一些特征也广为流行,尽管进步主义的教育家们不愿强调理智,或是将"自由教育"与中等教育和研究生教育区别开来。③

---

① Hofstadter (1955a), chaps. 7, 8. 关于杜威思想中的"实验主义"及对功利主义的称颂,参见 Katerine C. Mayhew and Anna C. Edwards, *The Dewey School*: *The Laboratory School of the University of Chicago, 1896-1903* (New York: Appleton-Century, 1936), chap. 15; John L. Childs, "Experimentalism and American Education," *Teachers College Record* 44 (1973): 539-543; Abraham F. Citron, "Experimentalism and the Classicism of President Hutchins," *Teachers College Record* 44 (1973): 544-553; Hal G. Lewis, "Meiklejohn and Experimentalism," *Teachers College Record* 44 (1973): 563-571。

② Arthur G. Wirth 认为,杜威的思想主要是在 1894—1904 年间形成的,在他看来,杜威以这样的话总结自己的思想:"在真正自由的教育中成长起来的人应该是做好终生学习准备的人。""John Dewey's Design for American Education: An Analysis of Aspects of his Work at the University of Chcago, 1894-1904," *HEQ* 4 (1964): 86. 杜威对教条主义的反对在 *The Quest for Certainty* (New York: Minton, Balch, 1929) 中清楚呈现出来,尤其是第二章"Philosophy's Search for the Immutable"。伴随反对情绪而来的首先是对那些看来抽象而绝对化地存在的行为标准和规则的抗拒,然后是强调根据其优点和结果来评价每一种存在的情况。John Dewey, *Human Nature and Conduct*: *An Introduction to Social Psychology* (New York: Henry Holt, 1922), chap. 7. 这样的强调无疑反映了对个人主义的尊重及"实验主义"的真理观,这一立场或许在 William James, *Pragmatism*; *a New name for Some Old Ways of Thinking*: *Popular Lectures on Philosophy* (New York: Longmans, 1907) 第六章表现得更为清晰。对所有新情况采用"实验的"方法体现了对经验和知识的一种渐进的观念:"我们最终的结论是,生活就是发展,发展、成长即是生活。"John Dewey, *Democracy and Education*: *An Introduction to the Philosophy of Education* (New York: Macmillan, 1916), p.49. 杜威反对在本科教育中设定必修课程领域的做法,因为这样的做法永远无法达致"为自由的教育或'自由教育'"。John Dewey, "Challenge to Liberal Thought," *Fortune* 30 (August 1944b): 154-147. 在杜威的观点中,知识与自由的紧密关系也是显而易见的。尽管杜威反对将智力孤立于人类的其他官能来加以评估,他也强调对行为结果的经验性知识是自由的前提条件之一。Dewey (1922), pp. 163-156, 278-286。

③ David Snedden, "What of Liberal Education?" *The Atlantic Monthly* 109, no. 1 (1912): 111-117; William H. Kilpatrick, "The Proper Work of the Liberal Arts College," *AACB* 29 (1943): 37-44; Richard Hofstadter, *The Age of Reform*: *From Bryan to F. D. R.* (New York: Alfred A. Knopf, 1955b), chaps. 2, 5; Cremin (1961), pp. 88-89; Cremin, "Curriculum-Making in the United States," *Teachers College Record* 73 (1971): 207-211。

因此,在内战后的几十年中,博雅—自由理念的特征逐渐深入实用主义和进步主义之中,成为美国对自由教育定义的主流,挑战了博雅学艺理念及其调适手段,并引发了激烈的讨论。在 19 世纪最后的三分之一时间当中,美国仅有的四份全国性杂志——《大西洋月刊》(Atlantic)、《哈珀斯》(Harper's)、《北美评论》(North American Review)和《斯克里布纳》(Scribner's)——上刊登了一百余篇文章讨论科学和现代科目地位、选课制、博雅教育中的人文学科。① 直接或间接地激发这一讨论的是发生在英格兰的"博雅教育"辩论,当时,英格兰的大学也承受了与美国大学类似的压力。

牛津和剑桥从乔治时代到维多利亚时代一直传承着古典语言学习的博雅教育,"坚信所有智慧都已经获得,创新往往只是对已知事物的重新阐述",并致力于培养绅士的"人格塑造"过程。到了 19 世纪中期,尽管不如美国人那么热衷,牛津和剑桥仍然向德国大学的自由学术和学术研究模式迈进。随着这一进程,

> 一个新的中心建立起来,对博雅教育的新的解释……在维多利亚时代首次出现。这是知识革命的产物,是研究理念的产物,是相信理智的力量的产物,是专业化和职业化的产物,是目的论的宇宙甚至实证主义的宇宙瓦解的产物,是"教育有能力创造一个可靠的社会"这一传统信念消散的产物。博雅教育的全新含义是对真理——并非恒久的真理,而是基于事实和资料的暂时真理——的追求。②

---

① John C. Hepler, "The Developing Theory of Liberal Arts, 1850–1900," *AACB* 31 (1945): 543–546.

② 引自 Sheldon Rothblatt, *Tradition and Change in English Liberal Education: An Essay in History and Culture* (London: Faber and Faber, 1976), pp. 159–160, 173。参见 Hugh F. Kearney, *Scholars and Gentlemen: Universities and Society in Pre-Industrial Britain, 1500–1700* (London: Faber and Faber, 1970), pp. 174–180; Martha McMackin Garland, *Cambridge before Darwin: The Ideal of a Liberal Education, 1800–1860* (Cambridge: Cambridge University Press, 1980), chap. 7。牛津和剑桥学者的职业化伴随这一发展过程。Sheldon Rothblatt, *The Revolution of the Dons: Cambridge and Society in Victorian England* (New York: Basic Books, 1968), pp. 89–93, 258ff.; Arthur J. Engel, *From Clergyman to Don: The Rise of the Academic Profession in Nineteenth-Century Oxford* (Oxford: Clarendon, 1983).

这一变化既不统一，也不连续。这一事实在 1868 年的《博雅教育论文集》当中显而易见，这本书是在牛津和剑桥学者的呼吁下编写的，因为"博雅教育的原则与方法如今正经受重要的讨论"。① 然而，最为著名的论辩来自英格兰作家托马斯·H. 赫胥黎和马修·阿诺德的交锋。他们的观点在美国被广泛引用，并且完美地证明了 19 世纪晚期博雅教育当中哲学家传统和雄辩家传统的直接冲突再度出现。

1880 年，赫胥黎发表了一次题为"科学与文化"的公共演说，在演说中他抨击了阿诺德广为人知的人文主义文化的观点。赫胥黎认为，"博雅教育"应该致力于增长人类知识，并且立基于这样一种"坚信：对理智的自由应用以及科学的方法，是达到真理的唯一手段"。比起某些拥护达尔文的《物种起源》、将约瑟夫·普里斯特利称颂为一个"为知识的进步以及为与智力进步互为因果的思想自由的推进设定了更高价值"的人，赫胥黎恰如其分地认为，自然科学的学习尤其应该包含在博雅教育之中。1883 年在美国进行巡回讲学时，阿诺德以"文学与科学"为名对赫胥黎进行了回应。他坚定不移地捍卫自己的立场，认为传授来自一系列古典文本的"被认为和被称为世界上最好的东西"的知识，传递着形塑文化、人格以及博雅教育的正确标准。② 在此次交锋中，赫胥黎和阿诺德的分歧能够被视为博雅—自由理念和博雅学艺理念之间长期矛盾的例证，而考察双方之间的误会，则更支持了这一观点。

当论及课程计划时，赫胥黎和阿诺德都在寻求树立和打倒假想敌的一些毫无助益的策略。赫胥黎抨击那些他所谓的完全反对自然科学、仅仅依靠古典文学来实现"博雅教育"的人，以此反对阿诺德；阿诺

---

① Frederick W. Farrar, ed., *Essays on a Liberal Education* (London: Macmillan, 1868), p. v. 关于英国大学的变革，一位历史学家在 1877 年写道："任何一个有过在剑桥工作或生活经历的人都不难发现，与半个世纪前相比，剑桥发生了何等巨大的变化，或者说，在过去的 40 年中，我们几乎丢掉了仅存的大学的特征。" Christopher Wordsworth, *Scholae Academae: Some Account of Studies at the English Universities in the Eighteenth Century* (1877; reprint, London: Frank Cass, 1968), p. v, chap. 1.

② Thomas H. Huxley, *Science and Education* (New York: D. Appleton, 1898), pp. 97–110, 134–135, 152; Matthew Arnold, *Discourses in America* (London: Macmillan, 1885), pp. 79–101. 关于这一话题的更为详尽的讨论，参见论文 "Matthew Arnold, Thomas Huxley, and Liberal Education: A Centennial Retrospective," *Teachers College Record* 86 (Spring 1985): 475–487。

德则在坚持强调古典学的条件下肯定学习自然科学的重大价值。另一方面,阿诺德也反对那些像赫胥黎一样希望博雅教育中古典学从属于自然科学的人——尽管赫胥黎表达了对作为博雅教育之一部分的古典学的赞赏和尊敬之情。因此,他们在文学文本和科学教养上的分歧实际上是侧重点和目的的问题,两个人之间的关系有时也比文字所描述的更为亲近一些。

第二方面的误解在于,他们错误地相信,彼此都同意博雅教育的目标是"生活的省思"。两人都引用了这一短语,但是似乎没有一方认识到,对方的用法与自己大不相同。对于阿诺德而言,"生活的省思省构建了文化",它意味着根据"被认为和被称为世界上最好的东西"的公认的惯例和价值而进行的省思。这与原则上将一切真理都视为实验性假设的那种批判的、科学的方法完全无关。根据阿诺德的阐释,科学是"处理现实的习惯",是一种将点滴知识积累成系统化整体的"绝佳的训练",这一观点令人联想起西塞罗对柏拉图的否定。在赫胥黎看来,"生活的省思"意味着批判理性,它反对的是那些源于传统的绝对惯例,并且他抨击古典文学教条化的教授方式以及它们在追求真理的过程中与科学方法的应用毫无关联。① 最终,阿诺德和赫胥黎彼此意见相左,却从未就此发生争论。他们全然是自说自话,因为他们是站在两种根本不同的博雅教育理念的立场上发表言论。

赫胥黎在约翰·霍普金斯大学成立之时发表了最重要的演说,尽管他的观点在美国人当中十分流行;阿诺德的演说《文学与科学》在美国也未受冷遇,特别是在坚守雄辩家传统的许多小学院当中。在 19

---

① Arnold (1885), pp. 82, 87-88, 97-100, 124; Huxley (1898), pp. 100ff., 142-149. 阿诺德和赫胥黎对批评和科学的观点的矛盾也体现在两人对苏格拉底的看法上。对赫胥黎而言,这位雅典哲学家是第一位不可知论者,其言辞体现出不可知论强烈的"反教条主义原则"。实际上,与苏格拉底的《申辩篇》(29a-31b)类似,赫胥黎认为,对世界带有询问的态度是对社会有危害的。Thomas H. Huxley, "Agnosticism," in *Collected Essays* (London: Macmillan, 1893-1994), vol. 5, p. 245; James G. Paradis, *T. H. Huxley: Man's Place in Nature* (Lincoln: University of Nebraska Press, 1978), p.177. 另一方面,阿诺德则坚持:"在我看来,如今最适于一个有文化的人的演说……便是苏格拉底的'认识你自己!'" Matthew Arnold, *Culture and Anarchy: An Essay in Political and Social Criticism* (London: Smith, Elder, 1869), pp.3-4. 苏格拉底的这句名言经常出现在阿诺德的著述中,在《文学与科学》(pp.105-112)中,在《会饮篇》(*Symposium*)(203e-121b)的结尾,他对第俄提玛的演说进行了解读,认为这是一篇将知识与美和德性结合起来的论述,而非通过称颂对真理的无限追逐来解释"智慧"(*sophia*)与"哲学/爱智"(*philosophia*)的区别。

世纪 90 年代,历史学家 W. H. 伍德沃德(W. H. Woodward)认为,文艺复兴时期的人文主义仍然是博雅教育的典范;1900 年,全美仅有 5668 名研究生,与之相比,本科生达到了 237592 人。与此同时,一些在大学工作的人文学者开始大声而尖锐地提出,绅士文化而非专业化的研究应该成为高等教育的焦点。因此,尽管对博雅学艺理念的肯定大大地弱化了,对"新人文主义"或"博雅文化"或"学院利益"的重新肯定却在世纪之交发生了。① 女子学院中古典文学的复兴②以及学院中虔敬主义的持续影响促进了这一运动,后者见于西部保留地大学(Western Reserve University)校长的《自由教育与自由信念》(*A Liberal Education and a Liberal Faith*,1903)一书。同样支持"新人文主义"的是天主教学校,特别是由耶稣会士经营的学校,他们强烈地批评新的现代主义者(*moderni*),并且"采用了一种改良了的课程计划,它来自文艺复兴人文主义者取自昆体良和伊索克拉底的文学—修辞学的课程安排"。③

"博雅文化"运动的主要先驱是欧文·白壁德——一位被天主教徒们以特殊的、赞同的眼光加以解读的学者,他反对对个人独特性和实验主义的不切实际的兴趣。白壁德反对选课制、未成熟的专业化以

---

① 关于这一观点及下文对"博雅文化"和 *artes liberales* 调适理念的讨论,来自 Rudolph (1962), chap. 21; Sherman B. Bames, "The Entry of Science and History in the College Curriculum, 1865-1914," *HEQ* 4 (1964): 45, 53-58; Veysey (1965), pp. 79ff., 269, chap. 4; Veysey, "The Plural Organized Worlds of the Humanities," in Oleson and Voss (1979), pp. 51-92; Hawkins (1972), chap. 9; Hawkins (1979), pp. 353-360; Higham (1979), pp. 6, 12-18; McGrath (1959), pt. 2。Herbst 对 McGrath 提出的有关"深入的研究生学习"与 liberal education 对立的假设加以反驳,而我并不同意 Herbst 的观点。Herbst (1962), pp. 244-246。

② Mabel L. Robinson, *The Curriculum of the Women's College*, U.S. Bureau of Education Bulletin No. 6 (Washington, D.C.: Government Printing Office, 1918). 近来的一次彻底的研究试图修正这一论断,却仅仅强调了 1885 年前亟待变革的一些障碍。Patricia Palmieri, "*Incipit Vita Nuova*: Founding Ideals of the Wellesley College Community," *History of Highrt Education* Annual 3 (1983): 59-78.

③ Philip Gleason, "American Catholic Higher Education: A Historical Perspective," in *The Shape of Catholic Higher Education*, ed. Robert Hassenger (Chicago: University of Chicago Press, 1967), pp.45-46. 查尔斯·F. 特温写书的目的在于"使教育在宗教上更为高尚,地域上更为广泛,同时更为自由"。Charles F. Thwing, *A Liberal Education and a Liberal Faith* (New York: Baker and Taylor, 1903), p. iii. 参见 Willis Rudy, *The Evolving Liberal Arts Curriculum: A Historical Review of Basic Themes* (New York: Bureau of Publications, Teachers College, Columbia University, 1960), chap. 9。

及研究理念;他将研究的理念与技术的进步联系在一起,并不欣赏对真理的不受限制的追寻,这一点颇像阿诺德。他的著作,如《文学与美国学院》(*Literature and the American College*,1908)和《卢梭与浪漫主义》(*Rousseau and Romanticism*,1919),确实包括了一些关于社会和教育标准确立之后并非恒久有效而必须不断重新评价的论述。然而,与此同时,他也批判了詹姆斯和杜威的个人主义相对论,而且与其他博雅文化的支持者们一样,其言论中似乎暗示着持久的标准就蕴含于一系列古典文学当中。①

实际上,正是在赞颂"过去文明的实际标准"时确定的预设导致了沃尔特·李普曼(Walter Lippmann)在《星期六文学评论》上抨击白壁德"将人文主义作为教条"(Humanism as Dogma)。但是,如果不认可这些标准,人文主义者明白,教育雄辩家,即教育那些为"商业、政府和专门职业所需要的有性格的人……高素质的人……坚持标准的人",将不再可能。白壁德的支持者诺曼·福斯特(Norman Foerster)继续坚持对精英进行博雅教育的雄辩家理念,为此他还引用了维吉里奥的话:"我们将那些对自由人来说有价值的学习称为自由的学习。"很重要的一点是,福斯特将18世纪理解为主流教育理念由"人文主义的、宗教的"转向"科学的"的时期。② 他最终成为声势最大的新人文主义者:白壁德的支持者和学生。在此后的几十年中,他们都坚持博雅学艺理念。

事实上,"新人文主义"的命名是错误的,因为这一运动实际上属于古罗马和文艺复兴人文主义传统,并且这一传统从未消失。"新人文主义"的术语更适于表述博雅学艺的调适理念,这在20世纪早期关于博雅教育的讨论中特别突出。正如论及1828年耶鲁报告时所提到

---

① Irving Babbitt, *Literature and the American College: Essays in Defense of the Humanities* (Boston: Houghton Mifflin, 1908), pp. 49-51, 57-60; Babbitt, *Rousseau and Romanticism* (Boston: Houghton Mifflin, 1919), pp. 5-9.

② Walter Lippmann, "Humanism as Dogma," *The Saturday Review of Literature* 7 (15 March 1930): 817-819; Foerster (1938), pp. 5-6; Foerster (1939), pp. 333-343. 引语出自 Michael R. Harris, *Five Counterrevolutionists in Higher Education: Irvin Babbit, Albert Jay Nock, Abraham Flexner, Robert Maynard Hutchins, Alexander Meiklejohn* (Corvallis: Oregen State University Press, 1970), pp. 67-68。

的,经过调适的雄辩家理念根源于在面对另一种对立理念时保存传统的高雅文学的那种努力。这种努力很大程度上依赖于常识哲学、官能心理学以及心智训练理论这些在19世纪广为流行的学说。然而,尽管保留了形制,心智训练的理论依据意味着向博雅—自由理念的特征——对真理的理智追寻——迈出了第一步。实际上,新生的"博雅学艺"的调适理念变得十分盛行,以致在一些短时的历史记载,如《师范学院国际研究所1939年年鉴》(*1939 Yearbook of the International Institute of Teachers College*)中提到,"博雅教育的传统观念"是如何"导致过度的理智化……它确实培育了理智,但并未开发情感"。①

从整个19世纪来看,雄辩家对古典文学的基本原理的阐释并没有经受住精神科学(*Geisterswissenschaft*)和古典学(*Altertumswissenschaft*)的影响。从18世纪晚期开始,德国学者将经验科学的方法用于古典文明的文本和制品,并且发展出评价这些材料的历史学方法。作为被带到美国的科学运动的另一项产物,新人文主义开始改变博雅教育中古典学科的意义。这一改变同时发生在美国和英格兰,其原因有二:首先,它包含了专业化研究的方法论;第二,新的古典学特地复兴了希腊的资料,因而巩固了哲学家传统的根基。《理想国》和其他的柏拉图对话录因此在牛津和剑桥的古典学荣誉考试中越来越受重视。

因此,对雄辩家的博雅教育的挑战不仅仅存在于对"博雅学艺"根本宗旨和人文主义文学课程的正面攻击,还存在于对什么是经典、怎样学习经典的重新阐释。实际上,这种重新阐释既涉及课程计划,也涉及教师群体。到19世纪90年代,学术界人文主义者的第二个阵营在美国出现了(作为对"博雅文化"支持者的补充),这一新兴的短期阵营支持沿着德国历史批判学派的路线对古典学术进行专业化研究。早在1868年,耶鲁大学舍菲尔德科学学院董事会(Governing Board of the Sheffield Scientific School at Yale)就曾预言,古典学科将会变得专

---

① Kandel (1939), pp. xii, xix. 以下论述来自 Martin L. Clarke, *Classical Education in Britain, 1500 - 1900* (Cambridge: Cambridge University Press, 1959), pp. 113 - 120, 170 - 174; Herbst (1965), chap. 3; Rothblatt (1976), pp. 164 - 173; Diehl (1978), chap. 1; McClelland (1980), pp. 99 - 131; Garland (1980), chap. 7。

## 第六章 雄辩家传统与哲学家传统在美国的冲突

业化和狭窄,但是人文学的科系化和专业化直到 19 世纪晚期才彻底实现。

此时,博雅学艺的调适理念及其在新人文主义运动中的基础,在那些超越了心智训练理论的古典文学支持者当中形成了成熟的表述。他们并不是以美国教育部长 W. T. 哈里斯(W. T. Harris)的方式进行表述的——哈里斯早些时候在论证"希腊和罗马文化"的学习乃"博雅教育"的一部分时,曾援引"达尔文主义",因为"现代文明的胚胎是源自那些伟大人士的文学和体制"。相反,他们对古典文学的支持体现在推动古典文本研究,将其作为提高批判理智的手段之一。后者的理论基础体现了纯粹的博雅文化支持者——其思想与博雅学艺理念相联系——与那些提倡维希(Veysey)所说的"借助博雅文化训练理智"的教育学家之间的根本区别。① 后一个群体在某种程度上认可博雅学艺的调适理念,条件是将对经典文本的阅读限定在训练批判的和自主的理智这一基本目标之下,而不是根据经典文本中所承载的价值观训练未来的公民。

例如,尽管哈佛校长 A. L. 洛厄尔(A. L. Lowell)曾经谈及"全面发展的人"(well-rounded man),他实际上仍是一个"知识贵族",并致力于提高和贯彻哈佛的学术标准。洛厄尔相信,"我们的大学……在学生们成年的早期——一个极具可塑性的时段,并没有努力激发他们对理智的兴趣和雄心,也没有培养出足够高效多产的学术",因此,他引入一个关于集中和分布(concentration and distribution)的课程体系,这一体系被视为博雅教育的最佳模式,旨在培养"一个对许多事物都有所了解,又对某些事物甚为熟悉的有创造力的人"。这一举动否定了阻挠古典文学学习的艾略特的选课制,并重建了文化的预设基础,如,我们应该知道一个受过自由教育的人是什么样子。从 1909 年的就职演说,到 1934 年的《与美国学术传统之战》(*At War with Academic*

---

① Veysey (1965), chap. 4; William T. Harris, "Equivalents in a Liberal Course of Study," *The Addresses and Journal of Proceedings of the National Education Association* (Salem, Ohio: National Education Association, 1880), pp. 173–174. 哈里斯在 1889—1906 年间担任美国教育委员会主任,他的思想很好地阐释了各种"liberal education"理念混合交织的这个"转型"时期。Lawrence A. Cremin, *Traditions of American Education* (New York: Basic Books, 1977), pp. 15–16; Higham (1979), pp. 6–7.

Traditions in America），洛厄尔反复重申，这一集中与分布的课程体系存在的根本原因在于，它能发展一种"强力"与"弹性"的批判理智。这一原因更加偏向研究理念而非保留传统或塑造人格的理念，这一点可以从塞缪尔·E. 莫里逊（Samuel E. Morison）对洛厄尔在哈佛的努力成果的赞赏中看出。莫里逊说，洛厄尔的努力使得"那些进行额外的学习以求在毕业时获得荣誉的本科生的人数越来越多"。①

亚历山大·米克尔约翰也采取了新人文主义的方式。从1912年到1938年，他在阿默斯特学院、威斯康星大学实验学院和旧金山社会研究学院推动作为"塑造心智"的过程的"自由教育"以及作为"心智的园地、思考的时间、认识的机会"的"自由学院"（liberal college）。从这一方面来看，他的某些用词借鉴了心智训练理论。他对选课制的反对、对阅读一系列巨著（Great Books）的建议以及对建立某些行为和人格的标准的期望——见于他关于"培养人"的自由教育的偶发的论述——都指向博雅学艺理念。然而，他的论述往往都回到"塑造心智"的主题。杜威认为，自己之所以推崇巨著是为了实现"对过去的标准的接受，认为这些标准比我们自己的标准更好"，对此，米克尔约翰是明确反对的。相反，在之前的1944年，米克尔约翰曾说，阅读经典主要是为了"在教师和学生的心中培养批判性思维的方法"。②

博雅学艺的调适理念中固有的紧张与对抗的趋势说明其在整体

---

① Abbott L. Lowell, *At War with Academic Traditions in America* (Cambridge：Harvard University Press, 1934), p. 5; Samuel E. Morison, *Three Centuries at Harvard, 1636 – 1936* (Cambridge, Mass.：Belknap, 1936), pp. 441, 448; George H. Chase, "Real Education is Self-Education：The Academic Principles Realized by Mr. Lowell during his Presidency at Harvard," *JHE* 4 (1933)：281 – 285. 同时参见 W. H. Cowley, "Intelligence is Not Enough：Holoism—the Development of the Whole Man—the Philosphy of the Liberal Arts College," *JHE* 9 (1938)：474; David Riesman, "Educational Reform at Harvard College：Meritocracy and Its Adversaries," in *Education and Politics at Harvard*, ed. Seymour M. Lipset and David Riesman (New York：McGraw-Hill, 1975), pp. 293-303。这一解释也适于 A. F. 韦斯特，他一方面承认"旧式的课程确实一去不返了"，另一方面也明确表示博雅教育需要包含经典文本的阅读，以实现对智力的锤炼，同时，他还将博雅教育与柏拉图、亚里士多德的哲学家传统而非雄辩家传统相联系。West (1907), pp. 77, 97, 113; West, *Alcuin and the Rise of the Christian Schools* (New York：Charles Scribner's Sons, 1901), chap. 1. 韦斯特"首要关注的是为学者中的贵族而设计的宽泛的研究生课程中较高的学术标准"的论述可以作为佐证。Herbst (1962), p. 251.

② Alexander Meiklejohn, *The Liberal College* (Boston：Marshall Jones, 1920), pp. 4, 23, pt. 4, Meiklejohn, "A Reply to John Dewey," *Fortune* 31 (1945)：207-219; Lewis (1943), pp. 565-569; LeDuc (1946), pp. 149-152.

上并不是铁板一块,因此,我们很容易认为:这是两种理念之间的调和。借用大卫·西尔多斯基(David Sidorsky)的说法,这是博雅教育两种传统的"综合的重释"①,也包含了两者之间固有的矛盾。米克尔约翰的立场中还面临着另一种紧张关系,那就是理智主义和平等主义的矛盾。毋庸置疑,米克尔约翰强调的是基于理智的博雅教育,并且,他本人的言论也证明,基于民主的承诺,他想要实现普遍的博雅教育:"对所有社会成员一视同仁的教育,所有人必须享有。"但是,在发表这些言论之时,他并没有质疑是否每个公民都能胜任这样一种理智教育,也就是说,这样的一种博雅教育是否最终属于精英。某种程度上,米克尔约翰反映了进步主义者在对专家的需求方面的矛盾心态。他曾谈及自由地教育民主社会的领袖们。所谓民主社会,就是一个人人"自由而平等"的社会,但是很显然,他倾向于不去强调对智识领袖的需求和对平等的需求之间的紧张关系。②

　　这一矛盾同样发生在罗伯特·M. 哈钦斯的新人文主义——一种调适了的"博雅学艺"理念——之中,尽管对他而言,矛盾是以不同的方式发展的。一般来说,哈钦斯被认为是"博雅教育的激进的保守者",这一观点将其置于杜威、实用主义和进步主义的对立面,正如他本人所说的那样。③ 循着这些规则,他设立了一套必修课程体系,将"西方世界最伟大的书籍"和一系列与七艺相似并源自七艺的现代学科并列。批评家们将这一设置归因于哈钦斯的这样一种信念:"自由在于要给予人们机会去发展良好的道德、精神及智力习惯。"这一信念

---

① David Sidorsky, "Varieties of Liberalism and Liberal Education," *SR* 5 (1977): 222.

② Alexander Meiklejohn, "Required Education for Freedom," *The American Scholar* 13 (1944): 393; Richard Hofstadter, *Anti-Intellectualism in American Life* (New York: Alfred A. Knopf, 1963), chap. 8; Harris (1970), pp. 166-171.

③ 我称为新人文主义者并与 *artes liberales* 的调适理念相结合的群体中,许多被 Amy A. Kass 称为"博雅教育中激进的保守派"(约翰·霍普金斯大学1973年博士论文)。对哈钦斯的分析和批判(其中一些在"liberal education"方面与约翰·杜威进行的比较是错误且令人反感的)参见 Henry S. Canby, "A Review of *The Higher Learning in America*," *The Saturday Review of Literature* 14 (24 Oct. 1936): 10-11; Robert Freeman Butts, "A Liberal Education and the Prescribed Curriculum in the American College," *Educational Record* 18 (1937): 548-564; Porter Sargent, "What's Ahead in Higher Education? Unniversities Are Unready for Present Crises," *JHE* 12 (1941): 321; Benjamin Fine, *Democratic Education* (New York: Thomas Y. Crowel, 1945); Schmidt (1957), chap. 10。

的存在,从根本上来说,依赖于某些"形而上的原则"之下"一个静止的世界……的假设"。正如哈钦斯所述:"教育意味着教学,教学意味着知识,知识即真理,真理无论何时何地都是相同的。因此,教育也应无论何时何地都相同。"①

这些观点与博雅学艺理念的基本特点相吻合,哈钦斯希望以高等教育来定义精英的想法也是如此,尽管后一观点经不起分析。因为,哈钦斯一方面试图让社会精英接受研究生教育,另一方面又坚持认为民主社会中每个人都应接受博雅教育。事实上,"为什么不呢?"这一问题在修辞上十分有力,但是,如果我们注意到哈钦斯所谓的博雅教育主要关注的是理智的分析功能和批判功能——这一目标可以从哈钦斯本人的言论、他对莫蒂默·阿德勒的新人文主义的依赖以及他在《美国高等教育》一书中对亚里士多德、托马斯·阿奎那和亨利·纽曼的大量引用②中可以看出——那么,在米克尔约翰的观点中所见的矛盾在此也同样可见。

哈钦斯的许多批判者并不赞同这一观点,他们认为,哈钦斯的理智的自由训练既不是批判的,也不是无限制的,而是以灌输美好生活的某种形而上的原则和真理为目标。哈钦斯究竟站在什么立场,这个问题与博雅学艺的调适理念直接相关,而问题的最终答案是,人们发现哈钦斯并没有"明确的"立场。他从未清楚地确立他的"形而上的原则"。他反复呼唤与绝对之物有关的真理和统一,也因此受到实验主义者、进步主义者和实用主义者的谴责。但是,他的建议仅限于"形而上学乃一门关于第一原理的科学",或"培养理智的力量"能够发现形而上的原则。他从未最终提出一个体系,尽管他私底下更支持新亚里士多德主义的观点,而不认为,为了拥有足够的智慧去发现第一原理,每个人都应在伟大传统之下被自由地教育。正如他 1931 年在芝加哥大学校长就职演说中所说的:"如今,我们的税收有部分用于养活

---

① Robert M. Hutchins, *The Higher Learning in America* (New Haven, Conn.: Yale University Press, 1936), pp. 66, 85. 关于批评家的意见,参见 Citron (1943), pp. 544-547; Harris (1970), p. 141。

② Hutchins (1936), pp. 61, 0. 118; Mortimer J. Adler, *How to Read a Book: The Art of Getting a Liberal Education* (New York: Simon and Schuster, 1940), chap. 17.

## 第六章　雄辩家传统与哲学家传统在美国的冲突

我们的邻居,也应有部分用于使他们更为明智。"因此,和米克尔约翰一样,哈钦斯留下了一个值得思索的问题,那就是:这些邻居是否能够如此,或者,如果他们真的做到了这些,又能得出什么样的结论。①

这些学者有时借用其他阵营人士的博雅教育观点,他们折中的语言在很大程度上说明了关于博雅学艺理念与博雅—自由理念之冲突的争论正在不断模糊,这一趋势恰恰说明了"调适"的现象。然而,另一方面,借用的现象说明了一个抵制共同对手的同盟的形成,特别是针对"实用"这个对手。在此情况之下,"实用"代表着从内战到一战之间重塑美国高等教育形态的一系列大量现象背后的根本原因。实用主义是1862年和1890年《莫里尔赠地法》背后的深层原因。这些法令及20世纪最初15年的后续法规支持中学后教育机构教授"农业和机械技术",并将更为实用的、技术性和职业性的科目引入高等教育的其他部分。② 实用的观点也被大学创建者们引用,特别是中西部的大学,这些地区新学校的建立与以国家发展为目标的赠地运动是分不开的。在19世纪的最后几十年中,随着美国日益工业化和城市化,美国人的生活方式和学院文化也在实用的基础之上发生了变化。

这些变化是伴随着中产阶级的壮大和"挣钱"(money-making)的社会理念而发生的,这在19世纪末遭到了人文主义传统的支持者的

---

① Robert M. Hutchins, "The Higher Learning in America: How May the American Universtiy Make Provision for the Superios Student?" *JHE* 4 (1933): 2; Hutchins (1936), pp. 63, 105-106. 我此处的论述源自与James Luther Adams 和 Bernard M. Loomer 的谈话,这二位在哈钦斯时代都在芝加哥大学,同时也得益于 Harry D. Gideonse, *The Higher Learning in a Democracy: A Reply to President Hutchins' Critique of the American University* (New York: Farrar & Rinehart, 1947), pp. 1-4。此外,将哈钦斯的观点理解为一种"调适"是受到了在哈钦斯与另一位12世纪转型期人物——索尔兹伯里的约翰(John of Salisbury)之间"不寻常之相似"的启发。Daniel D. McGarry, "Educational Theory in the *Metalogican* of John of Salisbury," *Speculum* 23 (1948): 665. 同样地,据说理查德·麦克科恩(Richard McKeon)在个人第一原理或最终原理——与其思想形成有关的一些亚里士多德派哲学观点并不在其第一原理之中,而且他没有明确表示支持这些观点——无法伸张时,曾痛斥进步主义的相对论和怀疑论。参见 Wayne C. Booth, "Between Two Generations: The Heritage of the Chicago School," in *Profession* 82, ed. Phyllis P. Franklin and Richard McKeon, "Criticism and the Liberal Arts: The Chicago School of Criticism," in Franklin and Brod (1982), p. 17。

② Edward D. Eddy, Jr., *Colleges for Our Land and Times: The Land-Grant Idea in American Education* (New York: Harper and Brothers, 1957), p. 1, chaps. 2, 6; Henry S. Brunner, *Land-Grant Colleges and Universities, 1862-1962*, U.S. Bureau of Education Bulletin No. 13 (Washington, D. C.: Government Printing Office, 1962), p. 104.

越来越多的批判。这些经济和社会的变化也带来了"博雅文化"和"学院关怀"的复兴以及博雅—自由理念的兴起。此外,工业化和城市化是发展技术的标志,是拥护博雅—自由理念的理想主义者们所推崇的科学研究的实用主义表达。出于这些原因,博雅学艺理念的支持者攻击实用精神,因为它一方面是对理想主义和纯粹美德的毁坏,另一方面又与科学的、博雅自由的研究相联系。然而,这一区别往往并非出自欧文·白壁德、诺曼·福斯特等评论家口中,因为他们并不欣赏自由研究的概念。①

这一区分来自许多自由研究的支持者,如约翰·霍普金斯大学的校长 D. C. 吉尔曼和普林斯顿的教务长 A. F. 韦斯特(A. F. West),他们在 19 世纪的最后几十年观点一致,将那些"非技术性"或"不考虑市场价值而追逐"的科目定义为"自由的"(liberal)。此后,托尔斯坦·凡勃伦(Thorstein Veblen)支持纯粹的研究而攻击由大学的行政管理者带来的实用主义的压力:"校长和实用主义者们"以及"博学者中的领军人物","对科学家和学者们的破坏力……同样导致了对他们工作的'实用的'结果的类似偏见"。② 尽管在《美国高等教育》(1918 年)一书中凡勃伦的观点显得较为"极端",许多教授也同样认为,行政机构和追求功效的原则破坏了对纯粹研究的追求,也破坏了大学的最高目的。正如路易斯安那州立大学一位职员所指出的,哲学正在逐渐衰落,让位于商业科目,因为"受过教育的商人"而非"教育者"才是时代的主角。③

尽管吉尔曼、凡勃伦及其他学者在貌似有用的研究与纯粹的、自由的研究之间进行了区分,支持博雅学艺理念的人们或许仍有很好的理由去混淆争论,因为进步主义者也试图模糊这一区别。这是由于进步主义者们虽然接纳博雅—自由理念的许多特征,但并不将研究和对

---

① Foerster (1938), chap. 1; Peterson (1964), p. 4; Veysey (1965), p. 181; Oscar Handlin and Mary F. Handlin, *The American College and American Culture: Socialization as a Function of Higher Education* (New York: McGraw-Hill, 1970), chap. 4; Hawkins (1972), pp. 263ff.

② Gilman (1892), p. 109; West (1907), pp. 97–100; Thorstein Veblen, *The Higher Learning in America: A Memorandum on the Conduct of Universities by Business Men* (New York: B. W. Huebsch, 1918), pp. 31, 32, 89; Versey (1965), pp. 121, 346l356.

③ Peter A. Carmichael, "The Role of Philosophy and the Classics," *AACB* 23 (1942): 559. 同时参见 Arthur G. Wirth, *Education in the Technological Society: The Vocational-Liberal Studies Controversy in the Early Twentieth Century* (Scranton, Pa.: Intext Educational Pub., 1972), pp. 141–223.

知识的追求视为自为目的的活动,因为他们并不承认任何最终目的。由于他们将一切知识都看作达到更远目的的手段,他们开始呼吁在博雅教育中引入职业教育和实用教育。1925 年到 1950 年,这一呼声日益高涨——呼声来自米德尔伯里(Middlebury)学院、拉斐特(Lafayette)学院、西部保留地大学、哥伦比亚大学、太平洋神学院(Church Divinity School of the Pacific),以及杜威。① 在那时,进步主义的潮流得到了"一战"期间兴起的美国高等教育服务理念的支援。相应地,20 世纪 20 年代,博雅教育的支持者在美国学院协会(Association of American Colleges, AAC)以各种方式传达了对职业主义和实用主义的反对,一份 1933 年关于 35 所卫理公会学院的研究也呼应了这种立场。1939 年,国家教育研究协会(National Society for the Study of Education, NSSE)的一次全国性调查中,"非专业教育"成为定义"文理学院"(liberal arts colleges)的标准之一。②

当能够正确地相互理解时,实用主义的反对者偶尔与博雅学艺理念及博雅—自由理念的支持者结盟,但是这并不是一种愉快的同盟关系,实际上,这甚至不能称为同盟关系。在 20 世纪前四十年,很多证据显示人们对文理学院存在的理由众说纷坛,而文理学院有时被认为只是晚近的现象。早在 1907 年,康奈尔大学校长就重申了 1903 年韦斯特在全国教育协会(National Education Association)演说中的主旨:

---

① David Snedden, "Toward Free and Efficient Liberal Colleges: What Really Functional Educations Can Liberal Colleges Provide?" *JHE* 6 (1935): 307–313. Harold Chidsey, "Culture in Education: The Cultural and Practical in the Curriculum of the Small College," *JHE* 8 (1937): 175–184; William S. Lee, "Curriculum and Career: A Description of the Pre-Vocational Work of Middlebury College," *JHE* 8 (1937): 191–193; J. Hugh Jackson, "The Liberal Arts College and Vocational Education," *AACB* 25 (1939): 299–304; Kandel (1939), p. xix; Arnold S. Nash, "The Liberal Arts College and Professional Education," *The American Scholar* 13 (1944): 398–401; Kenneth C. Sills, "The Useful and Liberal Arts and Sciences," *The American Scholar* 13 (1944): 402–405; Dewey (1944a), pp. 391–393.

② Robert L. Kelly, "Report of the Commission on the Organization of College Curriculum," *AACB* 9 (1923): 70–79; Frank W. Chandler, "The Function of the Liberal Arts Colleges in a University," *AACB* 10 (1924): 156; Floyd W. Reeves et al., *The Liberal Arts Colleges: Based Upon Surveys of Twenty-five Colleges Related to the Methodist Episcopal Church* (Chicago: University of Chicago Press, 1932), chap. 21; John D. Russell, "General Education in the Liberal Arts Colleges," in *General Education in the American College*, *The Twenty-Eighth Yearbook of the National Society for the Study of Education*, ed. Guy M. Whipple (Bloomington, Ill.: Public School Publishing Co., 1939), P. 171; Merle Curti, "The American Scholar in Three Wars," *JHI* 3 (1942): 241–264.

"学院并没有关于什么是博雅教育,以及如何保证这种教育的明确定义……遗憾的是,这并不是地方性的或特殊的不足,而是影响了美国每一所文理学院的重症。"①

如此混乱的局面尤其对博雅学艺理念构成了威胁。博雅—自由理念的支持者们起初也欢迎文理学院中的"实验精神",但是很快,无论是博雅文化的支持者还是进步主义的教育家,都对博雅教育的内容和目的在高教界缺乏认同和共识表现出极大的忧虑。这表现在对"一战"之后期刊文献的一份调查、1921 年美国教育委员会(American Council on Education,ACE)主席的一篇论文、1922 年《新共和》杂志的增刊、1923 年学院课程设置委员会(Commission on the Organization of the College Curriculum)的一份报告、1925 年联邦基金(Commonwealth Fund)对 40 所学院和大学的研究以及 1932 年一份对文理教育"128 项显著的变革和实验"的研究中。②

克服这种不统一现象的努力表现为许多形式,其中最为流行的是一项 20 世纪早期的创举:概论课(survey course)。"概论课""综述课"或"导论课"起源于哥伦比亚大学以战争为目标的课程,在 20 世纪 20 年代有了缓慢的发展,并在 20 世纪 30 年代大量增加。③ 举国上下,

---

① 引自 Abraham Flexner, *The American College: A Criticism* (New York: Century, 1908), p. 7; West (1907), pp. 74–77。Leon B. Richardson, *A Study of the Liberal College* (Hanover, N. H.: Dartmouth College, 1924), pp. 29ff; Frederick J. Kelly, *The American Arts College: A Limited Survey* (New York: Macmillan, 1925), p. vii; Irving Maurer, "The Liberal Arts Education in the Light of Present Difficulties," *AACB* 19 (1933): 15–21; James L. McConaughy, "Is the Liberal-Arts College Doomed? —Certain Precautions Necessary to Save the Liberal Arts for All Students of Collegiate Level," *JHE* 9 (1938): 59–67; Kent (1939), p. 417; Donald J. Cowling, "The Work and Future of Liberal Arts Colleges," *AACB* 30 (1944): 95.

② Samuel P. Capen, "The Dilemma of the College of Arts and Sciences," *Educational Review* 61 (1921): 277–285; Koos and Crawford (1921), pp. 499–509; "The American College and Its Curriculum," *The New Republic* 32, no. 412 (25 October 1922) pt. 2, pp. 1–15; Kelly (1923), p. 71; Kelly (1925), pp. 17ff.; Kathryn McHale, "Introduction," in Whipple (1932), p. 1; Frances V. Speek, "One Hundred Twenty-eight Outstanding Changes and Experiments," in Whipple (1932), pp. 143–156.

③ Capen (1921), pp. 283–284; "Unity in the Curriculum," *AACB* 10 (1924): 220–237; John J. Coss, "A Survey Course: The Columbia College Two-Year Survey Course in the Social Studies," *JHE* 2 (1931): 118; Byron L. Johnson, ed., What About Survey Courses? (New York: Henry Holt, 1937); J. M. Hughes, "Curriculum Organization and Integration: Principles to Guide in Realizing Integration at Collegiate Levels," *JHE* 10 (1939): 268–272; Jerome B. Cohen, "On Survey Courses," *JHE* 10 (1939): 465–469; Louis T. Benezet, *General Education in the Progressive College* (New York: Bureau of Publications, Teachers College, Columbia University, 1943), pp. 37–41; Robert L. Belknap and Richard Kuhns, *Tradition and Innovation: General Education and the Reintegration of the University, A Columbia Report* (New York: Columbia University Press, 1977), pp. 45ff.

从里德学院(Reed College)到爱荷华大学和锡拉丘兹(Syracuse)大学,从吉尔福德(Guilford)学院到格林内尔(Grinnell)学院,包括古典学、人文学、政治科学、社会科学、自然科学在内的几乎每个学科中都引入了某种类型的统一课程。到1942年,一次有350所大学和学院参加的调查显示,半数以上的学校已经开设了概论课或导论课。① 即便如此,这一创举也有其批评者,他们认为这样的课程十分肤浅,比如,圣母大学的一位教授就建议,不如以一门可以统一课程计划的哲学课取而代之。②

这一提议成为克服博雅教育课程计划中内容不统一的另一种流行的方式。很显然,这样一种提议应该源自一所天主教大学。尽管包含了一定程度的选课制,在20世纪初也发生了一些变化,但是由于课程计划相对保守,更重要的是,由于能够坚守作为其博雅教育基础的特别信念或信条,天主教和其他教派的学校仍然开始被认为是"整个不稳定的高等博雅教育的世界中唯一稳固的地点"。米克尔约翰在1923年的讲话中提到:"如今,我们的教学面临的主要问题……是我们没有东西可教……我们没有福音,没有哲学,没有正确的信仰去

---

① 该调查见于 W. W. Charters, "General Survey Courses," *JHE* 13 (1942): 1-4。所引实例见于 Homer C. Sampson, "A Program for General Botany: The Use of the Problem-Discussion Method in Teaching a Course in General Botany," *JHE* 2 (1931): 127-132; H. H. Newman, "An Orientation Course: The Nature of the World and of Man," *JHE* 2 (1931): 121-16; "Some Progressive College Projects: Curriculum Reorganization, Orientation, and Survey Courses," *AACB* 17 (1933): 313-316; A. Gordon Dewey, "The General Course in Political Science," *JHE* 6 (1933): 9-14; E. W. McDowell, "A General Humanities Course," *JHE* 7 (1936): 16-22; Byron L. Johnson, "General Education Changes the College," *AACB* 24 (1938): 229-234; B. L. Ullman, "Classical Culture in the College Curriculum Either Through Language Courses, General-Survey Courses, or Courses in Ancient Civilization," *JHE* 11 (1940): 189-192。

② William F. Cunningham, "A Challenge to Survey Courses," *AACB* 22 (1936): 580. 同时参见 Herbert G. Espy, "The Curriculum of the Liberal Arts College, with Particular Reference to the Aims and Curriculum Organization in the Independent College" (Ed. D. diss., Harvard Graduate School of Education, 1929), p. xx; George Sherburn, "Discussion of Professor Jones's Paper," in *General Education: Its Nature, Scope, Essential Elements*, ed. Williams S. Gary (Chicago: University of Chicago Press, 1934), pp. 55-58; George A. Works, "Summary of the Conference," in Gray (1934), pp. 180-184; Schiller Scroggs, "Generality in the General Course," *AACB* 24 (1938): 482-486。

传授。"①

无论一个人是否像斯普林菲尔德学院（Springfield College）和宾夕法尼亚大学的教授们那样谈及"信仰"，是否像协和神学院（Union Theological Seminary）的一位教授那样谈及"神学"，是否像迪金森学院校长那样谈及"哲学"，或是在 W. E. 霍金（W. E. Hocking）的印象之下兼谈三者，这种统一本科博雅教育，并赋予其一致性的手段得到了很大的赞赏。②但是，像亚伯拉罕·弗莱克斯纳（Abraham Flexner）那样嘴上呼吁"完备或稳定的哲学、命题或原则"倒是很容易，却留下了难以完成的任务。正如哈利·D. 吉迪恩（Harry D. Gideonse）在回应罗伯特·M. 哈钦斯时所说的："假若长篇累牍地支持统一的教育哲学而未能说明究竟是怎样的统一或何种哲学，便是忽视了这一问题背后存在的根本矛盾。"③

无论理想主义者如何反对，人们对于"应有统一哲学"的热望，以及"知识的船长"*在标准化和实用性方面所施加的压力仍然产生了一定的影响。博雅学艺的调适理念在 19 世纪开始出现，博雅学艺理念的支持者们有意无意地使自己的论调与新兴的博雅—自由理念相

---

① 引语出自 Capen (1921), p. 278; Alexander Meiklejohn, "Report of the Commission on the Organization of the College Curriculum," *AACB* 9 (1923): 88–89。参见 Gleason (1967), pp. 39–46; Frederick Rudolph, *Curriculum: A History of the American Undergraduate Course of Study Since 1636* (San Francisco: Jossey-Bass, 1977), pp. 16, 171。

② William E. Hocking, "Philosophy and Religion in Undergraduate Education," *AACB* 23 (1937): 45–54; William A. Brown, *The Case for Theology in the University* (Chicago: University of Chicago Press, 1938); Fred. P. Corson, "A Philosophy for the Liberal-Arts College,", *AACB* 24 (1938): 224–225; C. C. McCracken, "The Unique Function of the Christian Liberal Arts College in American Life," in *The William Rainey Harper Memorial Conference, Held in Connection with the Centennial of Muskingum College*, ed. Robert N. Montgomery (Chicago: University of Chicago Press, 1938), pp. 61–81; Thornton W. Merriam, "Religion in Higher Education Through the Past Twenty-Five Years," in *Liberal Learning and Religion*, ed. Amos N. Wilder (New York: Harper and Brothers, 1951), pp. 3–23。

③ Gideonse (1947), p. 3; Abraham Flexner, *Universities-American, English, German*, 2d ed. (New York: Oxford University Press, 1930), p. 213. 同时参见以下文章中有代表性的意见：Boyd H. Bode, "Aims in College Teaching: To Assist Every Student to Develop an Independent Philosophy of Life," *JHE* 3 (1932): 475–480; Bode, "The Answer: Another World on Aims in College Teaching," *JHE* 4 (1933): 169–170; Homer P. Rainey, "Aims in College Teaching: A Question," *JHE* 4 (1933): 165–168。

\* 美国学者托尔斯坦·凡勃伦用 the captains of eradition（知识的船长）这个短语来比喻美国的大学校长。——译者注

合。而今,与之相反的现象发生了,博雅—自由理念受到了概念上的一致性、教育机构的标准化和课程实用性的影响,因而向博雅学艺理念的方向进行调适。博雅—自由的调适理念的出现当然不是无中生有,而是有着悠久的渊源,正如同博雅学艺的调适理念在中世纪经院哲学盛行之时也能追溯到亚里士多德的训导。博雅—自由的调适理念也有着较近的先例,正如同博雅学艺的调适理念在19世纪时曾有教授古典学以进行心智训练的论述。

博雅—自由理念调适的先例之一是18世纪英格兰对新科学的认可,认为新科学与希腊语、拉丁语一样,也能带来道德和社会的改良。例如,化学被认为能够实现"与古典语言学完全相同的文雅教化";休谟本人也认为,学习科学能够"平抚性情,活化人性,并珍视那些存在于美德与荣誉之中的善良情感"。麻省理工学院的校长在1891年也曾作出类似论述。他指出,科学和技术的学习"几乎为年轻人提供了完美的教育",因为这些学习一方面"提高了原创性调查研究的地位",另一方面通过传授与古典科目相比"毫不逊色的高雅的"价值观,"为国家培养了良好的公民"。[①]

然而,对"人格塑造"的呼吁从某种程度上来说并不常见。在美国的博雅教育之中,博雅—自由理念在其出现并与博雅学艺理念冲突时,更多地是从其他方面进行调适。后达尔文时代的知识实证主义影响了许多美国学者,他们常常访问德国大学,以期获得通向绝对真理的新的科学方法论。这种确定的态度——在 W. J. 麦卡利斯特(W. J. McCallister)的《教育中自由的发展》(*The Growth of Freedom in Education*,1932)等著作中体现得十分显著——极大地塑造了博雅—自由的调适理念。因此,实证主义使得自然科学和"现代"学科成了博雅教育的基础内容,亦即一个有教养之人必需的知识。由于博雅学艺理念致力于传统文化的传承,因此长期以来都与学院教育相联系,而学院教育此时也开始努力将对知识的科学追求转变为对科学信条的

---

① 此论点的引语及讨论来自 Francis A. Walker, "The Place of Schools of Theology in American Education," *Educational Review* 2 (1891): 209-219; David Hume, *Essays, Moral, Political, and Literary* ed. T. H. Greene and T. H. Grose (London: Thames, 1912) vol. 1, p. 135; Rothblatt (1976), pp. 43-44。

传承。在明确规定的必修课程之外,这一转变的一个典型案例便是20世纪30年代欧柏林学院的课程计划,该计划将进化论的观点视为"基本的哲学"(basic philosophy)和博雅文理课程的统一标准,并用进化论的知识观来安排学院课程。①

与此同时,研究模式的体制化与大学科系的专业化所带来的种种限制进一步推动了博雅—自由理念的调适。② 尽管博雅—自由理念的特点可以由明尼苏达大学的一位教务长直接阐述于《转型社会中的文理学院》(The Liberal College in Changing Society)之中,然而,要求、方针和标准的正式化还是带来了不同院校间的分层。到世纪之交,入学要求、评价标准和学位授予要求都得到了提高;在院系之中,也出现了职称序列和更为广泛的院校分层。哲学博士学位成为各个领域内学术竞争力的标志,从而导致了英才统治(meritocracy)的出现和精英主义的深化。③

自从社会和政治精英推动了苏格兰启蒙运动、德国大学改革和美国的杰斐逊主义,精英主义就成为博雅—自由理念追求的目标。这些精英对所属社会阶层的忠诚与这些群体所设想的平等主义诉求结合在一起,这一点我们能够从洛克和平等主义者身上观察到。同样,新生的美国哲学协会(American Philosophical Society)的成员主要

---

① Ernest H. Wilkins, "The Revision at Oberlin College: An Interpretation of the Seven-fold Plan as the Basic Philosophy of the New System," *JHE* 2 (1931): 66-68; Harvey A. Wooster, "To Unify the Liberal-Arts Curriculum: The Principle of Evolution as Unifying Concept for the College Curriculum," *JHE* 3 (1932): 383-380. Liberal education 的历史被解释为朝向学生自由的不断加速的过程,见 W. J. McCallister, *The Growth of Freedom in Education, A Critical Interpretation of Some Historical Views* (New York: Richard R. Smith, 1931)。关于这一转变,参见 Farmer (1950), pp. 16-19; Buck (1965), pp. 1-17; Hofstadter (1955a), chaps. 5, 9; Herbst (1965), chap. 3。

② Hawkins (1979), p. 302; Veysey (1965), p. 240; Burton J. Bledstein, *The Culture of Professionalism: The Middle Class and the Development of Higher Education in America* (New York: W. W. Norton, 1969), chap. 8.

③ John B. Johnston, *The Liberal College in Changing Society* (New York: Century, 1930), p. 242; Mary L. Smallwood, *An Historical Study of Examinations and Grading Systems in Early American Universities: A Critical Study of the Original Records of Harvard, William and Mary, Yale, Mount Holyoke, and Michigan from Their Founding to 1900* (Cambridge: Harvard University Press, 1935), pp. 78ff.; Harold S. Wechsler, *The Qualified Student: A History of Selective College Admission in America* (New York: John Wiley, 1977), chap. 10; Veysey (1979), pp. 63ff.; David S. Webster, "Academic Quality Rankings: Why They Develop in the United States and Not Europe," *History of Higher Education Annual* 2 (1982): 102-127.

是"深受神灵眷顾,才智因博雅教育而得以提高……的绅士"。① 然而,对于这一段历史意义更为深远的则是内在于知识分子思想中的精英主义,正如《自由思想论》(1713)的作者安东尼·柯林斯(Anthony Collins)那样,知识分子蔑视当权者和未受教育的人群,认为他们是社会的负累。这一态度传播到了美国的大学,校园中的科学家和研究者总是以怀疑的态度看待外界对其工作的肯定,而博雅—自由理念中暗含的精英主义也最终经由按质排序和层级制的建立而得以制度化。与此同时,闲暇与思辨哲学(这种哲学传统的谱系是有迹可寻的,它从亚里士多德、波爱修斯,一直延续到洛克、查尔斯·艾略特,他们都承认,要作出卓有成效的研究,自由的时间和一定的财富是必须的)的历史联系提供了博雅—自由理念与博雅学艺理念相互调适的另一例证。②

从亚伯拉罕·弗莱克斯纳的思想中,我们不难发现调适的博雅—自由理念的例证,它能够清楚地说明这种调适手段所固有的矛盾。③ 与米克尔约翰、哈钦斯相似,弗莱克斯纳也对20世纪初普遍流行的博雅教育的目的的多样性及不确定性深感忧虑。然而,他反对在本科教育中设置由经典文本组成的课程计划,而是提倡本科学院和研究生科

---

① 引自 John C. Greene, "Science, Learning, and Utility: Patterns of Organization in the Early American Republic," in *The Pursuit of Knowledge in the Early American Republic: American Scientific and Learned Societies from Colonial Times to the Civil War*, ed. Alexandra Oleson and Sanborn C. Brown (Baltimore: Johns Hopkins University Press, 1976), p. 3。Nicholas T. Phillipson, "Culture and Society in the 18th Century Province: The Case of Edinburgh and the Scottish Enlightenment," in *The University in Society*, ed. Lawrence Stone (Princeton, N. J.: Princeton University Press, 1974) vol. 2, pp. 408-448; Charles E. McClelland, "The Aristocracy and University Reform in Eighteenth Century Germany," in *Schooling and Society: Studies in the History of Education*, ed. Lawrence Stone (Baltimore: Johns Hopkins University Press, 1976), pp. 146-176; Edmund Leites, "Conscience, Leisure, and Learning: Locke and the Levellers," *Sociological Analysis* 39 (1978): 39-45.

② Anthony Collins, *A Discourse of Free-Thinking, Occasion'd by the Rise and Growth of a Sect Call'd Free Thinkers* (London: n. p., 1713), pp. 118-123; Aristotle *Nicomachean Ethics* 1177a11-1179a33; Charles W. Eliot, "Inaugural Address as President of Harvard College," in *Educational Reform: Essays and Addresses* (New York: Century, 1898), pp. 27ff; Veysey (1965), pp. 122, 318-323; Leites (1978), pp. 54-61.

③ 以下的论述,我根据 Flexner (1908), pp. 6-9, 18-22, chap. 4; Flexner (1930), pts. 1, 2; William H. Kilpatrick, "Universities: American, English, and German," *JHE* 2 (1931): 357, 361; Harris (1970), pp. 107-129, 146-147; David Riesman, "Introduction" in *The Higher Learning in America: A Memorandum on the Conduct of Universities by Business Men*, Thorstein Veblen (1918; reprint, Stanford, Calif.: Academic Reprints, 1954), p. xiii.

系、研究之间的融合,因为他认为,高等教育应当致力于通过专业的研究来推进知识。这很容易让我们联想到博雅—自由的理念,不过批评家们则认为这一看法过于呆板和教条。另外,弗莱克斯纳对个人的自由选择权的态度实际上是十分矛盾的,这体现在,尽管本科生有权在不同的课程计划中自行选择,但所有的课程都是事先规定好的。此外,弗莱克斯纳在《现代大学论——美英德大学研究》(Universities—American, English, German, 1930)一书以及他的报告《美国和加拿大的医学教育》(Report on Medical Education in the United States and Canada, 1910)\*之中,都提倡通过恪守清晰的标准——研究生和院校能够以这些标准来评估和排名——来实现学术研究的目标。这些矛盾的态度反映了博雅—自由理念的调适,在弗莱克斯纳1930—1939年领导普林斯顿高等研究院(Princeton's Institute for Advanced Study)\*\*期间也有所体现。与他对"学院教育"或"博雅教育"的支持相反,弗莱克斯纳的高等研究院所体现的是纯粹的、不经任何调适的博雅—自由理念,这与凡勃伦的思想相近。弗莱克斯纳鼓励在任何领域通过自由的研究来追求真理,将所有学者视为同一学术共同体中的平等成员,远离约束,从而最大限度地实现研究自由和包容个人研究计划。但是,这只适用于由高级学者组成的研究院,而非文理学院。

与弗莱克斯纳相似,1921—1940年担任斯沃斯莫尔学院校长的弗兰克·爱德罗特(Frank Aydelothe)也提出了博雅—自由理念的若干特点:博雅教育是非职业化、非技术化的,认为"每一个人都是特别的",并认为"博雅教育的理念"包含了"自由和个人主义",此外,"我们民主制度的根本在于博雅教育的理念及其暗含的心灵自由"。爱德罗特也反对在博雅教育中设置古典学课程。不过,尽管他的观念反映出对

---

\* 这份报告也被称为"弗莱克斯纳报告",是弗莱克斯纳受卡耐基教育促进会的委托,在对美国和加拿大的155所医学院进行考察之后呈交的。这份报告开启了美国现代医学教育的时代,标志着美国的医学教育从学徒培训向以大学为基础的现代医学教育制度转变,成为美国医学教育的历史转折点。——译者注

\*\* 普林斯顿高等研究院是百货商人路易斯·邦伯格兄妹在弗莱克斯纳的建议下捐资建立的。它位于普林斯顿大学附近,但并不是大学的一部分,而是一个由各个领域的科学家做最纯粹的尖端研究而不受任何教学任务、科研资金或者赞助商压力的研究机构。研究院不授予学位,所有成员都是获得过博士学位的研究人员,爱因斯坦、冯·诺依曼、奥本海默都曾在此工作。——译者注

博雅—自由理念的调适,他仍然承认某种精英主义。"在我们这样的民主社会中,需要有一种勇气,认为每一个人就算不能超越自己的邻居,也至少和邻居一样优秀,以此来实现很多人看来似乎是带有贵族色彩的教育。但是,我们必须意识到这种对民主的肤浅阐释之中存在着一种错误,那就是它假定所有人在智力上是平等的。"①

由于相信博雅教育中的精英主义源自唯智主义(intellectualism),爱德罗特在斯沃斯莫尔学院通过荣誉学位课程、开放的学术、择优录取和竞争性的毕业考试来推行严格的学术标准。这并不意味着他忽视道德和精神层面,但是,在《打破学术的固有模式》(*Breaking the Academic Lock Step*, 1944)一书的最后一章,他以"在研究生院所取得的成绩作为标尺"来衡量博雅教育和"心灵自由"的成功与否。此外,在校长任期的最后一份报告中,他又呼应了当年的就职演说:"我们的教育机构从根本上来说,最为浪费的或许就是在学术成就方面缺少更高的标准",而"这一观点,在19年的实践之中日益深化"。② 受此观点影响,其他的学院如韦尔斯(Wells)学院、富兰克林与马歇尔(Franklin and Marshall)学院、科尔盖特(Colgate)学院、里德学院、孟菲斯西南大学纷纷效仿斯沃斯莫尔学院,设立荣誉课程、导师制、研讨班和综合考试或统一考试。③

这类考试和课程的出现说明博雅—自由的调适理念随着寻找学院教育的统一原则或方法的努力而出现了,换言之,院校和个人在定义博雅教育方面的自由度受到了限制。随着时间的推移,这样的尝试日益频繁。1932年,美国教育研究协会(NSSE)年鉴《博雅教育的变革与尝试》(*Changes and Experiments in Liberal Arts Education*)的编

---

① Frank Aydelotte, *Breaking the Academic Lock Step: The Development of Honors Work in American Colleges and Universities* (New York: Harper and Brothers, 1944), pp. 1, 6, 9, 11, 13.

② Frank Aydelotte, "The American College of the Twentieth Century," *AACB* 12 (1926): 7-18; Aydelotte (1944), chaps. 3-7, 13; Aydelotte, "Excerpts from the Final Presidential Report of Frank Aydelotte," *AACB* 26 (1940): 310; Burton R. Clark, *The Distinctive College: Antioch, Reed, and Swarthmore* (Chicago: Aldine, 1970), chap. 8.

③ "Some Progressive College Projects: Curriculum Reorganization, Orientation, and Survey Courses," *AACB* 17 (1931): 317-319; "Some Progressive College Projects II: Academic Tenure and Promotion," *AACB* 17 (1931): 485.

者指出,"在过去的5年中",人们为此付出的努力"比过去的25年都要多"。① 这与当时许多院校如莎拉·劳伦斯(Sarah Lawrence)学院、本宁顿(Bennington)学院、黑山(Black Mountain)学院、巴德(Bard)学院的建立和重组以及在威斯康星、芝加哥、明尼苏达、佛罗里达大学之中设立综合性或实验性学院有着直接的关系。这些教育机构对提供一种普适性的博雅教育鲜有关注,却各自寻找安排课程计划的独特原则。这就产生了一个矛盾:一方面人们寻找有机的、统一的原则,但另一方面,从美国学院教育的全景来看,统一性和延续性却越来越少。另一繁杂的因素是,越来越多的学生从高中毕业并希望进入学院深造,同时这一群体的多样性也是前所未有的。在此背景下,许多学者开始采用"通识教育"(general education)的提法,这与路易·贝内泽(Louis Benézét)在20世纪20年代所提出的概念并不一致,但这一提法在历史上多次出现,它与古希腊普通教育(enkuklios paideia)的关系也比与"博雅教育"的关系更为密切。

尽管从语源学的角度来看,贝内泽的目光显得有些短浅,但是,他的论断——"纵观有关文献,通识教育(general education)和博雅教育(liberal education)的区别始终十分模糊"②——却是正确的。或许唯

---

① McHale (1932), p.2. 比较以下的院校新建和重组,见 Malcolm S. Maclean, Winston L. Little, and George A. Works, "The General Colleges," in *General Education in the American College*, ed. Guy M. Whipple (Bloomington, Ill.: Public School Publishing Co., 1938), pp.135–170; Robert L. Leigh, "The Bennington College Program: A Proposed New Venture in Progressive Education for Women," *JHE* 1 (1930): 520–524; J. Anthony Humphreys, "General Education and Specialization: A Study Based upon Students' Choices of Courses under the Chicago College Plan," *JHE* 7 (1936): 296–300; Walter J. Matherly, "Comprehensive Courses: The Program of Courses in the General College of the University of Florida," *JHE* 7 (1936): 124–133; Alvin C. Eurich and Palmer O. Johnson, *The Effective General College Curriculum as Revealed by Examinations* (Minneapolis: University of Minnesota Press, 1937); A. Curtis Wilgus, "From St. John's to Mark Hopkins: A Vital Problem in Present-Day Education," *JHE* 10 (1939): 24–29; R. H. Eliassen, "Survey of 'New' College Plans: A Review of Programs and Procedures," *JHE* 10 (1939): 256–262。

② Benezet, (1943), pp.20–27, 177. 此处及以下内容,我参考了 Alvin C. Eurich, "A Renewed Emphasis Upon General Education," in Whipple (1939), pp.3, 7; Donald P. Cottrell, "General Education in Experimental Liberal Arts Colleges," in Whipple (1939), pp.193–218; Homer P. Rainey, "Social Factors Affecting General Education," in Whipple (1939), pp.15–19; Russell (1939), pp.171–178; Ivol Spafford, *Building a Curriculum for General Education: A Description of the General College Program* (Minneapolis: University of Minnesota Press, 1943), chaps. 1, 2; Russell Thomas, *The Search for a Common Learning, 1800–1960* (New York: McGraw-Hill, 1962), pp.40–41, 49–63, 68–91。

一(且偶然)明确的区别出自 A. L. 洛厄尔所设想的兼顾广博与精深的学院教育计划。他的这一理念在 20 世纪二三十年代吸引了不少支持者,引发了一股将广博的分布式教育称为"通识教育"并将之设置为四年制"博雅教育"之一部分的趋势。① 初级学院运动(junior college movement)的扩展在一定程度上反映了二者的区别在当时的流行程度。② 实际上,洛厄尔的主张是一种妥协,因为当时的学者们已经不再满意于博雅教育的内容和意义,除非其中包含一个"主修的"学习领域。我们说通识教育代表着广博的学习,这其实是对其带有消极色彩的操作性定义——通识教育正是博雅教育之中的非主修部分——的一种积极说法。此外,由于"主修专业"的提法是在 19 世纪晚期专业化研究的理念之下产生的本科教育的新形式,因此,通识教育的广博,就意味着博雅教育中确有一部分是不为专业化研究做准备的。按照洛厄尔的构想,通识教育的提出将不能回避这样一个问题:不为专业化研究服务的那部分博雅教育,人们将无法就其内容或意义形成共识。*

另一方面,许多教育家,如劳伦斯学院的亨利·梅里特·瑞斯顿(H. M. Wriston)和辛辛那提大学的 U. E. 费劳(U. E. Fehlau),则将

---

① Richardson (1924), pt. 3; C. S. Boucher, "Current Changes and Experiments in Liberal-Arts Colleges," in Whipple (1932), p. 17; Rudy (1960), p. 43, chap. 4.

② 对 20 世纪 20 年代 100 所学院课程目录的一份研究发现,进行通识或分布式教育的前两年与专注于专门化学术的后两年之间存在很大的差距,这一差距反映并推动了初级学院数量的普遍增长,这些初级学院吸引了越来越多无法掌握或不愿接受四年制学院更高级的学习的高中生。Floyd W. Reeves, "The Liberal-Arts College: The Fate of the Independent Arts College if the Cleavage Between the Freshman-Sophomore and Junior-Senior Years Persists," *JHE* 1 (1930): 373-380; Jay C. Knode, "Implications of the General College: Some Generalizations Regarding this College of Recent Growth (at the University of New Mexico)," *JHE* 7 (1936): 403-410; George B. Cutten, "The Future of the American Liberal-Arts College," *JHE* 10 (1939): 50-61. 尽管有学者不赞同这种说法(Homer P. Rainey, "The Future of the Arts College," *JHE* 1 [1930]: 381),不少人仍对博雅教育的支离破碎或四年制学院分裂为两个两年制的单元感到失望。William F. Cunningham, "The Liberal College: The Structure of the College Curriculum in Relation to Its Function," *JHE* 6 (1935): 384-395. 芝加哥大学提出,经过从高中三年级开始直到大学二年级的四年通识教育便可授予艺学学士学位,这在当时的情况下被视为鼓励两年制学院(junior colleges)颁发学士学位进而影响四年制学院地位的举动。这一提议遭到了多方反对。Richard M. Gummere, "The Bisected A. B.," *The Southern Association Quarterly* 6 (1942): 211-222; Walter C. Eells, "The Bachelor's Degree," *AACB* 28 (1942): 587-601.

\* 这里博雅教育或自由教育(liberal education)的含义接近于本科教育。——译者注

"general"和"liberal"的教育等同起来。① 1939 年,美国教育研究协会对 35 所通识教育课程广受好评的文理学院的一份研究发现,大部分学院并不着意区分这两个概念,且认为这样做"毫无用处"。1944 年,美国教育委员会通识教育计划委员会的一份报告也同意上述发现,并指出这种概念的等同反映并激化了博雅教育中业已存在的概念模糊现象。②

"如今,所有的通识教育计划都强调综合的需要……这种持续的关注凸显了对当今教育事务中所缺乏的某种一致性的要求。"1939 年美国教育研究协会学院通识教育年鉴编写委员会的主席如是写道。由于概念的模糊,尽管人们在推行通识教育以排除职业技术教育这一问题上达成了颇有争议的共识,但是除此之外,上文所提到的那种综合和统一却始终未能实现。③ 此外,尽管关于通识教育的阐释多种多样,但大多数都包含了一个广受认可的模糊含义——"通识教育"要么是指对一个人贯通一生的教育,要么是指对所有人的普遍的教育。

换言之,第一方面认为,通识教育意味着每一个学生都应根据各自不同的需求来接受贯通一生的教育。较有影响力的观点是对个人的重视,这塑造了进步主义思想和博雅—自由理念。例如,明尼苏达大学的通识学院在创立的最初几十年就十分强调这一观点。然而,这样的院校往往会发现,要与通识教育第二方面的内容——所有人都应该接受相同的教育——保持关联存在着一定的困难。倾向这种"共同水准"(common denominator)观念的观察家,如 1939 年美国青年委员会(American Youth Commission)的主席,认为"通识教育"是为了"从智识上参与所有人共享的生活经验";1940 年,芝加哥大学教育系前

---

① Andrew F. West, *American General Education*: *A Short Study of Its Present Condition and Needs* (Princeton, N. J.: Princeton University Press, 1932), p. v; Henry M. Wriston, "Nature, Scope, and Essential Elements in General Education," in *General Education*: *Its Nature, Scope, and Essential Elements*, ed. William S. Gray (Chicago: University of Chicago Press, 1934), p. 1; Wriston, *The Nature of a Liberal College* (Appleton, Wis.: Lawrence College Press, 1937); Butts (1939), pp. 15-16; Uhland E. Fehlau, "What About Liberal Arts?" *AACB* 26 (1940): 275-278.

② Russell (1939), pp. 171-192; Thomas R. McConnell et al., *A Design for General Education for Members of the Armed Force* (Washington, D. C.: American Council on Education, 1944), pp. 4-5, 7.

③ 引自 Eurich (1939), p. 7。另参 Whipple (1939), chaps. 11, 12。1934 年美国高等院校管理人员协会在结束时,原定主题已经改变,因为与会者无法就"通识教育的新定义"达成任何共识。Works (1934), p. 180; Louis Wirth, "Nature, Scope, and Essential Elements in General Education," in Gray (1934), p. 26.

主任将代表平等主义的"通识"(general)与联系着较高社会地位的"博雅"(liberal)传统进行了比较。① 如果这一方面组成了"最低平均水准"的话,通识教育第三方面的阐释则与博雅学艺理念更为贴近。这或许能被视为"最高平均水准",或者说是每个人都应渴望的普遍的教育,即 H. I. 马罗(H. I. Marrou)所提出的、与"文化的普世性"(*culture généralisée*)相对的"通识文化"(*culture générale*);并且,这一观点与 19 世纪中期人们对一个文学修养良好的英国绅士掌握"普遍知识"的期望有着相似之处。②

"通识教育"的这三个方面——个人主义、平等主义、文化——横贯了历史上关于博雅教育的各种观念以及人们谈论博雅教育的方式。由此形成的历史概念之模糊性也导致了同时存在于博雅教育和通识教育中的一个现象:二者的定义都犹如一个盛满各类教育而无系统原则的大箩筐。例如,美国教育委员会通识教育计划委员会在战时的一份报告中列举了以下的"通识教育目标":审美、体育、情感、智力以及更多的个人发展,还包括社交、伦理、家庭教育和职业训练。③

至于博雅教育,我们也能从 19 世纪约翰·亨利·纽曼的著述中发现,许多不同物品的堆砌也并非史无前例。④ 但是,只有在"一战"

---

① Rainey (1939), p. 221; Judd (1940), pp. 303-304; Spafford (1943), pp. 1, 24ff.

② Wriston (1934), p. 1; Wriston, "A Critical Appraisal of Experiments in General Education," in Whipple (1939), pp. 320-321. Coleman R. Griffith, "A Comment on General Education: The Necessary Item in a Formula for General Education," *JHE* 10 (1939): 291-295; Paul L. Dressel and Lewis B. Mayhew, *General Education, Exploration in Evaluation: The Final Report of the Cooperative Study of Evaluation in General Education of American Council on Education* (Washington, D. C.: American Council on Education, 1954), pp. 4-6; Henri Marrou, "les arts liberaus dans l'antiquite classique," in *Actes* (1969), p. 16; Rothblatt (1976), pp. 178-183.

③ McConnell (1944).

④ 约翰·亨利·纽曼的《大学的理念》(*The Idea of a University, Defined and Illustrated*, 3d ed. [1873: reprint, Notre Dame: University of Notre Dame Press, 1982])大概是最广为阅读的关于高等教育的英文文献。不过,尽管《大学的理想》声名卓著,书中观点有些折中且不太系统——也许正是这一点让它驰名。在表述方面,纽曼"散文式和漫谈式的写作方法……以及他的出发点和思维之间的距离——无论是以借喻的意义,还是实际的意义……都带来了一些困难并导致阐述上的前后矛盾"。而且,当"大量关键的问题纠缠在一起时",纽曼的论述逻辑有时也会脱节。Powell (1965), p. 104; Sheldon Rothblatt, "Newman's Idea: John Henry Newman, *The Idea of a University*," *HEQ* 17 (1977): 327; Daniel G. Mulcahy, "The Role of the Disciplines in Cardinal Newman's Theory of a Liberal Education," *The Journal of Educational Thought* 6 (1972): 49-58. 同时,Henry Tristam 似乎将纽曼的一切观点都看作是关乎学生的。*The Idea of a liberal Education: A Selection from the Works of Newman* (London: Harrap, 1952).

结束之后,这种"一箩筐"现象才成为美国人谈及博雅教育时的主要话题。20世纪30年代,这种提法被广为采用,包括为"文理学院"寻求资金援助的全国性广播节目、美国学院联盟(AAC)执行主席、美国大学妇女联合会(American Association of University Women)主席以及南部学院和中学联盟(Southern Association of Colleges and Secondary Schools)所采纳。正如诺克斯学院(Knox College)和杜利学院(Drury College)的校长在演说中提到的,关于博雅教育的此类定义,既肯定多样性又力求统一性,既重视知识的广博也注意避免肤浅,既颂扬自由也呼吁纪律,既宣称民主的平等又要求标准,既关注社会责任感也尊重个人自主性,既强调智力发展也兼顾精神、情感和身体的发展,既承诺为"职业活动奠定基础",又不提供职业性教育,既承认没有任何一种关于博雅教育的理念是终结的,又希望学生找到持久的人生哲学。无怪乎在对中学和学院进行了八年之久的研究之后,进步主义教育协会(Progressive Education Association)主席哀叹道:"文理学院的教师们很少能够清楚地阐明所谓的博雅的(liberal)或通识的(general)教育是什么,或许他们本来就不知道。"①

尽管如此,二者的区别并未在七百余所自称"博雅学院"(liberal college)或"文理学院"(liberal arts college)的院校之中被抹去。② 关于博雅教育的四种主要争论一直持续到了20世纪40年代。

例如,博雅学艺理念的提法可见于历史学家E. K. 兰德(E. K. Rand)1928年的论述,鲁斯·科尔索(Ruth Kelso)也在1929年为文艺

---

① Benezet (1943), p. 43. 参见 Robert L. Kelly, "The Future of the Liberal Arts College," *AACB* 16 (1930): 443-452; Kelly, "The Liberal College and Human Values," *AACB* 16 (1930): 340-346; Archie M. Palmer, "The Liberal Arts College in the Air," *AACB* 17 (1931): 421-430; Meta Glass, "The Contribution of the Humanities," *AACB* 23 (1937): 55-63; Carter Davidson, "The Liberal Arts of Maturity," *AACB* 25 (1939): 213-220; James F. Findlay, "The Liberal Arts College and the Whole Student," *AACB* 27 (1941): 286-295; "Some Aims and Objectives of Liberal Arts Education of the Southern Association of Colleges and Secondary Schools," *AACB* 28 (1942): 486。

② Whipple (1932), pt. 1; Walter J. Greenleaf, "Colleges in 1935: Reclassification, Accrediting, Mergers, and Reorganizations of Colleges and Universities," *JHE* 6 (1935): 130.

复兴的绅士传统和"一种博雅的或贵族式的教育"做辩护。诺曼·福斯特(Norman Foerster)在20世纪30年代反复重申类似的观点。1941年,在哲学唯心主义与高雅文化运动结合之前的几十年,T. M. 格林(T. M. Greene)就在有关学习人文学科课程以灌输价值观的论述中坚称,"根本的逻辑假设是,从某种程度上来说,审美、道德和宗教价值都有着客观性"。① 与此同时,某些博雅学院的院长则致力于为社会培养多才多艺的优雅的公民。拉斐特(Lafayette)学院的W. M. 李维斯(W. M. Lewis)在支持本科生的绅士标准时,也以"学院与闲暇"(The College and Leisure)为题展开论述,而汉密尔顿(Hamilton)学院的W. H. 考利(W. H. Cowley)也提倡"一个完整的人的……全面发展"。一次对15所选定学院和大学进行的全国性研究得出结论:(1)"博雅教育的首要目标是对各种价值观进行分析和辨别";(2)"人文学科构成了对上述分析和辨别而言最为关键的一系列原则";(3)人文学科的衰落是由于"科学和科学方法"的增长。同时,人们也听到了有关倚重古典文学的论述,格外讽刺的是,这些论述出自范德堡(Vanderbilt)大学和古彻(Goucher)学院中最为现代的古董(antiqui)——英文教授之口②。

　　人们对人文主义经典的维护也证明了对调适的博雅学艺理念的长期支持,因为传统主义者不得不呼吁,即便没有其他途径,也至少要以翻译的形式来进行古典文本的研习。此外,出于对苏格拉底派哲学家的偏好,反对教授"修辞学大师"的言论也开始出现,例如,1945年,社会研究新学院(New School for Social Research)的校长声称:"据我所

---

① Edward K. Rand, *Founders of the Middle Ages* (Cambridge: Harvard University Press, 1928), pp. 218-232; Kelso (1929), p. 146; Foerster (1938); Foerster (1939), pp. 333-343; Theodore M. Greene, "The Realities of Our Common Life: The Contribution of the Humanities to the National Welfare," *JHE* 13 (1942): 344; Veysey (1965), pp. 191ff.

② William M. Lewis, "The College and Leisure," *AACB* 17 (1931): 222-227; Cowley (1938), pp. 469-477; Fred B. Millett, *The Rebirth of Liberal Education* (New York: Harcourt, Brace, 1945), p. v, chaps. 1, 5. 此处英文教授指的是Edward Mim等人,"The War and Higher Education," *AACB* 29 (1943): 223-225。如前所述,"培养整全之人(the whole man)的教育"这一理念在历史上与雄辩家传统关系更为密切,因为培养雄辩家或绅士就是要使其成为具有多方面才能的社会领导者或管理者。

知,自由教育正是始于苏格拉底……苏格拉底是第一位身体力行将人类从恐惧之中解放出来的人,他所用的方法就是理性。"两年之前,马克·范·多伦(Mark Van Doren)也曾在《自由教育》(Liberal Education)当中详述过类似观点。在反复谈及苏格拉底、柏拉图和亚里士多德的同时,范·多伦仅有一次提到了西塞罗,而伊索克拉底和昆体良则根本没有涉及。他主张在名著课程中对读物进行规定,并采用七艺的框架来构建他的课程。如其所见,他在赞同中世纪学者"教育的要务是理智"这一观点的同时,也认识到道德教育的重要性,因为理智主义最终还是与人类美德相一致的。[①]

1943年,新托马斯主义哲学家雅克·马利坦(Jacques Maritain)在耶鲁大学提出了类似的看法。在提供与"三科""四艺"类似的传统课程之外,他还认为,"一个人最大的渴望便是对自由的渴望","教师的职责首先就是解放"。但是,这种"解放"存在一个限制条件:"我们所言及的自由并不仅仅是没有任何强制目标的挖掘潜能",因为"自由教育的最高目标是使年轻人拥有智慧之泉"。马利坦从"解放"转向"智慧",由此澄清了博雅学艺的调适理念中存在的模糊概念,他最后指出,在传统的文本之中,自由教育的作用"并非塑造年轻人的意志或是直接发展他们的美德,而是点亮和强化理性"。[②]

马利坦在论述中考虑到"自由"可解释为"挖掘潜能",这说明适应实用主义和进步主义潮流、接近博雅—自由理念的原则在当时何等

---

[①] Alvin Johnson, *Liberal Education Fact and Fiction* (New York: New School for Social Research, 1945), p.3; Mark Van Doren, *Liberal Education* (New York: Henry Holt, 1943), pp.60-64, chap.6; Sherman P. Young, "The Classics in Translation: Making Available to the College Student the Treasures of Greek and Roman Culture as Interpreted by Great Scholars," *JHE* 8 (1937): 241-244.

[②] Jacques Maritain, *Education at the Crossroads* (New Haven, Conn.: Yale University Press, 1943), pp.10-11, 27, 29, 39, 43, 56-57, 71. 关于范·多伦、马利坦与托马斯主义之间的类比,参见 George E. Ganss, *Saint Ignatius' Idea of a Jesuit University: A Study in the History of Catholic Education, Including Part IV of the Constitutions of the Society of Jesus* (Milwaukee: Marquette University Press, 1964), pp.167-169; William F. Cunningham, *General Education and the Liberal College* (St. Louis: B. Herder, 1953), pp.17-18, 53。

盛行。① 在引述了查尔斯·皮尔斯、威廉·詹姆斯、乔治·米德和杜威的观点,并抨击了米克尔约翰、哈钦斯等人物之后,他进而指出,"自由教育就是使一个人的兴趣变多、变广、变深的教育"。1929 年哈佛大学一篇名为"文理学院的课程"(The Curriculum of the Liberal Arts College)的博士论文作者以及其后来自哥伦比亚大学师范学院的支持者们也持类似看法。新兴的学术领袖们,如布鲁克林学院后来的院长,反复嘲笑"存在孤立而永恒的思想和无可辩驳的首要原则"的观点,并坚信"对有限的人而言,真理永远不会是孤立、完整和恒定不变的……相反,它是复杂、破碎和不断发展的"。这一信念被认为与实验科学的"观察—假设—演绎—成为观察者"的方法是一致的,而博雅学科也正是以这种方法为基础的。② 许多科学家,从奥伯林(Oberlin)学院的化学教授到明尼苏达大学医学学院院长,也都提出了关于自由教育或通识教育的此类观点③;同时,一些哲学教授认为,绝对的或永恒不变的世界观与自由教育中"心智、道德或精神的解放"是相互矛盾的。"博雅学艺课程的目的是解放学生,使其获得独立思考的自由。"

---

① 由于劳伦斯·克雷明将 1917—1957 年称为"美国教育的进步主义时代",进步主义运动最大的影响或许就是 1957 年在密西根大学举办的教育史年会上,有发言认为"博雅教育"可以视为"进步主义的美国教育"的同义词。Louis Filler, "Main Currents in Progressivist American Education," *History of Education Journal* 8 (1957): 33n. 经过了关注社会和政治改革的 1876—1917 年,进步主义在"在创造性的自我表达中……发现进步主义教育运动精髓"的人们的刺激之下转战教育领域。进步主义运动的制度化以 1919 年进步主义教育协会的成立为标志,该协会的宗旨为"基于对心理、身体、精神和社交特点及需要的科学研究,实现最为自由、最为充分的个人发展"。Cremin (1961), pp. 183, 240–241; Patricia A. Graham, *Progressive Education: From Arcady to Academe, A History of the Progressive Education Association, 1919–1955* (New York: Teachers College Press, 1967), chap. 1–2. 在查尔斯·R. 范·海斯(Charles R. Van Hise)的带领下,怀着对"威斯康星理念"的期待,"进步主义学院"强调关注学生个人需求、给予学生在规划课程时更大的自由度,及对整体的教学计划进行实验性改革,因此可以看到莎拉·劳伦斯学院、本宁顿学院和洛林斯学院不同的学位设置。Ernest H. Wilkins, "What Constitutes a Progressive College?" *AACB* 19 (1933): 108–109; Benezet (1943), pp. 13ff., 46ff.

② Espy (1929), p. 7; Gideonse (1947), pp. 6–7, 28, 32. 关于师范学院对此的肯定,参见 Thomas H. Briggs, "Interests as Liberal Education," *Teachers College Record* 29 (1928): 667–674; Briggs (1939), pp. 315–329; Childs (1943), pp. 539–543; Citron (1943), pp. 544–553; Lewis (1943), pp. 563–571。

③ Richard E. Scammon, "The Relation of the Natural Sciences to General Education," in Gray (1934), p. 64; Harry N. Holmes, "The Contribution of the Physical Sciences," *AACB* 23 (1937), 67–72.

一位教授写道,"发展学生的怀疑态度乃是哲学的任务"。①

假若某些博雅教育的支持者从源自哲学家传统的博雅—自由理念的某些特点来论述博雅教育,这种比较笼统的划分实际上是向进步主义者的实用主义和整体主义倾向以及研究体制化之后形成的限制进行妥协和加以适应。整个20世纪30年代,诸如美国学术团体协会(American Council of Learned Societies, ACLS)、社会科学研究协会(Social Science Research Council)、美国教育委员会和美国大学教授协会(American Association of University Professors, AAUP)之类的团体赞助了许多研究,这些研究的结论是:好的教学与好的研究不可分离。这一研究发现使得20世纪的第二个25年中,人们对独立研究及学院的工作成果给予了更多的关注和肯定。② 因此,博雅—自由的调适理念常被一些学术领导人提起,他们必须使其理念适应似乎对研究者有用的组织结构和博雅学艺理念挥之不去的特质。

亨利·梅里特·瑞斯顿(H. M. Wriston)——劳伦斯学院校长及后来布朗大学的校长——曾经提到,一方面,自由教育\*或通识教育"必须给心灵以自由",而指定课程的行为既有悖这种自由的诉求,也与欣赏学生个体的差异性的观点相抵触。而另一方面,他又指出,教育必须有"普适的有效性"和"持久性",因为"自由教育存在于价值标准的获得和改进"。瑞斯顿认为,这种获得和改进需要依靠源自"智力活动本身之有效性"的"反思性综合"(reflective synthesis)。因此,"价值的标准"就取决于用以定义精英的那种智力标准。这一结论促使瑞斯顿辩解道:"唯智主义的'贵族性'具有某种特点,与民主制的理论和实践都是完全一致的。"尽管如此,人们对他的评价通常是,在自由教育当中融合了批判性和开放性的看法,强调自由和个人主义,但同时主张依据智力标准来识别"贵族",这些标准是为了"适应他对自由

---

① Schilpp (1935), pp. 234-235, 239.
② Butts (1937), pp. 548-564; Butts (1939), pp. 1-16; Dwayne Orton, "Liberal Education and the Modern World: Neither the Classics nor the Sciences Are All of Education," *JHE* 10 (1939): 237-242; Walter E. Bundy and Harold Zink, "A Summary of Facts and Opinions: Research and Creative Work in a Liberal-Arts College," *JHE* 10 (1939): 30-36; Rudy (1960), chap. 4.

\* 这里 liberal education 中 liberal 的语义为"自由"而非18、19世纪时的"博雅",所以这里译为自由教育,其他各处也作同样处理。——译者注

## 第六章 雄辩家传统与哲学家传统在美国的冲突

教育的预想目标"而设置的。①

博雅—自由的调适理念很自然地吸引了自然科学领域的学者如哈佛医学院汉斯·秦瑟(Hans Zinsser)*的特别关注,他反对哈钦斯"科学方法论会导致'混乱'"的看法,而提出了"科学学科对自由教育的价值"。这些学科的价值产生于观察"物理世界和有机自然的秩序,这种观察对于感性的学者而言,就是一种宗教活动"。秦瑟认为,这样一来,科学就相当于"新人文主义",是自由教育中的一种新古典传统,并且"只有少数人渴望获得或能够获得"。② 这是最为卓著的一种博雅—自由的调适理念。

尽管直到"一战"的最后三个月,学院才完全参与战争,但是到了"二战"时期,高等教育界在珍珠港事件之后很快就在政府的示意下动员起来,专业期刊的社论、会议上和研究所中的言论都可以证明这一点。③ 人们在"博雅教育"上的分歧和对"博雅教育"的批判遭到压制,同时,几乎所有人都认为,较之于战争需要所带来的技术培训的飞速发展,自由的学习本身只不过是一种边缘的需求。然而不久之后,来自卡尔顿学院(Carleton College)、南部的大学、伊利诺依大学以及很多院校的呼声传来,认为如果在战时牺牲自由教育,那将会输掉一切。④ 就连那些想等战争胜利再谈自由教育的学者——他们来自斯沃斯莫

---

① Wriston (1937), pp. 1–4, 9, 14l; Wriston (1939), pp 307, 320; Wriston, "Liberal Learning," *AACB* 24 (1939): 365–369. 对此的评论,参见 R. A. Kent, "An Excellent Production: The Nature of a Liberal College by Henry M. Wriston," *JHE* 8 (1937): 502。

\* 秦瑟(1878—1940)是细菌学家和免疫学家,曾任美国免疫学家协会主席和细菌学家协会主席。——译者注

② Hans Zinsser, "What Is a Liberal Education?" *School and Society* 45 no. 1172 (1937): 803–806. 参见 E. E. Reinke, "Liberal Values in Premedical Education," *AACB* 22 (1936): 602。

③ Mary A. Molloy, "The Post-War Curriculum," *AACB* 6, no. 2 (1920): 125–129; John H. MacCracken, "The Liberal Arts College of the Future," *AACB* 26 (1940): 482; W. W. Charters. "The War and the Colleges," *JHE* 13 (1942): 111–112; Meta Glass, "How Shall the College Curriculum Be Adjusted to Wartime Conditions and Need?" *AACB* 28 (1942): 549; Carol S. Gruber, *Mars and Minerva: World War I and the Uses of the Higher Learning in America* (Baton Rouge: Louisiana State University, 1975), chap. 6.

④ Alexander Guerry, "Liberal Arts Education," *AACB* 28 (1942): 483–485; Max Black and Arthur E. Murphy, "Liberal Arts in Wartime," *JHE* 14 (1943): 121–125; Donald J. Cowling, "The Preservation of Liberal Education in Time of War," *AACB* 29 (1943): 187–191.

尔学院、鲁特格斯大学、威斯康星大学和孟菲斯西南大学——在这次冲突后也开始呼吁立即恢复自由教育。① 但是，这一话题刚刚进入人们的视线，又一场混乱便爆发了。那些倾向于博雅—自由理念的人害怕自由的思想和个人主义会被极权主义侵蚀，而倾向于博雅学艺的人们则害怕西方文明的"伟大传统"(Great Tradition)会丢失。

1944年，西德尼·胡克(Sidney Hook)放出了《指向进步主义自由教育的十三支箭》(Thirteen Arrows Against Progressive Liberal Education)，而安提克(Antioch)学院的校长A. D. 亨德森(A. D. Henderson)则将自由教育定义为"一种倾向于培养自由个人，即……有助于推动这个世界所需的变革的教育"。② 同年，在威廉姆斯学院举行的一次哲学和宗教学教授的聚会上，与会者认为，尽管存在争议，但他们的学科是博雅教育所必需的；五个月后，一些科学家在普林斯顿集会，也得出了相同的结论。与此同时，史密斯学院的一位历史学教授也以《历史学在自由教育中的地位》(History: Its Place in a Liberal Education)来维护自己的学科，寇伊学院(Coe College)的一位教授也如此为经济学申辩。③ 同时，"人文学科"的教学已经开始成为斐陶斐学会、美国现代语言协会(Modern Language Association of America)和中西南部古典学协会(Classical Association of the Middle West and South)研究的对象。

只要有人提议战后的自由教育应当从现代社会问题中找到主旨，总会有人以"西方文明的纪念物"来进行反驳。只要有人对"回归古典学科"提出异议，总会有人回应说古典学对战后世界是

---

① Diehl (1943), pp. 196−201; Aydelotte (1944), p. 5; Robert C. Clothier, "The Education of the Free Man," *AACB* 30 (1944): 504−506; C. J. DuCasse, "Liberal Education and the College Curriculum: Through the Discipline of Formal Thinking, Empirical Investigation, and Hypothesis, to Appreciation," *JHE* 15 (1944): 1−10; Walter R. Agard, "Liberal Education after the War," *JHE* 16 (1945): 57−62.

② Algo D. Henderson, *Vitalizing Liberal Education: A Study of the Liberal Arts Program* (New York: Harper and Brothers, 1944), p. 15; Sidney Hook, "Thirteen Arrows Against Progressive Liberal Education," *The Humanist* 4 (Spring 1944): 1−10; Hook, "A Challenge to the Liberal-Arts College," *JHE* 10 (1939): 14−23.

③ Hans Kohn, "History: Its Place in a Liberal Education," *AACB* 30 (1944): 250−263; C. Ward Macy, "Economics in the Liberal Arts Curriculum," *AACB* 30 (1944): 264−273; James P. Baxter III, "Report of the Commission on Liberal Education," *AACB* 31 (1945): 153.

"至关重要的"。① 一部分人,包括明尼苏达大学的一位教务长,接受了"博雅文理学院"应进行职业训练的事实;但其他人,如圣约翰学院、安纳波利斯(Annapolis)学院的教务长,则急切地反对实用主义。同时,一篮子方式的"含糊不清"可见于卡拉马祖(Kalamazoo)学院S. G. 科尔(S. G. Cole)和俄亥俄州立大学D. L. 埃文斯(D. L. Evans)的著作中。② 关于"通识教育"的讨论几乎没有变化。到1944年,芝加哥大学的一位教育学教授声称:"自由教育的未来将面临激烈的争论。"③ 同年,《美国学者》杂志赞助了一场以此为主题的论坛。1945年,对"东部地区40所有代表性的文理学院"进行的一次调查显示,几乎每所学院都成立了专门的委员会来评定战后"自由教育"的地位。与此同时,美国学院联盟(AAC)自由教育委员会在1943—1944年间将当时关于自由教育的部分论述汇编成册,共收录289个词条。④

自由教育委员会及类似机构的发展历程较好地反映出了"二战"接近尾声时关于自由教育讨论的本质。该委员会成立于1942年,有14名成员,到1943年初已经举行了三次会议;而此时,另一个由美国学术团体协会(ACLS)在1939年任命的委员会正在撰写《自由教育重

---

① Seba Eldridge, "The Liberal-Arts College: A Diagnosis of Its Shortcomings," *JHE* 14 (1943): 343–347; Cyril F. Richards, "The Function of Liberal Arts in Reconstruction: Can the Liberal Arts Use Current Problems in Place of Classical Studies?" *JHE* 15 (1944): 65–70; Herbert Weisinger, "The Role of the Liberal-Arts College," *JHE* 15 (1944): 249; Herbert N. Couch, "The Classics in the Liberal-Arts College," *JHE* 16 (1945): 227.

② Stewart G. Cole, *Liberal Education in a Democracy: A Charter for the American College* (New York: Harper and Brothers, 1940), chap. 3; D. Luther Evans, *Essentials of Liberal Education* (Boston: Ginn, 1942), pp. 7–8; Scott Buchanan, "Liberal Education and Politics," *The American Scholar* 13 (1944): 396–398; Thomas R. McConnell, "The Revival of General Education," in *On General and Liberal Education: A Symposium*, Joseph P. Blickensderfer, chairman (Washington, D. C.: Association of General and Liberal Education, 1945), p. 34.

③ Ralph W. Tyler, "Foreword," in Henderson (1944), p. ix. 关于通识教育,参见 Earl J. McGrath, "Factors Influencing the Development of General Education," *AACB* 31 (1945): 566; Max Black, "What is General Education?" *JHE* 15 (1944): 117–121; Marvin T. Herrick, "A Revival of General Education: An Experiment at the University of Illinois," *JHE* 15 (1944): 243–247。

④ "The American Scholar Forum: The Function of the Liberal Arts College in a Democratic Society," *The American Scholar* 13 (1944): 391–407; Commission on Liberal Education, *Liberal Education: Ends and Means, Partial Bibliography, 1943–1944* (New York: Association of American Colleges, 1944); Benjamin Fine, "Liberal Arts to Remain," in Blickensderfer (1945), p. 10.

审》(Liberal Education Re-examined)的报告。① 诺克斯学院的院长指出,这一重审的结果将会"成为美国自由教育者们的'圣经'"。② 然而这份报告还未来得及成为经典,自由教育委员会就决定,有必要对自由教育作出另一种陈述,并且委任了自己的委员会,负责对自由教育的本质及目标进行再陈述。

不久后,该委员会发表了《自由教育的本质及目的》(The Nature and Purpose of Liberal Education)。在"本质"方面,报告囊括了体育、智力、审美、精神及道德的训练。凡此种种训练经由社会科学、自然科学、艺术、古典学、哲学、语言学和文学组成的课程计划来实现,而这些课程都具有一个"目的",即促进个人的自由和成功,提升社会责任感,并提升"能够聪明地、有技巧地使用艺术和科学之中的基本工具和技术……的手段和能力"。这份于1943年被委员会采纳的报告,后来缩减为一份新闻稿,送达1894种报纸;简写成一本小手册,分发给7000个教育机构、期刊、当选官员以及学校、学院、大学的负责人;未删节版也销售到6000个高等教育机构,这些机构中的大多数都修订了课程计划。③

尽管作出了很多努力,许多教育界的领导者,包括本宁顿学院的校长,对这份报告也十分"热心",但委员会的成员们,如圣十字学院(College of Holy Cross)的校长,却很快又提出了自由教育的新计划,言谈之间表现得仿佛根本没有任何问题曾得到解决。④ 这样,其他人继续表示反对也不足为奇。纽约市高等教育理事会(New York City Board of Higher Education)主席在1944年发现:"基本上,有多少人论

---

① Theodore M. Greene, "Liberal Education and Democracy," *AACB* 27 (1941): 45–52; Theodore M. Greene et al., *Liberal Education Re-examined: Its Role in a Democracy, by a Committee Appointed by the American Council of Learned Societies* (New York: Harper and Brothers, 1943).

② Carter Davidson, "A Meaningful Pattern", *JHE* 14 (1943): 55.

③ "The Post-War Responsibilities of Liberal Education: Report of the Committee on the Re-Statement of the Nature and Aims of Liberal Education," *AACB* 29 (1943): 275–299; James P. Baxter III, "Commission on Liberal Education Report," *AACB* 29 (1943): 269–274.

④ Lewis W. Jones, "The Reconstruction of Liberal Education," *AACB* 30 (1944): 320; Joseph R. Maxwell, "Reconstruction of Liberal Education," *AACB* 30 (1944): 78–82; James P. Baxter III, "Reconstruction of Liberal Education," *AACB* 30 (1944):76–77.

述博雅学艺的意义,就有多少种不同的描述。"①同年,尽管已经有了之前的两份报告,大学管理者的一次会议仍然在芝加哥召开,会议讨论了关于通识教育和自由教育的难以得到满意答案的老问题,如:

> 自由教育的定义是什么?在博雅学科的学习当中,文化和实用主义的关系为何?自由教育和通识教育的区别在哪里?自由教育和通识教育的目标是什么?②

---

① Ordway Tead, "Why Liberal Colleges Tomorrow?" *AACB* 30 (1944): 308.

② J. Hills Miller, "Agreement Needed," review of *Report of Proceedings of the Conference of University Administrators on General and Liberal Education*, *JHE* 16 (1945): 278; Joseph P. Blickensderfer, ed., *Report of Proceedings of the Conference of University Administrators on General and Liberal Education* (Norman: University of Oklahoma Press, 1944).

# 第七章 当下讨论的类型学

在最近的讨论中,我千方百计地试图框定一些命题,使之成为美国式的自由教育观念。现在,我准备斩钉截铁地宣布,这种努力是徒劳无功的。我怀疑,世界上并没有美国式的自由教育理论这种东西。

托马斯·F. 格林(Thomas F. Green)*

为了简单描绘当下美国自由教育**理论的类型学,我们有必要简述相关的论点。被称为"liberal"的教育源自博雅学艺(*artes liberales*),在中世纪,其意指一个有教养的人所应修习之常规课程。现代学者通常将这种常规课程追溯至古代雅典,但追溯至古代罗马更为恰当。其原因在于,古希腊教育领域众说纷呈,并没有定于一尊,至古罗马,关于教育的共识方才达成。从词源学、课程和理论三个方面,博雅学艺均可溯源至古希腊,但常规课程到后来才出现。在古罗马,这种课程的理论基础更多地归功于西塞罗等雄辩家而非苏格拉底等哲学家。事实上,即便拉丁与希腊这一两分法遭到抛弃,博雅学艺的常规性取向也应追溯至伊索克拉底,而非像现代学术界的学者一样,将其追溯至柏拉图和亚里士多德。

---

\* "Liberalism and Liberal Education: The Good Life and the Making of the Good Man," *SR* 5 (1976):27.

\*\* 在20世纪,liberal education 中 liberal 在大多数情况下意为"自由的",因此本章主要将 liberal education 翻译为自由教育。——译者注

我抽象出雄辩家博雅教育理论的一些特征，并使之成为一个普遍的类型，名之曰"博雅学艺"理念。我已经指出，从公元 1 世纪的昆体良，到公元 5 世纪的马尔提努斯·卡佩拉，雄辩家的博雅教育逐渐退化为诡辩式的教育。在这个退化的过程中，基督教的教育家秉承培养良好公民的标准和价值观，继承了雄辩家的教育传统及其课程取向，采纳了异教的博雅技艺，并将其发扬光大。为了理解并宣扬圣经文本，他们学习七艺。也正因为如此，语言和文字得到强调，文法技艺（包括文学、历史和道德教育）和修辞技艺当阳称尊。逻辑学被视为修辞学的附庸，音乐教学是实用性的、歌唱性的，数学和科学学科则被认为是一系列事实，其目的在于为解经提供技术性的信息。专业化和高深研究不受鼓励，甚至被认为具有自我放纵的倾向而受到打击，最后，人们常常用哲学（philosophia）这一模糊的术语来囊括整个课程。

尽管在这期间波爱修斯以及约翰内斯·爱留根纳崇尚思辨的探究，基督教与博雅学艺理念的融合还是被卡西奥多鲁斯、伊西多尔、卡洛林学派等系统化并加以传播。最后，在 12、13 世纪，这一局面又受到经院哲学的挑战。受到新发现的希腊、犹太、伊斯兰哲学和科学的刺激，经院哲学崇尚批判、思辨的思想。在初生的大学中，哲学家和雄辩家再次就博雅技艺的方案产生冲突，而且，现代派（moderni）的理论取向和课程方案逐渐占据主导地位。作为一种精密的分析工具，逻辑学的地位变得至高无上，数学和音乐越来越侧重定量抽象而非技术或实际的方面。修辞学逐渐从人们的视野中消失，或转变为高度形式化甚至公式化的技艺，文法则成为语言分析，脱离了与文学传统的血脉联系。总而言之，博雅学科（liberal disciplines）越来越狭隘化，并变成了相对精简的思辨科学（scientiae speculativae），其目的在于提供预备教育，使学生适应高级的、专门化的学习。哲学不同于博雅学科，并且高于博雅学科。

到 14、15 世纪，好讼成性的经院辩论走到了末路，沦落为诡辩，博雅学艺理念的特征为意大利文艺复兴的崇古派（antiqui）所复苏。崇古派的人文主义源自西塞罗和昆体良，并在 15、16 世纪传播至欧洲其他地方。"礼貌"（courtesy）的概念和基督教的伦理丰富了人文主义的内容，并以基督教绅士的原型传播至北美殖民地。与此同时，另外一种博雅教育观念开始浮出水面,这种观念在17世纪科学革命和18世纪启蒙运动的领导者身上体现得最为鲜明,他们恭敬地将自己的观点追溯至苏格拉底和毕达哥拉斯的哲学传统。我抽象出了博雅教育观念的第二种一般类型,并名之为"博雅—自由理念",在美国的博雅教育讨论中,这一类型的诸多特征在18世纪末、19世纪初开始出现。

正如19世纪晚期发生在马修·阿诺德和托马斯·赫胥黎之间的争论一样,这两种教育类型之间的冲突不可避免地导致了旷日持久的雄辩家与哲学家之争的重演。在持久的对抗中,这两种观点开始向对方作出调适。在19世纪,一些赞同"博雅学艺理念"、主张阅读指定的经典文本的教育家,有意或无意地使自己的观点迎合"现代派"的立场,我称之为"博雅学艺理念调适"(artes liberales accommodation)。相反,在19世纪末、20世纪初的新兴研究型大学中,"博雅—自由理念"的诸多特征开始融入博雅教育的主流定义之中,那些宣扬"博雅—自由理念"的教育家倾心于纯科学研究,但同时又受到组织化制度的约束,因此他们希望使科学研究变得有用,开始有意无意地对自己的观点进行调整,最终产生了"博雅—自由调适"。不过,尽管20世纪上半叶作出了种种调整,分歧和困惑并没有在"二战"之后消减。

经过美国学院协会(Association of American Colleges)590名会员的讨论之后,该协会的自由教育委员会(commission on Liberal Education)在1946年发布了一个报告,指出:"由各种争论所引发的喧闹声是非常之大的。"尽管"自由教育"这一术语的含义根本不清晰,该协会还是对它寄予厚望,并在1959年将协会的期刊更名为"自由教育"(liberal education),其原因在于:"它最准确地反映了协会会员所致力的宗旨,并广为接受。"1963年,自由教育委员会再一次作出决定:"现在,是对自由教育的目的进行彻底审查和重申的时候了。"[①]尽管社会急剧变革、动荡不安,美国学院协会在1964、1969、1972、1976和1978年的年会中,仍致力于对自由教育进行分析、定义和阐述。

与此同时,在创建关于自由学科(liberal studies)的特别委员会之

---

① Gordon K. Chalmers, "Report on a Work in Progress: Education, The Redefinition of Liberal Education," *AACB* 32 (1946a):60; "Editorial Notes," *Liberal Education* 45 (1959):175; Byron K. Trippett, "Commission on Liberal Education," *Liberal Education* 49 (1963):105.

后,1973 年,自由教育委员会还联合美国大学教授协会、美国州立学院与大学协会以及其他全国性组织,发起了"发展、实施新的本科自由教育课程模式,以创造院校变革"的计划。沿着这个路线,其他组织也作出了一些类似的努力,例如,1977 年成立的自由教育论坛(The Forum on Liberal Education)、1978 年的自由课程质量计划(Quality in Liberal Learning)、1979 年的全国第四计划——自由教育的类型及其评估。面对如此之多的计划,威廉和玛丽学院的一位教授评论说,"20 世纪的课程风景画是由各种复兴自由学问的尝试点缀而成的",而且,"毋庸质疑的是,大部分复兴自由教育传统的努力都以失败告终"。①

不管"失败"是否是一个恰当的字眼,可以肯定的是,冲突与困惑一直占据统治地位。托马斯·伍迪(Thomas Woody)对这种情形进行了绝妙的概括:"我们今天需要自由教育。同样不可否认的事实是,在亚里士多德的时代,人们对于如何进行自由教育也很少达成共识。理论和实践两个方面都是令人困惑、矛盾重重的。"这一概括在 1962 年被索尔·萨克(Saul Sack)引用,并加以肯定。西奥多·格林(Theodore Greene)认识到了这一点,卡洛琳·伯德(Caroline Bird)则对这一事实加以嘲讽,她说,存在一种"自由学艺宗教"(liberal arts Religion)。圣彼得学院的一位教授所发起的提问——"何谓自由学艺(liberal arts)?"②——引起众多学者的共鸣。到 20 世纪 80 年代,每个人都认识到了这样一个事实,即他们可以根据自己的喜好随意地定义自由教育,不仅如此,比纳·维斯塔(Buena Vista)学院的一位系主任还把它看成是一种权利:"在教育的问题中,有一点是最为肯定的:自由学艺

---

① Clifton E. Conrad, *The Undergraduate Curriculum: A Guide to Innovation and Reform* (Boulder, Colo.: Westview, 1978), p.53. 有关复兴自由教育传统的努力的报道,参见 Edward J. Shoben, "Commission on Liberal Learning," *Liberal Education* 60 (1974): 54; Joel Read, "Commission on Liberal Learning," *Liberal Education* 61 (1975): 39; "A Report of QUILL," issue of *the Forum for Liberal Education* 2 (December 1979): 1-16; Richard Hendrix, "Liberal Education Varieties: Background to National Project IV," *The Forum for Liberal Education* 2 (March 1980): 1-3.

② Thomas Woody, *Liberal Education for Free Men* (Philadelphia: University of Pennsylvania Press, 1951), p.1; Saul Sack, "Liberal Education: What Was It? What Is it?" *HEQ* 2 (1962): 210; Theodore M. Greene, *Liberal Education Reconsidered* (Cambridge: Harvard University Press, 1953), p.1; Caroline Bird, *The Case Against College*, ed. Helene Mandelbaum (New York: David Mckay, 1975), chap.6; John P. Hughes, "What Are the Liberal Arts?" *AACB* 41 (1955): 614-625.

将被无穷地加以定义。和历史一样,自由学艺必须根据时代以及当时的理由来加以定义。……每一个时代都需要自己的阐释;确实,每个时代都有理由创造一个新的解释。"①

在指出上述事实后,我并不想按照年代顺序,对1945年至今美国有关自由教育和自由学艺的讨论进行历史的梳理。这段时间非常之短,我们也缺乏一个观察的视角,因此这种努力在很大程度上是不必要的。我的意思是说,考虑到自由教育的历史渊源以及我在这里加以理论化的类型学,我并没有从这些讨论中发现新的论点。确实,在不同的年代中,不同论据的影响力有升有降,但其本质内涵始终如一。

人们依然呼吁自由教育致力于一个"统一的信念",正如自由教育委员会在1952年所宣称的那样,致力于"一个信仰,这种信仰既反对犬儒主义,也反对顽固不化,它致力于消弭信仰中的混乱和分歧,以使学院重新振作,获得使命感"。事实上,由于战后左翼运动的冲击,这种感情得到了支持。在"二战"刚刚结束的时候,凯尼恩学院的校长和普林斯顿大学的校长在演讲中分别谈到"为自由主义的教育"和"为自由的教育";而到20世纪50年代早期,他们已经转而在演讲中提倡"传授智慧"。② 当然,术语的变化并不完全意味着思想的变化,因为,正如在民族危机的初始阶段所发生的那样,博雅—自由模式和博雅学艺模式的支持者都可以谈论"自由人",并宣称"自由教育……是极权教育(totalitarian education)所采取的每一样措施的反面"。③ 1959年,E.J.玛格拉斯(E.J. McGrath)再度呼吁人们统一目标,并且对学术专业化和自由教育的分裂感到痛心疾首,他总结说:"不管如何,文理学

---

① Fred D. Brown, "Toward a Better Definition of Liberal Education: Seven Perspectives," *Liberal Education* 65 (1979): 383.

② Nathan Pusey, "Report of Commission on Liberal Education", *AACB* 38 (1952):110. 这两位校长的言论,参见 Gordon K. Chalmers, "The Break in Liberalism" *AACB* 32 (1946b): 378-386; Chalmers, "Report of Commission on Liberal Education", *AACB* 37 (1951): 135-140; Harold W. Dodds, "Education for Freedom," *AACB* 33 (1947): 453-463; Dodds, "To Teach Wisdom," *AACB* 38 (1952): 385-388。

③ George F. Kennan, "The Liberal Arts in Contemporary American Society," *AACB* 39 (1953): 416-423; Francis E. Corkery, "Education for freedom or Slavery?" *AACB* 39 (1953): 37; Franc L. McCluer, "Liberal Education, The Years Ahead," *AACB* 42 (1956): 110-111.

院必须重新获得一个清晰、可行、独立的使命。"这一呼声在 1961 年的布朗大学再度响起。十多年后,罗素·柯克(Russell Kirk)以实用主义的态度谈论说,"致力于一个原则,将给学校带来成功",因此,在"重建或建立一所带有原则的学院"的基础之上,"复兴真正的自由学问"不仅是合情合理的理论,而且能够行之有效地吸引慈善家的注意。①

在战后自由教育的争论中,也能让我们回想起先前讨论的是,来自宗教学系和教派学院的人士呼吁用信条或神学的观念作为课程的基础。麦克弗森学院(1946 年)、西南学院(1950 年)、朱尼亚他学院(1955 年)都在演讲或文章中宣称圣经是"经典中的经典",而且,因为"真理使人自由","基督教的自由学艺教育"的确是"对自由人的教育"。② 1957 年,全国高等教育宗教理事会和《基督教学者》(The Christian Scholar)杂志也发表了相关的言论,不过,最有效地捍卫这种立场的是天主教徒。正如伯纳德·拉蒂根(Bernard Rattigan)所观察到的那样,"人们已经注意到,天主教学院的团结一致与世俗学校中弥散开来的离心离德的氛围形成了鲜明的对比"。③ 这种鲜明的对比鼓舞了一些学校,南伊利诺伊大学在 1959 年、密歇根大学在十多年后、奥古斯塔纳学院在 1973 年均宣称,"与教会有关的学院"有着"特殊的使命",以回应"现代自由教育"漫无目的、失去宗旨的问题,而且大学不应当成为"价值中立的机构"。在更晚近的时候,福音派的新教学院

---

① Earl J. MaGrath, *The Graduate School and the Decline of Liberal Education* (New York: Bureau of Publications, Teachers College, Columbia University, 1959), pp. 8-9; George W. Morgan, "Liberal Education: An Assessment of Afflictions and Suggestions for Reform," *Liberal Education* 47 (1961): 376-395; Russell Kirk, "The Revitalized College: A Model," in *Education in a Free Society*, ed. Anne H. Burleigh (Indianapolis: Liberty Fund, 1973), pp. 88-89.

② W. W. Peters, "The Christian College Looks Ahead," *AACB* 32 (1946): 387-396; John Osman, "The Classic of Classics," *AACB* 36 (1950): 460-463; Calvert N. Ellis, "The Church-Related Liberal Arts College," *AACB* 41 (1955): 365-372.

③ Bernard T. Rattigan, *A Critical Study of the General Education Movement* (Washington, D. C.: Catholic University of American Press, 1951), p. 167; Victor L. Butterfield, "Liberal Learning and Religion in the American College", in *Liberal Learning and Religion*, ed. Amos N. Wilder, for the National Council in Religion and Higher Education (New York: Harper & Brothers, 1951), pp. 145-146; J. Edward Dirks, "The future of the Education of Free Men in the Christian College," *AACB* 43 (1957): 63-772.

还赞同这种观点。① 不过,现代学术的信条——这种信条破坏了所有致力于确立共同美德的努力——自芝加哥大学神学院院长1951年发表评论之后并没有稍见削弱,他说:"大学教授的上帝是专业造诣。他的全部学术生活是用专业造诣来定义的,他生活的其他所有部分也依赖于此。"②

宗教人士渴望统一的愿望得到了一些人的同情,这些人继承了"二战"前一些学者呼吁用哲学来达成统一的观点。1964年,普林斯顿大学的教授欧兹(W. J. Oates)主张"使哲学在自由教育中发挥其应有的核心作用"。不过,正如我们在上一章所讨论的,这种诉求可能意味着非常不同的两样东西。哲学可以是一个真实命题或可知价值的体系,如摩根州立大学的一位哲学教授所说的,自由教育的核心是哲学,是"伟大传统中的哲学……它是理性判断的源泉"。③ 另一方面,如杰克逊维尔大学的一位院长所说的,哲学也可以不意味着"某些哲学家所思考的东西"或者一些"特定的概念",而是意味着"不断反思的过程"。另外一位哲学教授则在1969年指出,"哲学是批判……哲学课堂是……批判性与创造性思维的实验室。作为一种批判反思的习惯,哲学是一个人从自由教育中所能获得的最实际的东西"。④

在"二战"之后,通识教育的呼声继续存在着。这些呼声在战后赢得了越来越多的支持者,因此,本科课程也越来越标准化,即采用哥伦

---

① E. Earle Stibitz, "A Religious Point of View in Teaching the Liberal Arts," *Liberal Education* 45 (1959): 249 - 262; Stephen J. Tonsor, "The Church-Related College: Special Mission or Educational Anachronism," *Liberal Education* 56 (1970): 403-411; William R. Matthews, "What Should a Church College Be For? Or should it Be At All?" *Liberal Education* 59 (1973): 417; William C. Ringenberg, *The Christian College: A History of Protestant Higher Education in America* (Grand Rapids, Mich.: Wm. B. Eerdmans, 1984), chaps. 5, 6.

② Bernard M. Loomer, "Religion and the Mind of the University," in Wilder (1951), p. 155.

③ Richard I. McKinney, "Some Aspects of the Teaching of Philosophy," *Liberal Education* 46 (1960): 366; Whitney J. Oates, "Philosophy as the Center of Liberal Education," *Liberal Education* 50 (1964): 213. 参见 Brand Blanshard, "Values: The Polestar of Education," in *The Goals of Higher Education*, ed. Willis D. Weatherford, Jr. (Cambridge: Harvard University Press, 1960), p. 80。

④ Richard K. Morton, "Philosophy and the college student," *Liberal Education* 46 (1960): 255; Robert H. Miekle, "The Role of Philosophy," *Liberal Education* 55 (1969): 581, 583-584.

比亚大学的模式——在前两年实行人文学科、社会科学、自然科学三个领域的通识教育,在后两年则集中于主修或专业学习。芝加哥大学本科学院的模式也甚有影响,基于"自由教育应当构成一个单独的整体"的观念,他们拒绝了主修专业的模式。① 哥伦比亚大学对于这种观点也并非无动于衷,他们将当代文明和人文课程视为本科课程的统合力量。到1960年,一个有选择性的全国调查发现,只有安纳波利斯的圣约翰学院还在抵制集中与分布的课程模式。②

如果说,课程结构还相对固定的话,通识教育的理论则争论纷纭。1952年全美教育研究会(NSSE)的年报注意到,大家都同意,通识教育有着普遍性的目的,然而,一旦越过这个界线,"广泛的不一致就出现了"。随后的研究也证实了这一断言。③ 尽管缺乏共识,人们还是在20世纪70年代重新强调建立核心课程的重要性,其目的在于"统一通识教育"。人们尝试了各种"整合"或"组织"的原则,如"有选择的能力""社会问题"等等。④ 1978年,哈佛教授会就新的核心课程进行表决,耶鲁也改变了分布课程的要求,这时,这类课程计划已经风行全国。不过,在20世纪80年代,如同在20世纪20年代那样,自由教育

---

① F. Champion Ward, "principles and Particulars in Liberal Education," in *Humanistic Education and Western Civilization: Essays for Robert M. Hutchins*, Ed. Arthur A. Cohen (New York: Holt, Rinehart and Winston, 1964), p.123.

② Russell Thomas, *The Search for a Common Learning, 1800-1900* (New York: McGraw-Hill, 1962), pp.18, 110, 231-232, 299; Daniel Bell, *The Reforming of General Education: The Columbia College Experience in Its National Setting* (New York: Columbia University Press, 1966), chap.5; Robert L. Belknap and Richard Kuhns, *Tradition and Innovation, General Education and the Reintegration of the University: A Columbia Report* (New York: Columbia University Press, 1977), chaps.8-9.

③ Thomas R. McConnell, "General Education: An Analysis," in *The Fifty-First Yearbook of the National Society for the Study of Education*, Part I, ed. Nelson B. Henry (Chicago: University of Chicago Press, 1952), pp.3-5, 11-13; Paul L. Dressel and Lewis B. Mayhew, *General Education, Explorations in Evaluation: The Final Report of the Cooperative Study of Evaluation in General Education of the American Council on Education* (Washington, D.C.: American Council on Education, 1954), pp.268-282; Thomas (1962), p.277.

④ William Kramer, "Unifying General Education," *Liberal Education* 58 (1972): 533-539; "Core Curriculum," issue of *The Forum for Liberal Education* 1 (October 1977): 1-10; Conrad (1978), pp.48, 56-77; Milton Kornfeld, "A New Opportunity for General Education," *Alternative Higher Education* 3 (1979): 254-259.

和通识教育之间的关系依然是暧昧不清的。①

与此同时,就像"二战"前一样,人们依然常常将"解放"(liberation)、"自由主义"(liberalism)、"使……自由"(freeing)等词汇和自由教育联系在一起。如前所述,诸如"自由教育是解放的教育(liberating education)"、自由教育"始于自由的人民,终于自由的人民"等说法是非常模棱两可的。不过,霍林斯学院在1951年、特拉华大学在1963年、森林湖学院在1969年、克莱蒙特研究生学院在1981年都采用了这些说法。② 对词源学或历史用法的吁求并没有减轻语言的模糊性。

在《自由地教育》(Educating Liberally)一书中,斯坦福大学教授H. H. 哈德孙(H. H. Hudson)指出了 liberalis 的两种可能的词源,其一为"使心灵自由"的教育,其二为对"自由人"的教育,而他个人更倾向于前者。很多人都认可哈德孙的这种取向,因此,在20世纪七八十年代,很多人都主张"解放的技艺"(liberation arts)、"自由的大学"(liberal university)或"自由的教育"(libertarian education),并且将这些术语与质疑所有的规范、习俗、传统的做法联系起来。③ 另一方面,威廉·康宁安(William Cunningham)在1953年又表达了一种不同的

---

① Daniel Caltin, Jr., *Liberal Education at Yale: The Yale College Course of Study, 1945-1978* (Washington, D. C.: University Press of America, 1981), chap. 8; "Report on the Core Curriculum," rev. ed. (Cambridge: Harvard University, Faculty of Arts and Sciences, 3 April 1978); M. Elizabeth LeBlanc, "The Concept of General Education in Colleges and Universities, 1945-1979" (Ph. D. Diss., Rutgers University, 1980); Ernest L. Boyer and Arthur Levine, *A Quest for Common Learning, the Aims of Liberal Education* (Princeton, N. J.: Princeton University Press, 1981); Jerry G. Gaff, *General Education Today: A Critical Analysis of Controversies, Practices and Reforms* (San Francisco: Jossey-Bass, 1983).

② John R. Everett, "The Liberal Arts-What Good Are They?" *AACB* 37 (1951): 246; Bruce Dearing, "The Liberation of Liberal Education," *Liberal Education* 49 (1963): 384-390; Forest Hansen, "On the Liberating Arts," *Liberal Education* 55 (1969): 441-445; Christopher C. Harmon, "Liberal Education Should Do More than Just Liberate," *The Chronicle of Higher Education*, 23, no. 7 (1981): 23, no. 7 (1981): 24.

③ Hoyt H. Hudson, *Educating Liberally* (Stanford: Stanford University Press, 1945), p. 7; Immanuel Wallerstein and Paul Starr, Eds., *The University Crisis Reader*, 2 vols. (New York: Random House, 1971); Joel Spring, *A Primer of Libertarian Education* (Montreal: Black Rose, 1975); Paul Kurtz, "Education for the future: The Liberating Arts," in *The Philosophy of the curriculum: The Need for General Education*, ed. Sidney Hook et al. (Buffalo, N. Y.: Prometheus, 1975), pp. 197-204. See David Riesman's discussion in the "afterword," in *Liberating Education*, Zelda F. Gamson and Associates (San Francisco: Jossey-Bass, 1984), pp. 217-242.

观点,20年后,狄百瑞用下面的话陈述了他的这种观点:"大部分的人都会同意,自由教育的宗旨在于通过规训个体来解放他们的力量。"①为了证明这个观点,康宁安引用了爱比克泰德(Epictetus,公元前55—前135)的话:"统治者说,只有自由人才会有教养,但我们相信,唯独有教养的人是自由的。"康宁安的引用是恰当的,因为爱比克泰德相信,"为自由的教育,即是学习何谓正当以及如何行正当之事"。② 不过,在更早的时候,亚历山大·米克尔约翰引用同样的话来支持有关解放批判性理智(freeing the critical intellect)以追求真理的观点。③ 因此,引经据典,或追溯其希腊语和拉丁语的渊源,或引用英语中的定义,都无助于澄清自由教育与解放(liberation)、自由的关系。

在1945年之后,有关自由教育的讨论继续和有关"解放"的复杂多变的术语纠缠在一起,与此同时,又与对通识教育的吁求以及种种的歧见、不确定性联系在一起。不过,在当下的讨论中,我们依然可以发现那两种历史类型及其调适。我们可以在1950年的一篇题为"自由教育的理念"(An Ideal For Liberal Arts Education)的文章中抽象出博雅学艺的理念。文章的作者是华盛顿学院的教授,他追溯了"文艺复兴的全才"(uomo universale)、"人文学"(litterae humaniores)以及"西塞罗的人文(humanitas)概念"。尽管作者置身于雄辩家的传统,主张从伟大文本中寻求圭臬与德性,以此培养、挑选公民精英,但他坚持认为,自由教育"不是面向大众的",它旨在"使学生成为国家栋梁,在现代社会中充当领袖之责"。虽然有人反对雄辩家传统与"令人厌

---

① William F. Cunningham, *General Education and the Liberal College* (St. Louis: B. Herder, 1953), pp. 17–18, 77, 153; W. Theodore deBary, "General Education and the Humanities," *SR* 1 (October 22, 1973): 1. 同时参见 Theodore M. Distler, "The Liberating arts in a Puzzled World," *AACB* 40 (1954): 412–422; William C. DeVane, *The American University in the Twentieth Century* (Baton Rouge: Louisiana State University, 1957), pp. 38–57.

② Benjamin L. Hijmans, Jr. "*Askesis*": *Notes on Epictetus' Educational System* (Assen, Neth.: Von Gorum, 1959), pp. 16–19, 35–37, 81–83. 参见 Gunningham (1953), p. 17; Epictetus, *Discourses* 2.1.25.

③ Alexander Meiklejohn, "Required Education for Freedom," *The American Scholar* 13 (1944): 392.

恶的废弃的贵族制"之间的亲缘关系①,哥伦比亚大学古典学教授吉尔伯特·海特(Gibbert Highet)依然主张"自由教育家"要以身作则,砥砺品性,因为"榜样的力量使年轻人受教无穷"。耶鲁大学校长 A. 惠特尼·格里斯伍德(A. Whitney Griswold)也赞同这个观点。②

1977 年,瓦尔德马·扎伽斯(Waldemar Zagars)重申了通过古典文本传承公民德性的必要性。扎伽斯指出,应当"在原初的、古典的意义上定义和阐述博雅学艺",据此,博雅教育应当依据社会的"最高理念"来致力于"公民的教育"。这种教育根据"古典智慧的当下意义"来培养"贵族的情感",以甄别"脱颖而出者"(first among equals)。③在这几年之前哈佛大学神学院教授、白壁德的追随者詹姆斯·L.亚当斯(James L. Adams)也表达了类似的但更为灵活的观点。亚当斯引用了马修·阿诺德的话:"有教养的人希望了解世界上曾有过的最伟大的思想和最优美的文字。"他既反对"杜威式实用主义者"的"功利主义"观点,即科学没有"终极目的",也反对这样的观点,即"自由教育的宗旨是……发展思考的能力",也就是说,批判的能力。相反,他坚持认为,"自由教育首先要面向终极的价值"。④

亚当斯的话证实了哲学家保罗·赫斯特(Paul Hirst)的观点:在传统上,博雅学艺的理念对无条件地、没有限制地追求真理感到不以为然。这也解释了为何鼓吹博雅学艺理念的声音常常发自于神学圈子和教派学院,他们坚信有些真理是已经为我们所知道的,这一立场备受称赞。南伊利诺伊大学的一位教授在 1959 年指出:"宗教的视角对现代博雅教育的批评主要有两点……它给学生提供了丰富多样的

---

① R. C. Simonini, Jr., "An Ideal for Liberal Arts Education," *AACB* 36 (1950): 428-433; Richard Hofstadter and C. DeWitt Hardy, *The Development and Scope of Higher Education in the United States* (New York: Columbia University Press, 1952), p. 210.

② A. Whitney Griswold, *Liberal Education and the Democratic Ideal and Other Essays* (New Haven, Conn.: Yale University Press, 1959), pp. 1-6; Gilbert Highet, "The Liberal Educator," *AACB* 41 (1955): 105.

③ Waldemar Zagars, *The Liberal Arts Education: A Popular Myth* (Gettysburg, Pa: Baltic, 1977), pp. 21ff., 221-235.

④ James L. Adams, "The Purpose of a Liberal Arts Education," *Journal of the Liberal Ministry* 9 (Spring 1969): 3-8; Michael R. Harris, *Five Counterrevolutionists in Higher Education: Irving Babbitt, Albert Jay Nock, Abraham Flexner, Robert Maynard Hutchins, Alexander Meiklejohn* (Corvallis: Oregon State University Press, 1970), p. 49.

课程,却未能给他们提供一种统一的观点;另外,它未能使学生形成价值观。"①从这种观点出发,艾默里(Emory)大学校长在1946年写了一篇题为"自由学科理念与基督教学院"(The Liberal Arts Ideal and the Christion College)的文章,而1955年,曼哈顿威尔(Manhattanville)学院的院长在《使自由学艺的学生获得自由》(Liberating the Liberal Arts Student)的文章中指出,学生应该从不确定、混乱、困惑中解放出来。在这之后,厄尔汉姆(Earlham)学院——这是一所提倡"基督教自由教育"的、竞争激烈的学院——的哲学家埃尔顿·特鲁伯罗德(Elton Trueblood)在《学院的理念》(The Idea of a College)一书中总结了博雅学艺理念的种种特征。②

从上述对西塞罗"人文"理念以及文艺复兴人文主义的历史追溯,与阿诺德、白壁德的历史牵连,对杜威和实用主义的批评,以及对"最高理想""终极价值"和"公民教育"的诉求出发,我们也在当代的"自由教育"讨论中发现了"博雅—自由"理念的一些特征。这些讨论对"在原初、古典的意义上正确地定义和阐述博雅学艺"漠不关心。事实上,探本溯源会受到质疑,正如保罗·哈泽德(Paul Hazard)所注意到的,自由思想家从来不信任来自历史的论据。相反,他们所侧重的是过程与进步。如缅因(Maine)大学一位哲学教授在1964年所说的那样,"自由教育的三个周期"包括永无止境的"分析、评价及承诺的过程……怀特海(Whitehead)的著作最突出地反映了这种观点的一般哲学背景,约翰·杜威的核心学说也支持这一观点"。③ 其他人则谈论杜威"永不停歇的反思性探究背后的苏格拉底精神"。并且威利斯·鲁

---

① Paul Hirst, "Liberal education and the nature of knowledge," in *Philosophical Analysis and Education*, ed. Reginald D. Archambault (New York: Humanities Press, 1965), pp. 113–116; Morris T. Keeton, *Models and Mavericks: A Profile of Private Liberal Arts Colleges* (New York: McGraw-Hill, 1971), pp. 14–18.

② Goodrich C. White, "The Liberal Arts Ideal and the Christian College," *AACB* 32 (1946): 29–33; Eleanor M. O'Byrne, "Liberating the Liberal Arts Student," *AACB* 41 (1955): 98–104; D. Elton Trueblood, *The Idea of a College* (New York: Harper & Brothers, 1959), chaps. 1–3, 6, 9, 12. 同时参见 Mark A. Noll 为 Ringenberg (1984) 所写的富有启发性的导论。

③ Charles F. Virtue, "The Threefold Cycle of Liberal Education," *Liberal Education* 50 (1964): 482; Paul Hazard, *The European Mind, 1680–1715*, trans. J. Lewis May (New Haven, Conn.: Yale University Press, 1952), pp. 53–55.

迪将"实用主义—进步主义"的自由教育观念与杜威联系起来,因为杜威"希望用解放的态度来教授科目——换言之,解放学生的思维"。①

这些学者并没有完全忽略对公民身份的关注,但他们首要关心的是个体的需求和愿望。他们的公共宣言和课程计划旨在"促进学生对自由技艺理念的理解,这个理念的基本假设是,每个人都应该自由地发挥自身的全部潜力"。② 在普遍的意义上,任何通过批判理性来追求真理的学科,均能被看作是达此目的的最佳手段。不过,鉴于历史的和方法的缘故,数学、自然科学、技术科学与"博雅—自由"理念的诸多特征的联系尤为密切。在1977年哥伦比亚"人文学科中的通识教育"研讨会上,一位工程学教授被安排发表题为"自由主义、工程学与自由教育"的发言。他以为,"对许多人来说,将'自由主义''工程学'以及'自由教育'并置在一起会显得有些不协调",不过,在听到另一位发言者将自由教育和"鼓励并奖励对第一原理的系统性批判"联系起来后,这位工程学家说,他感到这种并置并非毫无道理,因为"所有这些都非常类似于工程学的思维"。③

劳伦斯·R. 维希(Laurence R. Veysey)下面的一段话也表明了博雅—自由理念地位的上升,他指出:"自1900年以来,关于高等教育的宗旨,新观念非常之少……在这些稀有的新观念中,其中之一是,博雅课程被重新定义,即从高雅传统(genteel tradition)转向批判性理智和创造性。"④反讽的是,在1977年AAC年会上,大会主题发言人引用了亨利·亚当斯的《教育》一书:

"哈佛学院……教得很少,但它使学生的心灵开放,不受偏见束缚,所知不多,但虚心向学。毕业生很少有强烈的偏见。他的

---

① Greene (1953), p.3; Willis Rudy, *The Evolving Liberal Arts Curriculum: A Historical Review of Basic Themes* (New York: Bureau of Publications, Teachers College, Columbia University, 1960), p.131.

② 引自 Garry D. Hays and Robert C. Haywood, "Liberal Education at Southwestern: An Interdisciplinary Approach," *Liberal Education* 53 (1967): 529。参见 Harold Taylor, "Individualism and the Liberal Tradition," in Weatherford (1960), pp.9–25; Sack (1962), p.222; Morris T. Keeton, "Alternative Pathways to Liberal Education," in *Prospect for Renewal: The Future of the Liberal Arts College*, ed. Earl J. McGrath (San Francisco: Jossey-Bass, 1972), pp.84–85。

③ Peter Likins, "Liberalism, Engineering and Liberal Education," *SR* 5 (1977): 156–157.

④ Laurence R. Veysey, *The Emergence of the American University* (Chicago: University of Chicago Press, 1965), p.338.

精神灵活温顺,准备接受知识。"毫无疑问,亚当斯认为这是一个粗疏的判断。不过,他在无意间给我们留下了一个可以接受的定义,即一流的自由教育应该给年轻的男子和女子提供什么。①

这种教育宗旨的转变表明,一种新的理论已经浮出水面,而且存在调适和融合。我们将简单地阐述这一点。首先,我们必须重新强调这两种理念的内在一致性:每一种理念都是系统性的,每一个特征都是整体的不可分割的部分。在博雅学艺理念中,假定确定性是存在的,并且可以从经典文本中抽绎出不变的价值和标准;这些价值和标准要求人们去遵守和践行,能够成功践行这些价值和标准者被视为社会的领导者。课程的基础为语言和文字,学生被要求熟读文本,领会其意蕴,并以倡导者、政治家、布道者或教授的身份在公开场合阐发大义。在博雅—自由理念中,自觉的怀疑精神损害了所有的确定性,个人完全依靠自己的理智去做判断,而且这些判断永远不能被证明为真。因此,所有的信念都会应时而变,我们必须平等地容忍和尊重别人的观点。课程的基础是逻辑学、数学和实验科学,其中,逻辑学和数学训练理智,而实验科学使得训练有素的理智将旧真理转化为有待检验的新假设。课程的目的是培养那些热爱知识、为知识而追求知识的科学家和研究者。

独立地看,这两种博雅教育(liberal education)的抽象类型都是一种理想,因此在某种程度上是对现实的漫画式描述。因此,我们不能指望这两种类型囊括了有关博雅教育的所有阐述。毫不奇怪的是,博雅学艺的理念和博雅—自由的理念都受到了支持者的追捧和反对者的讽刺。同样可以预料的是,由于这些理念是"纯粹的",而我们所处的时代又是纷乱复杂的,因此,在当代的讨论中,能够与这两种理念挂钩的论点要少一些。更常见的情形是融合与调适。一旦我们彻底地了解了这一事实,也就能洞察其问题所在。在某种意义上,调适就是要沟通这两种理念,因此他们对"博雅教育"的定义也更加宽泛,牺牲

---

① Elie Abel, "Liberal Learning: A Tradition with a Future," *Liberal Education* 64 (1978): 115. Henry Adams, The *Education of Henry Adams: An Autobiography* (Boston: Massachusetts Historical Society, 1918), chap. 4.

了内在的一致性,不可避免地将矛盾和冲突容纳进来。更加纯粹、限制性的理论类型则可避免这个弊端。

用一句话来概括,博雅学艺理念的调适相当于指定待阅读的经典文本以发展批判性理智。在前一章中,米克尔约翰和哈钦斯就持这种观点。自然而然地,他们所在的学校也可能会坚持相同的观点。例如,阿默斯特学院重审该校通识教育项目的委员会在1978年就提出要继续实践米克尔约翰的理念。该委员会指出,米克尔约翰"反复强调智性理解的核心地位",强调理智的训练高于对"身体、心智和灵魂的其他能力"的训练。丹尼尔·贝尔(Daniel Bell)在考察芝加哥大学的"通识"教育或"自由"教育时概述了该大学的"完全指定性课程",指出其强调的是"亚里士多德主义……即努力发现'分类'的支配性原则"。1964年,芝加哥大学本科学院的院长指出,课程的宗旨是"教导学生'如何思考'","循序渐进地使学生掌握探究的三个步骤:了解、分析、批评"。[①]

这种理论吁求在圣约翰学院同样也有影响。圣约翰学院1789年建立于安纳波利斯,该校对"从希腊、罗马……沿袭下来的共和传统"充满了后革命时代的热情。在随后的70年中,圣约翰学院一直是一所宁静的小型学府,在内战后,学院用"更多、更好的希腊—拉丁文化"使学校课程重新焕发了生机。因此,一直到20世纪初,圣约翰学院"更多地固守旧式理念",与艾略特所领导的哈佛绝不相类。1937年,几位来自芝加哥大学的人士重组了圣约翰学院的课程,重组后的课程是完全指定性的,内容为阅读经典文本。[②] 20年后,圣约翰学院的校

---

[①] Ward (1964), p.129; Bell (1966), p.33; Lawrence Babb et al., *Education at Amherst Reconsidered: The Liberal Studies Program* (Amherst, Mass.: Amherst College Press, 1978), p. vii.

[②] Fench F. Tilghman, *The Early History of St. John's College in Annapolis* (Annapolis, Md.: St. John's College Press, 1984), pp. xii, 86–88, 119, 136–137. Thomas (1962), pp. 230–243; Bell (1966), pp.26–27n. 以下的这个小故事说明了圣约翰学院和芝加哥大学(see chap.6, n.46)的类似性。在20世纪二三十年代,莫蒂默·阿德勒、理查德·麦克科恩和圣约翰学院第一任校长司各特·布坎南(Scott Buchanan)结成了同盟,他们互相勉励,严厉地批评美国学术界四分五裂,无视七艺和亚里士多德。1935年,哈钦斯将他们三个人汇集到芝加哥大学,成立自由技艺委员会,以"思考、讨论、阐述自由技艺"。最后他们发现,关于七艺或亚里士多德,他们自己就没有达成共识,因此,委员会在举行第一次会议之后就解散了,他们几个人也转而各忙各的。J. Winfree Smith, *A Search for the Liberal College: The Beginning of the St. John's Program* (Annapolis, Md.: St. John's College Press, 1983), pp.13–21.

长雅各·克莱因(Jacob Klein)引用柏拉图和亚里士多德的观点,同时指出:"当一门正式的学科,一门科目……因其自身的原因而被学习时,当我们以互换的方式提出问题时,当真正的好奇心被激发时,自由教育就发生了。"可以预料的是,直到 1978 年,柏拉图在圣约翰学院依然"无所不在"。① 在同一年,贝瑟尔(Bethel)学院的院长抛出了这样的论点:自由教育是通过激发批判性理智"将学生提升至柏拉图的价值刻度的一种努力",一旦上升到这种境界,学生个体将为理性所统治,而理性是"灵魂的最高要素"。②

用格兰特(Grant)和里斯曼(Riesman)的话来说,向柏拉图和亚里士多德的回归表明了"新古典主义的复兴"。③ 也许他们两人并没有特意使用"新"字,但我会特别强调这一点。由于远离了扎伽斯、白壁德和阿诺德的立场,这种博雅学艺教育并非雄辩家的教育,而是对哲学家教育的调适。它不是"古典的",而是"新古典的"。当然,我们也可以提出一种比较适当的论点,即这种自由教育的观念源自柏拉图的学园和亚里士多德的吕克昂,中经波爱修斯和爱留根纳,传至十二三世纪的经院哲学家,重现于德国大学的新人文主义,最后落户于美国的研究型大学。事实上,现代的盎格鲁—美国哲学已经在很大程度上等同于对逻辑和语言的认识论分析,这一点和中世纪经院哲学的思辨语法、唯名论及其后的退化颇有相似之处。④ 不过,事实上很多鼓吹者

---

① Jacob Klein, "The idea of Liberal Education," in Weatherford (1960), pp. 35–36; Gerald Grant and David Riesman, *The Perpetual Dream: Reform and Experiment in the American College* (Chicago: University of Chicago Press, 1978), p. 42.

② Marion Deckert, "Liberal Arts: A Platonic View," *Liberal Education* 62 (1976):40–47.

③ Grant and Riesman (1978), chap. 3. J. Winfree Smith 没有引用格兰特和里斯曼的话,他反对这种观点,即圣约翰学院的课程只注重古代经典,尤其是柏拉图和亚里士多德。他指出,学院的课程也包括现代经典著作。不过,他也指出,"柏拉图的对话录"为学院的教育提供了典范,在圣约翰学院的教育中,"反思性探究的习惯"是最少不可少的。Smith (1983), pp. 2–5.

④ Richard Rorty, *Philosophy and the Mirror of Nature* (Princeton, N.J.: Princeton University Press, 1980); Desmond P. Henry, *That Most Subtle Question: The Metaphysical Bearing of Medieval and Contemporary Linguistic Disciplines* (Dover, N.H.: Manchester University Press, 1984). 一个与此紧密相关的现象是,现代的中世纪研究者更倾向于将七艺视为服务于经院哲学家的认识论或启发式的范畴,而非百科全书式的课程。参见 William E. Carlo, "The Medieval Battle of the Liberal Arts: A Key to Contemporary Philosophy," in *Actes* (1969), pp. 745–750; Louis M. Regis, "L'être du langage et l'humanisme medieval et contemporain," in *Actes* (1969), pp. 281–194; David L. Wagner, *The Seven Liberal Arts in the Middle Ages* (Bloomington: Indiana University Press, 1983).

并不清楚这一谱系,因此,我认为博雅学艺的调适是新出现的事物。在我看来,这一调适到19世纪才出现,并与当时古典学的转变相一致。

从这个角度来看,哈钦斯及米克尔约翰的自由教育理论几乎与他们所批评的进步主义理论一样现代。与此类似,雅各·克莱因1958年在斯沃斯莫尔学院库珀讲座中对"希腊人"的呼吁,并不比哈罗德·泰勒(Harold Taylor)在同一讲座中将自由教育追溯至十七八世纪的自由主义的做法更为传统。当然,这样解释"新古典主义的复兴"会破坏它的一致性和吸引力。博雅学艺调适的吸引力在于,它将表面上的尊敬精神与没有限制的批判性理智结合起来。对于那些抱怨不知该为自由教育提供何种课程的人来说,这一调适模式诉诸令人尊敬的传统;而对那些认为这一调适模式等同于教条主义的人,它则回答说,它的目的是培养批判性探究的能力,因此是反教条主义的。这并不是要对米克尔约翰和哈钦斯所呼吁的我们致力于"一个宗教"或"形而上学的原则"给予否定。但他们自己本身就不情愿将这些原则说出来——那无异于将铃拴在猫的脖子上,这使他们不得不倾向于博雅学艺调适的模式。

如我们在第一章中所描述的那样,关于博雅教育之历史根源的解释,版本繁多,且相互冲突,博雅学艺的调适模式正好说明了其中一种解释。正是由于博雅学艺调适模式的流行,现代学者才普遍断言"博雅教育的概念是由希腊人提出的",而且他们所说的希腊人指的是苏格拉底、柏拉图、亚里士多德。我已经在第二章中指出,这一论点很难站得住脚,它几乎没有或完全没有历史依据。这种观点源自其宣扬者的循环论证,他们首先确立了这样一个初始假设,即在最根本的意义上,博雅教育应当意味着对分析性、批判性思维的训练。因为这种训练的根源可以恰当地追溯至希腊哲学家,他们由此推断,这些哲学家提出了博雅教育的观念。但这无异于说,希腊哲学家提出的一种训练方式是由希腊哲学家提出的。或者说,这些陈述告诉我们的是某些人心目中的博雅教育的历史根源。在这两种情况下,他们并没有解决博雅教育的历史渊源问题,因为他们并没有考虑这个问题,即博雅教育曾经是什么,或曾经意味着什么。

相反,我们不能赞同这种论点:"博雅教育应当完全由文学科目,尤其是古典文学科目组成,这是比较晚近的现代人对亚里士多德观点的歪曲。"① 更加合情合理的说法是,对亚里士多德的吁求是对以古典文学科目为基础的博雅教育的现代歪曲。不然的话,我们就无法解释为何从公元前4世纪到19世纪以及20世纪的美国,大量的文献都支持这一观点。我们只有越过这中间的23个世纪,将博雅教育的历史追溯至古希腊哲学家才显得有说服力。

历史的谱系有着重要的意义,因为它反映了博雅学艺调适模式中一个核心的冲突。我相信,那些指定学生阅读柏拉图以发展批判性理智的人将无法令人信服地回答这样的批判性问题,即我们为什么要学习柏拉图而不是马克思、数学或工程学,除非他们诉诸先验的标准,而这些先验的标准反过来也是要经受批判性审视的。换言之,它无法为学生必须阅读《理想国》提供充足的理由。确实,柏拉图自己就坚持说,一个人不能通过阅读他或其他人的作品来学习哲学。哲学乃参与之事,而非阅读之物。② 对神圣经典的依赖与博雅——自由的心灵之间存在不可调和的冲突。博雅学艺的调适模式试图融合两种理念,因此最终将否定自我的因素纳入自身。

列奥·斯特劳斯(Leo Stranss)在1965年的一篇文章中深刻地分析了这一调适模式的第二个内在张力。斯特劳斯认识到,在殖民地时期,美国的"博雅教育"是与贵族式绅士教育观念相联系的。他坚持认为,建立民主社会的希望是在美国出现的,而在美国,"民主意味着一种贵族制,一种扩展为普遍贵族制的贵族制"。不过,现代科学和哲学的兴起削弱了传统上为绅士指定的规范和德性,卓越的概念归于无效,原初的作为"普遍贵族制"的民主概念堕落为最为大众所接受的"大众民主制"。③ 斯特劳斯的文章解释了先前归之于米克尔约翰和哈钦斯的平等主义,因为他们的博雅教育概念显然来自"普遍贵族

---

① Paul Hirst, "Liberal Education," in *The Encyclopedia of Education*, ed. Lee C. Deighton (New York: Macmillan, 1971), vol. 5, p. 507. See chap. 1, nn. 8,9, and chap. 2, n. 5 herein.

② Plato, Letter 7, in *Plato: The Collected Dialogues including the Letters*, ed. Edith Hamilton and Huntington Cairns (Princeton, N.J.: Princeton University Press, 1961), 341c-d.

③ Leo Strauss, "Liberal Education and Mass Democracy," in *Higher Education and Modern Democracy: The Crisis of the Few and the Many*, ed. Robert A. Goldwin (Chicago: Rand McNally, 1967), p. 75.

制",而非"大众民主"。是的,平等的动机并不能消除辩证的紧张关系和矛盾之处。为了联结两种不同的理念,博雅学艺的调适模式赢得了全面,却牺牲了内在的一致性。

"普遍贵族制"的张力同样存在于博雅—自由的调适模式中。当然,在这个模式中,张力的涵义和表现形式都有所不同。在博雅学艺的调适模式中,张力存在于对预先存在的精英主义的挑战,在博雅—自由的调适模式中,情形则相反。"二战"后,大量的学生,尤其是退伍军人,如潮水般涌入高等教育机构。大部分的学院和大学都开始扩张,但也有一些高校提高了入学的门槛,因为"教师们要求严格按照才智标准来挑选学生"。① 这种标准颠覆了雄辩家模式培养良好公民的传统(那些有着特殊利益的学院,如天主教学院、妇女学院、黑人学院成为抵制严格的才智标准的最后坚守者)。与此相应,本科教育中的专业化趋势也在增强。到 1960 年,一项全国调查发现,"很多文理学院的教师将自由教育等同于文理学科中的一个专业",而且这些教师认为,"任何学科,只要它能使学生精通某一个狭窄的领域,以此证明学生的智力,这门学科就是自由的"。② 苏联人造地球卫星的发射直接促进了博雅—自由理念的调适模式,并显著地影响了

> 这个国家自由教育危机的特质……个人的"自我实现"以及学术平等主义所主导的舒适时代已经一去不返了。标准开始设立,在中学的最初几年,人们就开始挖掘天才。结果是确立了这一原则,即:卓越,尤其是自然科学领域的卓越,可以获得道德和物质上的巨大回报。③

确实,当人造卫星在高空翱翔的时候,我们也从富兰克林学院与马歇尔学院的校长口中听到了博雅—自由的调适模式,他采用了恰如

---

① Christopher Jencks and David Riesman, *The Academic Revolution* (Garden City, N. Y.: Doublesday, 1968), pp. 25, 104, 480.

② Paul L. Dressel and Margaret F. Lorimer, *Attitudes of Liberal Arts Faculty Members toward Liberal and Professional Education* (New York: Bureau of Publications, Teachers College, Columbia University, 1960), pp. 37, 51.

③ Allan Bloom, "The Crisis of Liberal Education," in *Higher Education and Modern Democracy: The Crisis of the Few and the Many*, ed. Robert A. Goldwin (Chicago: Rand McNally, 1967), p. 121.

其分的科学比喻:"我们的文理学科课程种类繁多……其主要目的是为一系列的智力和情感实验提供安全的实验室。"他又指出,"理智训练是文理学院的首要任务",其宗旨在于"造就一小部分高素质的男人和女人",以领导社会。加州理工学院的校长在1964年、伍斯特(Worcester)多科技术学院的校长在1971年发表了类似的言论。他们指出,自由技艺(liberal arts)的核心是科学,因为科学是一个有教养的人所必不可少的基础知识。1980年,密歇根大学的一位物理学家甚至说:"物理学是最重要的一门自由技艺——当我们试图回答关于我们自己和宇宙的基本问题时,物理学是最基本的一门技艺。"[1]所有这些言论都表明了对科学科目的信奉,尤其是对使用实验方法、通过高深研究来追求真理的信奉。这一信奉随之又转移到了其他的学科,并被采纳为整个学术界评判卓越的标准。

以下就是"民主"与"贵族"这两种张力进入博雅—自由调适模式的具体情形。1948年,福尔曼(Furman)大学的教务长提请人们警惕高等教育中"贵族式的专业化"与"民主式的程序"的结合;1965年,亨德里克斯(Hendrix)学院的教授E. J. 玛格拉斯(E. J. McGrath)撰文反对"文理学院"中"不断增强的学术精英主义"。在接下来的狂风暴雨般的岁月中,那些认为"精英式"教育既不使人解放也不使人自由的群体继续发出类似的警告。[2] 不过,精英教育的拥护者也在不断维护自己的价值。《代达罗斯》(*Daedlus*)杂志在1974年和1975年刊登的一系列文章就是明证。撰文的学者们反复地将"知识贵族""造就卓越"和"新平等主义"进行对比。他们暗示说,真正的民主类似于斯特劳斯

---

[1] Frederick D. Bolman, Jr. , "The Educated Free Mind," *AACB* 43 (1957): 423, 426-427; Lee A. Dubridge, "Science and a Liberal Education," *Liberal Education* 50 (1964): 263-272; George W. Hazzard, "Engineering as a Liberal Education," *Liberal Education* 57 (1971): 463-467; Richard Schlegel, "Physics: The Most Important of the Liberal Arts," *The Key Reporter* 45 (Spring 1980): 4.

[2] A. E. Tibbs, "How Can We Preserve Democratic Procedure in Aristocratic Specialization?" *AACB* 34 (1948): 493-499; Earl J. McGrath, *The Liberal Arts College and the Emergent Caste System* (New York: Teachers College Press, 1966), chap. 3.

所说的"普遍贵族制"。① 不过,由于聚讼纷纭,这些概念的涵义也是不稳定的。

如果说,在博雅—自由调适模式中,"卓越"与"大众教育"的结合赢得了包容性,却牺牲了内在的一致性的话,它同时也反映了一个更为核心的冲突——这种调适模式在赞扬批判理性方法之绝对性的同时,却假定没有任何东西是绝对的。这种矛盾根本不是语义学的问题。正如狄百瑞在1973年所指出的那样:"由于可供摆脱的传统模式已所剩无几,打破陈规的自由惯性不得不将矛头对准自己。因此'解放'几乎在兜了一圈之后转向自身。"狄百瑞批评的是20世纪60年代的激进主义,但这一批评同样适合于"知识精英"们的方法论。知识精英们永无止境地追求真理,不断挑战自己的理论假设,并导致了日甚一日的狭隘的专业化——"打破陈规的自由惯性"正是这种境况的一个反映。这种狭隘的专业化一方面导致对专家的极度依赖,另一方面则导致了意见的相对主义,贝尔纳普(Belknap)和库恩斯(Kuhns)称它们为两种"失去心智"(mindless)的效果:"第一种影响是,学生不敢就一个特定的问题发表任何意见,因为他们不是专家;第二种影响是,那些学生相信,任何发自他们内心的言论都是正确的。"②

在自由地追求真理这一理念中,隐含着一个内在的矛盾。正如罗伯特·贝拉(Robert Bellah)所指出的那样:"为真理而追求真理可以成为、而且已经成为至高无上的理性。"③一个人在某个领域知道得越多,他就越不愿意以权威的态度谈论该领域的问题,而能够对他的观点进行核实或挑战的人也就越少。"打破陈规的自由惯性"又回到了原点。挑选、鼓励追求真理的知识精英的自由教育并不能消除这些矛盾。

---

① Adam B. Ulam, "Where Do We Go from here?" *Daedalus* 103 (Fall 1974): 80-84; Gordon A. Craig, "Green Stamp or Structured Undergraduate Education?" *Daedalus* 103 (Fall 1974): 143-147; Morton W. Bloomfield, "Elitism in the Humanities," *Daedalus* 103 (Fall 1974): 128-137; Kenneth E. Boulding, "Quality Versus Equality: The Dilemma of the University," *Daedalus* 104 (Winter 1975): 298-303; Martin Meyerson, "After a Decade of the Levelers in Higher Education: Reinforcing Quality While Maintaining Mass Education," *Daedalus* 104 (Winter 1975): 304-321.

② Belknap and Kuhns (1977), pp. 39-40; deBary (1973), p. 3; Martin E. Marty, "Knowledge Elites and Counter-Elites," *Daedalus* 103 (Fall 1974): 104-109.

③ Robert N. Bellah, "The New Religious Consciousness and the Secular University," *Daedalus* 103 (Fall 1974): 110.

因此,有关博雅教育之争论的四种历史类型在当代继续存在。当然,我们也不能忘记,将众多的论点抽象为普遍的类型,是带有风险的。很多个别论述并不能进行简化。不过,这些普遍的类型为我们理解当代的论争提供了有用的框架。下面的图示描述了当代自由教育讨论的四种类型。

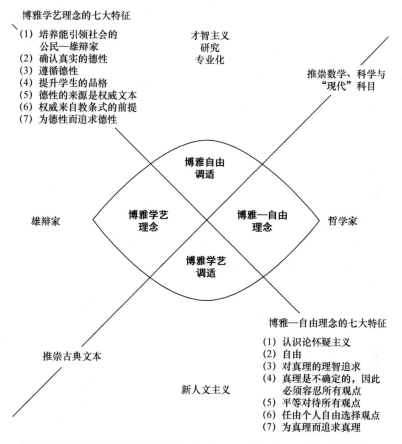

这个图示所没有描述的是当代自由教育讨论中那些反历史的、武断的论点。这些论点仅仅出于其宣扬者的一己之见,他们所宣扬的教育理念可以随意地被称为阿尔法教育(alpha education)或者别的称呼。例如,S. M. 卡恩(S. M. Kahn)将"自由教育"等同于好的教育(good education)或素质教育(quality education),最后则将"自由教育"

和"教育"视为可以互换的概念。① 相对而言,那些"一篮子"的定义要更严密一些,在这种定义中,作者会列举他所认为的"好"的教育应当具备的所有要素。定义者很少会阐述这些要素之间的关系,他们也很少关心或理解自由教育所囊括的传统。不管在"二战"前,还是在"二战"后,这种方法都招致了一些人的批评。批评者指出,如果一个人假定"教育无所不能",而且"各种目标之间不存在冲突",那么,"我们就很容易定义文理学院的使命"。这种定义的弱点在于,它列举了种种急需之物,"似乎认为并不存在模棱两可的情况"。它列举了大量先验的价值,如个人主义、社会良知、审美、科学知识、批判理性、对自由的尊重,并假定这些价值可以和谐共处、一举多得。② 尽管如此,"一篮子"的定义方法仍然很有吸引力。例如,1952年的布莱克默尔委员会(the Blackmer Committee)对"受过博雅教育的人"(liberally educated man)的描述就是如此,这一描述继而又在1968年被《星期六评论》的教育编辑采纳,随后又被1970年的四校研究委员会接受。在最近的一些论述中,我们依然可以看到"一篮子"的定义方法。③

在美国的教育讨论中,"自由教育"的操作性定义也很流行。某位学者在1962年的研究典型地反映了这一点。该作者指出,因为"'自由学科'这个术语的含义已经几乎被掏空了",所以研究"文理学院"(liberal arts colleges)的方法是,找出那些使用这一名称的学校。大约十年后,两位研究者在进行一项名为"自由教育的效率"的研究时,也

---

① Steven M. Cahn, *Education and the Democratic Ideal* (Chicago: Nelson-Hall, 1979), chap. 2.

② 批评与引语出自 Robert Hutchins, "Report of the President's Commission on Higher Education," *Education Record* 29 (1948): 112-114; Joseph J. Schwab, "On Reviving Liberal Education—in the Seventies," in *The Philosophy of the Curriculum: The Need for General Education*, ed. Sidney Hook et al. (Buffalo, N.Y.: Prometheus, 1975), p. 37; Sheldon Rothblatt, *Tradition and Change in English Liberal Education: An Essay in History and Culture* (London: Faber and Faber, 1976), p. 193。

③ Alan R. Blackmer et al., *General Education in School and College: A Committee Report by Members of the Faculties of Andover, Exeter, Lawrenceville, Harvard, Princeton, and Yale* (Cambridge: Harvard University Press, 1952), pp. 19-20; Paul Woodring, *The Higher Learning in America: A Reassessment* (New York: McGraw-Hill, 1968), pp. 202-203; The Four School Study Committee, 16-20; *The Liberal Education of an Age Group* (New York: College Entrance Examination Board, 1970), pp. 11-13. See Also Martin Meyerson, "Civilizing Education: Uniting Liberal and Professional Learning," *Daedalus* 103 (fall 1974): 173-179; Paul L. Dressel, "Liberal Education: Developing the Characteristics of a Liberally Educated Person," *Liberal Education* 65 (1979): 314.

采取了这一策略。① 由中学后教育促进基金会(FIPSE)赞助、密歇根大学主持的"国家计划IV：自由教育的类型及其评估"说明，任何操作性定义最终都会变成"一篮子"的定义，从长远来看，这些相对主义的定义都是武断的。在筹备国家计划IV时，中学后教育促进基金会引用了大量符合"自由教育之前提"的论述，任何教育机构只要采纳了这些论述中的某一种"自由教育"理论，它就可以申请国家计划IV——很多教育机构的确这样做了。②

当然，他们对"自由教育"或"自由学问"的使用只能说是武断的，不能说是错误的。类似地，当代有关职业的、实用的、经验的教育是否"liberal"的争论就没有多大的历史意义③，虽然有人指出，"杜威、怀特海、凡勃伦、纽曼主教、范·多伦以及亚里士多德"的著作表明"'自由'与'实用'之间的紧张关系是最为古老、最为永恒的教育问题"。然而，他所援引的权威们显然并没有证明这个结论，因为亚里士多德和其他人之间相隔了23个世纪。在其他有关自由教育与职业的、实

---

① T. H. Hamilton, "Preface," p. vi, in Lewis B. Mayhew, *The Smaller Liberal Arts College* (Washington, D. C.: Center for Applied Research in Education, 1962); Peter E. Siegle, "Liberal Education for Adults," *AACB* 43 (1957):485-490; Howard R. Bowen and Gordon K. Douglass, *Efficiency in Liberal Education: A Study of Comparative Instructional Costs for Different Ways of Organizing Teaching-Learning in a Liberal Arts College* (New York: McGraw-Hill, 1971).

② Zelda F. Gamson, "Liberal Education Varieties and Their Assessment (LEVA)," *The Forum for Liberal Education* 2 (March 1980):3-6. "The premises of liberal education" for National Project IV are found in Hendrix (1980), p. 2. 国家计划IV后来的一些报告表明了其定义的武断性，这些报告一般以规范性的而非历史性的问题开始，例如"自由教育应该意味着什么"。Gamson (1984), pp. 1-28.

③ 赞成职业的、实用的、经验的教育是"liberal"的，这种观点的发展脉络可见于Algo D. Henderson and Dorothy Hall, *Antioch College: Its Design for Liberal Education* (New York: Harper&Brothers, 1946), p. 18; David A. Shepard, *Liberal Education in an Industrial Society* (New York: Public Affairs Committee, 1957); Dubridge (1964), p. 265; Martin Meyerson, "Play for Mortal Stakes: Vocation and the Liberal Learning," *Liberal Education* 55 (1969):86-94; Maxwell H. Goldberg, "Vocational Training, Career Orientation, and Liberal Education," *Liberal Education* 61 (1975):309-318; H. Bradley Sagen, "Careers, Competencies, and Liberal Education," *Liberal Education* 65 (1979):150-166。反对的意见，可参见John Wendon, "Liberal Education in the Service of Individualism," *AACB* 42 (1956):457-461; Earl J. McGrath with the assistance of Charles H. Russell, *Are Liberal Arts College Becoming Professional Schools*? (New York: Bureau of Publications, Teachers College, Columbia University, 1958), pp. 1-3; Samuel Eilenberg, "A Mathematician Looks at Liberal Education," *SR* 5 (1977):172-174; Willard F. Entenman, "When Does Liberal Education Become Vocational Training?" *Liberal Education* 65 (1979):167-171; *A Report of Project QUILL* (1979). 在20世纪80年代，随着教育费用的增加，人们也越来越希望从本科教育的投入当中获得直接、具体的回报，于是出现了"自由教育是为工作而做的准备"这种论调。参见Robert G. O'Neal and Wayne E. Wallace, "A Liberal Education *IS* Preparation for Work," *Journal of College Placement* 40 (Summer 1980):61-67.

用的、经验的教育的学术讨论和大众话语中,从现代到古希腊哲学家的跳跃也是显而易见的。①

亚里士多德和其他人之间漫长的时间距离具有重要的意义,它表明,只有当博雅教育的雄辩家共识在18世纪瓦解时,"功用"(utility)才成为一个重要的争论焦点。在中世纪经院主义产生和发展的过程中,尤其是在沙特尔学校中,人们已经开始强烈地反对博雅技艺中狭隘的"职业准备主义"(pre-professionalism)。反对以学习博雅技艺来谋生的声音一直存在。不过,一直到18世纪,学习古典语言和著作以从事各种专门职业的实用性——确切地说,是必要性——向来是毋庸置疑的。人们认为,博雅技艺是有用的,同时,博雅技艺不仅仅是有用的。随后,随着各种专门职业逐渐脱离了古典资源,古典学的实用性也逐渐被侵蚀掉了。而长期以来占据主导地位的博雅学艺理念开始遭到削弱,进而导致调适和困惑。到19世纪末,在众声喧哗之中,丹尼尔·吉尔曼和A. F. 韦斯特除了将"博雅教育"定义为"与技术或专业教育相对的、非实用性的、自为目的的"教育,就找不到其他可以普遍接受的特征。② 到了20世纪,这一划分甚至成为一些教育家表明自身立场的分界线,有些人甚至指出,只有"无用"的教育才能被称为"自由的"(liberal)。③

---

① 引语出自 Earl F. Cheit, *The Useful Arts and the Liberal Education* (New York: McGraw-Hill, 1975), pp. 2-3。参见 Ormond H. Smythe, "Practical Experience and Liberal Education: A Philosophical Analysis" (Ed. D. diss., Harvard Graduate School of Education, 1978), pp. 130ff.; Smythe, "Practical Experience and the Liberal Arts: A Philosophical Perspective," in *Enriching the Liberal Arts Through Experimental Learning*, ed. Stevens. E. Brooks and James A. Althof (San Francisco: Jossey-Bass, 1979), pp. 1-12。

② Daniel C. Gilman, "Is It Worth While to Uphold Any Longer the Idea of Liberal Education?" Educational Review 3 (1892): 109; Andrew West, *Short Papers on Liberal Education* (New York: Charles Scribner's Sons, 1907), pp. 97ff。

③ Robert L. Kelly, "Report of the Commission on the Organization of College Curriculum," AACB 9 (1923): 70-79; Frank W. Chandler, "The Function of the Liberal Arts College in a University," AACB (10): 1924: 156; Floyd W. Reevers et al., *The Liberal Arts College: Based upon Surveys of Thirty-five Colleges Related to the Methodist Episcopal Church* (Chicago: University of Chicago Press, 1932), chap. 21; Mark Van Doren, *Liberal Education* (New York: Henry Holt, 1943), pp. 166-167; Arthur G. Wirth, *Education in the Technological Society: The Vocational-Liberal Studies Controversy in the Early Twentieth Century* (Scranton, Pa.: Intext Educational Pub., 1972), pp. 141-223; Brand Blanshard, *The Uses of a Liberal Education and Other Talks to Students*, ed. Eugene Freeman (London: Alcove, 1973), chap. 3。

人们常常误导性地引用亚里士多德和柏拉图,认为他们是"实用"与"自由"两分法的创始人和辩护者。事实上,这种解释对他们并不公平。这更进一步证明了这一严格的两分法是现代的发明。① 和雄辩家们一样,柏拉图和亚里士多德都不认为,那些在个人的工作、职业生涯或专业中有用的知识,本身就绝对是"非自由的"(美国人常常持这种观点)。和雄辩家不同,对哲学家来说,更关键的问题是,这些知识在实用性之外还能达成何种目的?这些知识是否能使心灵进一步反思,并沉思更高的真理?

当然,这并不意味着,柏拉图和亚里士多德不认为,那些在工作、职业生涯、专业中有用的知识,会妨碍心灵进行更高的沉思。相反,他们指出,当人们在学习某些有用的知识时,会倾向于将精力集中于某个特定的目的,而不是致力于某个超越的目的,而正是在这个意义上,心灵变得卑贱了。这种观点也解释了 *liberalis* 和 *eleutherios* 之本义——属于自由人的,属于闲暇者的——的重要性。闲暇的价值在于拥有充足的时间而无须劳作。更重要的是,顾名思义,闲暇意味着一个人没有特定的目标。因此,闲暇者一方面拥有可自由支配的时间;另一方面,其心灵可以超越任何特定的目标,倾向于沉思一些无形的目标。这种倾向解释了为何哲学家认为与感官有关或出于强迫的知识容易沦为卑贱的或鄙俗的。与此同时,由于沉思本身自为目的,某些自由知识在工作、职业生涯或专业中是没有用处的。

因此,这种关系不是截然两分的。一些实用学科是自由的,反之亦然,这完全取决于学习者的主观目的——亚里士多德已经清楚地阐述了这一点。因此,历史地看,职业、实用、经验教育的现代鼓吹者的意图不在于表明自由学科是实用的;多少个世纪的传统都证明了这一点。相反,他们必须证明,职业、实用、经验教育能够提供实用之外的东西,就如同自由教育一样。雄辩家和哲学家对此并无异议。因此,在自由教育的历史类型中,功用——除了我们先前所指出的调适性影响——并没有成为一个区别性的特征。

---

① Plato, *Republic*, 522, 528-531; Aristotle, *Politics*, 1337b-1338a.

回到我们所讨论的两种理念的诸种特征,必须铭记在心的是,这四种抽象的类型不可能穷尽所有有关"自由教育"的讨论。不过,这些类型表明了一些教育家或多或少都持有的共同观点。柏拉图和亚里士多德的著作既是古典文本,也是哲学著作,这一事实表明,对具体的论点或历史的论述进行"类型化"是困难的。正如理查德·麦克科恩所指出的:

> 在现代大学中……存在着两个柏拉图和两个亚里士多德。其一在古典学系,其二在哲学系。古典学系对希腊文本进行句法分析,但不讨论哲学;哲学系则拥有与现代哲学相近的哲学,古希腊文本被翻译成现代哲学的语言,但现代哲学的语言却很难翻译成原汁原味的希腊语。①

不过,类型学可以帮助我们发现当代"自由教育"讨论的主要取向,而讨论偏离这些取向时,我们也能发现。在这些讨论当中,我们首先要考虑的是 1945 年的哈佛报告《自由社会中的通识教育》(General Education in a Free Society)。在阐明论点时,该报告指出:"通识教育或自由教育具有相同的目的。"②

1946 年,哈佛报告已经被称为"现在著名的哈佛报告",在随后的数十年中,评论者们指出其哲学取向是折中主义的。③ 不过,这份报告虽然出自一个委员会的手笔,但其内容绝非将各种教育放到一起的"篮子"那么简单。这份报告坦率地容纳了几种不同的张力和矛盾。报告指出"liberal"一词具有两重词源,即"自由人"及"使人自由"。报告希望尊重坚定的信念,同时承认结论的暂时性;尊重传统遗产和过

---

① Richard Mckeon, "Criticism and the Liberal Arts: The Chicago School of Criticism," in *Profession* 82, ed. Phyllis P. Franklin and Richard I. Brod (New York: Modern Language Association of America, 1982), p. 3.

② 此外及下面引自 Paul H. Buck et al., *General Education in a Free Society: Report of the Harvard Committee* (Cambridge: Harvard University Press, 1945), pp. 27-35, 42-53, 66, 76-78, 92ff。

③ Chalmers (1946a) pp. 63; George E. Ganss, *Saint Ignatius' idea Of a Jesuit University: A Study in the History of Catholic Education*, including Part IV of the Constitutions of the Society of Jesus (Milwaukee: Marquette University Press, 1954), p. 269; Hirst (1965), pp. 116-121; John S. Brubacher and Willis Rudy, *Higher Education in Transition: A History of American Colleges and Universities, 1636-1976*, 3d ed. (New York: Harper&Row, 1976), p. 303.

去的经验,同时认可现代人对过程与变革的强调。报告希望"在差异的前提下达成统一","在不抛弃准则的前提下促进宽容",以及能结合"杰弗逊主义和杰克逊主义"。虽然这份报告看起来是对两种自由教育模式的"综合性重释"[1],但其中一种模式显然占据主导地位,因为哈佛报告事实上并不追求信念、传统和统一;它只不过是纸上谈兵。我可以从三个方面来说明这一点。

首先,那些最推崇这份报告的人欣赏的正是它的矛盾性。美国学院协会的自由教育委员会主席称赞说,这份报告表达了一种"信仰"或"信条",即"一种类似于宗教的东西",但又"并非宗教的"。这种信仰是"人文主义的信仰",但同时又不"否定宗教"。这让我们想起当米克尔约翰呼吁"宗教"、哈钦斯提倡"形而上学的原则"时吉德昂斯的批评:"用连篇累牍的篇幅论证应当有一个统整的哲学,但却又不指出该如何统整、用何种哲学统整,这就忽略了潜藏于现代困境中的最本质的问题。"[2]其次,该委员会并不理解它自己所说的"传统"。整个报告随处可见的是"用柏拉图富有魅力的话来说""根据苏格拉底"以及"亚里士多德说"等诸如此类的话。整个报告仅有一次提到西塞罗,伊索克拉底和昆体良的名字压根没出现,对修辞学的讨论也极为简短。雄辩家成了哲学家的牺牲品。最后,哈佛委员会并没有严肃对待它公开宣扬的信念、遗产和统一。到1949年,该委员会制定了必修性的通识教育课程计划,这一计划随后得到了修改,学生被允许拥有更多的选课自由,通识课程也更多体现了院系的取向。[3] 因此,该报告本质上推崇的是,在苏格拉底的哲学传统中,致力于自由地追求真理。这是

---

[1] David Sidorsky, "Varieties of Liberalism and Liberal Education," *SR* 5 (1977):221-222. 哈佛报告试图综合两种传统的努力及其失败,可参见 Marvin Bressler, "The Liberal Synthesis in American Higher Education," in *The Annals of the American Academy of Political and Social Science*, ed. Marvin Bressler (Philadelphia:The American Academy of Political and Social Science,1972), pp. 183, 189-193。

[2] Chalmers (1946a), pp. 63-65; Harry D. Gideonse, *The Higher Learning in a Democracy:A Reply to President Hutchins' Critique of the American University* (New York:Farrar & Rinehart,1947), p. 3.

[3] Paul M. Dorty et al., "Report of the Special Committee to Review the Present Status and Problems of the General Education Program" (Cambridge:Harvard University, Faculty of Arts and Sciences, May 1964), pp. 6-9.

一种适合于研究型大学的博雅学艺调适模式。

如果说，哈佛报告尽管带有折中主义的色彩，但其最主要的取向类似于博雅学艺的调适模式的话，丹尼尔·贝尔的《通识教育的改革》(The Reforming of General Education, 1966) 则属于另一种类型。贝尔甚至反对利用必修课程来维护信念、传统与统一。相反，他希望通过通识教育或自由教育来使学生在越来越复杂的层次中理解探究的原则，他总结说："因此，所有的知识，当它们被用于持续不断的探究时，就是自由的（也就是说，能扩展心智并使心灵自由）。"① 据此，他显然倾向于博雅—自由的理念。不同的评论家，不管他们是否赞同贝尔的理念，都不约而同地认识到："从贝尔著作中引申出的自由学问 (liberal learning) 概念不假设任何特定的学说、某种特定的社会组织模式，以及专业教育或职业教育的任何目标。"②

不过，贝尔的批评者指出，假设的缺乏正是贝尔的假设。他们指出，贝尔致力于"持续不断的探究"，否认可以从伟大文本中找到关于人类生活的"永恒真理"，这本身就是一个先验假设。因此，"贝尔先生的框架……看似开放，实质上以狭隘的、教条化的假设为基础"。③ 贝尔回应说，探究的原则本身就是持续变化的，或者说，是"不断改革的"，这就完美地解释了他为何选择"不断改革"而非"改革"作为著作的标题。④ 不过，这一回应同样招致了批评。批评者指出，贝尔之所以强调探究方法的核心地位，是因为他不相信伟大文本可以导向"永恒真理"。

因此，雄辩家与哲学家之间的冲突在当下依然存在。查尔斯·弗兰克尔 (Charles Frankel) 和保罗·O. 克利斯特勒 (Paul O. Kristeller) 在哥伦比亚大学所举办的"自由主义与自由教育" (Liberalism and Liberal Education) 研讨会上的发言生动地说明了这一点。弗兰克尔指

---

① Bell (1966), pp.8, 152, 274.
② C. Douglas Nicoll, "Liberal Learning, History, and the 'Bell Thesis'". *Liberal Education* 58 (1972):318. George E. Arnstein, "Books—*The Reforming of General Education*: *The Columbia College Experience in Its National Setting* by Daniel Bell," *Liberal Education* 52 (1966):347-351.
③ Bloom (1967), pp.133-134; Henry D. Aiken, *Predicament of the University* (Bloomington: Indiana University Press,1971), pp.150-154.
④ Bell (1966), p.274; Bell, "The Reform of General Education," in Goldwin (1967), pp.97-119.

出了七种不同类型的"自由主义",它们涵盖了博雅—自由理念的诸种特征。他对"自由教育"的定义也接近这一理念。他指出,这种教育的"目的是保护批判的方法,保护多元的、竞争性的社会"。他继续指出,"在教育当中,当一个原则被采纳为基本的指导原则时,它自身也同时成为一个目标。因此,我将宽容视为一种价值,而不仅仅是一种手段。宽容表达了这样一种信念,即我们应当尊重每一个个体的价值",因此,"回到自由教育这一问题中来,如果说,大学的首要宗旨不是批判我们所继承的观念、制度和文化——即在更广的意义上,对真理的追求——那么,我就无法理解我们在大学中的所作所为"。为了使自己的立场前后一贯,弗兰克尔还警告我们不要陷入调适的模式:

> 不过,今天,自由文化又处在相对新颖的环境之中。一直以来,它都是一种反抗性的文化,在它所处的环境中,总是传统主义、宗教或道德的正统占据主导地位。不过,当个人主义和特立独行成为新的正统时,又会发生什么呢?……当自由文化成为主流文化时,我们需要正视的是这种文化的自我的拙劣模仿、顽固僵化,然后回归情境性的批判方法。①

弗兰克尔的话马上遭到了克利斯特勒的反驳。克利斯特勒对文艺复兴人文主义的解释一直是我所倚重的。他指出:

> 我们这一系列讨论的标题似乎表明,自由主义与博雅教育是有关系的,或相互依赖的。在我看来,这并非事实。在人们甚至还没有听说过政治自由主义的很多世纪之前,广义的博雅教育就已经存在了。博雅教育并没有诞生自由主义,而且它在很多非自由的政治体制中也繁荣兴盛。反过来说,博雅教育并非自由主义的必然产物,事实上,在一个政治自由的社会中,它可能会衰落,甚至消失。②

进而,克利斯特勒批评了"当代对精英主义的激烈反对",以及"文化革命的种子,而且正是在文化革命之中,当代割断了与过去、传

---

① Charles Frankel, "Intellectual Foundations of Liberalism," *SR* 5 (1976):4-6,11-14.
② Paul O. Kristeller, "Liberal Education and Western Humanism," *SR* 5 (1976):15.

统的所有纽带而独立自主地存在——我坦诚地认为,这在理智上、文化上、道德上都是有缺陷的"。相反,他"深信古典知识的内在价值","古典知识可以为我们提供有效的卓越标准"。最后,他以一种让人回想起马修·阿诺德的"人生批评"的态度总结说:"拥有批判性思维的学生,并不会因为服从于真实、合理的东西而丧失自由。"①

弗兰克尔与克利斯特勒的分歧表明了我们今天所面临的难题。和以前一样,不同的博雅教育理念之间的争论还会持续下去。这些理念都是独一无二的、自洽的,除了认识论层次的假设之外,它们不惧挑战。每一种理念都有自身的优势。哲学的以及博雅—自由的理念所拥有的优势包括学术自由、学术自治、专业研究等等,这都无需重复,因为它们在当代占据着主导地位,而且构成了当下学术界的权利法案。这些权利法案的典律化源自于过去 150 年里大学(*universitas*)以及现代专业组织的复兴。另一方面,雄辩家的精神以及博雅学艺的理念强调的是萃取传统的精华、表达真与善,而非发现新知。事实上,萃取传统的精华、表达真与善并不比发现新知更为次要,只不过当代人没有认识到这一点罢了。在 20 世纪,我们往往认为,雄辩家传统对表达与传统——以及语言和文本——的强调会导致教育和文化领域里的教条主义,从长期来讲,则会导致威权主义。因此,19 世纪末和 20 世纪初的大学创办者和进步主义者对从教条主义和压制中解放出来表示赞赏。

相反,人们没有认识到,哲学家的精神以及博雅—自由的理念容易导致自我放纵的、虚无主义的教育和文化,并最终导向无政府状态。20 世纪末混乱的自由教育,与 19 世纪早期教条式的博雅教育,实为两极。人们业已注意到,价值中立的研究和混乱的反道德主义之间存在

---

① Kristeller (1976), pp. 21-22. 最近,克利斯特勒教授对"我们所面临的尖锐的问题及其理论基础"进行了评述:

1968 年后,大部分大学废除了外语以及 20 世纪之前的文学、历史和哲学方面的必修课程。这就是人文学科危机的根源。除非恢复其中的一些必修课程,这一危机(以及博士们的专业危机)就不可能克服。作为一个学者,我是理性哲学以及高度严格的语言学、历史学的产物,而非修辞学或文学批评的产物。……我所就读的学校并不教授哲学,但它的希腊语课程中有柏拉图(而不是伊索克拉底),学校还教授外语(法语)、数学、物理学,并用现代的语言学方法来阅读古代文献。我认为,这种学校比文艺复兴时期人文主义者的学校要好。(私人通信,1983 年 6 月 26 日)

联系。很多人,包括一些杰出的科学家,开始就无约束之研究的社会后果提出了自己的问题。反讽的是,他们所提的问题涵盖了从现代武器到生命支持医药(life-support medicine)的范围。这些问题以及其他有关限制技术"增长"的问题,都表明了对道德原则的探索。而雄辩家一直都认为,这些原则可以在伟大著作的高贵传统中找到。就此而言,人们几乎没有理解《关于财产交换的演说》和《论雄辩家》所蕴藏的教训:只顾追求真理而忽略公共表达的重要性,将会使个人孤立于社会,使社会走向反道德主义和混乱无序。

当然,各个领域的学者都能认识到这一点。他们通常宣称,美国的本科生缺乏文化修养、自我放纵、不守规矩,通识教育陷入了无政府状态,等等。雄辩家一直坚持认为,那些将苏格拉底式的追求真理、增进知识奉为圭臬的人接受了自由教育,其结果必然如此。雄辩家指出,唯一的解决之道是引进那些自我规训的教师。这种观点似乎显得有些多此一举,因为专业研究也需要严格的规训。但雄辩家的规训要求教师(就像他们要求自己的学生那样)服从于最高类型的表达,服从于伟大文本的传统。他们并不认为真理一目了然地存在于文本之中,而是认为,当人们通过艰苦的训练,努力去领会、表达隐藏于文本中的意义时,真理就出现了。

在雄辩家看来,自主的学者所要接受的另一重规训是,服从于学术同僚的共识。在这里,哲学式的规训同样存在。专业研究的规范要求学者将研究成果公之于众,接受专业成员的批评。所不同的是,雄辩家的博雅教育要求学者为了达成学术界的共识而放弃自己的观点。最近设计核心课程的尝试表明,这种类型的规训或屈服并没有发生。这些课程尽管有种种理论的包装,但大部分都属于根深蒂固的院系政治利益之间妥协的产物。这些课程大多是学科课程的组合,而非雄辩家理念所推崇的阅读和表达课程。个中缘由在于,后者需要专业学者服从于课程,而非相反。雄辩家的课程要求专业学者放弃哲学理念的自由和自治——这种自由和自治是学者们一个世纪之前通过艰苦的斗争赢得的,现在,他们似乎有些挥霍了。

因此,当代自由教育的困境在于,某一理念的优点也正是它最大的缺点。在本书中,我试图证明,历史地讲,这种情况无法避免。我们无法在消除某一理念的缺点的同时,不牺牲它的优点。如果人文主义的、文雅的博雅学艺理念占据主导地位,矛盾同样也会产生,只不过利弊会有所不同。很多学者否认这一矛盾,并希望在恢复这两种理念之力量的同时,免除其弊端,这反而导致当下自由教育讨论的混乱局面。

这样说,并不意味着我们不能有所改进。每一个人都会同意,当代的自由教育存在着很大的问题。这里所提出的历史解释表明,每当其中一种理念占据主导地位并且两种理念之间的辩证平衡丧失时,就会产生类似的问题。我们必须维持这种平衡,因为它根植于事物的本性。换言之,它源自理性(ratio)和言辞(oratio)之间的区分。在希腊文中,这两种能力的结合,用逻各斯(logos)一词来表示。自伊索克拉底和柏拉图时代以来,它们就被视为定义人性的特征,而在西方人看来,人性正是人类区别于动物的标志。① 要维持这两种理念之间的平衡是困难的,因为,表面看来,理性与言辞的区分一目了然,但细察之下,两者的区别又是含混的,而希腊人用一个词"逻各斯"来表示这两种能力,就说明了这一点。那么,思想与言辞之间的关系到底是什么呢?

从这个角度来看,我们可以说,有关自由教育的长期争论,同样也是人性的根本特征之间的争论。不过,这不是关于人性某一特征的争论,而是关于人类的两种特征——理性或言辞(逻各斯的两极)何者为重的争论。我的论证表明,这种解释在经验上是站得住脚的,同时也具备理论上的说服力。这两种理念分开来看是内在一致的,但同时又完美地互为补充。如果我们认可这一解释,就必须重新解释或者抛弃

---

① 关于 logos 的力量,最广为引用和最有说服力的陈述来自伊索克拉底的 *Antidosis* 253ff. 以及 *Nicocles* 5ff:

> 在其他的能力方面,我们并不比动物优越。很多动物比我们更为敏捷、强壮,或者更好。不过,由于我们具备说服他人并自我解释的能力,我们不仅从兽类的生活方式中解放出来,而且联合起来创建了城邦,制定了法律,发明了技艺。言辞(*logos*)使我们在文明之路上获得的所有东西更加尽善尽美。言辞确立了对与错、高贵与卑贱的标准,没有这些标准,我们将无法共同生活。也正是通过言辞,我们扬善惩恶、教愚选智。……赖言辞之助,我们论辩疑难,探索未知……一言以蔽之,非借逻各斯(*logos*)之力,任何合理之事皆不可能。逻各斯乃行动与思想之领袖,最善利用逻各斯者,为最智慧者。为此之故,我们憎恨反对教育与文化者,一如我们憎恨渎神者。(译文节录自 Werner Jaeger, *Paideia:The Ideals of Greek Culture*, trans. Gilbert Highet, 2d ed. Oxford:Basil Blackwell,1944, vol.3, pp.89-90。)

20世纪美国大量有关自由教育的文献。

这一解释告诉我们,为了解决当下自由教育所存在的问题,亦即存在于哲学理念中的问题,我们必须恢复这两种理念之间的平衡,即逻各斯的两极——理性和言辞之间的平衡。然而,知易行难。雄辩家的建议是,那些最可靠、得到投入最多的人——一流研究型大学中的资深学者——必须自我规训,服从共同的智慧,并使表达和修辞学课程从大一的课程变成整个大学阶段的核心课程。我们常常听到这样的警告:"为了恢复本科课程的完整性,我们必须让教师重新担负起对课程的集体责任。"①但我们很少认识到,复兴学习共同体的手段在于提高表达、修辞课程的地位,强调共同体的文本传统。这些手段是不言自明的。毕竟,一个共同体就是一群相互交谈、行事成功的人。

苏格拉底对共同体的珍爱,并不亚于西塞罗。不过,对现代的苏格拉底式学者来说,共同体的概念也可能是无意义的或危险的。正如柏拉图所担心的那样,表达的学习会导致轻佻浮浅的炫耀,并使人的批判机能退化。结果,人们对美国高等教育的变革不抱任何希望。不过,替代性的选择仍然是存在的。和自古以来一样,西塞罗和苏格拉底的博雅教育概念依然在张力中并存着,它们就像一个椭圆的两个焦点,代表着任何特定时间中实现博雅教育的不同方法。椭圆上的点是根据它们与伊索克拉底和柏拉图、伊西多尔和波爱修斯、奥尔良和巴黎、阿诺德和赫胥黎之间的关系,也就是说雄辩家和哲学家之间的关系来决定的。

---

① Mark H. Curtis et al., *Integrity of the College Curriculum*; *A Report to the Academic Community by the Project on Redefining the Meaning and Purpose of Baccalaureate Degrees* (Washington, D.C. Association of American Colleges, 1985).

# 附录 1

克里斯托弗·詹克斯(Christopher Jencks)和大卫·里斯曼(David Riesman)在《学术的革命》(The Academic Revolution)一书中发现,"历史学家们总是在寻找转折点和寻找连续性之间左右为难"。我们或许可以加上这样一个推论:如果前辈学者业已发现了转折点,那么新一代的学者就倾向于寻找连续性;反之亦然。有鉴于此,过去的 20 年中,一些历史学家对"美国高等教育史的标准叙述"展开"一致的攻击"也就不足为奇了。值得一提的是,相比"耳熟能详的历史编纂法",他们对殖民地和内战前学院的现代性、实验科学及进步主义等方面给予了更多的肯定。[①] 显然,这样的修正主义视角对本书所推演出的自由教育两种基本类型的分析有着重要的启发意义。

事实上,"修正主义"是一个并不妥当的说法——这不仅仅是因为其中包含有偏见。一方面,这一说法被用于重写美国高等教育史的努力之中,这是由与"辉格式的历史"截然不同的意识形态视角以及由

---

[①] 引语出自 Jurgen Herbst, "Essay Review III, American College History: Re-examination Underway," HEQ 14 (1974): 259-267; Christopher Jencks and David Riesman, The Academic Revolution (Garden City, N. Y.: Doubleday, 1968), p. 9。参见 Douglas Sloan, "Harmony, Chaos, and Consensus: The American College Curriculum," Teachers College Record 73 (1971b), pp. 223ff.; James Axtell, "The Death of the Liberal Arts," HEQ 11 (1971): 339-352。特别有帮助的是 James McLachlan, "The American College in the Nineteenth Century: Towards a Reappraisal," Teachers College Record 80 (1978): 287-306。

"社会史"方法论的应用所造成的。① 另一方面,"修正主义"的欠妥之处还在于,"美国高等教育史的标准叙述"并不如批评者们所说的那样划一。萨缪尔·莫里森(Samuel Morison)关于哈佛的著述因其"现代派"(modernist)的视角著称,而根据劳伦斯·克雷明所言,R. F. 巴茨(R. F. Butts)的《学院指明自己的方向》(*The College Charts Its Course*,1939 年)"主导了整个 20 世纪 40 年代的观点,将内战前的时期笼统地视为高等教育改革的年代"。西奥多·霍恩伯格(Theodore Hornberger)写于 1945 年的《美国学院中的科学思想:1638—1800》(*Scientific Thought in the American Colleges*,1638—1800)同样也是具有现代视角的著作;即使是理查德·霍夫斯塔特(Richard Hofstadter)——其"大衰退"(Great Retrogression)的提法常常被用以例证殖民地和内战前学院是闭塞而保守的——也认为:"18 世纪学院历史的大部分还是进步的解放过程,如果说正式的学术实践不是如此的话,至少学术理论和课程内容是这样的。"②

因此,认为殖民地和内战前学院赞同新学科和新教学法已经不是新鲜的观点,尽管它最近才开始流行起来,而且可以被定义为审视学院的"现代派"视角。在这一定义之下包括了许多不同学科——外语、实践研究、英语——的讨论,但是下文的讨论仅仅关注殖民地和内战前学院之中自然科学的引入。这是因为,自然科学是与现代的观念联系最为紧密的学科,同时,自然科学与新哲学的关联可以被视为博雅—自由理念的一种可能的替代物。我会重点考察霍恩伯格(1945)、

---

① Bernard Bailyn, *Education in the Forming of American Society: Need and Opportunities for Study* (Chapel Hill, University of North Carolina Press, 1960). 关于修正主义的多个方面,参见 Floyd M. Hammack, "Rethinking Revisionism," *HEQ* 16 (1976): 53–61; William W. Brickman, "Revisionism and the Study of the History of Education," *HEQ* 4 (1964): 209–223; Brickman, "Theoretical and Critical Perspectives on Educational History," *PH* 18 (1978): 42–83; Sol Cohen, "The History of the History of American Education, 1900–1976: The Uses of the Past," *Harvard Educational Review* 46 (1976): 298–300; Diane Ravitch, *The Revisionists Revised: A Critique of the Radical Attack on the Schools* (New York: Basic Books, 1978); Jennings L. Wagoner, Jr., "Essay Review IV: Historical Revisionism, Educational Theory, and an American Paideia," *HEQ* 18 (1978): 201–210; 其他文章见于 John H. Best, ed., *Historical Inquiry in Education: A Research Agenda* (Washington, D. C.: American Educational Research Association, 1983).

② Richard Hofstadter and Walter P. Metzger, *The Development of Academic Freedom in the United States* (New York: Columbia University Press, 1955), p.159; L. A. Cremin, "Preface," in *The Colleges and the Public, 1782–1862*, ed. Theodore R. Crane (New York: Bureau of Publications, Teachers College, Columbia University, 1963), p. v; Herbst (1974), pp. 259–260. 同时参见 Richard J. Storr, *The Beginnings of Graduate Education in America* (Chicago: University of Chicago Press, 1953).

汉加特纳(Hangartner,1955)、斯隆(Sloan,1971、1972)、沃彻(Warch,1973)、格拉尼克(Guralnick,1975、1976)和汉弗莱(Humphrey,1976)等人的著作。①

在对这些史学问题进行讨论时,于尔根·赫伯斯特(Jurgen Herbst)曾经将历史学家分为两类,即对殖民地和内战前学院的传统阐释方式"不加批判地接受"或是展开"一致的攻击"。这一划分概括出了现代派的文献之中普遍存在的两分法,其中并无那些"批判地接受"传统观念的学者的位置(例如,弗雷德里克·鲁道夫对标准阐释的部分支持即使是合情合理的,也受到了斯隆的批评)。这样的两分法造就了一个"稻草人",格拉尼克反对学院"像人们一般认为的那样,将课程计划仅限于古典语言"这一看法,以及反对"我们如今经常听到的言论,也就是说,拉丁语和希腊语的学习将科学阻挡在课程计划之外"时恰好也造就了一个假想敌。②

---

① 赫伯斯特(Herbst,1974年)引用了此处提到的大多数著作,尽管他并未使用"现代派"这一术语。汉加特纳的论文被称为"对课程和教学法的最好的全面考量",见 Lawrence A. Cremin, *American Education: The Colonial Experience, 1607-1783* (New York: Harper & Row, 1970), p.662; Carl A. Hangartner, "Movements to Change American College Teaching, 1700-1830" (Ph. D. diss., Yale University, 1955)。其他许多学者在阐发自己的"现代派"观点时都依赖这些著作,诸如 M. St. Mel Kennedy, "The Changing Academic Characteristics of the Nineteenth-Century American College Teacher," *PH* 5 (1965): 360-371。斯隆的论述比其他作者更胜一筹,而格拉尼克的著作则显然十分重要,尽管在选择学院时样本偏小且有失公允。虽然格拉尼克坚称他的样本"足以呈现均衡而有代表性的图景",但是他只选择了内战前82所学院中的15所,而且这15所学院全部位于东北部,其中12所建于1800年前,全都是最古老、最大和最富有的学院。这些学院都是最有可能呈现出科学的影响的,这已经在相关研究中得以体现,如东南部的科学活动在1860年前都落后于全国的其他地区,而格拉尼克所选择的15所学院没有一所位于这一地区。Stanley M. Guralnick, "Preface," in *Science and the Ante-Bellum American College* (Philadelphia: American Philosophical Society, 1975); Ralph S. Bates, *Scientific Societies in the United States*, 3d ed. (Cambridge: MIT Press, 1965), pp.45-51; Joseph Ewan, "The Growth of Learned and Scientific Societies in the Southeastern United States to 1860," in *The Pursuit of Knowledge in the Early American Republic: American Scientific and Learned Societies from Colonial Times to the Civil War*, ed. Alexandra Oleson and Sanborn C. Brown (Baltimore: Johns Hopkins University Press, 1976), pp.208-218.

② Herbst (1974), pp.259-260; Guralnick (1975), pp.152.157; Stanley M. Guralnick, "Sources of Misconceptions on the Role of Science in the Nineteenth-Century American College," in *Science in America since 1820*, ed. Nathan Reingold (New York: Science History Publications, 1976), pp.48-52; Sloan (1971b), p.227. 斯隆对鲁道夫1962年的教育史著述的评价十分重要,因为鲁道夫1977年出版的《课程》(*Curriculum*)反映出他对这种新的史料编纂方法有所注意,他在对 L. F. 斯诺进行评论时,对传统的观点似乎更具批判眼光,同时,比起早期的著作,他更多地论及课程计划的非延续性。Frederick Rudolph, *The American College and University: A History* (New York: Random House, 1962), pp.25-26, 227; Rudolph, *Curriculum: A History of the American Undergraduate Course of Study since 1636* (San Francisco: Jossey-Bass, 1977), pp.1-24, 53ff. 在学院是科学的敌人或朋友的不同观点之间寻求平衡的尝试见 Theodore R. Crane, ed., *The Colleges and the Public, 1782-1862* (New York: Bureau of Publications, Teachers College, Columbia University, 1963), pp.1-36.

这种方法存在的首要问题就是忽视了需要确立起适当的标准这一问题。诚然，一个 1642 年的学生可能会在 1764 年的课程计划之中发现大量的改变,但是这并非必然地意味着,如鲁道夫使我们相信的,L. F. 斯诺在 1907 年回头审视 1642 年和 1764 年的课程计划时认为二者较为一致就是错误的。① 显然,在讨论科学在 1764 年课程计划中的地位时,若将其与 1642 年、1764 年或 1907 年的科学知识进行比较,肯定会得出不同的结论。不同语境下的标准影响了历史的判断。忽略这一问题,就会导致现代派论著中经常见到的自相矛盾的说法和不合逻辑的推论。例如,霍恩伯格和格拉尼克认为,1740 年的殖民地学院并未注意到科学,而在接下来的几十年中包含了更多的科学内容,但是不知为何,在 1800 年的学院中,科学的地位仍然不太重要。②

即使是在同一时期,语境标准带来的问题仍然存在,例如霍恩伯格曾指出"对科学最早的慷慨的认可出现在威廉和玛丽学院",而后又描述了数学和自然哲学领域中最早的两位教授没有什么科研产出。类似地,格拉尼克在其著作的开篇赞赏了 19 世纪 60 年代学院中的科学教育,在结尾处则几乎推翻了这一看法——或者是改变了标准。同样,沃彻将"哈佛、牛津、剑桥、爱丁堡和许多英格兰非国教派学园"的教育都等同起来,并认为它们在 18 世纪早期都提供了"实质性的、广博的教育"。③ 即使是以当时的标准来衡量,许多历史学家也并不能同意这样的观点。

现代派的阐释者对传统史学的处理之中存在着的第二个问题是,它并不能说明史实当中的含混不清之处。这种两分法无法理解本杰明·西利曼被耶鲁聘用或阿莫斯特学院 1827 年的改革为何能同

---

① Rudolph (1977), p. 53.

② Theodore Hornberger, *Scientific Thought in the American Colleges, 1638-1800* (Austin: University of Texas Press, 1945), pp. 35, 192; Guralnick (1975), pp. 9-15.

③ Hornberger (1945), pp. 25-26; Richard Warch, *School of the Prophets: Yale College, 1701-1740* (New Haven, Conn.: Yale University Press, 1973), p. 243; Guralnick (1975), pp. vii, 128-137.

时成为内战前的诸多学院支持或反对科学课程的证据。① 不同的看法源自先设的标准。此外,现代派视角的另一问题在于使用了带有偏见的话语,其中不太重要但仍值得指出的一点是,现代派采用了斗争性或辩护性的修辞手法。莫里森的著作就因使用了这样的话语而著称,而这也依然是那些撰写者们撰写他们自己所在院校的历史时存在的特殊问题,例如沃彻和汉弗莱便是如此。在阅读这些著作时,我们会联想到为威克·弗里斯特(Wake Forest)学院撰写校史的那位历史学者,也是在晚得多的时候寻找能够证明该学院早期现代性的证据,他曾经写道:"董事会从一开始就认识到了科学教学的重要性,并试图提供此类教学,却不知应该从何做起。"②

沃彻在讨论早期耶鲁的课程计划时这样评价:"这种指向现代化的推动力同样也在耶鲁的课程发展中起作用。由于耶鲁想要处于时代前沿,它并不畏惧重新审视并改变课程。"当出现一些使耶鲁看起来不那么进步的因素时,他很快回应:"这并不能证明耶鲁就是落后的。"这种论调其实已经假定耶鲁与哈佛在通往现代性过程中存在竞争。例如,在论及数学学习时,他说道,"在这一领域,耶鲁是领先于哈佛的";再如,他以得胜般的态度总结其对课程问题的讨论:"到1738年,耶鲁至少能够被视为哈佛的一个典范了。"③由于耶鲁在建立时就是反对哈佛之宗教自由主义的加尔文教正统的捍卫者,我们不禁怀疑,它是否真的如此渴望以这样的方式超越坎布里奇的学院,特别是在其刚

---

① 比较 Russell Thomas, *The Search for a Common Learning*, *1800-1960* (New York: McGraw-Hill, 1962), pp. 13ff. 与 Melvin I. Urofsky, "Reforms and Response: The Yale Report of 1828," *HEQ* 5 (1965): 54-55. 比较 Richard P. McCormick, *Rutgers: A Bicentennial History* (New Brunswick, N. J.: Rutgers University Press, 1966), p. 45 和 Douglas Sloan, *The Scottish Enlightenment and the American College Ideal* (New York: Teachers College Press, 1971a), p. 236, 以及 Rudolph (1962), p. 223 和 Brooks M. Kelley, *Yale: A History* (New Haven, Conn.: Yale University Press, 1974), pp. 135ff.

② Winthrop S. Hudson, "The Morrison Myth Concerning the Founding of Harvard College," *Church History* 8 (1939): 148-159; G. W. Paschal, *History of Wake Forest College* (Winston-Salem, N. C.: Wake Forest College, 1935), p. 135. 同样地,伯克(Burke)反对"传统的观点",认为内战前的学院在很大程度上"对科学是宽容和接受的",却在最后表达了肯定传统观点的遗憾之情:"它们本能够提供更多的科学课程,但是教授这些科目的高额花费、学生需求的缺少和训练有素的教师的缺乏为许多院校带来了阻碍。"Colin B. Burke, *American Collegiate Populations: A Test of the Traditional View* (New York: New York University Press, 1982), p. 39.

③ Warch (1973), pp. 220, 238, 247, 249.

成立的头40年中。

汉弗莱认为,"力争进步"并"跟上时代"的想法影响到了萨缪尔·约翰逊为早期的哥伦比亚学院制定的课程计划(1754—1763)。很显然,这一描述乃是一种辩解之词,是为了说明约翰逊"建立了其他美国学院所提供的课程都无法达到的、忠于新知识(New Learning)的教育课程"。尽管这一说法也有一定道理,但是用以衡量"其他美国学院"的标准并不严格,而且作者并未考虑到大部分的学习是通过背诵——即记忆和重复——来完成的。汉弗莱写道,"如果说约翰逊在设计国王学院的课程时没有背弃牛顿,那么他也没有反对其他的进步潮流";同时,如果他能找到素质更为出众的学生,那么"他的课程计划或许会更具进步性"。此时,我们会相信自己在约翰逊身上见到了18世纪的约翰·杜威。

支持上述观点的证据是:"约翰逊认识到科学对本科生有着吸引力,如果不重视自然哲学,他的学院将无法争取到好的生源。"这未免有些言过其实,因为约翰逊的继任者迈尔斯·库珀(Myles Cooper)同样获得了成功——汉弗莱说他"对古典学的强调是压倒性的",而"正式的课程忽视了自然哲学和数学"。当然,约翰逊本人并不是一个进步主义者,因此库珀领导下的继续成功也并不令人惊奇。实际上,约翰逊晚年对牛顿的反对以及对复兴宗教正统的倡导与汉弗莱对其早年的叙述颇为矛盾,而汉弗莱本人也并未就以下说法提出异议:"历史学家西奥多·霍恩伯格在十年之后评价约翰逊的教育思想'很不幸地缺乏远见,并为科学无论如何都必须服务于正统思想的思维定势所扭曲'"。在此问题上,汉弗莱所能给予回应的只是,约翰逊在人生后期的思想观念发生了重大变化。①

同样,格拉尼克也提供了斗争性修辞的一个例证,他将对内战前学院的传统解释归结为"自由学者的未正式归档的陈词滥调",并说这些学者"忽视了亟待关注的有关宗教、意识形态、教育和科学等的细微问题"。② 矛盾的是,现代主义著述的语言中所存在的问题的一个重要

---

① David C. Humphrey, *From King's College to Columbia*, *1746-1800* (New York: Columbia University Press, 1976), pp. 173-176.
② Guralnick (1975), p. 150; Guralnick (1976), p. 48.

方面在格拉尼克的书中也提出来了。出于对总体性问题的敏感,格拉尼克将传统的史料编纂学当中存在的问题大多归因为"语义的曲解",也就是说,学者们错将殖民地和内战前的"自然哲学"认为是抽象的哲学思辨。因此,他对霍华德·曼福德·琼斯(Howard Mumford Jones)的"这一时期的'自然哲学'课程'不同于大多数的现代科学课程,是非常哲学性的'"这一论述提出了批评。这样一来,格拉尼克关注的是如何确定殖民地和内战前学院中所教授科目的内容,以便不被旧有的定义误导。① 这确是一大贡献。但这种贡献仅仅处于起步阶段,而且由于自身的不足,显得十分肤浅,因为格拉尼克完全没有领会到琼斯的论述中蕴含着更有见地的深层含义,琼斯说:"这一时期的'自然哲学'课程"确实是源自经院主义三大哲学而非新科学,因而确实是"非常哲学性的"。

  用以证明现代派阐释的证据同样也会受到质疑,尤其是当这些历史叙述在课程提供的书目的基础上肯定了内战前学院中存在科学教育和"实验性讲座"时更是如此。汉加特纳就是一个很好的例证。在对1700—1830年的学院教育和课程计划进行的研究中,他论证了笛卡儿、牛顿和洛克的著作对美国学院的影响,因为约翰·德萨吉利埃(John Desajuliers)、本杰明·马丁(Benjamin Martin)、威廉·J. 格雷夫桑德(William J. Gravesande)和威廉·恩菲尔德(William Enfield)所编写的课本都与它们关系密切。在简要说明这些课本用于哈佛和耶鲁之后,汉加特纳论及了"这些课本的广泛使用",以及威廉和玛丽学院、国王学院与苏格兰"实验性讲授课"(experimental lectures)之间的联系。作者一方面并未考虑课程计划与这些课本有多大的关联,另一方面也承认,有关课堂中是否进行了实验演示的证据要么很少,要么不存在,甚至与假设相悖,但是他仍在之后的论述中大量讨论了课本的内容,并从中推测出课堂经历的实质。②

  "这些课本的广泛使用"这一事实并未得到说明,并且讲授课和文本在所属的课程计划之中也只是不甚重要的部分。暂且撇开这两点

---

① Guralnick (1975), p.60; Guralnick (1976), p.50.
② Hangartner (1955), pp.40-53; chap.3.

不谈,汉加特纳基于书本而得到的论述也带来了与教学法相关的重要问题。汉加特纳本人也认识到,在整个18世纪和之后的"许多年",背诵一直都是学院教学的标准手段。实际上,背诵的方法恰恰被改革者认为是内战前的博雅教育中存在的"根本的"问题。[①] 背诵要求每个学生对文本进行记忆,然后在课堂上背出来,并有可能回答问题。然而,即便是问答,也是机械的套路。[②]

这一体系下课堂进度是由既定时间内能够记住的材料数量来衡量的,这一标准同时适用于洛克的《人类理解论》、西塞罗的《论雄辩家》和自然哲学的阅读材料。本杰明·西利曼将殖民地时代延续下来的这套做法继续用于耶鲁;19世纪中叶颇为流行的丹尼森·奥姆斯特(Denison Olmsted)的《自然哲学导论》(*An Introduction to Natural Philosophy*,1844年)是内容完备的文本,能够使教授们免于解释,而仅要求将文本大声重复出来。讲授课的形式在最初被引入学院时,只是意味着教授照本宣科并且略加评论。并且,即便这种形式的讲授课也只是少数。1854—1855年达特茅斯学院的课程目录列出了三页半需要背诵的科目、作者及其著作,其后仅列出九行的"讲授性课程",它们像是一种补充说明,而且几乎是脚注性质的。[③]

这样的教学法并不意味着学院未能看到科学设备的价值——实际情况几乎恰恰相反。自豪地宣称拥有科学"器材"的声明很多见,现代派历史学家也持类似的观点,如霍恩伯格对殖民地学院的论述就是如此。然而,这些设备是否确实被用于将"观察和实验"引入课堂之中

---

[①] Hangartner (1955), p. 65; Hofstadter and Metzger (1955), pp. 228-232; John S. Brubacher and Willis Rudy, *Higher Education in Transition: A History of American Colleges and Universities, 1636-1976*, 3d ed. (New York: Harper & Row, 1976), pp. 84-90.

[②] 关于背诵方法持续性的例证,参见 Louis F. Snow, *The College Curriculum in the United States* (New York: Bureau of Publications, Teachers College, Columbia University, 1907), pp. 86-114, 142; Samuel E. Morison, *Three Centuries of Harvard, 1636-1936* (Cambridge, Mass.: Belknap, 1936), pp. 228-236, 260-263; Albea Godbold, *The Church College of the Old South* (Durham, N. C.: Duke University Press, 1944), app. 1; Edward D. Eddy, Jr., *College for Our Land and Time: The Land-Grant Idea in American Education* (New York: Harper & Brothers, 1957), p. 4; Kelley (1974), pp. 157-161。

[③] *Catalogue of the Officers and Students of Dartmouth College for the Academical Year (1854-1855)* (Hanover, N. H.: Dartmouth College, 1854), p. xxx; Dension Olmsted, *An Introduction to Natural Philosophy: Designed as a Textbook for the Use of Students in Yale College, Complied from Various Authorities*, 1st ed. 1931, stereotyped ed. (New York: Collins, 1844)。

尚未得到证实。例如,汉弗莱援引哥伦比亚的教授们在房间中使用仪器的例子,并在没有进一步证据支持的情况下得出结论说,仪器一定也在教师当中被使用了。如果这一结论是可信的,那么 1836 年毕业于哈佛的亨利·梭罗(Henry Thoreau)为什么完全没有意识到自己曾经学习过"导航",而当时哈佛拥有的自然哲学"器材"当中又确实包括了导航仪器呢?①

　　看起来,学院拥有这些设备只是为了获得声名,学生并不能接触到,它们只是被教授们胡乱地摆弄罢了。例如,在世纪之交的耶鲁,实验是"在实际的讲授课之外"一个拉帘子的房间里"单独操作"的,因此"具有一种神秘的气氛"。即使这些设备被拿到"实验性讲授课"教室中,学生也很少能看到演示,更不必说参与其中了。本杰明·西利曼尽管是实验性讲授课的先导者,也非常仰赖背诵,"非常希望(他的学生们)不要以任何形式搞乱他的仪器"。直到 1835 年才有一个化学实验室开放给学生使用,而物理实验室的开放要到 1868 年。学生和科学"器材"之间的距离后来被 1853 年的哈佛毕业生查尔斯·艾略特的评价所证实:"据我所知,而且我也相信,我是哈佛学院唯一一个能够使用实验室方法来学习一门科学的本科生。"②事实上,内战前学院的学生们每周进入图书馆的时间甚至被限制在若干小时之内。③ 那他们又如何能够获得许可进入实验室呢?

　　最后,我们必须考虑现代派学者和内战前教育者经常使用的"实验性"一词的含义。内战前的教育者最经常的用法是在自然哲学课程中的"实验性讲授课",这一用法已经被载入内战前学院的章程和法规

---

　　① Henry D. Thoreau, *Walden: or, Life in the Woods* (Boston: Ticknor and Fields, 1854), p. 37; Humphrey (1976), pp. 175-181.

　　② 引语出自 Hangartner (1955), pp. 169-170; Charles W. Eliot, *A Late Harvest: Miscellaneous Papers Written between Eighty and Ninety* (Boston: Atlantic Monthly Press, 1924), p. 10。参见 Elliot R. Downing, "Methods in Science Teaching: Summary of Investigations of the Demonstration Method versus the Laboratory Method," *JHE* 2 (1931): 316-319; Kelley (1974), pp. 157ff。例如,在植物学领域,直到 19 世纪 70 年代"实验室方法"开始被引入时,美国的科学家从事的都是"分类学"工作。Charles E. Ford, "Botany Texts: A Survey of their Development in American Higher Education, 1643-1906," *HEQ* 4 (1964): 59-71.

　　③ Arthur T. Hamlin, *The University Library in the United States: Its Origins and Development* (Philadelphia: University of Pennsylvania Press, 1981), chaps. 1, 2, 9.

之中。关注此问题的现代派学者大多只看到了表面含义而没有进行深入的讨论。霍恩伯格在试图计算出殖民地学院的课程计划中"科学"的比例时未能留意到这一点。沃彻和汉弗莱直接据此验证了自己的假设。即便是自称对"语义的扭曲"十分敏感的格拉尼克也轻易地将自然哲学课程与"现代科学"等同起来,而且并未追究在内战前的时代"实验性"一词的含义。① 然而,与较为近代的用法不同的是,至少在19世纪前半叶,"实验性"似乎都包含了两层含义,一方面,它确实意指"经过实验检验而确证",另一方面,它也有"与体验相关"之意。沃彻本人就曾在厘清一位18世纪牧师所指的"关于上帝的实验性知识"的含义时,以"体验性"一词来取代"实验性"。"体验性"的这种用法,在大觉醒时代吉尔伯特·泰能特(Gilbert Tennent)的言论中也能听到;一个世纪后,爱默生谈到将望远镜观察作为一堂科学"实验"课,也是如此。因此我们可以发现,"实验性"一词在用于讲授课时,并不一定暗含着验证假设的意义,而是指对经验性现象的讨论。②

实际上,施密特坚信所谓的实验性讲授课只是包含了对已知真理的"推演"(demonstrations),并且1931年的一次研究也发现,仅有四所学院在1872年使用与"推演方法"绝然相对的"实验室方法"进行教学。③ 在现代派学者之中,汉加特纳通过将"实验性讲授课"置于内战前学院背诵方法的语境之下来表达自己的洞见:

> 美国学院的一个多世纪中,学生被教导的内容显然是,老师应该遵循的正确方法是从一门科学的普遍原理推导出其具体应用,尽管他们确信,在某门科学当中增长知识的方法应该是从特

---

① Hornberger (1945), pp. 23, 29; Hangartner (1955): pp. 124–128; Warch (1973), p. 216; Guralnick (1975), chap. 1; Humphrey (1976), p. 180.

② *The Oxford English Dictionary*, s. v. "experimental"; H. G. Good, "Emerson: An Educational Liberal," *History of Educational Journal* 1, no. 1 (1949): 12–13; Gilbert Tennent, *The Danger of an Unconverted Ministry* (Philadelphia: B. Franklin, 1740), p. 10; Warch (1973), pp. 287–288. 对于实验性的科学方法,内战前和20世纪的观念大不一样,详细描述见 Sloan (1971a), pp. 159–160, 214–217; George H. Daniels, *American Science in the Age of Jackson* (New York: Columbia University Press, 1968), chaps. 3, 4, 5, 6。

③ Downing (1931), pp. 316–319; George P. Schmidt, *Princeton and Rutgers: The Two Colonial Colleges of New Jersey* (Princeton, N. J.: D. Van Nostrand, 1964), pp. 32–35. 有意思的是,太阳系仪是最受学院欢迎的科学"器材"。Hornberger (1945), p. 67. 它展示了宇宙的真实图景,但仍然不是实验的。

定的事实推导出普遍原理。①

因此,可能正如克雷明所述,"殖民地的人们……将牛顿和洛克放在了心里",但是否融入思想之中又另当别论。这一情况在殖民地时期终结之后也没有发生太大的改变,随后成为赠地学院运动之领袖人物的托马斯·克莱姆森(Thomas Clemson)曾在1826年说,他前往欧洲留学是因为,"(美国)这片大陆连一所能够提供恰当的科学教育的科学院校都没有"。② 这一观点说明,"实验性讲授课……距离实验室方法本身仍然有着较大的距离",因为"学生们顶多也只能眼看着教授在讲授课教室里进行科学的推演而已"。19世纪前半叶的科学课程考试仍然显示出寻找已知真理的例证这一倾向。③ 从这一方面来看,殖民地和内战前的学院与科学的距离,似乎比它们与吉斯提尼亚尼(Giustiniani)所定义的"人文主义"——"对沿袭下来的知识的关怀(与对实验研究的关注相对)"——的距离还要遥远。④

埃迪(Eddy)曾经写道:"直到1850年,还没有任何一所学院在组织结构中设有实验室或是类似实验室的场所……这似乎表明实验性方法和实验是当时流行的教育思想所不容的。"⑤这一席话或许过于偏激,并且也是现代派学者试图反对的传统史料编纂学表述方式的极好例证。这样的做法是正确而有益的,但如果超越限度,只会带来恶果。我个人认为,那些被现代派历史学家视为科学的材料在殖民地和内战前学院的课程计划中只是较小的一部分;所谓的科学以机械的死记硬背法来教授;即使学院拥有"科学仪器",学生也不能常常在教室中见到它们,就算见到,也几乎不能触及。最后,本文还认为,"实验性"

---

① Hangartner (1955), pp. 237-239.

② 引自 Eddy (1957), p. 6; Cremin (1970), p. 256。

③ Brubacher and Rudy (1976), p. 90. 参见 Sherman B. Barnes, "The Entry of Science and History in the College Curriculum, 1865-1914," *HEQ* 4 (1964): 45-48; Laurence R. Veysey, *The Emergence of the American University* (Chicago: University of Chicago Press, 1965), pp. 133-142; Guralnick (1975), apps. 2, 3, 4。

④ 括号为作者所加。Vito R. Giustiniani, "Umanesimo: La parola e la cosa," in *Studia Humanitatis*, *Ernesto Grassi zum 70. Geburtstag*, ed. Eginhard Hora and Eckhard Kessler (Munich: Wilhelm Fink, 1973), p. 25.

⑤ Eddy (1957), p. 4-5.

讲授课——一部分中的一部分——很可能只是意指对已知真理的推演。阅遍莫里森、霍恩伯格、汉加特纳、斯隆、沃彻、汉弗莱和格拉尼克的著作,我们几乎找不到学院学生被要求观察某种自然现象、将假设理论化、设计检验方法并加以实施的实例。① 尽管承认埃迪的论述过于极端,我们又能否断言科学——现代的、实验性意义上的科学——已经在殖民地和内战前的学院被教授了呢?我不认为如此。

---

① 我相信关于内战前学院科学教育的这些观点与 James Findlay 的评论也是相对立的,见 "'Western Colleges,' 1830-1870: Educational Institutions in Transition," *History of Higher Education Annual* 2 (1982): 33-63。关于美国学院历史编纂法的进一步讨论,参见我的"Essay Review: *History of Higher Education Annual*, vols. 1-4, 1981-1984",即将刊载于 *Minerva*。

# 附录 2

"在宗教改革与法国大革命之间的时期里……产生了一种新的哲学……这种新哲学就是自由主义(liberalism)。"H. J. 拉斯基(H. L. Laski)在著名的《自由主义的兴起》(The Rise of Liberalism)中写道。尽管这一观点有很多的支持者,其对"新哲学"的起源和定义却是大有问题的。我们可以很容易地找到证据来说明"自由的传统是不连续的"。很多人支持 W. D. 格兰普(W. D. Grampp)的观点,即"'自由主义'有如此多的含义——这带来了大量的争议和不确定性——以至于它几乎变成了一个非词(unword)或反词(antiword)的词语,没有任何意义"。①

近来,自由主义含义的模糊不清和难以捉摸显然弱化甚至恶化到了如此地步,以致自由主义的现象"经常被右派怀疑而又被教条的左派轻视"。杰出的政治学家——从芝加哥大学的 T. J. 洛伊(T. J. Lowi)到哈佛大学的 H. C. 曼斯菲尔德(H. C. Mansfield)——都认为,"自由主义领导人"缺乏"恪尽职守的精神、制度的完整性或投身事务时的公正性"。② 心怀这样一种批判视角,我希望简略地考察这种在 19

---

① Harold J. Laski, *The Rise of Liberalism: The Philosophy of a Business Civilization* (New York: Harper & Brothers, 1936), pp. 1-2; William D. Grampp, *Economic Liberalism* (New York: Random House, 1965), vol. 1, p. vii. 参见 David J. Manning 对化解自由主义传统的不连续性的三种标准方式的反对意见:*Liberalism* (New York: St. Martin's Press, 1976), pp. 139ff.

② Theodore J. Lowi, *The End of Liberalism: Ideology, Policy, and the Crisis of Public Authority* (New York: W. W. Norton, 1969), p. 288. 参见 Harry K. Girvetz, *The Evolution of Liberalism*, rev. ed. (New York: Collier, 1963), p. 154; Robert P. Wolff, *The Poverty of Liberalism* (Boston: Beacon, 1968), chap. 1; Clarence J. Karier, "Liberalism and the Quest for Orderly Change," *HEQ* 12 (1972): 57-80; Harvey C. Mansfield, Jr., *The Spirit of Liberalism* (Cambridge: Harvard University Press, 1978).

世纪后半期成功崛起的自由主义是否以较为显著的方式与博雅—自由理念——这种理念能够被视为广义的自由主义政治和社会运动的支架——相一致。将博雅教育(liberal education)描述为"解放"(liberation)并简单地将这两者与"自由主义"联系在一起,A. O. 汉森(A. O. Hansen)并不是唯一的人士。①

第一种可能的一致之处体现在自由主义形成的时间以及与之相连的思想家们的身份——17、18世纪英格兰的霍布斯、洛克、普里斯特利,法国的笛卡儿、斯宾诺莎和卢梭。第二种一致之处或许在于"自由主义"的若干特征。无论是圭多·德·拉吉罗(Guido de Ruggiero)的经典著作还是 J. S. 夏皮罗(J. S. Schapiro)的通俗简介,都经常提及平等、进步、批判怀疑主义、理性主义、个人主义和自由等方面。② 特别是后三个方面,形成了 L. T. 霍布豪斯(L. T. Hobhouse)所谓的"个性的自我操控力"(self-directing power of personality),因而被反复提及。实际上,在"英格兰自由思想的经典表述",即约翰·斯图亚特·密尔(John Stuart Mill)的《论自由》(On Liberty)之中,作者就捍卫了"思想和情感的自由,在一切主题上,无论实用的或思辨的,科学的、道德的还是神学的主题上言论和意见的绝对自由"。③ 第三种可能与博雅—

---

① Allen O. Hansen, *Liberalism and American Education in the Eighteenth Century* (New York: Macmillan, 1926), pp. xiv, 61 – 62, 153; Elbert V. Willis, *The Growth of American Higher Education: Liberal, Professional, and Technical* (Philadelphia: Dorrance, 1936), pp. 180ff. 此处我并未考虑当前的一些讨论,比如哥伦比亚大学通识教育学科点(program)1976—1977年的讨论班显然是想连结"自由主义和博雅教育"。"Liberalism and Liberal Education," issue of *SR* 5, nos. 1 –2 (Fall 1976).

② Guido de Ruggiero, *The History of European Liberalism*, trans. R. G. Collingwood (London: Oxford University Press, 1927), pp. 1 – 90, 347 –363; Laski (1936), chaps. 1 –3; J. Salwyn Schapiro, *Liberalism: Its Meaning and History* (New York: Van Nostrand Reinhold, 1958), chaps. 1 –2; Caroline Robbins, *The Eighteenth-Century Commonwealthman: Studies in the Transmission, Development, and Circumstance of English Liberal Thought from the Restoration of Charles II until the War with the Thirteen Colonies* (Cambridge: Harvard University Press, 1959), chap. 1; Alan L. Bullock and Maurice Shock, eds., *The Liberal Tradition from Fox to Keynes* (New York: New York University Press, 1957), p. xx-xxv; David G. Smith, "Liberalism", in *International Encyclopedia of the Social Science*, ed. David L. Sills (New York: Macmillan,1968), vol. 9, pp. 276–282.

③ John S. Mill, *On Liberty*, ed. Alburey Castell (1859; reprint, New York: Appleton-Century-Crofts, 1947), chap. 1, lines 446–448; Leonard T. Hobhouse, *Liberalism* (New York: H. Holt, 1911), pp. 123ff,; Bullock and Shock (1957), p. xxxv. 阿克顿勋爵为自己未能动笔的《自由的历史》(*The History of Liberty*)所准备的论述和文章反映出了对思想自由和个人主义的相似观点。William H. McNeil, ed., *Lord Acton: Essay in the Liberal Interpretation of History*, *Selected Papers* (Chicago: University of Chicago Press, 1967), pp. xii-xx.

自由理念一致的地方在于"自由主义者"经常给予教育以关注。第四种可能性可以从科学和自由主义的"新哲学"之间经常存在的关联中推论出来，这一推论一方面是由于近代早期的科学和牛顿宇宙论对自由主义的"新哲学"产生了极大的影响，另一方面则是由于19世纪晚期的社会科学对19世纪后半叶不断变化的自由主义理念产生了极大的影响。①

不过，自由主义观点时常变化的现象引出了一个疑问，即我们能否将博雅—自由理念视为"自由主义"运动的一个扩展。和社会、政治运动不同，博雅—自由理念是人为的建构，虽抽绎自不同时代的思想家，但却是系统连贯的。它在本质上是连贯的，因此不能与自由主义的非连续性现象混为一谈。

非连续性体现在19世纪中晚期从"古典自由主义"到"现代自由主义"或"民主自由主义"的转变之中，民主主义此时成为美国占据统治地位的意识形态。这一转变经常被解释为自由从来自政府权威机构的"消极"自由的理念向每个人都能实现自己的目标的"积极"自由的理念的转变，其推动力部分地来自密尔含蓄地提出的个人判断高于权威这一原则。② 这种解释自由主义意识形态的方式是常见的，但是非连续性被分为两种业已存在的自由主义的形式——英国的政治—学术形式和欧洲大陆的理性主义形式——来进行讨论，这两种形式被认为产生于19世纪。③ 在这样的解释模式之下，欧洲大陆的自由主义与博雅—自由理念有着显著的相似之处，同时，将两种形式相结合是很好的想法，只是一些有说服力的证据显示英国的自由主义在形成期对博雅—自由理念接受程度较低。

这样一种非连续性指向了自由主义与博雅—自由理念的另一不同之处，因为19世纪自由主义从古典到现代的转型所关注的核心问

---

① A. Duncan Yocum. "Dr. Dewey's 'Liberalism' in Government and in Public Education," *School and Society* 44, no. 1123 (1936): 1-5; Girvetz (1963), pp. 23-47, 162, chap. 7; Smith (1968), pp. 280-282; Werner E. Mosse, *Liberal Europe: The Age of Bourgeois Realism, 1848-1875* (London: Thams and Hudson, 1974), pp. 9ff.; Manning (1976), pp. 14-31.

② Mill, *On Liberty*, chap. 3; Schapiro (1958), p. 45, chap. 3; Girvetz (1963), pp. 23-26; Mosse (1967), p. 7; Bullock and Shock (1957), pp. xli-liii; Wolff (1968), chap. 1; Isaiah Berlin, *Four Essays on Liberty* (London: Oxford University Press, 1969).

③ Ruggiero (1927); Friedrich A. Hayek, *New Studies in Philosophy, Politics, Economics, and the History of Ideas* (London: Routledge & Kegan Paul, 1978), pp. 119-132.

题就是人人生而平等这一信念。尽管这一特征对教育理念而言是根本性的,但是早期的自由主义却试图将自由与平等对立起来,或者同密尔和阿克顿勋爵一样,认为平等是与社会进步背道而驰的,因为后者得益于人尽其能。只有霍布豪斯和同事提出的"新自由主义"才认为人类的基本平等是自由思想的原则之一。[1] 因此,这一问题上的转型将自由主义的意识形态与博雅—自由理念区别开来。

第三方面,也是更为重要的不同之处,是与认识论的怀疑主义相关的,这是博雅—自由理念的根本特征,但没有出现在自由主义运动之中。在博雅—自由理念之中,自由的特征——包容、平等、个人主义、唯智主义——都是因为拒绝确信任何绝对真理而系统地关联在一起的。另一方面,有学者认为自由主义见证了清晰的教条主义;尽管许多人并不赞同,双方却并未将怀疑主义视为自由主义的一部分。[2] 相反,自由主义的运动一直都是与一些政治和经济政策相关的。例如,拉斯基曾写道,"简言之,自由主义的理念在历史上就是不可避免地与财产的所有权相联系的";路易斯·哈茨(Louis Hartz)认为这主要是美国的一种政治传统,用他的话说,封建传统的缺失形成了一种"自然的自由主义",它与欧洲的自由主义是相对的。[3] 可以作为证据的是,为了在古希腊和古罗马找寻自由主义的早期起源,F. A. 哈耶克(F. A. Hayek)和 W. D. 格兰普都回溯到西塞罗和斯多葛的政治学说,而非苏格拉底的政治学说。此外,自由主义者所表达出的对科学的支

---

[1] Hobhouse (1911), pp. 231ff.; Laski (1936), pp. 7-8; Kinsley Martin, *French Liberal Thought in the Eighteenth Century*: *A Study of Political Ideas from Bayle to Condorcet*, ed. J. P. Mayer, 2d ed. (London: Phoenix, 1962), pp. 9-11, 221-223; Hayek (1978), pp. 141-142. 不过,也需参见 David L. Jacobson, ed., *The English Libertatian Heritage from the Writings of John Trenchard and Thomas Gordon in "The Independent Whig" and "Cato's Letters"* (New York: Bobbs-Merrill, 1965), pp. xxxvi-xxxvii。

[2] Manning (1976), p. 119. 不过,也需参见 Schapiro (1958), chaps. 1-2; Robbins (1959), pp. 7-12; Smith (1968)。

[3] Louis Hartz, *The Liberal Tradition in America*: *An Interpretation of American Political Thought since the Revolution* (New York: Harcourt, Brace, 1955), p. 5; Laski (1936), p. 9; John M. Robertson, *The Meaning of Liberalism* (London: Methuen, 1912), pp. 10-44; Girvetz (1963), chaps. 1-7; Grampp (1965), vol. 2 pp. 94-101; Lionel Thrilling, *The Liberal Imagination*: *Essays on Literature and Society* (New York: Viking, 1950), p. viii。

持往往并不意味着尊重科学的方法——要知道,科学的方法将结论视为新的假设,而这种科学的方法正为博雅—自由理念所珍视。科学与自由主义的关联经常包括了对技术进步的尊重①,这显然暗示了自由主义与博雅—自由理念的又一区别。

---

① Chaim Wirszubski, *Liberatas as a Political Ideal at Rome during the Late Republic and Early Pricipate* (Camridge: Cambridge University Press, 1950); Schapiro (1958), p. 16; Grampp (1965), vol. 1, chap. 1; Smith (1968), pp. 277-279; Hayek (1978), pp. 119-123. 另一方面,古希腊思想中的"自由"传统———一种进化的、平等主义的、进步的、实用的世界观——被与诡辩派而非苏格拉底和柏拉图联系起来。Eric A. Havelock, *The Liberal Temper in Greek Politics* (New Haven, Conn.: Yale University Press, 1957), pp. 30, 80-81; Frederic A. Beck, *Greek Education, 450-350 B. C.* (London: Methuen, 1964), pp. 149-150.

# 后记:关于本科教育的若干报告的历史和文化维度

关于本科教育的许多报告的主要观点,与博雅教育发展史上两大主要传统以及如今人文和社会学科中讨论的知识与文化的核心困境都是类似的。这些报告并未意识到这些相似之处,这些相似之处说明了他们所提的本科生教育的深层含义,同时也说明了这些建议的主要矛盾之处。\*

在读过关于美国的博雅教育和本科课程设置的连篇累牍的全国性研究报告之后,人们或许会考虑,关于这个话题是不是还另有话可说。答案当然是肯定的,因为在 20 世纪中,美国的蓝丝带委员会(blue-ribbon commission,BRC)每十年都会呈交此类报告。许多早期的报告引起的关注丝毫不亚于今天的报告。比如,卡耐基教育促进会主席欧内斯特·博耶(Ernest Boyer)1987 年发表的报告①所引起的公众关注度,就很难超越博雅教育本质及目标重述委员会 1943 年的研

---

\* 这篇后记根据莉莉文理基金研讨会(Lily Endowment Workshop on the Liberal Arts)1987 年 6 月于科罗拉多州科泉市召开的会议上所作的演讲改编而成,是受中学后教育基金(Fund for Postsecondary Education)资助的系列论文之一。

感谢改进中学后教育基金(Fund for the Improvement of Postsecondary Education)提供讲座机会,感谢哈佛大学法学院提供博雅教育研究员职位,并感谢国家教育学院(National Academy of Education)提供的斯宾塞奖学金为本文的准备工作提供资助。

① Ernest L. Boyer, *College*: *The Undergraduate Experience in America*(New York: Harper & Row, for the Carnegie Foundation for the Advancement of Teaching, 1987).

究成果。1943年的这份报告以新闻稿的形式送达1894家报纸；简写成一本小手册，分发给7000个教育机构、期刊、当选官员以及学院、大学的负责人；未删节版也销售到了6000个高等教育机构之中。①

较早时候的报告（特别是1943年报告）和最近的报告之间存在着的另一个相似之处是，承担报告的委员会、研究团体等都倾向于提出那些所有成员都认为十分重要的建议，以此避免难以抉择的局面。资助了1985年报告的美国学院联盟（Association of American Colleges, AAC）就证明了这一倾向——它还曾资助1943年报告。这一机构的研究在痛斥"学士课程计划和学士学位"所带来的"衰退"和"罪恶的时代"之后，大声呼吁改革。② 但是这份报告的内部矛盾、同义反复和不加区别的分类反映出，其所提出的那些可能排斥或极大改变现有本科教育的建议，存在着深层次的矛盾。③ 这种矛盾的产生或许是因为，报告所呈现的是全体成员都赞同的一种共识，而非某个人所认为的最好的意见。正如过去那些采用这种方法的委员会所提交的报告一样，1985年报告的结论也并不尖锐。

与以折中方法完成的报告有所不同的是后来担任教育部部长的威廉·贝内特（William Bennett）在1984年提交的一份焦点清晰、结构连贯的报告。尽管也有一个"研究团体"为贝内特提供意见（这个团体中的一些人同时供职于美国学院联盟的项目），但是他坚持写出了

---

① James P. Baxter III, "Commission on Liberal Education Report," *Association of American Colleges Bulletin* 29 (1943): 269-274; Baxter, "The Post-War Responsibilities of Liberal Education: Report of the Committee on the Restatement of the Nature and Aims of Liberal Education," *AAC Bulletin* 29 (1943): 275-299.

② *Integrity in the College Curriculum: A Report to the Academic Community; The Findings and Recommendations of the Project on Redefining the Meaning and Purpose of Baccalaureate Degrees* (Washington, D. C.: Association of American Colleges, 1985), pp. 1, 3.

③ 例如，这份报告强烈批评了"现有的专业"，但建议采用"学科"中的"课程"组成的"深入的学习"。该报告严肃地警告说，这样的学习"不应过度指定"，而且"每一项要求都应有理有据。"报告支持"跨学科学习"及"国际和多文化经验"，但否定了"以戏剧性的、昂贵的方式将新奇的事物引入学习过程……的要求"。报告批评了学生和教授的"职业"和"专业"取向，但同时指出，"专业或职业领域的教育……也能够提供强有力的深入学习"。在改进本科教育方面，该报告提出了"以不显眼的方式拍摄一个真实的课堂"的激进提议。(*Integrity in the College Curriculum*, pp. 5-7, 14, 22, 27-32.)

自己的观点,并认为"我本人对这份报告负责"。① 不管怎样,人们至少可以对这位部长的报告提出反对意见,然而人们却很难找出,1985年的美国学院联盟报告所认为的重要的东西到底是什么。

  这些委员会对自身的约束不及它们期望大学教授对个体和集体行为的约束那样严格,尽管我对这一事实感到恼火,但是我却不像有些学者那样,对这份晚些的报告*持有怀疑态度。② 只要了解历史背景和当前的状况,我们就能发现这些研究确实在传达一些重要的信息。在评价这些报告时,我们应当考虑到博雅教育发展进程中的较大运动,并且牢记学术文化中正在发生的深刻的转型。若是一一展开论述,恐怕需要耗费一生的精力,写出几本大部头著作才行。在此,我只能勾勒出最粗浅的轮廓。这一过程我打算以三个步骤来完成。

  首先,我要找出在关于本科教育的论述中,被重复或强调得最多的若干观点。为此,我需要对这些报告以及它们所带来的讨论进行概括。然后,我认为这些观点尽管看似是毫无关联的本科教育问题的特定答案,但它们实际上是自成系统的,从历史的角度看也是相互关联的。也就是说,尽管它们分别代表过去所谓的博雅教育的历史当中的两大传统之一,在概念上仍是相互暗指的。最后,我需要指出,博雅教育的这一连续的历史性传统,也就是上述报告有意无意地不断重申的内容,是学术界对于知识和文化进行意义深远的再定义的一部分。

  总而言之,我希望证明这些报告中一致的核心内容是与博雅教育历史上一贯的传统相合的,同时也与发生在人文学科、社会科学及相关专业学习的学术转型相一致。我的结论是,这些报告的不足与其说

---

  ①  William J. Bennett, *To Reclaim a Legacy*: *A Report on the Humanities in Higher Education* (Washington, D.C.: National Endowment for the Humanities, 1984), p. ii.

  \* 指1985年美国学院联盟报告。——译者注

  ② 例如,马丁·特罗曾经写道:"全国性的报告在批评和谴责[**原文如此**]我们没有成为另外的样子时,是随意的、全盘否定的,并且没有看到我们这一系统的复杂性……这是弊大于利的……并不是因为……我们的学校和教育形式是无可挑剔的——远非如此,而是因为这些报告以指示取代了分析,误导了赞助人和公众,使他们错误地相信这些困难的问题比较易于解决……我相信,这些报告的作者意在支持那些关心本科教育的人……然而颇具讽刺意味的是,这些报告所采取的形式、颠覆性的批评,特别是某些报告中毫无根据的夸大其词,会从边缘上降低公众对我们的自治权赖以维系的院校的信心。之所以说'从边缘上',是因为我不认为这些报告会有很大的影响。"(Martin Trow, "The National Reports on Higher Education: A Skeptical View," *Educational Policy* 1 [1987].)

在于所提出的特定建议中,不如说在于未能从高等教育的历史背景和现实的学术情境的角度来考虑这些建议的深层原因和广泛意义。

关于本科教育,以下五个方面的观点是被不断重复或强调的。首先,人们认为语言学习理应得到更多的重视,因为当今的大学毕业生并不能有效地读、写和说。显然,这样的抱怨十分普遍,而且,不少教授都多多少少发出过这样的抱怨。欧内斯特·博耶在1987年的报告中专辟一章,名为"语言:首位的要求",国家人文基金会(National Endowment for the Humanities)资助了一项与这一问题相关的全面的研究,该研究由美国国防部承担,1984年由美国大学协会出版。[1] 需要指出的是,当观察家支持语言学习时,他们往往进而重视文化的文本传统(textual tradition of the culture),因为正是这种文本传统催生出了表达的范本。

不断被提出的第二方面的观点是,学院本应但没有对其毕业生进行"价值观"教育。除了下文中将要讨论的一个例外,这些被遗忘的传统美德实际上从未被确切界定,而只是从其反面进行了阐释。一个道德良好的学生既不"贪慕物质"——如1985年美国学院联盟报告所提出的,也不以自我为中心——博耶在论述学生并非如许多观察家所说的那样利己时如是说。[2] 总之,缺乏美德的两种情况——贪慕物质和以自我为中心——被认为在本科生的职业主义或"行业主义"中非常显著。1985年,一份名为"职业主义与唯智主义"的报告对斯坦福的本科生进行调查时发现,除掉与学院生活"并无联系"的25%的学生,其余学生中大约有73%将职业准备视为大学教育的首要目标或两个首要目标之一。[3]

---

[1] Boyer, College: *The Undergraduate Experience*, chap. 5; Richard D. Lambert et al., *Beyond Growth: The Next Stage in Language and Area Studies* (Washington, D.C.: Association of American Universities, 1984).

[2] *Integrity in the College Curriculum*, pp. 5, 20–21; Boyer, College: *The Undergraduate Experience*, p. 213.

[3] Herant A. Katchadourian and John Boli, *Careerism and Intellectualism among College Students: Patterns of Academic and Career Choice in the Undergraduate Years* (San Francisco: Jossey-Bass, 1985).

第二方面的观点认为大学毕业生应当具备一定的价值观,对此观点形成补充的是第三方面的观点——大学毕业生应当成为好的公民。美国国家教育委员会主席1985年的报告以及该委员会"本科教育……工作组"1986年的报告,都强调提升个人服务社会和国家的承诺作为核心议题的重要性。① 我们或许期待这一议题出现在与全国或各州的高等教育政策有关的研究中,但是,它最早出现在看似与之不甚相关的报告中,如国家研究委员会(National Research Council)资助的关于学院科学教育的研究中。该研究的首要观点就是,"非专业人员"必须具备"实现在社会中的公民义务所需的科学和技术知识"。②

对公民身份的强调不仅关乎国家,也关乎学生所在的共同体。事实上,"共同体"(community)大概是这些报告中使用最为频繁的词语了。国家教育研究院(National Institute of Education, NIE)1984年的报告强烈主张"要建立和壮大学院中的共同体",1985年美国学院联盟的报告以引用"学习共同体"的理念来结束对课程设置的讨论。③ 莎朗·帕克斯(Sharon Parks)在1986年的研究中提倡学院和大学应成为"想象力的共同体",以此构建意义和价值观赖以存在的忠诚和信仰。④ 同样,大卫·H.史密斯(David H. Smith)也在莉莉文理基金研讨会上不断重复《学院作为道德共同体》的发言。⑤ 从这些论述中,我们可以发现学生价值观、公民身份和共同体之间的密切联系,这些报告还从上述几个方面对教师进行了讨论。

然而,对于教师的价值观、公民身份和共同体的讨论通常属于这

---

① Frank Newman, *Higher Education and America's Resurgence* (Princeton, N. J.: Princeton University Press, for the Carnegie Foundation for the Advancement of Teaching, 1985); *Transforming the State Role in Undergraduate Education*, *Report of the Working Party on Effective State Action in Improve Undergraduate Education* (Denver: Education Commission of the States, 1986).

② *Science for Non-Specialists: The College Years*, *Report of the National Research Council's Committee on a Study of the Federal Role in College Science Education of Non-Specialists* (Washington, D. C.: National Academy Press, 1982), p.7.

③ *Involvement in Learning: Realizing the Potential of American Higher Education*, *Final Report of the Study Group on the Conditions of Excellence in American Higher Education* (Washington, D. C.: National Institute of Education, 1984), p.33; *Integrity in the College Curriculum*, p.26.

④ Sharon Parks, *The Critical Years: The Young Adult Search for a Faith to Live By* (New York: Harper & Row, 1986).

⑤ David H. Smith, "The College as a Moral Community" (Plenary Lecture for the Lily Endowment Workshop on the Liberal Arts, Colorado Springs, June 1986, 1987).

些报告中第四方面的主要观点:提倡通识教育,也就是能让学生终生受益的、连贯而统一的课程目标和结构。第四方面的话题——通识教育的连贯性和统一性——因而在报告中与教师的凝聚力和共同体精神或其缺乏联系在一起。1983年,在对美国学院联盟全体成员进行全面的研究后,杰瑞·盖夫(Jerry Gaff)总结道:"我相信,通识教育的问题基本上就是教师群体的问题。"①两年后,美国学院联盟的专门工作组强调"作为一个整体的教师对作为一个整体的课程设置的责任"。②

教师群体凝聚力及"课程连贯性"③的更大障碍是专业化和科系化。对此问题,任何一份报告的论述都不够中肯。相反,这些报告抱怨"过分专业化"④、"过度专业化和自我孤立的词汇"⑤及学系的"自主权","它们拥有对抗不情愿的变革、保护自身利益的力量"⑥。如麦克阿瑟基金会学者、哈佛教授霍华德·加德纳(Howard Gardner)所言,由于教授想要按自己的设想来塑造学生,教师和课程凝聚力的这些制度性障碍似乎被强化了。⑦ 1985年NIE的研究指出,这一动机是无意义的,因为在1982年,大学新生中想要成为教授的比例是1966年的1/9,从1.8%下跌到了0.2%。⑧ 同时,卡耐基基金会主席在1981年

---

① Jerry G. Gaff, *General Education Today: A Critical Analysis of Controversies, Practices, and Reforms* (San Francisco: Jossey-Bass, 1983), p. xv. 在1977年卡耐基教育促进会对学院课程的研究中,通识教育被描述为一个"灾难性的领域"(Carnegie Foundation for the Advancement of Teaching, *Missions of the College Curriculum: A Contemporary Review with Suggestions* [San Francisco: Jossey-Bass, 1977], p. 11)。随后开展了一些项目,如高等教育价值协会赞助的通识教育模式工程(David L. Wee, *On General Education: Outlines for Reform* [New Haven, Conn.: Society for Values in Higher Education, 1981])、联邦中学后教育基金资助的全国第四号计划(Zelda Gamson et al., *Liberating Education* [San Francisco: Jossey-Bass, 1984])。同时,欧内斯特·博耶和亚瑟·列文(Arthur Levine)在一份卡耐基基金会的研究中重申通识教育并没有得到改善,相反可能恶化了(Boyer and Levine, *A Quest for Common Learning: The Aims of General Education* [Princeton, N.J.: Carnegie Foundation for the Advancement of Teaching, 1981], p. 33)。然而,盖夫在对美国学院联盟成员的综合分析之中持乐观态度,认为"随着通识教育的理念深入新生活,通识教育正在经历真正的复兴"(p. 187)。
② *Integrity in the College Curriculum*, p. 9.
③ Ibid., p. 15.
④ *Involvement in Learning*, p. 23.
⑤ Bennett, p. 18.
⑥ *Integrity in the College Curriculum*, p. 9.
⑦ *Harvard University Gazette* 82 (March 6, 1987): 1; ibid. (May 1, 1987), 1, 5.
⑧ *Involvement in Learning*, p. 11.

报告说:"很少有教师相信自己知道什么是所有学生都需要知道的。"①

教师群体无法确定和建立学院课程的"连贯性和……完整性"②,这一点据说反映在院校本身的无序、混乱、矛盾和无目的性上。博耶在1987年报告的序言中喟叹"校园的分裂,优先权上的矛盾和利益的纷争……目标的混乱……教师群体内部分化的忠诚和相互斗争的职业考虑……课堂中服从和创造的矛盾……学术生活和社会生活的重大分隔,有时甚至是……学院治理方面的分歧……学院与学院外的世界之间存在的鸿沟"。③ 在分析如上局面时,该报告劝诫教师、院系领导和校长以一个统一、连贯的目标和逻辑来安排机构和课程。威廉·贝内特关于人文学的报告就体现了这一观点。他写道:

> 我们的很多学院和大学不再能清晰地感知……教育的目的,从而导致繁冗的课程目录取代了对教育的认识及教育哲学……学习的衰落部分源于(他并未给出其他的理由)许多学院教师和管理者对自身角色缺乏勇气和信念,并由于缺少教育领导力而长期存在……全国的学院和大学都必须在清楚认识"一个有教养的人应具备什么样的素养"的基础上重新制定课程计划……学院和大学的校长必须担负起责任……明确说明该校的宗旨及将何种知识视为良好教育中最为重要的部分……仅仅面对大量问题和观点是不够的,仅仅学会批判、怀疑地思考也是不够的。④

尽管有些偏激,以上文字仍然代表了将矛盾和混乱归咎于教授、院系领导和校长的普遍观点。

本科教育报告中第五个主要观点,即教学应该得到更多重视的抱怨,也来自这些人。显然,教授的职业轨迹及其成功、声誉、加薪都基于研究和出版。相比之下,教学并不能带来报偿,因而遭到忽视。因

---

① Ernest L. Boyer, "The Quest for Common Learning," in *Common Learning: A Carnegie Colloquium on General Education* (Princeton, N. J.: Carnegie Foundation for the Advancement of Teaching, 1981), p. 3.
② *Integrity in the College Curriculum*, p. 5.
③ Boyer, *College: The Undergraduate Experience*, pp. 2-6.
④ Bennett, *To Reclaim a Legacy*, pp. 1-2, 7.

此,许多报告都建议改变奖励机制。① 不过,并不是所有的教授都赞同这一建议。例如,丹尼尔·贝尔和史蒂芬·杰·古尔德(Stephen Jay Gould)就反对"任何认为教学是首要任务的过于浪漫主义的提法",至少"在一流大学中是如此"。②

总之,我认为以下五方面的观点是在关于本科教育的报告中反复提及和强调的:语言学习及文化的文本传统;学生的价值观;公民身份及共同体;通识教育的连贯性及一致性;教学。

当然,这些报告也提出了其他的问题,并且并不是每份报告都涉及上述方面。但是,上述观点包含了最频繁提及和强调的议题。实际上,我们能发现这些话题在1981年芝加哥大学举办的全国通识教育研讨会③和1987年下半年哈佛大学举办的全国本科教育会议上一起被提出来了。④ 1987年,欧内斯特·博耶的卡耐基教育促进会报告用16章的篇幅讨论了本科教育。其中一章名为"语言:首位的要求";有六章用来讨论"如何建构共同体"(p. 195),包括在校学生、教师和管理人员(第11、12、15章)及推动校外的"服务"和"以公民身份参与……的承诺"(pp. 278—279;第13、14、18章);有四章讨论了"清楚而有活力的目标",以支持通识教育和专业(major)的"完整的核心"(第3、5、6、7章);另三章讨论教师、教学和评估(第8、9、16章)。另外的两章讨论了图书馆、计算机以及学生毕业后的就业问题(第10、17章)。

---

① *Ibid.*, pp. 5-6; *Involvement in Learning*, p. 47; *Integrity in the College Curriculum*, pp. 11, 35-39.

② 史蒂芬·杰·古尔德:"坦白地说,虽然大家嘴上说重视教学,我却从来没有在任何讨论升迁的会议上听见教学被作为考虑标准。我不赞成教学是首要的、终身职位可以仅凭教学就授予之类的过于浪漫的观点。"(p. 16)丹尼尔·贝尔:"我认为在大型大学之中,教学不应作为终身职位或学术成就的主要评价标准……我认为,在谈及与试验、挑战和知识创造相关的主要大学时,不应将教学过度浪漫化。""Balancing Teaching and Writing," *On Teaching and Writing: The Journal of the Harvard-Danforth Center*, no. 2 (January 1987): 10-16.

③ 主要的话题是:"首先……符号的广泛使用……其次……团队和院校间共享的成员身份……第三……我们彼此依赖……第四……宇宙之有序的、相互依赖的本质……第五……我们共同的时间观念……最后……我们共同的价值观和信念。"(Boyer, "The Quest for Common Learning," pp. 11-12.)

④ 主要的话题是:"教师与学者""教与学""美国的学院""学院为何"以及"有教养的公民"。这次研讨会由卡耐基教育促进会赞助。参见 *Harvard University Gazette* 82 (November 14, 1987): 1-5。

## 后记：关于本科教育的若干报告的历史和文化维度

那么，这些观点是如何相互联系的呢？我认为，总的来说，它们构成了对博雅教育历史上两大传统之一的重新阐述。认识到这一事实有助于我们发现这些报告中并未说明的内在矛盾和更为广泛的意义。为了方便说明，我将使用在别处详细阐述过的历史框架。①

被后世称为博雅教育的概念，其历史可以追溯到公元前6世纪和前5世纪的古希腊城邦时代。彼时，民主的管理机构的出现，尤其是自由民的集结，破坏了荷马时代代表统治精英的贵族式勇武领导力的传统。这一向民主政体的转变与希腊文化的繁荣相一致，希腊人、尤其是雅典人，花费大量精力去理解文化的发展以及思考如何将文化传递给参与城邦治理的下一代自由民。

从某些角度而言，理解文化和传递文化是一个问题的两种不同角度，赫拉克利特、伊索克拉底和公元前5世纪的其他思想家认为，答案存在于逻各斯之中。逻各斯定义了希腊文化，从而也定义了文明和文明人的本质。② 不过，这一重要概念的含义却十分模糊。一方面，逻各斯包含了"理性"的意义——包括其对基本原理的多方解释、思考的功能及行动，另一方面，逻各斯也表示"言论"——词语的诵读、语言的功能和一门正式的沟通艺术。

公元前5世纪的希腊人对这一概念的认识并不比我们清晰，而解决这样的问题显得尤为重要，因为界定和明确表达逻各斯的含义成了理解和传播文化争端中的核心问题。争端的一方是诸如雄辩家伊索克拉底这样的个人，他们强调新创制的语法和修辞学，以及写作、演说和分析一篇演说词的能力。这些能力在民主城邦中显得极为关键，因

---

① Bruce A. Kimball, "The Ambiguity of *logos* and the History of the Liberal Arts," *Liberal Education* 74 (January-February 1988).

② 雄辩家伊索克拉底在公元前5世纪晚期表达了关于逻各斯的如下看法："我们（人类）的其他官能并不胜过动物，它们中有许多行动更迅速、体格更强壮，或在其他方面强过我们。但是，因为我们被赋予了说服别人和解释（我们自己）的力量，我们不仅脱离了野蛮的生活方式，而且聚集到一起，建立国家，制定法律，发明技艺。在文明的进程中，正是逻各斯使得我们在一切方面都达致完美。正是它制定了对与错、贵与贱的标准，倘若没有它，我们将无法共同生活。通过逻各斯，我们谴责恶人，赞扬善人，在它的帮助下，我们教化愚人，测试智者……有了逻各斯相助，我们对存疑之事展开辩论，探索未知事物。如果总结这种力量的特征，我们将会发现，没有逻各斯的力量我们将一事无成，逻各斯是一切行动和思想的领袖，最懂得利用逻各斯的人便是最有智慧的人。"(*Antidosis* 253-257; 英文译文选自 Werner Jaeger, *Paideia: The Ideals of Greek Culture*, trans. Gilbert Highet, 2d ed. [Oxford: Basil Blackwell, 1944], 3: 89-90。)

为说服别人决定了政治和法律集会中一切问题的结局。争端的另一方则是一些认为修辞学仅仅是构成逻各斯真正精髓之边缘部分的不够精密的实践工具。这些人，包括柏拉图和亚里士多德，认为数学和三段论逻辑才反映了逻各斯的本质。

语法和修辞的支持者与数学和逻辑的支持者之间的争端扩展到了与"教育"或"文化"相关的一切问题。不过，关于教育本质的争论只适用于那些"自由"的人。这种"自由"的状态在希腊语中用 *eleutherios* 来说明，后来对应拉丁语中的 *liberalis* 一词。

现在，这些术语——*eleutherios*、*liberalis* 和"自由"——指的是两种特别的自由：第一，属于公民参与城邦治理的政治自由；第二，用以学习的自由或闲暇，这要求占有一定的财富或处于幸运的情境之下（比如，我们发现，技术和产业经济能够给予大多数工人上学或接受高等教育的闲暇）。因此，教育的理念也就成为自由民概念的一部分。关于逻各斯的争论最终不可避免地聚焦到一个问题，即什么样的教育适于自由民——那些有闲暇去学习的自由的公民。在公元前5世纪和前4世纪的希腊，这一争论转而开始关注在自由民的教育中，处于优先的究竟应是推理的技艺还是演说和语言的技艺。

希腊文明的遗产传到罗马，罗马人引入理性（*ratio*）和言辞（*oratio*）的概念，反映了"理性"和"演说"之间的关系和矛盾。尽管如此，在自由人应当接受何种教育和文化方面，存在两种概念构想，罗马人在其间作出了取舍。作为新兴帝国的建造者、律师和管理者，罗马人尤其热衷于强调公共表达、政治和法律演说及描述过去的贵族美德和有序社会的文学传统的教育观。相应地，我们能够发现使用博雅学艺（*artes liberales*）这一概念的最早书面记录，这是拉丁语中对应英语"liberal arts"的提法，它出现在公元前1世纪古罗马著名的雄辩家西塞罗的著述中。① 公元1世纪，西塞罗关于博雅学艺的观点在罗马已成了规范，当时昆体良对他的观点表示赞同。

如此的博雅教育包含了由希腊人创制的若干学科，在不同的学校由不同的老师分别教授。第一种博雅技艺是"语法"，包括对文献和语

---

① Cicero, *De inventione* 1. 35.

言的学习,因而贯穿教育过程的始终。同时,人们偶尔也关注代数、几何和天文学,这些学科被视为现象的集合,有助于演说,但并非柏拉图和亚里士多德所指的正式学科或理论性学科。人们有时也学习音乐,作为对耳朵和嗓音的实践训练和欣赏诗歌的辅助手段,但并不作为正式学科或理论性学科的一部分。逻辑学或辩证法作为为公共演说提供框架结构的方法而得到传授;修辞学则是最高的技艺,提供了就任何话题——无论是政治、宗教、军事、审美话题还是法律话题——发表具有说服力的演说的方法。将修辞的、实用的和文学的内容置于传统的逻辑和数学之上,这恰恰是柏拉图和亚里士多德的反对者对博雅技艺的阐述中最令柏拉图、亚里士多德及其学生反对的部分。

从公元1世纪昆体良时代开始,重视文学和修辞的罗马式博雅技艺就堕落为诡辩术。这些技艺逐渐又得以重生,然而这并不是由柏拉图和亚里士多德的哲学传人所实现的,而是由基督教教育家所推动的,正是这些基督教教育家将异教的博雅技艺整合到对重要文本含义的理解和说明之中。哲罗姆、奥古斯丁等基督徒将语法和修辞学置于博雅技艺的首要位置。他们认为,逻辑学是附属于修辞学的,音乐的学习主要关注其洪亮和实用的层面,数学和科学则是现象的集合,为解释圣经提供了有用的技术性信息。基督教徒并不提倡专门化和深入的学习,甚至批评这会导致自我放纵——这也是雄辩家西塞罗、伊索克拉底对柏拉图的哲学教育应拓展到成年期的观点的批评。

外族的入侵结束了所谓的"古代"*,公元6世纪早期的基督教哲学家波爱修斯试图恢复柏拉图和亚里士多德关于博雅学艺的观点,即重视为批判分析和推理思考中所需的头脑训练而进行的数学和逻辑学的学习。然而,波爱修斯英年早逝,他的影响也不如采纳了实用的、文学的和修辞学的模式来解释博雅教育的三位作家——马蒂纳斯·卡佩拉(Martianus Capella)、卡西奥多鲁斯(Cassiodorus)和塞维尔的伊西多主教(Bishop Isidore of Seville)。在5世纪和6世纪,这三人分别撰写手册,将博雅教育确定为由七种博雅学艺组成的项目:语法、逻辑、修辞、代数、几何、音乐和天文。这三本手册成为基督教的中世纪

---

\* 古代(antiquity),指中世纪以前的历史阶段。——译者注

西欧所有学校的课本。

最终,在12、13世纪,新发现的由亚里士多德、伊斯兰哲学家和数学家所著的文本带来了批判和推理思考的复兴,新兴的中世纪大学中的经院学者对博雅教育的修辞学模式形成了挑战。这些大学中的经院学者或教授,如托马斯·阿奎那,对理论思维和推理的重视改变了博雅学艺的含义和内容。逻辑学作为精良的分析工具被置于最高地位,数学和音乐也日益重视抽象数字而非歌唱或实际问题。修辞学几乎淡出了人们的视线,语法学则转变为对语言的分析并脱离了与文学和文本的关系。总而言之,博雅学艺变得狭窄了,相对简略的"思索性科学"意在培养学生在大学的研究生部进行更为高级的专门学习。

14、15世纪,构成经院主义博雅学艺教育之核心的逻辑辩论堕落为诡辩,与此同时,意大利文艺复兴中的人文主义者们又重新发掘出西塞罗对博雅教育的观点,他们庆贺昆体良和西塞罗著作的发现——这些著作大多已在修道院的图书馆中埋没了好几个世纪。

人文主义运动始于大学之外,在15、16世纪,经由皮埃尔·保罗·弗吉里奥(Pier Paolo Vergerio)、德西德里乌斯·伊拉斯谟等人的努力,逐渐渗透到大学校园之中。在不断渗透的过程中,修辞学知识、文学知识的人文主义模式又包括了基督教伦理以及由中世纪骑士传统演化而来的社交礼仪。以上三个方面——人文主义模式、社交礼仪和基督教伦理——一同形成了"基督教绅士"的理念,这一理念在16、17世纪的英格兰成为有教养的慷慨绅士的标准。这一时期的论述都将雄辩家、政治家或托马斯·艾利奥特爵士所谓的"治理者"作为接受博雅教育的学生的模范。

1636年,这一模式很自然地被哈佛学院的创立者采纳,并被其后成立的其他八所殖民地学院采纳。文学学士学位课程由修辞、语法及对文学和神学文本——这些文本定义了在上帝的国家中公民的美德为何——的阅读、记忆和解释构成。

同时,17世纪科学革命和18世纪启蒙运动的领导者则努力重建哲学家传统及对数学法则和苏格拉底式省思的重视。这些科学家和哲学家呼吁以"自由思想"和"解放"教育来取代对古典文本的阅读。这些思潮在18世纪末19世纪初进入有关博雅教育的讨论中,且见于一神论化学家约瑟夫·普里斯特利的论述和 1795 年在由美国哲学协会主办的一次征文比赛中获奖的一篇文章之中,该文提倡"美国政府的精英们应当采用博雅教育和文学教育的最佳系统"。①

正如中世纪大学和公元前 5 世纪及前 4 世纪雅典的情况,博雅教育的修辞学模式和哲学模式再度不可避免地产生了分歧。19 世纪 80 年代,文学评论家、散文家马修·阿诺德和达尔文派科学家托马斯·亨利·赫胥黎分别访美,并就博雅教育发表了截然不同的讲演。同时,长老会牧师、普林斯顿大学校长詹姆斯·麦考什与化学家、哈佛大学校长查尔斯·艾略特也进行了类似的辩论。

归根结底,这些冲突都在重演持续了数个世纪的争论:逻各斯的哪一方面——推理还是演说——应当在文化和博雅教育中占据主导位置。不过,就连阿诺德和麦考什也坦言,赫胥黎、艾略特及其支持者在美国似乎占了上风。新一代学者创立了一批致力于高深的专门研究的大学:康奈尔,1868 年;约翰·霍普金斯,1876 年;克拉克,1889 年;斯坦福,1891 年;芝加哥,1892 年。新大学中教授投身科学方法和专门研究,一度使博雅教育转变成为研究生学习和追求真理,即学习和追求那些开始被视为永远偶然和深奥的且无法从古代文本中发现的真理而进行的准备。

然而,修辞的、实用的和讲求文本的博雅学艺的捍卫者也并未轻易失势,尤其是在较小的专门学院中,如为特定教派的教徒、妇女或黑人开设的学院中。随后在 19 世纪末 20 世纪初发生的争论,其激烈程度毫不亚于 13 世纪和公元前 4 世纪的争论。教派性的学院和大学,尤其是罗马天主教的院校,坚持人文主义课程,其对文学和修辞学训练的强调可以追溯到罗耀拉(Loyola)、西塞罗和伊索克拉底。这一课程设置中还增添了神学和经院主义神学以塑造基督教的良好公民。与此同时,许多大学受到伦理学理论中的进步主义和价值无涉的科学研究的影响,纷纷抛弃了培养有美德的公民的理念。这些大学引入了本科生的"专业",专业是按研究生教育的模式设立的,它是对苏格拉

---

① Frederick Rudolph, ed., *Essays on Education in the Early Republic* (Cambridge, Mass.: Harvard University Press, 1965), pp. xv, 167–224, 273–372.

底式的真理追求的专门性准备,表明了博雅教育的哲学取向。

混淆甚至是混乱的局面源自目标的冲突。在1908年出版的一份关于文理学院的调查中,亚伯拉罕·弗莱克斯纳发现:"学院并没有关于什么是博雅教育以及如何保证这种教育的明确定义……遗憾的是,这并不是地方性的或带有特例性质的不足,而是影响了美国每一所文理学院的重症。"①1921年,美国教育委员会主席报告说,在"对文理学院进行个人阐述的几千篇论文和若干著作"之中,"作者之间能够达成的共识比对学院的要求还要少。此外,值得注意的现象是,当人们想要定义文理学院时,却并不对此类文献给予关注"。② 至此,我们最终回到了关于本科生课程设置的话题上来。

在博雅教育简要的史纲中,雄辩家传统对博雅教育基本特征的概括及本科生课程报告中不断重复和强调的五大观点之间的相似性是显而易见的。总的来说,从历史的角度看,这些报告都在试图重新宣扬博雅教育的雄辩家传统而非哲学家传统。也就是说,上述报告批评了学院四个方面的问题:(1)学院毕业生并未掌握读和写的沟通能力,以及保存和说明这些能力的文本传统;(2)学院并未教给毕业生一定的价值观,特别是公民对所属共和国和共同体应尽的责任;(3)学院毕业生并未受到真正统一和连贯的通识教育以使他们能够解决包括政治、经济、审美、宗教和技术在内的各种问题和事件;(4)与教学相比,教授们更为重视那些令自己沉醉的探索和研究。

与这些不满十分相似的有伊索克拉底、西塞罗对柏拉图的警告,盖尔兰德的约翰(John of Garland)对中世纪大学中的经院主义者的指责,马修·阿诺德对托马斯·赫胥黎的反驳以及詹姆斯·麦考什对查尔斯·艾略特的反对。我认为,这些关于语言、价值观、公民身份、共同体、课程统一性和概括性以及教学等问题的关注实际上都是相互关联的,并且,这些问题也一直被认为是相互关联的。语言意味着至少两个人,或共同体;共同体意味着成员身份或公民身份,以及共同的知

---

① 此处弗莱克斯纳引用的是康奈尔大学校长的话,见 Abraham Flexner, *The American College: A Criticism* (New York: Century, 1908), p.7.

② Samuel P. Capen, "The Dilemma of the College of Arts and Sciences," *Educational Review* 61 (1921): 277-278.

识和行动规范,也就是价值观,这些都需要保存和传播,而这意味着文本和语言。这些报告并没有明确地理解这些关系或其历史意义。

缺乏理解的原因之一是,这些报告并未从深刻的历史视角审视其研究对象。① 另一个原因是,雄辩家传统本来也会质疑当今高等教育主流学术传统对知识和文化理念的定义,这一传统与自然科学、实验科学紧密相连。课程报告没有准备对科学传统提出根本性的问题,尽管类似的问题在许多学术性学科中已被提出。所有这些都表示,在高等教育系统正在发生的更大规模的学术、文化转型当中,本科课程报告只表达了很小的、不为人注意的一部分。

这一转型最为显著的证据是,近年来学者们在语言、修辞和解释学的研究上投入了大量精力。20 世纪 20 年代晚期,路德维希·维特根斯坦的《逻辑哲学论》(*Tractatus Logico-Philosophico*,1921)引起关注,从那时起,语言学就日益成为 20 世纪话语中的重要话题,类似的讨论近来扩展到对文本解释的思考。加州大学欧文校区的约翰·帕特里克·迪金斯(John Patrick Diggins)发现:"解释一样东西——政治文件或文学文本,就是赋予它意义……如今,学术界的每一个角落都

---

① 需要指出,我以两种相互平衡的传统来解释博雅教育的历史——一为哲学家传统,一为雄辩家传统——这是与理查德·麦克科恩及他的学生兼同事韦恩·C. 布斯(Wayne C. Booth)不同的。简言之,他们认为,历史上只存在我所谓的哲学家传统,而修辞学是包含于这一传统之内的。卡耐基金会 1981 年在芝加哥大学举办研讨会,在会上布斯提出:"所有努力思考的人都将其归于其他学科之下,以确保它能为更好的目标服务。"在这一看似完美的论述中,有两点值得注意。首先,这是披着描述性陈述之外衣的标准性判断,它将历史事实的问题转变为哪些人在努力思考修辞学的问题,而既然标准性的判断是"亚里士多德是最为努力思考修辞学的人",这一论述的描述性效果就是,历史上只有亚里士多德派的观点才是重要的。第二,就连历史"事实"都是不正确的。为了说明这一点,我们必须承认,全部的知识与知识之中被限定为"博雅教育"的部分是不同的。从博雅教育的角度看,西塞罗、昆体良、奥古斯丁和他们的后人认为修辞学和语法学是最高的学科,修辞学和语法学使人们能够解释和重述共和国或上帝之城赖以建立的法律和文本。相反,亚里士多德、麦克科恩和布斯认为,博雅教育、辩证法或逻辑学中存在着一门高级学科,它被用来探究谁的权威胜过存在于文本传统中的一切既有智慧。参见 Wayne C. Booth,"Mere Rhetoric, Rhetoric, and the Search for Common Learning," in *Common Learning*, *A Carnegie Colloquium on General Education* (Washington, D. C.: Carnegie Foundation for the Advancement of Teaching, 1981),p.32. 麦克科恩和布斯关于修辞学和博雅教育史的著作很多,在此不一一枚举,或可见 Richard McKeon, "Rhetoric in the Middle Ages," *Speculum* 17 (1942): 1-32.

在讨论权威的问题,解释学成了人文学科当中争论最为激烈的学科。"①

文学理论繁荣起来,大量的文献似乎对历史上的和现代的关于修辞学的大量知识进行了分类。② 解释社会理论的书籍在定期出版,如普林斯顿高等研究院的社会科学教授迈克尔·沃尔泽(Michael Walzer)所著的《解释学与社会批判》(Interpretation and Social Criticism)。③ 与此同时,神学院对语言和文本的解释也超出了圣经研究的范围,而进入系统神学(systematic theology)、教会史、宗教史和教会论等领域。同样,哈佛法学院的莫顿·J. 霍维茨(Morton J. Horwitz)发起了"法令解释理论"方面的一个探索性研讨班,因为参加法学院暑期研讨班的法官说他们急需一些可用来解释法令规章的解释学准则。④ 自然,诗歌、小说、佛经和历史论文都需要解释,不过,对法律问题进行解释时存在的问题尤为突出。

例如,1919 年国会通过了《全国机动运输工具盗窃法》,其中提到:"任何在州内或国际旅行中搭乘……明知是盗窃所得的机动运输工具的个人,处 5000 美元以内的罚款或五年以下监禁,或二者并处。"1930 年,威廉·W. 麦克博伊尔(William W. McBoyle)依据这一法条获罪,因为他"乘坐一架明知是盗窃所得的飞机从伊力诺依州……飞往俄克拉荷马州"。法庭记录并未显示麦克博伊尔及其律师是否接受过雄辩家传统下的博雅教育,总之,他们向最高法院上诉,而最高法院也于 1931 年重新考虑了 1919 年法律中所言的"机动运输工具"是否包括飞机的问题。⑤

---

① John Patrick Diggins, "Dusting Off the Old Values," *New York Times Book Review* (March 15, 1987), p. 11.
② 例如,可参见 Winifred B. Hornor, *The Present State of Scholarship in Historical and Contemporary Rhetoric* (Columbia, Mo.: University of Missouri Press, 1983)。
③ Michael Walzer, *Interpretation and Social Criticism* (Cambridge, Mass.: Harvard University Press, 1987);同时参见 W. J. T. Mitchell, ed., *The Politics of Interpretation* (Chicago: University of Chicago Press, 1982)。
④ 参见 William S. Blatt, "The History of Statutory Interpretation," *Cardozo Law Review* 6 (1985): 799-845。
⑤ McBoyle v. United States, 43 F. 2d 273, 273 (1930); McBoyle v. United States, 283 U. S. 25, 25-26, 51 S. Ct. 340, 340-341 (1931).

我们如何来回答这样的问题呢？是查阅法条的"字面意思"、猜测国会的"意图"，还是考虑法律本身的"目的"？若是单纯从基本的对与错角度来考虑问题，我们又如何保证这个决定与法律的基本精神——任何法规都应是有预见性的、清晰的和公开的，以保证公民对法律所禁止的行为有所警示——相一致？

威廉·麦克博伊尔乘飞机一案说明了解释法律如何以及为何陷入纠结的境地，这一问题在任何形式的文本解释中都存在。一方面，专业的解释学家无法断言存在绝对正确和精确的解释；另一方面，他们又不愿承认任何形式的解释最终都是任意和不确定的，因为这至少会带来一个问题：我们为什么需要教授、神学家和律师？

值得注意的是，对于困扰法学界学者们的这一困境，杜克大学的文学教授斯坦利·费什（Stanley Fish）给出了最为出色的回应。费什认为，即使对某一文本的解释是任意且不确定的，阅读这一文本的"解释团体"（interpretive community）仍能就解释的权威性规则达成共识。① 虽然承认了专业解释学家的专门知识确实存在不确定性和任意性，但是这一说法实际上也提升了专业人士的权威，因为解释只有解释团体才能获得，即便是那些基于自然理性——17世纪大法官爱德华·柯克（Edward Coke）爵士认为这是普通法的基础——偶然推导出"真正的"解释模式的天才们也无法获得。

尽管权威的地位有所提升，对"解释团体"的提倡仍然导致了倒退的局面，这说明随着人们对语言、修辞和解释学方面学术关注的扩展，对同时产生不确定性和随意性的关注也在增长。实际上，人文、社科以及与它们有关联的专业学科中的教授们因本科教育上的意见分歧、混乱和文化上的无序性而感到的困惑并不亚于威廉·贝内特。②

贝内特建议大学和学院专注于某些事务，而不要沉浸于怀疑主义和相对主义，这与20世纪30年代芝加哥大学校长罗伯特·哈钦斯的

---

① Stanley Fish, *Is There a Text in This Class*？(Cambridge, Mass.: Harvard University Press, 1980), chaps. 13–16; "Working on the Chain Gang: Interpretation in Law and Literature," *Texas Law Review* 60 (1982): 551–567; "Wrong Again," *Texas Law Review* 62 (1983): 299–316; Ronald Dworkin, *Law's Empire* (Cambridge, Mass.: Harvard University Press, 1986), chaps. 2, 3; 参见 "Symposium: Law and Literature," *Texas Law Review* 60 (1982): 373–586.

② Bennett, pp. 1–2, 7.

建议十分相似。哈钦斯和贝内特都认为,课程设置的不连贯是根植于知识基础的问题,解决的方法是愿意、甚至期待连贯性的出现。因此,贝内特写道:"我们常听说,最为著名的思想家、最引人注目的观点和所有学生都应该阅读的书籍到底有哪些,对此人们已经无法达成共识。我认为,当代的美国文化已经过于碎裂和多元,以致于无法确信什么是共同的知识。尽管怀疑比相信要容易得多(并且也流行得多),将学院课程置于这种怀疑态度之上,实为极大的错误。"①这与哈利·D. 吉迪恩(Harry D. Gideonse)于1947年对罗伯特·哈钦斯作出的回应十分类似。哈钦斯曾这样批评各类高等教育:"关于美国高等教育,最令人吃惊的就是困扰着它的那种混乱局面。"②吉迪恩回应道:"假若长篇累牍地支持统一的教育哲学而未能说明究竟是怎样的统一或何种哲学,便是忽视了存在于这一问题背后的根本矛盾。"③

仿佛是在呼应吉迪恩的观点,贝内特写道:"常有人问,在我心目中人文领域最伟大的著作是什么。这是个重要的问题,非常重要,因此我们无法回避。"至此,读者或许会认为贝内特将要承担起教师、院长和校长一直在躲避的这一重任了。然而,他很快避而不谈什么才是所有人都应学习的内容,转而以相对化的口吻引出了自己的看法:"安排每个人的课程计划,这并非我的意图(也不是我的权责)。我的目的并不是指定什么课程,而是尽可能坦诚地回答这一常被问起的问题。"④

贝内特的作为正是自己所批评的教师、院长和校长的做法,这也可以从1984年NIE的研究报告⑤、1985年美国学院联盟研究报告⑥和

---

① Bennett, p. 10.
② Robert M. Hutchins, *The Higher Learning in America* (New Haven, Conn.: Yale University Press, 1936), p. 1.
③ Harry D. Gideonse, *The Hight Learning in a Democracy: A Reply to President Hutchins' Critique of the American University* (New York: Farrar & Rhinehart, 1947), p. 3.
④ Bennett, p. 10.
⑤ 《学习中的满足》(*Involvement in Learning*)建议,"各个院校的教师和学术领导人应当就知识、能力和学生在毕业前应掌握的技能达成一种一致的表述,并进行传播"。(p.39)但是,"具体到细节地指定学生在本科教育中应当获取的知识、能力、技能或态度并不是我们的目的⋯⋯我们这样做是不妥当的。我们也并未暗示每一个毕业生都必须读过某本特定的书籍⋯⋯或修习过某门特定的课程⋯⋯我们这样做的原因很简单:在本科教育中,界定内容的标准、学生表现水平和学院层面的教学等都应当是学术机构的责任,否则,这些标准就将失去可信度"。(p.16)
⑥ 参见 P256 脚注 2 和 3。

艾兰·布鲁姆对高等教育的评述①中发现。欧内斯特·博耶的报告在指出这一问题的根本困境方面或许是最有价值的,他引用了阿契博得·麦克列许(Archibald Macleish)的论述:"'只要对生活本身没有广为接受的假设,那么也就不可能有对教育的假设。'学院似乎正在一个多样性而非普遍性占据主导的世界中寻找自身的意义。"然而,博耶也清楚地指出,只要教师、院长和校长真的愿意,他们的确能够轻松地走出混乱的状态。②

在教育中建立价值观和连贯性的问题因而与在整个社会和广义的文化中建立价值观和连贯性的问题直接联系在一起,这二者又都与知识和认识论的权威相关。认识论的问题是人们对文本解释产生兴趣的重要缘由。尤尔根·哈贝马斯曾这样评论以罗伯特·哈钦斯、莫蒂默·阿德勒、理查德·麦克科恩和艾兰·布鲁姆为代表的新亚里士多德派学者:"若不与物理学和形而上学相联系,亚里士多德的伦理学和政治学是无法想象的……如今已经很难让人相信这种形而上的思想模式是合理的。毫无疑问,新亚里士多德派的论述并没有包含系统的学说,而只是一些高级的解释学著作,它们暗示经典文本中的真理是通过解释获得的,而非源于文本。"③至此,我们可以发现,为什么要求连贯和统一的课程计划和教育哲学的呼声总是伴随着阅读经典文本、尤其是亚里士多德的经典著作的要求。由于形而上学和伦理学的理性推导在20世纪已经无法实现,人们退而提倡解释文本和对某一事务的专注投入。

姑且将这一类的解释称为"传统的"解释学。"解释学"是在当下使用频率不亚于"共同体"的一个术语。在希腊语中,它与赫梅斯

---

① 在接受《高等教育编年史》(*Chronicle of Higher Education*)采访时,艾兰·布鲁姆坚持他在书中的观点,即他仅仅是一个观察者而非建议者,尽管他的观察确实暗示着对高等教育的明确要求,见 Michael W. Hirshorn, "A Professor Decries 'Closing of the American Mind,'" *Chronicle of Higher Education* (May 4, 1987), p. 3. 也可参见 Allan Bloom, *The Closing of the American Mind: How Higher Education Has Failed Democracy and Impoverished the Souls of Today's Students* (New York: Simon & Schuster, 1987), chaps. 1, 2。

② Boyer, *College: The Undergraduate Experience*, p. 3, chaps 3, 4.

③ Jurgen Habermas, "Legitimation Problems in the Modern State," in *Communication and the Evolution of Society*, trans. with an introduction by Thomas McCarthy (Boston: Beacon Press, 1979), Sect. V.

(Hermes)——传令之神——同源,从传统的角度而言,它仅指解释文本时所遵循的原则和方法。在我就读于神学院之时,解释学与圣经研究紧密相连,并深受弗里德里希·施莱尔马赫(Friedrich Schleiermacher)的理论影响,他认为,如果能够认识到并摒弃源于自身处境的偏见和曲解,解释者或许能够达到对文本的真实的且历史性的理解。这一传统的观点就是我对"解释"的理解,在一个怀疑论和相对论占主导的世界里,"解释"与价值观及共同体的密切联系在前述斯坦利·费什和于尔根·哈贝马斯的论述当中都是显而易见的。

近来,解释学在两个方面获得了更广泛的内涵。一方面,哈贝马斯认为,通过掌控某种不受解释者立场影响的中立方法,原初而真实的解释就可能实现,然而大部分学者——除了已经提到的小 E. D. 赫什(E. D. Hirsch, Jr.)——都反对这一观点。相反,他们认为,解释是解释者和文本之间一种积极的调节或互动,是一种进化的、反射性的调节。另一方面,一些人,如汉斯—乔格·伽达默尔(Hans-Georg Gadamer),将解释学的这一概念应用于文本之外的现象。在谈及"哲学解释学"时,伽达默尔等人认为,人类的一切自我认识和价值观都必须被视为主体和客体间的互动,而不是在无望的、相对论的主观主义与推定的、中立的客观主义之间作出选择。①

"新的"解释学及与之相联系的后结构主义和解构主义运动,是极其复杂、瞬息万变的。实际上,已有一些关于"后结构主义"和"超结构主义"的著作出版。② 在此我们需要注意的是,根据普遍接受的观点,所有的运动都对科学的理解方法构成了一种挑战,并与界定人类行为的规范及价值的需求紧密联系。在承认科学对理解自然现象具有巨大推动作用的同时,新的解释学也质疑科学知识所代表的中立、客观的方法能否应用于对人类活动和行为的研究。

---

① 参见汉斯-乔格·伽达默尔精选集 *Philosophical Hermeneutics*, trans. and ed. by David E. Linge (Berkeley: University of California Press, 1976)。

② Derek Attridge, Geoff Bennington, and Robert Young, eds., *Post-Structuralism and the Question of History* (Cambridge: Cambridge University Press, 1987); Richard Harland, *Superstructuralism: The Philosophy of Structuralism and Post-Structuralism* (New York: Methuen, 1987); 同时参见 Hubert L. Dreyfus and Paul Rabinow, *Michael Foucault: Beyond Structuralism and Hermeneutics*, 2d ed. (Chicago: University of Chicago Press, 1983)。

换言之,此番解释学运动希望在社会及人类行为的分析中,以解释的方法代替科学方法,尽管此方法是实验性的和不确定的。① 因此,这种方法试图将主观性和价值观作为一种动力融合到分析当中,而不是排除在外。同时,新的解释学还抨击形式主义和概念主义,在反对社会及人类行为的科学中立方法的同时,质疑理论推理与理论家们要求描述、理解或预言的社会政治现实之间的关联。从这个角度来看,新的解释学攻击了形式主义和理论的核心本质。

至此,我们已经发现,人文社会学科的学者正在积极地研究语言学、修辞学和解释学方面的话题,我们也发现这些研究与对人类和社会行为之价值观和规范的寻求有着两方面的紧密关联。一方面,对于解释学的一种更为传统的理解使得文本解释作为这些价值观和规范的源泉而得到了复兴;另一方面,新的解释学主张,人类和社会行为不能在缺乏主观价值观的情况下被"客观地"衡量。

以上两种解释学都表达了对共同体的关注:前者关注"解释团体",后者关注一切解释赖以发生的社会情境。然而,在这些暗含的关注之外,还存在着对共同体的明确关注,体现在阿拉斯代尔·麦金太尔(Alasdair MacIntyre)的哲学、迈克尔·J.桑德尔(Michael J. Sandel)的政治学理论、罗伯托·M.昂格尔(Roberto M. Unger)的法学和罗伯特·贝拉(Robert Bellah)的社会理论之中,这些学者都提出了达至所谓的"社群主义"(communitarianism)的方法。②

1967年,伯纳德·贝林(Bernard Bailyn)出版了一本荣获普利策奖的著作。在这本著作里他说,"美国革命的意识形态"源自共和辉格

---

① "社会科学家现在采用的文本类比从某种意义上来说是最为广义的社会理论再塑形,是最具风险、最不成熟的。"(Clifford Geertz, "Blurred Genres: The Refiguration of Social Thought," *American Scholar* 49 [1979–1980]: 175.)

② Michael J. Sandel, *Liberalism and the Limits of Justice* (Cambridge: Cambridge University Press, 1982); Alasdair MacIntyre, *After Virtue: A Study in Moral Theory*, 2d ed. (Notre Dame, Ind.: University of Notre Dame Press, 1984); Roberto M. Unger, *The Critical Legal Studies Movement* (Cambridge, Mass.: Harvard University Press, 1986); Robert N. Bellah et al., *Habits of the Heart: Individualism and Commitment in American Life* (Berkeley: University of California Press, 1985). 值得注意的是,欧内斯特·博耶反复引用《心灵的习惯》并附和其观点:"校园生活的所有部分……都应当彼此联系,促成一种整体感。我们强调对共同体的投入……因为我们民主的生活方式乃至我们作为一个人得以生存,都取决于我们能否超越私利,更好地懂得彼此依赖的事实。" (*College: The Undergraduate Experience*, pp. 8, 68, 322.)

党或共和党传统,并且正是这一传统的信徒强调每个公民对社团、社会和国家——共和国(res publica)——负有责任。① 这一传统可以回溯到罗马共和国和希腊的城邦,其重要性在革命后的美国政治思想和法制史以及"诸如殖民运动、违宪及反违宪、西进运动、墨西哥战争、内战后纽约工匠及制造业者的政治、南方整体政治形势和南方特殊的政治文化、北方保卫联邦的运动、南方11州脱离联邦等事件"当中都可见一斑。②

实际上,历史学家在美国文化的每个方面都能发现共和主义的痕迹。纵观《美国历史评论》(Reviews of American History),我发现其中90%都以显著的方式讨论了共和主义、共同体或美国社会个体的孤立等议题,就好像美国的历史学家们在为"心灵的习惯"的起源撰写编年史。在这些历史编纂中,迈耶·莱茵霍尔德(Meyer Reinhold)叙述了经典的共和主义文学一度主导殖民地和革命派学院的美国史课程,并随着共和传统的衰弱而被逐渐取代的历史过程。③ 莱茵霍尔德的分析在某一方面清晰地证明了我试图在本科教育和广义的学术文化之间建立的类比。

学者们已经注意到,知识和文化理念的定义正在发生重大的转型,至少在人文学科和社会科学中是如此。这一转变并未完成,而且全无系统性可言,但是显然与语言学和修辞学的研究有关,也与解释学存在关联。解释学一方面被理解为对作为价值之源的文本传统的阐释,另一方面则被认为是一种强调主体性和价值、用以取代社会与人文研究的科学方法的解释方法。这一转变还包含了对公民身份和共同体的强调,因为传统的解释学代表着解释团体,而新的解释学则需要一个主观的语境。此外,对美国历史中共和传统各方面因素的肯

---

① Bernard Bailyn, *The Ideological Origins of the American Revolution* (Cambridge, Mass.: Harvard University Press, 1967).
② S. E. Maizlish, "Republicanism and the Whigs," *Reviews in American History* 15 (1987): 26; Gordon S. Wood, *The Creation of the American Republic 1776-1787* (Chapel Hill: University of North Carolina Press, 1969); Stanley N. Katz, "Republicanism and the Law of Inheritance in the Revolutionary Era," *Michigan Law Review* 76 (1977): 1-29.
③ Meyer Reinhold, *Classica Americana: The Greek and Roman Heritage in the United States* (Detroit: Wayne State University Press, 1984).

定也促进了这一转变。

上述因素——语言学、修辞学、解释学、价值观、公民身份和共同体——构成了最初的转型以及关于本科课程的报告中出现的主要观点。因此,我认为,学术界的最高层关于知识和文化的讨论,与关于本科课程的讨论是存在可比性的。

我相信,这样的一种类比凭直觉来看应该是正确的。理解知识和文化时产生的问题应当反映为传递知识和文化时遇到的问题。然而,尽管本科教育的报告对课程设置方面的讨论与学科内讨论的脱节惋惜不已,我至今没有见到其中有一份报告认识到,这两方面的讨论存在着惊人的相似性,并且是从根本上相互关联的。二者都关乎语言的性质和重要性、解释著作和符号的问题、从属于共同体并使之存续的重要性以及发现这种归属的价值和规范的重要性。

人类学家克利福德·格尔茨(Clifford Geertz)1980年在一篇引人注目的文章中,叙述了这些问题是如何遍及各个学科的,并以此来说明学科的"模糊性"和"转变我们对思维模式的看法"。① 该文被欧内斯特·博耶1981年的课程报告和泽尔达·甘姆森(Zelda Gamson)1984年的报告引用,格尔茨的论述还被用以证明学科知识的相互联系及其与本科教育的令人惋惜的疏离。博耶特地在援引格尔茨观点的同一页写道:"致力于通识教育的教师们有与其学科失去联系的危险。"②

博耶在1981年正好错误地引用了格尔茨的文章并冠以错误的标题,他未曾认识的问题正是我在此需要提出的:并不存在所谓"失去联系"的危险。实际上,在各个学科中出现的问题和事件恰恰是本科教育中浮现的问题。我认为,关于本科课程设置的讨论正因为在人文学

---

① Geertz, pp.178-179. 格尔茨提出,这一转变出现在"看似文学批评的哲学探究中(联系斯坦利·卡维尔对贝克特与卢梭的批评、萨特对福楼拜的批评),看似经典著作的科学讨论中(Lewis Thomas, Loren Eiseley),伪装成冷漠的经验主义观察的巴洛克式幻想中(Borges, Barthelme),等式和表格组成的历史或法庭证词中(Fogel and Engerman],Le Roi Ladurie),读来像是真诚忏悔的文献中(Mailer),作为人种志的寓言故事中(Castenada),从旅行日志开始写起的理论文章中(Levi-Strauss),作为编年史的意识形态论述中(Edward Said),构建政治学领域的认识论研究中(Paul Feyerabend),以及个人回忆中发生的方法论的争端中(James Watson)"(pp.165-166)。

② Gamson et al., p.101; Boyer, "The Quest for Common Learning," pp.18-19.

科和社会科学的最高层次上所面临的根本困境而更为复杂。事实上，关于本科教育的话题，换言之，基本上是教授们关于自身学术的话题。

十分重要的是，博耶在 1987 年的报告中又一次提及格尔茨的同一篇文章。尽管他仍然肯定了格尔茨的观点，将其视为"知识跨界"的论据，此时的博耶已经将其视为规划"完整的核心"课程的补充成分和有利因素，这样一来，各个学科在其最高层次上关注的事务就能够成为通识教育的核心主题。① 尽管如此，他仍与其他报告的作者一样，建议教授出于工具理性，即出于对其角色、所在院校、社会甚至其自身的责任感而参与到本科课程之中。因此，教授从事本科课程教学应当是有更高目的的。我所见到的所有报告都不认为教授这样做是因为课程本来就是各个学科所从事的问题的一部分。②

如果我的两个类比——博雅教育历史上的雄辩家传统与对本科教育的不满的类比，以及知识的定义和人文学科、社会科学中文化的定义里存在的困境的类比——能够成立，那么，我们就能够从更深、更广的维度来理解本科教育的问题。例如，我们能够发现，对语言、公民身份及对共同体投入的关注，与不情愿却一直持续的"深入学习"或本科生专业之间，存在着根本的矛盾。

与博雅教育的雄辩家传统进行历史的类比表明，本科生专业（亦即为进一步的研究生学习作准备的专门学习）与对公民身份、美德、共和国及共同体的文本传统的承诺是很难共存的。实际上，经验性事实表明，对本科生专业的广泛肯定完全无法与雄辩家传统所要求的一系列承诺相一致。其个中原因，我们能够从有关本科生教育的讨论与各个学科的知识和文化的相关定义的类比之中找到。后一个类比表明，本科生专业的认识论和内在逻辑与雄辩家传统和本科生课程报告所

---

① Boyer, *College: The Undergraduate Experience*, pp. 91-92.
② 史蒂芬·杰·古尔德提出了如何不将两方面的讨论合并在一起的例子："我曾有两次试着在写作一本书之前开一门课，多少是希望写作能够容易一些。课程进行得不错，但若根据它们来写书，那是明显的错误。为了写出书来，我不得不坐下来用一个月的时间考虑。"（"Balancing Teaching and Writing," pp. 13-14.）古尔德此时的目的仍然是工具主义的：开设课程是为了写书，写书则用于推进他自己的思想。然而，为什么不将课程作为研究的场所而非研究的工具，在课上"用一个月的时间考虑"呢？

要求的一系列承诺的认识论及目的从根本上是冲突的。以推定的、中立的、客观的方法追求特定领域的真理,与训练能认同所属共同体的历史传统且品德良好的公民,二者也是相互矛盾的。

与1985年的美国学院联盟报告一样,欧内斯特·博耶在其1987年的研究中指出:"以下是我们提出的课程建议的核心内容:我们并不将专业视为是与通识教育相抗衡的,相反,我们认为本科计划的这两个主要部分应该相互结合。"① 本文提出的两个类比说明了从历史的角度(即经验的角度)看,这一课程建议并未实现,而理论上它是能够实现的。这是一种良好的希望,并且作为一名教育管理者,我期待狮子与羔羊和平相处那一天的到来。不过,我并不提倡任何一家动物园将狮子和羔羊饲养在一起,因为这样做最后只有狮子能活下去,这也正是当下所发生的情况。所有的报告都抱怨学系和专业吞噬了博雅教育,但是没有一份报告曾经设想过没有学系和专业的本科教育,而二者共存的形式在20世纪才刚刚出现。

这些报告都不愿指出它们所建议的内容实际上并未实现,这反映为它们不愿去挑战巩固本科生专业地位的科学方法和对真理的专门化追求的观念。类似的挑战正在作为修辞学和解释学研究的一部分被提出,并对构成美国政治、经济和社会之基础的洛克式观念和自由的传统带来了多方面的打击。② 需要重申的是,这些报告都指明了其与高等教育这个大环境的脱节和分离,在此,另一个类比能够解释这一点。

在哈佛法学院担任博雅教育研究员期间,我拿出一些时间来阅读有关批判法研究(Critical Legal Studies)——一场吸引了多方关注的运动——的著述。③ 批判法学派的学者是一个无组织而多样化的群体,他们的观点随着时代而变化,至今仍在发展。总的来说,这些法学教

---

① Boyer, *College: The Undergraduate Experience*, p. 110.
② 参见 Roberto M. Unger, *Knowledge and Politics* (New York: Free Press, 1975); MacIntyre; Sadel。
③ 我从 Lewis Sargentich 的法学理论课程、Morton J. Horwitz 和 William W. Fisher 的法制史课程之中受益尤丰。关于此次运动,最为简洁、公正的描述是 "Note: Round and Round the Bramble Bush: From Legal Realism to Critical Legal Scholarship," *Harvard Law Review* 95 (1982): 1669-1690; 同时参见 Unger, *Knowledge and Politics*。

授深受前述"解释学和后结构主义思潮"的影响①,他们的研究方法也与本文归纳的各个学科总的运动相一致。从认识论的角度来看,他们正在挑战观念自由市场的自由的基石;从经济和政治的角度而言,他们正在挑战在缺失有关正义和美德的绝对真理的条件下赋予社会政策以合法性的市场;从法学的角度而言,他们正在挑战美国人以聘请律师和判决双方胜负的方式解决争端的法律应用模式。

特别需要说明的是,批判法学派的学者指出,这样一种法学模式从根本上容易造成共同体的疏离、分裂和毁坏。他们认为,案件审理的模式本身就是观念自由市场的一个缩影,在此,争端并不是根据实质正义的根本原则来解决,而是取决于获取资源的手段,尤其是聘请的律师如何。实际上,他们发现,我们的法律系统是建立在法律原则和程序保障的基础之上的,它只保护了观念自由市场,但没有对诸如获得食物、住所和衣物的权利提供实质性的保护。这些实质性权利与洛克式的财产权是冲突的,而后者则是经济交换的自由市场的基础。

反对派的法理学家攻击批判法学派学者是马克思主义者、葛兰西派或思想幼稚、不负责任的人。姑且不论这些指控是否真实、是否令人感到遗憾,应当看到,批判法研究的话语与对本科教育的批评能够构成极好的类比:对疏离和分裂的批判、对共同体的认同感、对美德和公民价值观的渴望,以及对观念自由市场之怀疑主义和相对主义的排斥。实际上,一些报告还特别谴责了"市场哲学""市场需求"和"教育的旧货贱卖"②,尽管它们并未意识到这些谴责正是因为有了观点的自由市场才能出现。

如同对本科教育表示不满,法学界的情况在上文中已多有叙述。批判法学派学者引起了格外的关注,因为他们是业界的杰出成员——他们除了重复和重组已有的批判,还推崇对这一行业的制度和本质都带来威胁的改变。我们可以将其与关于本科教育的若干报告进行比较。经过阅读,我认为这些报告正在附和一种历史传统和当下的学术

---

① 参见 David C. Hoy, "Interpreting the Law: Hermeneutical and Poststructuralist Perspectives," *Southern Californian Law Review* 58 (1985), pp. 136–185。

② *Integrity in the College Curriculum*, pp. 2–3; Boyer, *College: The Undergraduate Experience*, pp. 3, 59; Bennett, p. 7。

发展,这两者有可能对本科教育带来根本的、全面的转变,如取消学系和专业,要求所有毕业生都能进行有说服力的写作、能对任何未经准备的话题发表有效的演说、行为举止符合公民身份。不过,这些转变将会大大威胁到学术制度和专业,尽管这些报告不断地哀叹和谴责,却并不愿形成这样的威胁,用马丁·特罗(Martin Trow)的话来说,它们提出的建议是"温和而老套的"。①

在此,我并不是在说本科教育应当朝着某个特别的方向转变,我也并没有谴责观念自由市场,或是表达对博雅教育两大传统中某一方的偏好。我只是认为,本科教育中存在至少两种截然不同的传统,我们无法兼得。另一方面,本科教育到底应不应该转变呢?在我看来,本科教育正在转变并且会继续转变,正如同我们对知识和文化的理解也在发生转变。从这个意义上来说,我的论述描述性大于规范性,或许有些达尔文主义的色彩。

商业史学家小艾尔弗雷德·D. 钱德勒(Alfred D. Chandler, Jr.)在他独辟蹊径的著作《战略与结构》当中指出,组织(如企业)是被惯性治理的,只有在竞争的逼迫之下才会改变方向或"战略"。他认为,战略上的改变只有配合组织结构的决定性转变才可能成功。② 就我看来,钱德勒的论述能够很好地印证本科教育制度变化的历史。

若是如此,我们就不应寄望于教育的不同方式和部分能够"交互结合"得"天衣无缝"(如欧内斯特·博耶所言③),而应该认识到已有的相互对立的本科教育观念之间存在着且一直存在着根本的张力。我们可以在其中选择一种观念,并据此重建整个学院或大学;我们也可以建立众多致力于不同观念的学部(faculties),并将其辨证地整合为学院或大学。但是,无论选择何种方法,我们都必须采纳我们的教育理念所规定的院校和专业的结构,否则,我认为,我们只会走向谁都不希望看到的局面,并导致本科教育机构的灭绝。

---

① Trow, p. 19.
② Alfred D. Chandler, Jr., *Strategy and Structure* (Cambridge, Mass: MIT Press, 1962).
③ Boyer, *College: The Undergraduate Experience*, p. 3.

# 翻 译 分 工

　　沈文钦:第一版前言、致谢、第一章、第二章、第三章、第七章、索引,全书校对。

　　朱知翔:前言、第五章、第六章、附录、后记。

　　李春萍:第四章。

# 好 书 分 享

## 大学之道丛书

大学之用
教师的道与德
高等教育何以为高
哈佛大学通识教育红皮书
哈佛，谁说了算
营利性大学的崛起
学术部落与学术领地
高等教育的未来
知识社会中的大学
教育的终结
美国高等教育通史
后现代大学来临？
学术资本主义
德国古典大学观及其对中国的影响
美国大学之魂（第二版）
大学理念重审
大学的理念
现代大学及其图新
美国文理学院的兴衰
大学的逻辑（第三版）
废墟中的大学
美国如何培养硕士研究生
美国高等教育史（第二版）
麻省理工学院如何追求卓越
美国高等教育质量认证与评估
高等教育理念
印度理工学院的精英们
21世纪的大学
美国公立大学的未来
美国现代大学的崛起
公司文化中的大学
大学与市场的悖论
高等教育市场化的底线
美国大学时代的学术自由
理性捍卫大学
美国的大学治理
世界一流大学的管理之道（增订本）

## 21世纪高校教师职业发展读本

如何成为卓越的大学教师（第二版）
如何提高学生学习质量
学术界的生存智慧（第二版）
给研究生导师的建议（第二版）
给大学新教员的建议（第二版）
教授是怎样炼成的

## 学术规范与研究方法丛书

如何进行跨学科研究
如何查找文献（第二版）
如何撰写与发表社会科学论文：国际刊物指南
如何利用互联网做研究
社会科学研究方法100问
社会科学研究的基本规则（第四版）
参加国际学术会议必须要做的那些事
——给华人作者的特别忠告
如何成为学术论文写作高手
——针对华人作者的18周技能强化训练
给研究生的学术建议（第一版）
生命科学论文写作指南
如何撰写和发表科技论文（第六版）
法律实证研究方法（第二版）
传播学定性研究方法（第二版）
学位论文写作与学术规范
如何写好科研项目申请书
如何为学术刊物撰稿（影印第二版）
如何成为优秀的研究生（影印版）
教育研究方法：实用指南（第六版）
高等教育研究：进展与方法
做好社会研究的10个关键

## 科学元典丛书

天体运行论 〔波兰〕哥白尼
关于托勒密和哥白尼两大世界体系的对话
　〔意〕伽利略
心血运动论 〔英〕威廉·哈维
薛定谔讲演录 〔奥地利〕薛定谔
自然哲学之数学原理 〔英〕牛顿
牛顿光学 〔英〕牛顿
惠更斯光论（附《惠更斯评传》）〔荷兰〕惠更斯
怀疑的化学家 〔英〕波义耳
化学哲学新体系 〔英〕道尔顿
控制论 〔美〕维纳
海陆的起源 〔德〕魏格纳
物种起源（增订版）〔英〕达尔文
热的解析理论 〔法〕傅立叶
化学基础论 〔法〕拉瓦锡
笛卡儿几何 〔法〕笛卡儿
狭义与广义相对论浅说 〔美〕爱因斯坦
人类在自然界的位置（全译本）〔英〕赫胥黎
基因论 〔美〕摩尔根
进化论与伦理学（全译本）（附《天演论》）
　〔英〕赫胥黎
从存在到演化 〔比利时〕普里戈金
地质学原理 〔英〕莱伊尔
人类的由来及性选择 〔英〕达尔文
希尔伯特几何基础 〔俄〕希尔伯特
人类和动物的表情 〔英〕达尔文
条件反射：动物高级神经活动 〔俄〕巴甫洛夫
电磁通论 〔英〕麦克斯韦
居里夫人文选 〔法〕玛丽·居里
计算机与人脑 〔美〕冯·诺伊曼
人有人的用处：控制论与社会 〔美〕维纳
李比希文选 〔德〕李比希
世界的和谐 〔德〕开普勒
遗传学经典文选 〔奥地利〕孟德尔 等

德布罗意文选 〔法〕德布罗意
行为主义 〔美〕华生
人类与动物心理学讲义 〔德〕冯特
心理学原理 〔美〕詹姆斯
大脑两半球机能讲义 〔俄〕巴甫洛夫
相对论的意义 〔美〕爱因斯坦
关于两门新科学的对谈 〔意大利〕伽利略
玻尔讲演录 〔丹麦〕玻尔
动物和植物在家养下的变异 〔英〕达尔文
攀援植物的运动和习性 〔英〕达尔文
食虫植物 〔英〕达尔文
宇宙发展史概论 〔德〕康德
兰科植物的受精 〔英〕达尔文
星云世界 〔美〕哈勃
费米讲演录 〔美〕费米
宇宙体系 〔英〕牛顿
对称 〔德〕外尔
植物的运动本领 〔英〕达尔文
博弈论与经济行为（60周年纪念版） 〔美〕冯·诺伊曼
生命是什么（附《我的世界观》）〔奥地利〕薛定谔

## 跟着名家读经典丛书

先秦文学名作欣赏 吴小如等著
两汉文学名作欣赏 王运熙等著
魏晋南北朝文学名作欣赏 施蛰存等著
隋唐五代文学名作欣赏 叶嘉莹等著
宋元文学名作欣赏 袁行霈等著
明清文学名作欣赏 梁归智等著
中国现当代诗歌名作欣赏 谢冕等著
中国现当代小说名作欣赏 陈思和等著
中国现当代散文戏剧名作欣赏 余光中等著
外国诗歌名作欣赏 飞白等著
外国小说名作欣赏 萧乾等著
外国散文戏剧名作欣赏 方平等著

## 博物文库

无痕山林
大地的窗口
探险途上的情书
风吹草木动
亚马逊河上的非凡之旅
大卫·爱登堡的天堂鸟故事
蘑菇博物馆
贝壳博物馆
甲虫博物馆
蛙类博物馆
兰花博物馆
飞鸟记
奥杜邦手绘鸟类高清大图
日益寂静的大自然
垃圾魔法书
世界上最老最老的生命
村童野径
大自然小侦探
与大自然捉迷藏
鳞甲有灵
天堂飞鸟
寻芳天堂鸟
休伊森手绘蝶类图谱
布洛赫手绘鱼类图谱
自然界的艺术形态
雷杜德手绘花卉图谱
果色花香：圣伊莱尔手绘花果图志
玛蒂尔达手绘木本植物
手绘喜马拉雅植物

## 西方心理学名著译丛

记忆 〔德〕艾宾浩斯
格式塔心理学原理 〔美〕考夫卡
实验心理学（上、下册） 〔美〕伍德沃斯 等
思维与语言 〔俄〕维果茨基
儿童的人格形成及其培养 〔奥地利〕阿德勒
社会心理学导论 〔英〕麦独孤
系统心理学：绪论 〔美〕铁钦纳
幼儿的感觉与意志 〔德〕蒲莱尔
人类的学习 〔美〕桑代克
基础与应用心理学 〔德〕闵斯特伯格
荣格心理学七讲 〔美〕霍尔 等

## 其他图书

如何成为卓越的大学生 〔美〕贝恩
世界上最美最美的图书馆 〔法〕博塞 等
中国社会科学离科学有多远 乔晓春
国际政治学学科地图 陈岳 等
战略管理学科地图 金占明
文学理论学科地图 王先霈
大学章程（1—5卷） 张国有
道德机器：如何让机器人明辨是非 〔美〕瓦拉赫 等
科学的旅程（珍藏版） 〔美〕斯潘根贝格 等
科学与中国（套装） 白春礼 等
彩绘唐诗画谱 （明）黄凤池
彩绘宋词画谱 （明）汪氏
如何临摹历代名家山水画 刘松岩
芥子园画谱临摹技法 刘松岩
南画十六家技法详解 刘松岩
明清文人山水画小品临习步骤详解 刘松岩
我读天下无字书 丁学良
教育究竟是什么？〔英〕帕尔默 等
教育，让人成为人 杨自伍
透视澳大利亚教育 耿华
游戏的人——文化的游戏要素研究 〔荷兰〕赫伊津哈
中世纪的衰落 〔荷兰〕赫伊津哈
苏格拉底之道〔美〕格罗斯
全球化时代的大学通识教育 黄俊杰
美国大学的通识教育 黄坤锦
大学与学术 韩水法
国立西南联合大学校史（修订版） 西南联合大学北京校友会
发展中国家的高等教育 〔美〕查普曼 等